C.

G 494
c.18.

9349

GEOGRAPHIE
DE
BUSCHING.

TOME IV.

GEOGRAPHIE
DE
BUSCHING,

Abrégée dans les objets les moins intéreffans, & augmentée dans ceux qui ont paru l'être;

RETOUCHÉE PAR-TOUT, ET ORNÉE D'UN PRÉCIS DE L'HISTOIRE DE CHAQUE ÉTAT.

Par Mr. BERENGER.

TOME QUATRIEME,

Qui comprend le Cercle de Weftphalie, les Provinces-Unies, la Grande-Bretagne & l'Irlande.

A LAUSANNE,
Chez LA SOCIÉTÉ TYPOGRAPHIQUE.

M. DCC. LXXVIII.

GÉOGRAPHIE DE BUSCHING.

CERCLE DE WESTPHALIE.

ON doit distinguer la Westphalie, le duché de Westphalie, & le cercle de Westphalie. Les Saxons étoient divisés en *Westphaliens*, *Angriens*, & *Ostphaliens*. C'est des premiers que vient le nom de *Westphalie*, & c'est d'eux principalement que Tacite parle sous le nom de Germains : ils habitaient le pays entre le Weser & le Rhin, & c'est la Westphalie. Le duché de ce nom fait partie de l'archevêché de Cologne : le cercle de Westphalie comprend diverses provinces, & est entouré par les cercles de Bourgogne, de haut & de bas Rhin, de basse Saxe, la mer du Nord & les Provinces unies. Nous allons donner les noms des Etats qui le composent en suivant l'ordre dans lequel ils siégent & donnent leur voix.

- Munster. ⎫
- Clèves.   ⎬ ces trois alternent pour le rang.
- Juliers. ⎭

Tome IV.   A

Cercle de Westphalie.

- Paderborn.
- Liege.
- Osnabrück.
- Minden & Verden.
- Corvey.
- Stablo & Malmedy.
- Werden.
- Corneli-Munster.
- Epen.
- Thoren.
- Hervorden.
- Nassau-Siegen.
- Nassau-Dillenbourg.
- Ost-Frise & Meurs.
- Wied.
- Sayn.
- Schauenbourg pour la partie appartenante à Hesse-Cassel.
- Schauenbourg pour la partie appartenante à la maison de la Lippe.
- Oldenbourg.
- Delmenhorst.
- Lippe.
- Bentheim-Dentheim.
- Bentheim-Steinfurt.
- Tecklenbourg.
- Hoya.
- Virnenbourg.
- Diepholz.
- Spiegelberg.
- Rietberg.
- Pyrmont.
- Gronsfeld.
- Reckheim.
- Antholt.

Cercle de Westphalie,

- Winnebourg.
- Holzapfel.
- Wittem.
- Blankeinheim & Gerolſtein.
- Gehmen.
- Gymborn & Neuſtadt.
- Wickerad.
- Mylendonk.
- Reichenſtein.
- Kerpen & Lommerſum.
- Schleiden.
- Hallermund.
- Cologne.
- Aix la Chapelle. } villes Impériales.
- Dortmund.

Les princes qui le convoquent & le dirigent, font l'évêque de Munſter, les électeurs Palatin & de Brandebourg, comme ducs de Cleves & de Juliers: ils alternent entr'eux & n'ont qu'un ſuffrage. Les aſſemblées ſe font à Cologne: les archives ſont à Duſſeldorp: ſes contributions ſont proportionnées à ſon étendue, entre la neuvieme & dixieme partie du total des contributions preſcrites par l'Empire. La religion y eſt mixte: les proteſtans, les catholiques peuvent préſenter chacun un aſſeſſeur à la chambre Impériale.

Dans la deſcription des Etats de ce cercle, nous ſuivrons l'ordre géographique.

Evêché de Liége.

Il eſt ſitué dans les Pays-Bas, touche au nord au Brabant, vers le couchant il touche au Brabant encore, & au Hainaut, à Namur: vers le midi à la Champagne, au Luxembourg : vers le levant aux duchés de Limbourg & de Juliers. Sa longueur est de plus de 30 lieues, sa largeur est inégale; quelques unes de ses dépendances sont enclavées dans le Brabant & le Luxembourg. Il a été bien plus étendu. La Demer, la Meuse & la Sambre l'arrosent. Au nord de la Demer sont des bruyeres : au sud sont des champs fertiles, des vignes fécondes dont le vin approche des petits vins de Bourgogne & de Champagne. Vers le Luxembourg & le Brabant, il est couvert de montagnes & de broussailles. Il renferme de grandes forêts, des mines de cuivre, de plomb, de fer, de charbon de terre, des carrieres de marbre & autres pierres, des sources d'eaux minerales renommées. Son commerce consiste en bierre, armes, cloux, serges, cuirs, marbre, pierres bleues, chaux, charbon de terre. Il se faisait autrefois par la Meuse dans les Pays-Bas. Des péages multipliés le long de ce fleuve lui ont fait prendre son cours par Bois-le-Duc & Breda pour la Hollande.

Il a 26 villes, environ 400 villages : tout y appartient au prêtre & au noble : le paysan n'a que sa force & sa patience. On y parle le dialecte du Brabant, ou un français corrompu. Les Etats y sont composé du chapitre Cathédral, de la noblesse, des bourguemaîtres des villes. Les deux premiers élisent annuellement chacun quatre députés : les bourguemaîtres de Liége sont les députés nés du troisieme ordre. Ils s'assemblent dans le palais épiscopal.

L'évêché fut dabord fondé à Tongres en 312 & *Servatius* est le premier évêque dont on soit certain. Tongres fut ruinée par les Huns, & l'évêque se retira à Maestricht. St. Hubert le transféra à Liége au commencement du 8ᵉ. siecle. Heraclius ou Everard est le premier qui ait pris le nom d'évêque de Liége dans le 10ᵉ. siecle. Il est suffragant de Cologne : son diocèse est assez étendu : son chapitre est composé de 60 personnes. Le *conseil privé d'Etat*, juge de tout ce qui concerne la supériorité territoriale & la justice ordinaire, la *chambre des comptes*, connait de tous les revenus du prince ; *l'officialité* exerce sa jurisdiction sur le clergé. Le *conseil ordinaire* revoit les jugemens dont on appelle de la cour feodale & de la cour allodiale, & ceux sur les affaires qui touchent aux priviléges impériaux. Le tribunal des vingt & deux a l'œil sur les bureaux, sur leurs employés, &c.

Liége alterne avec Munster dans le collège des princes, mais Osnabruck est toujours entr'eux deux. Sa taxe est de 826 florins par mois : sa quote-part pour l'entretien de la chambre impériale est de 240 rixdalers 41 kreutzers.

Liége, *Leodium*, est dans une agréable vallée, environnée de montagnes, coupées par des vallons, ayant à leur pié les petites rivieres de Vese, d'Ute & Ambluard qui se rendent à la Meuse avant qu'elle entre dans la ville. Elle la coupe en deux parties inégales, l'une où est le port, ou *Batte*, est la plus étendue & la plus peuplée ; l'autre appellée *Outre Meuse* est près du mont Cornillon. Entre ces deux parties, la Meuse se partage, & forme une ile couverte de maisons. Ces parties sont jointes par des ponts. Liége est bien fortifiée : sa citadelle, placée sur le mont *St. Walbourg* a été rasée. Au pied de ce mont est le palais épiscopal bâti en 1734. Près de là sont les chanoines au nombre de 60, tous nobles ; l'évêque est pris parmi eux, & élu par eux. L'hôtel de ville est moderne. La magistrature s'y assemble ; elle est composée de deux bourguemaîtres, & de 20 confeillers, dont 2 font perpétuels. L'évêque en nomme la moitié, la ville l'autre. Elle n'eft foumife qu'à l'évêque, a de grands priviléges & peut-être regardée comme une république. Elle a quatre faubourgs. On y compte 12 places publiques. L'églife cathédrale grande & maffive, une collégiale, 32 paroiffiales, 10 abbayes, 32 couvens, 2 colléges qui furent occupés par les Jéfuites, un féminaire, 10 hopitaux, une chartreufe, un beguinage, 154 rues dont quelques unes font très étroites, 16 portes, 17 ponts, dont le plus beau eft celui des arches, & deux quais très beaux & plantés d'arbres. Elle commerce en étoffes de laine, en armes à feu, en d'autres ouvrages de fer. Elle a de belles maifons : chacune d'elle a 2 ou 3 fontaines, & leurs eaux en fe réuniffant font couler dans les rues un ruiffeau clair & tranquille. Près d'elle eft le palais d'été de l'évêque nommé *Seraing* & un beau village rempli de maifons de plaifance.

Comté de Hasbein.

Il fut donné à l'évêque de Liége en 1040.

Vifet ville fur la Meufe : elle eft environnée de foffés & de murs depuis 1335.

Herftal, bourg, château, feigneurie, vendue par le roi de Pruffe en 1741. Herftal appartint à Pepin pere de Charles Martel.

St. Truyen ou *St. Tron*, *Trudonopolis*, petite ville où eft une riche abbaye de bénédictins & un féminaire.

Ama, *Borgworm* ou *Warem*, font deux bourgs. *Aigremont* un beau chateau très-fort, fur un rocher élevé; où fut autrefois une place forte. *Val Benoit* eft une abbaye de femmes de l'ordre de Citeaux.

CERCLE DE WESTPHALIE.

Flone une abbaye de chanoines réguliers de l'ordre de St. Augustin. *Flamale*, *Jamioul*, *Hermal*, sont des seigneuries.

Comté de Looz ou Loon, ou Borchloen.

Il a eu ses comtes particuliers. Le dernier fit don de ce pays à l'évêque de Liége en 1302. Il renferme beaucoup de bruyeres.

Looz est une petite ville.

Tongre, *Aduatica Tongrorum*, au bord du Juker, fut la capitale des Tongres ou *Eburoniens*. Elle étoit grande, peuplée, puissante : elle est faible aujourd'hui : on y trouve des antiquités Romaines. (*)

Bilsen Belisia sur la Demer, est une petite ville voisine de *Münster Bilsen* abbaye féculiere de femmes nobles.

Hasselt sur la Demer, *Herk* sur l'Herk, *Péer*, *Brée*, ou *Brey*, *Hamont*, *Maeseyk*, mal peuplée, mal bâtie, sur la Meuse, *Stochem* qui en est voisine, sont de petites villes. *Altenhausen*, *Domus Juncetana*, est une commanderie de l'ordre teutonique. *Herkenrode* une abbaye de femmes de l'ordre de Citeaux. *Beringen* est un bourg.

Comté immédiat de Hoorn.

Il est sur la Meuse, a 7 lieues de long, & presqu'autant de large, il a de bons champs & des marais où l'on trouve de la tourbe. Ses comtes l'of-

---

(*) Il parait que la mer environna autrefois ses murs : on y a vû des anneaux auxquels s'attachaient autrefois les vaisseaux : près d'elle est une montagne qu'on appelle encore *bord de la mer* : on y voit les restes d'une grande digue. Tongres est cependant aujourd'hui à 35 lieues de la mer.

frirent en fief à l'évêque, qui protégea le pays après l'extinction de la race des seigneurs ; il était engagé, & avec de l'argent, il a fait renoncer *l'engagiste* à ses droits, y il commande, & en jouit comme souverain, mais les heritiers des anciens comtes lui en disputent encore la possession.

Hoorn est un bourg, un château.

Weert ville où resideren les anciens comtes. Il y a un collége de chanoines augustins & 2 couvens.

Nieder Weert & *Wessum*, deux bourgs qui ainsi que la ville sont des fiefs de Gueldres.

Marquisat de Franchimont.

Donné à l'évêque de Liége en 908 : on l'appellait *Pagus Tectensis* : le château de Franchimont lui a donné son nom.

Verviers, sur la Wese, bourg devenu ville en 1651, dut ce titre & le privilége d'assister aux états à ses utiles manufactures de draps.

Spa petite ville que ses eaux minerales ont rendue fameuse. Elle est située dans une vallée, & sur une colline semée de rocailles. Elle rapporte annuellement près de 280,000 liv. au pays : on a eu bu jusqu'à 300 onces de ses eaux, mais on n'en boit plus que 80.

Pays de Condroz.

C'est l'ancien pays des Condrosiens.

Hui, Huum, au confluent de la Meuse & de l'Hoioul. C'est une ville que la Meuse traverse, dans une vallée agréable. L'Hoioul s'y divise, y forme des îles que joignent des ponts : elle a 6 fauxbourgs, a été fortifiée, renferme de belles maisons, 15 églises, une abbaye, un couvent de chanoines réguliers où est le général de l'ordre, 16. couvens, des chapelles, des maisons de béguines, des hôpitaux. L'Hoioul fait mouvoir des papeteries, des martinets : sur son bord est une source d'eau minerale : aux environs on trouve du fer, de l'alun, du soufre, du charbon de terre; on y cultive le blé, & recueille du vin & des fruits.

Dinant, *Dionantum*, ville près de la Meuse entre des rochers & des collines : elle a des faubourgs, est partagée en ville, ville basse & île. On y compte 8 églises, 6 couvens, 2 hôpitaux, un collége: elle commerce en cuirs, a dans son voisinage des carrieres de marbre & d'autres pierres, & un château demantelé sur un rocher.

Chiney, *Cennacum*, petite ville qui a sa jurisdiction. *Val St. Lambert*, abbaye d'hommes de l'ordre de Citeaux.

Pays entre la Sambre & la Meuse. (*Interamnensis provincia*).

Cuivin, *Covinum*, petite ville sur une colline, près d'un ruisseau qu'on nomme *eau noire*. Son fauxbourg *St. Germain* est mieux bâti qu'elle; son château est détruit; sa chatellenie renferme 8 villages, dans lesquells sont d'utiles forges de fer : elle a un couvent.

Thuin, *Tudinum*, petite ville dont une partie s'élève sur une colline, & l'autre s'étend le long de la Sambre. Elle renferme une collégiale, deux couvens, une maison de l'oratoire.

Florennes, avec une abbaye, *Fontaine-l'Evêque*, *Châtelet*, *Fosse* sont de petites villes, *Marcienne au Pont*, un bourg mûré, & un château, *l'Hermitage*, *St. François le beau lieu*, des couvens de Franciscains,

Jardinet, *Alme*, des abbayes de Citeaux: la derniere a une belle bibliotheque. *L'Obbes*, abbaye de bénédictins qui ne dépend que du St. Siege: c'est la plus ancienne, & la plus rémarquable du pays. *Aiseau* est un marquisat &c. La *Massambre* jusqu'au delà de l'île de Mondrain, forme la limite commune de l'évèché avec la France.

Duché de Juliers.

A l'Occident il confine à l'évèché de Liége, à la Gueldres, au duché de Limbourg: au Sud & au Levant à l'archevêché de Cologne. Sa longueur est de plus de 30 lieues, sa largeur est inégale, & la plus grande est de 15 lieues. Le sol y est fertile: il montre de beaux champs, de vertes prairies, des forêts; le bétail, sur-tout les chevaux, le lin, le blé, la garance y font les objets de commerce les plus considérables. On y trouve du charbon de terre, on y fabrique des toiles fines. La *Roer*, la *Dende*, la *Worm*, la *Schwalm*, l'*Erfft*, la *Niers*, l'*Ahr* l'arrosent: la Meuse le touche au couchant, le Rhin au levant. Ceux qui l'habitent sont lutheriens, réformés, ou catholiques, tous sont protégés par les loix & par les princes qui les font. C'est l'électeur Palatin qui est souverain de Juliers. Ce fut dabord une seigneurie qui devint un comté dans le 10e. siecle, un marquisat en 1339, que Charles IV fit duché en 1356. Une maison ancienne & puissante le possédait avec les duchés de Berg & de Cleves, les comtés de la Marck & de Ravensberg. Le dernier duc *Jean Guillaume* mourut sans enfans en 1609. Divers princes prétendirent aux Etats qu'il laissait. Ceux de *Saxe* alléguaient une expectative accordée par l'empereur & le contrat de mariage d'un électeur avec Sibelle de Juliers, confirmé par l'Empereur, par l'Empire, par les Etats des trois duchés. Ceux de *Brandebourg* alléguaient les droits de la niece du duc, femme de l'électeur, & un privilége postérieur à l'espectative de Saxe, qui appelle les princes de Brandebourg à la succession de Juliers. Ceux de *Neubourg* se fondaient sur les droits de la sœur du dernier duc, femme du comte Palatin de Neubourg. Tandis que les jurisconsultes different, citent, déraisonnent; l'électeur de Brandebourg & le comte Palatin s'emparent de la succession, se la partagent & se l'assurent. Le comte Palatin eut le duché de *Juliers*, celui de *Berg*, les seigneuries de *Vinenahl* & de *Breskesand*. L'électeur eut le duché de Cleves, les comtés de la *Marck* & de *Ravensberg*. Ces domaines, quoique partagés, demeurent unis & doivent toujours l'être: les deux maisons peuvent en prendre également le titre & les armes.

Les Etats de Juliers sont unis à ceux de Berg : la noblesse & les quatre grandes villes des deux duchés les composent, ils prétendent qu'ils doivent être gouvernés selon leurs franchises & droits, qu'ils doivent être consultés dans les affaires importantes, qu'ils peuvent décider dans leurs assemblées : ce sont de beaux droits; mais devant le pouvoir qu'ils limitent, ils deviennent d'abord prétentions, & les prétentions se changent enfin en crimes. Les assemblées des Etats sont convoquées à Dusseldorp.

Le synode des réformés est aussi réuni à ceux de Cleves, de Berg & de la Mark. Vingt-&-un pasteurs le composent; ils sont divisés en 3 classes.

Le suffrage de Juliers ne s'exerce pas dans le collége des princes: l'impôt qu'il paye à l'Empire est d'environ 639 fl. 45 kr. Berg & Juliers donnent pour l'entretien de la chambre impériale 676 rixd. 26 kr. par quartiers. Ces duchés font gouvernés par un conseil privé, une chambre des appels, un conseil aulique, une chancellerie, une chambre des finances, qui siégent à Dusseldorp. Les baillifs font choisis dans la noblesse indigene : les villes ont leurs magistrats indépendans des baillifs, & appellent à Dusseldorp. Les états donnent au prince 580,000 rixd. pour les dépenses ordinaires, & un dont gratuit de 50000 fl. Le duché de Juliers est divisé en bailliages.

Bailliage de Juliers.

Juliers, *Juliacum*, sur la Ruhr, est petite, mais forte, elle reçut son nom des Romains. Elle a une citadelle assés réguliere, une église collégiale, un couvent. Hors de la ville font deux églises, l'une réformée, l'autre lutherienne. Près d'elle est la chartreuse de *Zum Vogelsang*. Ce bailliage renferme encore la franchise d'*Hambach* sur l'Eel.

Bailliages d'Aldenhoven, de Linnick & de Bosslar.

Aldenhoven est un bourg où l'on révere une image de la vierge. *Sierstorff*, une commanderie teutonique. *Bosslar* une simple paroisse.

Linnick, petite ville sur le Ruhr, a deux églises, l'une catholique, l'autre protestante. Elle appartient à l'abbaye de Prüm.

Bailliages de Geilenkirchen, de Millen, de Sittart & de Born.

Geilenkirchen, sur la Worm, ville depuis 1484, *Teveren* bourg.

Millen est un bourg, *Gangelt* une petite ville,

Waldfeucht bourg avec deux églises réformée & catholique.

Sittart, *Süsteren*, petites villes, *Urmund* bourg sur la Meuse. *Born* paroisse catholique. *Limbrich* est une seigneurie.

Bailliages de Randeradt & de Heinsberg.

Randeradt, petite ville qui a une église réformée. La Vorm s'y divise en deux bras.

Heinsberg, ville qui fut fortifiée, & eut un château fort. Il lui reste une collégiale, un couvent de femmes de l'ordre des Prémontrés, & une église réformée. C'étoit une seigneurie assez considérable, dont les possesseurs descendaient de *Godefroi* comte de Sponheim. Un mariage la fit passer dans les maisons des ducs de Juliers.

Bailliages de Dalen, de Wassemberg, & de Brüggen.

Dalen, petite ville, a un couvent de femmes.

Wassemberg, est sur la Ruhr. Elle a une église collégiale, & une église réformée. *Dalheim* couvent noble de femmes, *Hohenbusch* couvent d'hommes. *Ratheim* est un bourg. *Tasenbroick*, une seigneurie. *Brüggen*, ville sur la Schwalm. *Suchtelen* bourg. *Wadniel* bourg, ont des églises réformées & protestantes. *Dulcken* petite ville, *Alen* couvent d'hommes. *Kaldekirchen* village enrichi par le commerce, a une église réformée. *Breyel*, *Tegelen*, *Boessen &c.* sont des paroisses catholiques.

Bailliages de Gladbach, de Caster, de Grevenbroich.

Gladbeck petite ville, où est une abbaye de bénédictins dont le chef prétend être seigneur de la ville. On y trafique en toiles fines. *Rheyd*, bourg, seigneurie, où l'on fabrique des toiles, où les deux religions ont des églises, où est un couvent de femmes.

Caster petite ville sur l'Errft, *Juchin* bourg mixte pour le culte.

Grevenbroich, sur l'Errft a un couvent d'hommes, elle est petite. *Aitzerath* grand village mixte.

Bailliages de Berghem, de Norwenich & de Duren.

Bergheim, petite ville sur l'Errft, où les Juifs ont une synagogue. *Frechen* paroisse réformée où les habitans protestans de Cologne font leur service. *Weselich* est un bourg sur le Rhin.

Norwenich est un bourg. *Ellen* un couvent de prémontrés. *Levernich* un village réformé.

Duren, *Marcodurum*, la seconde des villes du pays qui ont séance aux Etats, la plus belle, la plus riche du duché, entourée de murs en 1124, & regardée comme ville Impériale. La grande église est aux catholiques, la communauté des réformés est la plus nombreuse. Duren est commerçante, & a des manufactures de draps. *Gurzenich*, *Merode*, font des seigneuries. *Birkesdorf* un grand village sur la Ruhr.

Bailliages de Pir & Merken, d'Eschweiler & de Wilhelmstein.

Eschweiler bourg voisin de mines de charbon de terre, où les deux cultes sont permis. *Stolberg*, seigneurie dans laquelle on travaille la calamine, le laiton, le fer.

Wilhelmſtein château, *Kinſweiler* ſeigneurie, &c. Entre ces deux bailliages eſt la ſeigneurie de *Weiſweiler* où l'on remarque le beau château de *Faland*. La Prévôté de *Schonforſt* renferme un grand château qui lui donne ſon nom.

Bailliages de Monjoy & de Niedecken.

Monjoy, *Montis Jovium*, petite ville, château près de la ſource de la Ruhr : on y fabrique de bons draps, comme dans le village de *Menzerad*. *Niedecken*, petite ville qui renferme une commanderie de St. Jean. Son ancien couvent de femmes prémontrées, eſt changé en prieuré, régi par des moines. Aſſiſe ſur un roc, des rocs l'environnent & la défendent, ſes habitans ſont catholiques : ceux du village de *Berg* ſont réformés.

Bailliages de Heimbach, d'Euskirchen, & de Münſter-Eyſſel.

Heimbach, *Gémünd* ſont deux bourgs. On trouve du fer dans les environs du dernier. *Drimborn*, *Mechernich*, ſont des ſeigneuries : celle-ci eſt indépendante.

Euskirchen petite ville qui a ſéance dans les Etats. *Reitzheim*, *Bullesheim* &c. ſont des ſeigneuries.

Munſter-Eyſſel, *Monaſterium Eifliæ*, a auſſi ſéance aux aſſemblées provinciales. Elle a une collégiale.

Bailliages de Tonberg, de Sinzig & de Rheimagen.

Flamersheim ſeigneurie, *Eſſig*, couvent.
Sinzig, *Sentiacum*, petite ville près du Rhin où eſt un couvent de religieuſes.

Rheinmagen, *Regiomagus*, petite ville fur les bords du Rhin, où l'on trouva en 1769 une pierre milliaire pofée l'an 163 qui fixe la diftance de Regiomagus à Cologne à 30 mille pas. Les deux cultes y ont leurs églifes, comme au village *d'Ober-Winter* fur le Rhin.

Seigneurie de Breyfich & comté de Nuenar.

Brifich, eft un bourg, la feigneurie appartient à l'abbé d'Eiffen. Il y a une commanderie de St. Jean.

Nuenar eft un village, le comté s'étend encore fur dix autres, il a eu longtems des poffeffeurs particuliers. Ce fut en 1545 qu'il fut donné en fief à Guillaume duc de Juliers.

Erkelens eft une petite ville, enclavée avec fon petit territoire dans le duché de Juliers, elle a fait partie de la Gueldres jufqu'en 1719. Elle eft étrangere à l'Empire, reconnait les loix de l'électeur Palatin, fuit le droit de Brabant, & a pour magiftrat un directeur ou commiffaire.

Nous joignons ici les poffeffions de l'électeur Palatin, comme fucceffeurs des ducs de Juliers & de Cleves.

DUCHÉ DE BERG.

A l'orient de Juliers eft l'archevêché de Cologne, qui eft au couchant du duché de Berg dont le Rhin le fépare. Au nord, il a le duché de Cleves; à l'orient le duché de Weftphalie. Il a près de 25 lieues de long, & de 10 de large. Le long du Rhin, il offre des plaines fertiles en blés, en légumes, en fruits. Sur les collines la vigne eft cultivée : dans les vallées font des prairies, fur les montagnes de vaftes forêts. On y trouve des mines où l'on creufe

de

CERCLE DE WESTPHALIE. 17

de la galène de plomb à gros & à petits grains, mêlés d'argent, & aussi à grands cubes sans argent : de la mine de plomb, blanche, sphatique contenant de l'argent ; de la mine d'acier, de l'hématite sphérique, demi sphérique, en grappes, en tuyaux, de la mine de fer noire & brune ; de celle de mercure, du marbre gris, beaucoup de charbon de terre, des chevaux sauvages. Les habitans consomment plus de blés qu'ils n'en recueillent. La *Wipper*, la *Siege*, *l'Agger*, la *Ruhr* arrosent ce duché ; le Rhin le cotoie. On y trouve peu de villages, beaucoup de hameaux, de maisons éparses & çà & là, des bourgs, des villes. On y fabrique des épées, des faux, des couteaux, des cloux, d'autres ouvrages en fer & en acier. On y blanchit le fil, on l'y travaille en partie, on en fait du fil tors, des rubans, des mouchoirs. On y file & travaille le cotton ; on y fait des draps. Les premieres manufactures ont plusieurs priviléges.

Berg, gouverné dabord par les comtes d'Altena, eut ensuite ses propres comtes, créés ducs par l'empereur Winceslas. Il eut le fort de Juliers. Son gouvernement civil, & ecclésiastique est le même. Son synode réformé est composé de 44 ministres divisé en 3 classes.

Bailliage de Dusseldorp.

Dusseldorp, troisieme ville des assemblées provinciales qui s'y convoquent, & le siege des tribunaux supérieurs : fortifiée à la moderne, elle renferme 1000 feux, est arrosée par le Dussel qui la traverse, par le Rhin qui la défend, & sur laquelle elle a un pont volant. La ville neuve tombe en ruines ; elle n'a qu'une rue large & bien bâtie. Dans

Tome IV. B

l'ancienne est le château des ducs; une belle vue, des statues, une double galerie de tableaux des meilleurs maîtres; c'est tout ce qu'il offre de curieux. Ses casernes ont une église & contiennent 8 bataillons. Sur le marché est la statue équestre en bronze de l'électeur Jean Guillaume. L'église collégiale renferme plusieurs monumens des anciens ducs. Quelques couvens d'hommes & de femmes, une église lutherienne, une réformée, une académie; c'est ce que Dusseldorp offre en bâtimens publics. L'église des Observantins est la plus belle. On y commerce en blé; dans ses environs on rafine le sucre. Près d'elle est une belle & vaste maison de chasse, une riche chartreuse de la Trape, le village de *Bielk* où est une maison de Lorette richement ornée, celui de *Hamm* qui fournit Dusseldorp de légumes.

Bailliages d'Angermund & de Landsberg.

Ratingen siege au second rang dans les assemblées. Ses habitans sont la plupart catholiques: il y a cependant deux églises, l'une lutherienne, l'autre réformée. On y fabrique la tuile, la chaux; ses environs offrent de belles carrieres. *Angermund*, *Angerort*, bourgs sur l'Anger.

Bailliage de Medman.

Medman est un bourg, ses habitans sont presque tous réformés: il a trois églises pour les 3 religions qu'on y professe. On y fabrique des draps.

Gerresheim bourg où est un couvent noble de religieuses séculières. *Wulffrath*, paroisse réformée, tres peuplée où l'on fabrique des draps & travaille le fer. *Velbert*, village où l'on travaille le fer & où deux religions ont une église commune.

CERCLE DE WESTPHALIE. 19

Bailliage d'Elverfeld.

Elverfeld, ville sans murs, peuplée, bien bâtie, partagée par la Wipper, dans une vallée. Les réformés y sont en plus grand nombre; c'est parmi eux que tous les ans la bourgeoisie choisit ses magistrats: ils possèdent l'église principale : les lutheriens, les catholiques en ont une aussi. On y blanchit le fil, on y fait des toiles, des serges, des étoffes de laine & de fil nommées *Siamoises*; on y tanne les cuirs. Près d'elle est le village peuplé de *Cronenberg*; on y fait des serrures, des cloux, des lames d'épées &c.

Bailliages de Barmen & de Beyenbourg.

Beyenbourg est environné de la Wipper; c'est un bourg qui a son juge particulier & un couvent de moines.

Ronsdorf ville bâtie en 1730 dans une contrée montueuse & stérile. Elle est jolie, a une église réformée, une chapelle catholique. Quelques marchands établis près d'une ferme, ont fait naître la ville. *Lutteringhauser* grand village, où l'on fabrique le fer & l'acier, des draps & des siamoises.

Gemarke ville de 250 feux, où l'on commerce en fil blanchi, en toiles, fil tors & serges. Elle est bien bâtie au milieu de la vallée de *Barmen*, vallée longue de deux lieues, très peuplée, bien cultivée, arrosée par la Wipper sur les rivages de laquelle sont de belles blanchisseries.

Bailliages de Solingen & de Bourg.

Solingen ville assez peuplée, mal bâtie, sur une hauteur. On y fait divers ouvrages d'acier. Les 2 religions y ont des églises. *Grevrad*, bourg où l'on fabrique le fer, où l'on voit une église réformée & un couvent noble de religieuses. *Bourg* est sur la Wipper : on y fabrique des canons de fusil, des couvertures de laine ou *Scherzen*. Cette franchise a une église lutherienne, une catholique, une commanderie de l'ordre de St. Jean. *Wald*, village peuplé, où l'on fait des couteaux. Des réformés l'habitent.

Bailliages de Bornefeld & de Hückeswagen.

Lennep, cette ville a le premier rang dans les assemblées. Les magistrats sont lutheriens, tous ses habitans l'ont été : aujourd'hui plusieurs d'entr'eux sont catholiques. Elle a un couvent, qui, presque seul fut sauvé d'un incendie qui a forcé de rebâtir la ville. C'est là que sont les plus belles manufactures de draps qui soient dans ce duché.

Wipperfurt, sur la Wipper, près de sa source, la quatrieme des villes qui siegent aux assemblées. Elle a un couvent de Franciscains; presque tous ses habitans sont catholiques.

Rade-vor-dem Walde, bourg où les 3 religions ont des églises.

Hückeswagen, sur la Wipper. C'est un bourg où l'on fabrique des draps, où l'on travaille le fer, où les lutheriens ont perdu le libre exercice de leur religion. Les réformés, les catholiques y ont seuls des églises.

Remscheid village, communauté nombreuse, enrichie par des ruisseaux qui font mouvoir des martinets de fer & d'acier, des moulins à polir : on y fabrique des outils de fer & d'acier, recherchés par leur bonté, & dont on fait un grand commerce :

ses habitans sont lutheriens ainsi que ceux du village de *Daveringhausen*.

Wermeskirchen, *Dühn*, villages de réformés, où sont plusieurs martinets.

Bailliages de Monheim & de Miseloe.

Monheim, bourg sur le Rhin. L'église qu'on y voit est aux catholiques ainsi que celle des villages de *Hytorf*, de *Rheindorf*, de *Reichrad* &c. *Urdenbach* paroisse réformée. *Reusrath* a une église catholique & une réformée.

Nessetrod, petit village, manoir noble. *Opladen* est sur la Wipper. *Leichlingen* a un martinet de cuivre.

Bailliage de Porz & de Mulheim.

Porz, bourg près du Rhin. *Bensberg* bourg où l'on voit un beau château de l'électeur Palatin.

Mulheim sur le Rhin, petite ville sans murs, voisine de Cologne. On y travaille la laine & la soie; on y commerce en vins, en blés, en bois: elle est l'entrepôt du fer travaillé dans le duché; le *Hrunter* qui s'y jette dans le Rhin fait dans son cours de 3 lieues, mouvoir 43 moulins. Les 3 cultes également permis, s'y exercent en paix.

Dutz, bourg qui a une abbaye & beaucoup de Juifs; le Rhin le sépare de Cologne.

Bailliages de Lulstorf, de Steinbach, & de Leuenberg.

Lulstorf est un grand village près du Rhin. Il est catholique. *Rosdorf* a un couvent d'augustins.

Oelpe, grand village où est une commanderie de l'ordre teutonique. *Deling* est une paroisse réformée.

Itonnelf, village étendu, siege du bailliage à qui une des 7 hautes montagnes opposées à la ville de Bonn a donné son nom. *Leuenberg*, *Husterbach* est une abbaye de Citeaux. *Rolandswerth* couvent de religieuses dans une île formée par le Rhin.

Bailliages de Blankenberg & de Windeck.

Blankenberg est une petite ville, sur une hauteur. Son bailliage est le plus étendu.

Siegberg petite ville sur la Sieg. Son seigneur est le chef d'une abbaye noble de bénédictins qu'on voit sur une montagne voisine.

Seelscheid, *Berchem*, *Rupichrad*, villages dont les églises sont communes aux lutheriens & aux catholiques.

Leuscheidt petite ville, son église est lutherienne, elle est le siege du bailli de Windeck. *Rosbach*, *Odenspiel* &c. sont des villages lutheriens.

Seigneurie de Hardenberg.

Hardenberg est un grand château, *Newiges* est un grand village dont les réformés ont la grande église, mais où les catholiques ont un couvent d'observantins avec une image miraculeuse de la vierge. *Langenberg*, est un bourg considérable, & commerçant. On y fabrique des draps. Les trois religions y ont des églises, les Juifs une synagogue.

Seigneurie franche de Bruch ou Broich.

Elle a deux grandes lieues de diametre: ses terres sont fertiles en blés, & couvrent beaucoup de charbons de terre. Ses habitans sont réformés.

Bruch est un vieux château sur une hauteur près de la Ruhr.

Mulheim sur la Ruhr, bourg ouvert, grand, peuplé, près de la Ruhr. On y commerce en marchandises de Hollande, en charbon de terre. La Ruhr est navigable de là jusqu'au Rhin. Les réformés y prient Dieu dans une église, les catholiques dans une chapelle, les lutheriens dans une maison.

Zarn vaste bourgade, abbaye noble de bénédictins. On y fabrique la porcelaine.

Styrum, manoir noble, isolé, mais célèbre.

Seigneurie de Schoeller.

Elle est possédée à titre de gage par les comtes de Schaesberg. Son chef lieu est un village. Celui de *Gruten* a deux églises, l'une pour les réformés, l'autre pour les catholiques.

Seigneurie d'Odenthal.

Elle 3 lieues de circuit. Son chef lieu est un village catholique. Elle renferme la riche abbaye *d'Altenberg* de l'ordre de Citeaux, dont l'église est magnifique, & a été la sépulture de plusieurs ducs de Juliers & de Berg.

DUCHÉ DE CLEVES.

Il est au nord du duché de Berg, à l'occident & au midi de l'évêché de Munster, à l'orient du Brabant & de la Gueldre. Long de 16 lieues, il en a 4 ou 5 de large. L'air y est sain, assez tempéré, le terrain est inégal : sur les hauteurs on voit des champs, des bois, des boccages & la forêt de *Rei-*

chswald qui a 4 ou 5 lieues de long, une lieue & demie de large, est bordée par des villes & des villages : on croit que c'est la forêt sacrée où Civilis fit déclarer la guerre aux Romains : elle a été très obscure, elle est claire aujourd'hui & un grand chemin la traverse. Dans les lieux bas sont des pâturages que le Rhin couvriroit si des digues entretenues avec soin ne retenaient ses eaux. En général le pays est bon, fertile, agréable, nourrit beaucoup de bétail, de chevaux, produit du blé, du tabac, des fruits, des légumes, & fournit beaucoup de gibier. Le *Rhin* le traverse, y reçoit la *Ruhr*, l'*Emser* & la *Lippe*. L'*Yssel* & la *Meuse* l'arrosent aussi : toutes ces rivieres sont poissonneuses, & donnent des saumons, des brochets, des carpes. La premiere & la derniere y favorisent le commerce. On y travaille la soie, & on y fabrique des draps, des toiles, des pipes. Il renferme 24 villes, 3 franchises. Les états sont composés de la noblesse, & des députés des 7 principales villes. Les catholiques, les réformés, les lutheriens, les mennonites, les juifs y professent librement leur culte. Les premiers ont six églises collégiales, 3 commanderies, 2 abbayes, 17 couvens d'hommes, 30 de femmes. Les lutheriens y forment 17 paroisses divisées en 3 classes. Les églises réformées, unies à celles de Juliers, de Berg, de la Mark, y sont desservies par 72 pasteurs, dont deux sont français. Ils forment 4 synodes.

Les antiquités, les inscriptions, les médailles qu'on trouve dans ce pays, prouvent que les Romains y règnerent. L'origine de ses comtes, leur histoire, est fabuleuse ou incertaine. Ils étaient comtes de Cleves & de Teisterbant ; ces deux comtés se diviserent bientôt. Celui de Cleves passa dans la maison de la Mark par le mariage de la niece du dernier comte de Cleves : en 1417 ce comté devint un duché auquel divers événemens joignirent ceux de Juliers & de Berg. Nous avons vu comment celui de Cleves devint un patrimoine des électeurs de Brandebourg.

Son suffrage dans le collége des princes n'est plus exercé. Le prince qui le possède dirige & convoque alternativement le cercle de Westphalie avec l'électeur Palatin.

La *Régence*, unie au *conseil aulique*, juge de toutes les affaires domaniales, féodales, ecclésiastiques & civiles : c'est à lui qu'on appelle de tous les jugemens. Les *conseillers provinciaux*, administrateurs de la police créés en 1753 dépendent de la chambre des domaines & de la guerre. Les bailliages ont été abolis, d'autres tribunaux siegent à leur place. Des magistrats sont nommés par le peuple dans les villes : des juges sont nommés par les nobles dans leurs jurisdictions : il y a encore des sieges de justice à Duisbourg & ailleurs, selon l'ancienne constitution. Les revenus pour Cleves & la Mark montent à un million d'écus pour Cleves, la Mark & Ravensberg. L'électeur roi donne chaque mois pour les charges de l'Empire 1208 flor. & pour l'entretien de la chambre Impériale 676 écus.

Le duché de Cleves se divise en 3 cercles.

I. *Cercle de Cleves.*

Cleves, *Clivia*, à moins d'une lieue du Rhin, à 3 lieues de la Meuse, est environnée de collines riantes, de belles vallées, de champs fertiles : des allées d'arbres, des prairies vastes embellissent la perspective. Cette ville communique avec le Rhin par la *Kermisdal* qui en s'éloignant de la ville se divise & se jette dans le fleuve. Elle est bien bâtie, divisée en haute & basse, n'a que 800 feux; son sol est inégal, sur tout dans la haute; ses rues ont de la pente: le château couronne la montagne de *Schlossberg*: de sa tour, on découvre dans un tems serein 24 villes: on dit qu'elle a été bâtie 300 ans avant J. C. Une inscription l'attribue à Jules César, à qui l'on attribue toutes les tours anciennes. Le petit marché est une jolie place: le grand est bordé de tilleuls. Le bâtiment où réside le gouverneur est beau, la *Kermisdal* le sépare du jardin royal. Les catholiques y ont une église collégiale & 3 couvens: les mennonites, les réformés, les lutheriens y ont des églises, & les juifs une synagogue. Cleves a séance au premier rang dans la diette provinciale. Près d'elle est une ménagerie qui est un parc environné de palissades: il a un mille de circuit, renferme 4 fontaines élevées en cascades, surmontées d'une galerie d'où l'on jouit d'une belle vue, & une fontaine minerale qui contient un vitriol de Mars volatil, une terre alcaline jaune, ferrugineuse, & un sel neutre. La montagne de *Cleves* a été plantée de tilleuls, & bordée d'une haie. Celle de *Frudenberg* fut embellie aussi par les mêmes soins. C'est là que le prince Maurice de Nassau Siegen avait préparé sa tombe: on l'y voit encore environné d'inscriptions, de lampes, de vases, d'urnes, de beliers antiques, déterrés aux environs. A demie lieue de Cleves est l'église de *Bedbourg*. Dabord simple hermitage, ensuite chapelle, puis couvent de chanoinesses, elle est aujourd'hui aux protestans.

Calcar, petite ville qui a voix & séance aux diettes du duché. La Leye qui l'arrose la fait communiquer avec le Rhin. Elle renferme deux couvens, deux églises : la plus grande est aux catholiques. Près d'elle est le *Monterberg*, montagne d'où l'on a une belle perspective, & où l'on a découvert des inscriptions & des médailles romaines.

Griethausen, au bord d'un bras du Rhin ; c'est une petite ville, qui doit sa régularité, sa beauté, sa figure de croix étoilée à l'incendie qui la dévora en 1735. Elle a un couvent & une église.

Cranenbourg, ville qui a été impériale, ceinte de murs en 1414. Elle a une église collégiale aux catholiques & une église de réformés. Un médecin possède pendant sa vie cette ville & son bailliage, pour avoir guéri l'électeur Frederic Guillaume.

Gennep, petite ville sur la Niers, qui près de là se jette dans la Meuse. Elle a été une seigneurie que les ducs de Cleves acquirent : de ses deux églises, l'une est réformée, l'autre est catholique.

Udem, *Udenheimium*, est une petite ville, ceinte de murs en 1347 & qui obtint douze ans après de grands priviléges. Elle a un chapitre d'augustins ; ses environs sont très fertiles en blés.

Goch, est sur la Niers. Elle fut donnée au duc de Cleves par Charles le téméraire duc de Bourgogne, en 1473, & fut ceinte de murs en 1291. Elle renferme 3 églises : la premiere aux catholiques, la seconde aux réformés, la derniere aux mennonites & aux lutheriens.

Sonsbeck, fut érigée en ville l'an 1320. Elle a un couvent de religieuses & deux églises aux catholiques & aux réformés.

Kerverdonk, *Griet*, sont deux petites villes : la derniere est sur le Rhin & fut ville en 1250. Ces villes ont des bailliages : nous ne ferons mention que de ceux qui nous présentent quelques objets dignes d'attention, ou de curiosité.

Dans le bailliage de *Cleverham*, *Sylva Clevensis*, est la paroisse de *Kellen*, *Colonia*. On croit que c'est dans ce lieu que fut établie la colonie *Ulpia Trajana*; & la paroisse de *Qualbourg*, *Quadriburgium*, où l'on a déterré des enseignes & des inscriptions romaines.

Le bailliage de *Griet*, renferme la paroisse de Wissel : trois bourgades en dépendent. Elle a une église collégiale.

Dans le cercle de Cleves sont renfermées diverses jurisdictions & terres nobles. Près de celle de *Kolk* est *Marienbaum*, couvent de femmes & d'hommes.

II. Cercle de Wesel.

Wesel, *Vesalia*, est la plus grande ville du duché : elle a une citadelle, des églises catholiques, lutheriennes & réformées, un gymnase pour ses derniers, 3 couvens d'hommes, l'abbaye noble de femmes d'Averdorf, dont les chanoinesses sont la plupart lutheriennes, une commanderie de St. Jean. Ses fortifications ont été rasées il y a plus d'un siecle, il ne lui reste qu'un mur & un fossé. Elle est située sur le Rhin, à l'embouchure de la Lippe qui lui donna d'abord le nom de *Lippermunde*. Elle était un village en 1125 ; mais sa situation y appellait le commerce ; elle devint bientôt ville impériale, & anséatique. Soumise malgré ces titres aux ducs de Cleves, elle a voix & séance aux diettes provinciales. Elle doit son nom au grand nombre de belettes, *Wiesel*, qui se trouve dans la forêt voisine. C'est là, ou près de là, qu'habita *Welleda* prin-

CERCLE DE WESTPHALIE. 29

cesse des Bructiens, devenue après sa mort une divinité pour son peuple. La ville est environnée de champs fertiles & de beaux pâturages.

Duisbourg, *Tuiscoburgum* : située autrefois au bord du Rhin, elle en est aujourd'hui à demi-lieue entre la Ruhr & l'Anger. Son nom (bourg tetonique) semble annoncer son origine. Le château de *Duispargum*, habité par Clodion le Chevelu était dans cette contrée. Elle a été ville impériale & anséatique, jouit encore de grands priviléges, & a voix & séance aux diettes provinciales. Les deux principales églises, une maison d'orphelins, une hotellerie, l'université fondée en 1655 sont aux réformés. Deux couvens d'hommes, un couvent noble de femmes de Citeaux, & une maison de béguines. Elle est un entrepôt de marchandises de fer & a des manufactures de drap.

Schermbeeck, petite ville, château : les réformés, les lutheriens y ont chacun une église.

Dinslacken, petite ville, autrefois seigneurie. Le plus grand nombre des habitans est réformé.

Holt ou *Holten*, petite ville bâtie en croix, dont le marché fait le centre. Elle a un vieux château. Ses habitans sont réformés.

Ruhrort ou *Rœroort*, ville au confluent de la Ruhr & du Rhin. Elle est réformée & ses habitans sont occupés, les uns à conduire des bateaux, les autres à les construire.

Buderich, est sur le Rhin, vis-à-vis l'embouchure de la Lippe. Les réformés y ont une église, les catholiques un couvent.

Xanten ou *Zanten*, *Santena*, petite ville très ancienne qui a voix & séance aux diettes provinciales. Elle a été soumise aux Romains. C'est là qu'ils avaient placé leur *vetera castra* ; là fut une colonie trajane, dont le nom se changea en celui de *Sancta Troja*, ou *Secunda Troja* que des médailles & des inscriptions lui donnent. Celui de *Sancta* lui vient d'un couvent nommé *Sancten*. Son église collégiale est la plus grande du duché de Cleves. Elle renferme encore une chartreuse, & deux couvens.

Ce cercle renferme encore 9 bailliages, la ville d'*Offoi* sur le Rhin, qui dépend de la jurisdiction provinciale de *Dinslaken* & plusieurs seigneuries, jurisdictions & terres nobles.

III Cercle d'Emmerich.

Rées, petite ville sur le Rhin, qui a voix & séance aux diettes du duché, & qui fut murée en 1228. Elle renferme 3 églises pour les 3 religions. De sa jurisdiction dépendent plusieurs bailliages & la petite ville d'*Isselbourg*, sur l'Issel, qui renferme deux églises, l'une réformée, l'autre lutherienne.

Emmerich, ou *Embrich*, ville au milieu d'une plaine fertile qui fut environnée de murs & de fossés en 1247. Elle doit son existence à son église collégiale : elle a encore 4 autres églises pour les lutheriens, les réformés, les mennonites, & les catholiques qui y possèdent 4 couvens. Emmerich a voix & séance aux assemblées provinciales. Sa jurisdiction s'étend sur 4 bourgades & la paroisse de *Lokith*.

Sevenaer ou *Zeventer*, petite ville qui a fait partie de la seigneurie de *Lymers*, & devint ville en 1487. Elle a une église de réformés. Sa jurisdiction s'étend sur 3 paroisses.

Huyssen, petite ville qui le devint en 1348. Deux bourgades en dépendent.

Ce cercle renferme encore 6 jurisdictions & plusieurs seigneuries.

CERCLE DE WESTPHALIE.
COMTÉ DE LA MARCK.

Il est le plus grand de la Westphalie : il a au levant le duché de ce nom, au couchant celui de Cleves, au nord de l'évêché de Munster, au midi le duché de Berg. Son sol est fertile en blés, en légumes ; le lin, le chanvre y prospérent, les fruits y sont abondans, de vastes prairies sont couvertes de bétail ; de belles forêts, des montagnes agréables, renferment un gibier excellent. On y trouve des mines de charbon de terre, de fer, de plomb, de cuivre & d'argent, de bonnes carrieres, 3 salines, une fontaine d'eau minérale. La *Lippe*, la *Ruhr*, la *Lenne*, la *Volme*, *l'Empe*, *l'Eisike*, *l'Asse*, l'arrosent, le fertilisent, le fournissent de différens poissons, ainsi que divers ruisseaux & des étangs. Il renferme 17 villes & 7 bourgs. On y professe les 3 religions ; les lutheriens y sont les plus nombreux, ils ont 4 paroisses ; les catholiques sont les plus faibles. Les juifs y ont des synagogues. Les réformés ont leur synode divisé en 4 classes qui ont ensemble 5 pasteurs.

Ce petit pays est commerçant : on y trouve des fabriques en divers genres, mais sur-tout en fer & acier.

Les comtes de la Marck descendaient de ceux d'Altena. Le premier qui ait été connu sous ce nom vivait en 1249. Ces comtes devinrent ducs de Cleves, & les deux pays ont eu le même sort.

Le roi de Prusse y établit en 1753 six tribunaux pour l'administration de la justice : ils siegent à Hamm, Unna, Altena, Ludenscheid, Haguen, & Bockum. Les jurisdictions nobles & les justices de Schwelm & de Plettenberg ont conservé leur ancienne constitution. Pour la police, 4 tribunaux étendent leur pouvoir sur les 4 cercles, dans lesquels le comté est divisé. On le divise aussi en pays méridional ou le *Sauerland*, & le *Hellweg*, l'un au midi, l'autre au midi de la Ruhr qui les sépare. Nous suivons la division par cercles.

I *Cercle de Hamm.*

Hamm, *Hammona*, au confluent de l'Asse & de la Lippe : est la capitale du comté. Assez grande, bien bâtie, elle a des fossés & des palissades qui lui servent de murs. Elle obtint ses priviléges en 1213. Les réformés y ont un Gymnase avec trois professeurs, une école latine, & l'église paroissiale. Les lutheriens y ont une église, les catholiques un couvent. Le château est antique : au couchant de la ville est le fort Ferdinand. Les pauvres y ont à craindre le mépris comme ailleurs, mais non l'abandon. Hamm est fort commerçante : elle a été anséatique, & a de belles blanchisseries de toiles. Près d'elle est une abbaye noble de demoiselles réformées & catholiques, & un couvent noble de femmes de l'ordre de Citeaux : le premier s'appelle *Norder-hospital* : le second *Kentrop*.

Son bailliage s'étend sur 8 paroisses : la plus considérable est celle de la Marck, dans l'enceinte de laquelle on voit les ruines du château qui donna son nom au comté.

Unna, est sur le bord du ruisseau de *Kottelbecke*. C'est la seconde ville du comté. Elle est environnée de murs & de fossés, au milieu d'une plaine riante. Elle renferme deux églises, un couvent, une chapelle, une école pour les lutheriens & les réformés. Elle a été capitale d'un comté qui portoit son nom, n'était qu'un grand village en 1032,
devint

devint ville en 1250. Elle a été anféatique. Son territoire est vaste, ses habitans sont agriculteurs, distillent de l'eau de vie, brassent de la bierre. Non loin d'elle, dans la terre de *Brockhausen* sont deux salines.

Son bailliage s'étend sur 10 paroisses. Dans celles d'*Aplerbeck* & d'*Opherdick* on trouve du charbon de terre. Dans celle de *Wickede* est l'abbaye de *Frondenberg*, habitée par des chanoinesses catholiques & protestantes. Cette abbaye est riche : elle est placée sur la montagne de *Haslo*, au bord de la Ruhr.

Camen, sur la Zesick, ville ancienne, qui a séance aux assemblées provinciales, & renferme deux églises, une école latine & un couvent de religieuses. Une belle plaine l'environne. Son bailliage s'étend sur 3 bourgades, & quelques manoirs nobles.

Schwerte, petite ville ceinte de murs en 1420. Elle renferme 3 églises pour les 3 religions. Les champs & le bétail sont l'occupation de ceux qui l'habitent; elle a le 5e. rang aux dietes. Son bailliage ne s'étend que sur une paroisse.

Lunen, petite ville, autrefois sur la Lippe, aujourd'hui près de son confluent avec le Zesick. Elle a séance & voix aux assemblées, & est peuplée de réformés & de lutheriens qui s'occupent de l'agriculture, du commerce & du bétail. Son baillige s'étend sur deux paroisses.

Soest, *Susatum*, ville d'une vaste enceinte, remplie par des maisons assez laides, des cours, & de grands jardins. On y compte 1200 feux. Le roi de Prusse lui a ôté le droit d'élire ses magistrats : son droit municipal est la baze de celui de Lubeck. Les lutheriens y ont 6 églises, un gymnase, & la nef de la cathédrale, dont les catholiques ont le

Tome IV. C

chœur & deux couvens. Les succeſſeurs de Charlemagne y ont demeuré. Elle ſe donna en 1444 au duc de Cleves, en conſervant ſes priviléges : l'un d'entr'eux était de battre monnoie : elle ne l'a pas conſervé. Elle a été anſéatique. Environnée de champs, ſes habitans les cultivent & font un grand commerce de blé. Son diſtrict rapporte annuellement 30000 écus d'Empire, il renferme 10 paroiſſes, 30 villages & pluſieurs terres nobles. Dans la paroiſſe de *Saſſendorp* eſt une ſaline abondante. Ce diſtrict renferme encore la franchiſe & cour impériale de *Weſthoven* entre Schwerte & Syberg, au pié d'une montagne, près de la Ruhr. Ça été un domaine du célébre *Vitikind*. Cette cour, & ce bourg avaient autrefois des priviléges, des uſages & des loix particulieres. Ils ont encore leur tribunal particulier : leurs habitans ſont laboureurs, bergers & manœuvres. Ils dépendent de l'égliſe de *Syberg*, bâtie ſur un rocher, ſur lequel fut le château de Sybourg, ou Sigebourg, emporté deux fois par Charlemagne, & détruit en 1287.

II. Cercle de Hœrde.

Hœrde, eſt un bourg ſur l'Emtſcher. Ses habitans lutheriens & réformés ont chacun une égliſe, ils cultivent leurs champs, ils fabriquent des clous. Près de ce bourg eſt l'abbaye noble & ſéculiere de *Clarenberg*, fondée en 1340. Ses 13 chanoineſſes ſont catholiques ou proteſtantes. Le bailliage de Hœrde comprend 3 paroiſſes.

Bockum ou *Bocheim*, ville, eſt placée dans un pays riant & fertile : elle a ſon juge particulier. La grande égliſe, ſon cimetierre, ſes cloches ſont communes aux catholiques & aux proteſtans. Ces derniers y ont encore deux petites églises. Son bailliage renferme deux paroisses. Celle de *Wattenscheid* prend son nom d'un bourg qui a des priviléges municipaux & deux églises, l'une catholique, l'autre lutherienne.

Blankenstein, bourg sur une hauteur, près de la Ruhr. Il avait un château fortifié, aujourd'hui détruit. Son bailliage renferme 6 paroisses : dans celle d'*Hattingen*, est la petite ville de ce nom, elle a 2 églises, un gymnase. C'est près de là que fut autrefois le château d'*Isenbourg*.

Ce cercle renferme encore 12 sieges de justice seigneuriaux. Ils s'étendent sur diverses paroisses & un grand nombre de villages. On y voit le bourg de *Castrop* qui a 3 églises pour les 3 cultes que la loi autorise : le gros village de *Mengede*, qui a aussi 3 églises, & celui de *Witten*.

III. Cercle d'Altena.

Altena, ville grande & peuplée, qui couvre les deux pentes de la montagne de *Schlosberg*, ayant d'un côté la Lippe, de l'autre la Nette, entourée de hauteurs, ayant peu de champs, beaucoup de prairies & de bois, divisée en trois parties. Ses maisons sont de pierres; son antique château est sur un haut rocher : elle commerce en fil d'archal. Son bailliage s'étend sur trois paroisses : c'est dans celle de *Halver*, près du village de Bergfeld qu'on voit la source de *l'Empe*, riviere très poissonneuse.

Nieurade ou *Drechroide*, petite ville au milieu des montagnes, sur la Lenne. Ses habitans sont laboureurs, nourrissent du bétail & commerçent en fer. Elle fut bâtie en 1353. Son église est réformée. Son bailliage renferme 3 paroisses. Dans celle de *Wehrdohl* est une saline mal exploitée.

Plettenberg, est une petite ville sur l'Else & l'Oester, qui a conservé son ancienne constitution, ses magistrats, ses juges. Les lutheriens, les réformés y prient Dieu dans la même église. Elle était un village en 1387, & devint ville en 1397. Elle fut une baronnie, un comté. Ses habitans labourent, soignent le bétail, fabriquent de gros draps, travaillent le fer. Sa paroisse a les mêmes bornes que son bailliage : il y avait des mines de cuivre & de plomb dans son enceinte, & on y voit encore de bonnes carrieres. Pour y rendre les champs fertiles, on y fait des couches de broussailles de deux pieds de hauteur sur 4 de large; on les couvre de tourbe ou de gazon, on les enflame, & leurs cendres dispersées forment un excellent engrais.

Ludenscheid, ville petite, mais bien bâtie, surtout depuis qu'elle a été consumée en 1723 : elle fut ville dans le 13e. siecle : les champs, le bétail, le commerce du fer, du fil d'archal &c. en occupent les habitans qui sont lutheriens & réformés, & ont chacun une église. Son tribunal s'étend sur 9 ou 10 paroisses & justices inférieures. Dans cette étendue on trouve la petite ville de *Breckerfeld*, le bourg peuplé de *Meinerzhagen*, dont les habitans commerçent en fer.

IV. Cercle de *Wetter*.

Wetter, est un bourg sans murs, près de la Ruhr, sur une hauteur. Dans son bailliage qui renferme 6 à 7 paroisses, est la petite ville d'*Herdicke*, ville en 1738, ouverte encore, elle a un pont sur la Ruhr, une abbaye noble séculiere de demoiselles catholiques & protestantes, & 3 églises pour les 3 cultes. Il renferme encore *Volmestein*, bourg ouvert, situé sur une montagne.

Hagen, ville nouvelle, sur la Volme, entourée de montagnes fertiles. Elle a 3 églises, des fabriques de draps, divers métiers. Sa paroisse renferme 10 bourgades. A *Delstein* on fait du beau papier; à *Eilpe*, des couteaux, des lames d'épées, du beau papier encore; à *Emperstrase* sont des martinets de fer, à *Eppenhausen* on creuse l'albatre noir à veines blanches; à *Holthausen* l'albâtre blanc à veines rouges. La justice d'Hagen s'étend encore sur 3 ou 4 paroisses.

Iserlon ou *Lon*, ville peuplée, assez jolie, dans une contrée montueuse, sur le Baaren. Les lutheriens y ont 3 églises, les réformés une, les catholiques y ont une maison. On y travaille le fer, & le laiton; on y fait des rubans, en velours & en soie, des étoffes de laine &c. Elle a le 4e. rang dans les dietes. On trouve des mines de fer dans son bailliage qui est peu étendu.

Schwelm, sur le ruisseau de Schwelme, devint une ville en 1590. Les fabriques, le commerce occupent ses habitans. Elle a 3 églises : dans son voisinage sont des eaux médicinales. Dans son *Gogericht* est renfermée l'abbaye noble & séculiere de *Gevelsberg* : présidée par une abbesse, on y reçoit des catholiques & des protestantes, & son église sert aux deux cultes.

COMTÉ DE LIMBOURG.

C'est un fief du comté de la Marck dans lequel il est enclavé. Après la démolition du château de Isenbourg, le beau-frere du dernier comte qui mourût fur la roue comme un affaffin en 1225, bâtit pour les fils malheureux de cet homme un château qu'il nomma *Limbourg*, & ils en prirent le nom. Le comté de ce nom a 5 lieues de long & 4 de large ; il offre des montagnes fertiles, de beaux bois, d'abondans pâturages, des prairies riantes, des champs cultivés avec foin. La Lenne l'arrofe ; le gibier y eft commun ; on y trouve de l'albâtre noir & blanc. Il eft fous la protection du duc de Cleves, ou du roi de Pruffe à qui il paye chaque année la fomme de 3056 rixdalers. Il renferme 7 paroiffes. Celle de Limbourg renferme le château bâti au bord de la Lenne, fur une haute montagne, au pié de laquelle eft le bourg. La chancellerie eft dans le château : le tribunal de juftice eft dans le bourg.

Le comté de la Marck renferme encore la moitié de la ville de *Lippe* ou *Lipftadt*, bâtie en 1150, engagée au comte de la Marck en 1376, ils en rendirent la moitié en 1445. Voyez l'article du comté de la Lippe.

COMTÉ DE RAVENSBERG.

L'évêché de Munfter le fépare du comté de la Marck. C'eft au 12e. fiecle qu'on trouve des comtes de Ravensberg : le dernier mourut en 1346 : fa niéce, mariée au duc de Juliers, joignit fon héritage à ce duché, qui a paffé avec lui fous la domination Pruffienne. Il dépend de la régence de Minden. C'eft à elle qu'on appelle des fentences des juges & des magiftrats des villes. Ses arrêts font eux mêmes fujets à revifion à Berlin. Cette régence adminiftre les finances & les impôts, publie les ordres du roi, tient les régiftres. L'état général des contributions est présenté aux Etats du comté, qui s'assemblent quelquefois à Bielefeld où sont leurs archives. La forme des assemblées n'est plus ce qu'elle a été. On compte 45 terres qui y donnent entrée.

Le terrain est en partie sablonneux, en partie hérissé de montagnes. On y trouve des champs fertiles en blés; d'autres produisent du chanvre & du lin de la plus grande finesse. De vastes pâturages nourrissent de nombreux troupeaux, de belles forêts y invitent à la chasse, de hautes montagnes semblent annoncer qu'elles recélent des mineraux dans leur sein : on n'en a tiré que du charbon de pierre. On y voit des fontaines d'eaux minérales, on y exploite une saline, & y travaille de bonnes carrieres. La *Warmenau*, *l'Else*, *l'Aa*, la *Werre*, l'arrosent, & après s'être réunies, se jettent dans le *Weser* qui le borde, & y facilite le commerce. *L'Hessel*, le *Lutterbach* y coulent aussi. La filerie, la fabrique des toiles y occupent les habitans. C'est leur plus grand objet de commerce. On y fabrique aussi des étoffes de laine & des bas. Presque tous les habitans sont lutheriens : ils forment 33 paroisses. Les réformés n'ont le libre exercice de leur religion qu'à Bielefeld & à Herford : les catholiques ont des églises dans ces deux villes, & encore à *Schildesche*, à *Stockkæmpen* & *Vlotho*. On y tolére des Juifs. Le consistoire de Münden a le soin des affaires ecclésiastiques du comté. On y compte 2 villes immédiates, 8 villes de bailliages, un bourg, 130 villages. Le titre de bailli y est sans fonctions : il est encore une récompense parce que des pensions y sont toujours attachées. On le divise en 4 bailliages.

Villes immédiates.

Bielefeld, capitale du comté ; le Lutterbach la

divisé en ville neuve & vieille, qui furent autrefois gouvernées par des magistrats différens. Au pié d'une montagne, elle ne renferme que 800 maisons, & est assez bien bâtie. Les catholiques y ont un couvent & une chapelle; les lutheriens deux églises, dont l'une a un chapitre composé de 7 protestans & 5 catholiques. Elle a encore une maladrerie, une maison de correction & une d'orphelins où l'on fabrique des bas. On y fabrique & blanchit les toiles; on y cultive le tabac; on y fait diverses étoffes. Elle devint ville en 1287 & a été anséatique.

Herford, autrefois *Hervorden*, est divisée en 3 parties par la Werre & l'Aa. Elle renferme 807 maisons, qui laissent entr'elles des espaces vuides & de grands jardins, & dans son enceinte on trouve encore un pâturage & des champs. Elle a un couvent de carmes, 4 églises lutheriennes, une de réformés, deux chapelles. Sur une montagne voisine est l'abbaye de Ste. Marie : elle est noble & séculiere. Cette ville était impériale; mais les troupes de Brandebourg la forcerent à prêter hommage à l'électeur en 1652. Elle a un petit territoire de moins d'une lieue de circuit.

I. *Bailliage de Sparenberg.*

Il comprend la moitié du comté, & renferme 5 districts, dont chacun a son juge.

Celui de *Brackwede*, est sablonneux, infertile. Ses habitans fabriquent du fil & des toiles qui les enrichissent. Il renferme 4 paroisses : c'est dans celle de Brackwede que sont les blanchisseries de Bielefeld.

Celui de *Heepen*, est fertile, agréable. Les oisifs

y chassent & pêchent, les autres y cultivent la terre, y nourrissent des bestiaux, y font des toiles, & les blanchissent.

Celui de *Schildesche*, renferme des forêts, des champs, des pâturages. On y fait des toiles fines. On y voit le bourg de ce nom, assez grand, avec une abbaye de femmes des trois religions, distinguées par une croix particuliere.

Celui de *Werther*, où l'on cultive un très beau lin, où l'on trouve des forêts & la petite ville qui lui donne son nom. Elle reçut ses priviléges en 1719.

Enfin celui d'*Enger*, dont les habitans labourent, filent, & veillent sur des bestiaux. Il renferme la ville d'*Enger*, *Angaria*, qui obtint ce titre en 1710. Elle a été la demeure de Vitikind, & on y voit le mausolée que lui éleva l'empereur Charles IV. La ville a été fortifiée, & appartint à divers maitres. Son sort est fixé aujourd'hui.

II. Bailliage de Ravensberg.

On y trouve des forêts, du charbon de terre, des sources d'eaux salées, des indices de mines d'argent. Une grosse toile qu'on envoye en Amérique fait l'occupation & le commerce des habitans : elle le faisait du moins ; mais les circonstances actuelles ont dû interrompre ce commerce. C'est là qu'on voit encore les ruines du château de Ravensberg. On y compte 5 terres nobles.

Versmold, petite ville érigée en 1719, & dont les habitans commercent en toiles.

Halle, ville en 1719. Elle est petite & n'a rien de remarquable, non plus que *Borgholzhausen*, érigée en ville dans la même année.

III. Bailliage de Limberg.

L'agriculture, le bétail, le filage, la fabrique des toiles en occupent les habitans. Il renferme onze terres nobles.

Bünde, ville en 1719. Près d'elle est une fontaine d'eau minérale. On y commerce en fil, & en grosses toiles.

Oldendorf, ville en 1719. Dans sa prévôté, près de la maison noble *d'Holzhauzen*, on a découvert en 1728, une fontaine d'eaux minérales.

IV. Bailliage de Vlotho.

Il a été une seigneurie particuliere : son château n'existe plus. Les habitans filent & tissent des toiles.

Vlotho, autrefois *Vlotouwe*, est une petite ville sur le Weser. Elle portait le nom de ville depuis plusieurs siecles, & on lui en donna le privilége en 1719. Elle a deux églises, l'une catholique, l'autre lutherienne. La navigation, le commerce occupent ses habitans. Elle a une source d'eau minerale, & dans la paroisse de *Rehme*, des salines considérables & une église fondée par Charlemagne.

Wehrendorf, est une prévôté qui renferme la paroisse & le village de *Walldorf*.

PRINCIPAUTÉ DE MINDEN.

Elle est située au nord du comté de Ravensberg, & reconnait les loix du même maître. Vers l'orient, elle confine au comté de Schaumbourg, vers le couchant à l'évêché d'Osnabruck, vers le nord aux comtés de Diepholz & de Hoga. Il a fait partie de l'Angrie. Son évêché fut fondé par Charlemagne, vers l'an 803 ; d'autres difent en 780. Son premier évèque fut Hercumbert, & fes fuccefleurs jouirent des droits regaliens. On en compte foixante jufqu'au traité de Weftphalie, par lequel on fécularifa l'évêché, & on le donna fous le titre de principauté à la maifon électorale de Brandebourg qui cédait la Pomeranie à la Suède. Elle en prit poffeffion en 1649.

On trouve dans cette principauté des champs fertiles & bien cultivés ; elle fournit du froment blanc & de l'orge aux provinces voifines. Le lin y réuffit, de beaux pâturages y font du bétail un grand objet de commerce. On y trouve du bois, de la tourbe, du charbon de terre, d'abondantes falines. De petites rivieres le fourniffent de poiffon. Le Wefer l'arrofe & facilite fon commerce, qui confifte principalement en fil, en groffes toiles, en grains, en chevaux. On y fait de la bierre, de l'eau-de-vie, du favon, du treillis, des étoffes moitié laine & moitié fil. On y rafine le fucre.

On y compte 2 villes immédiates, 2 médiates, ou dépendantes des bailliages, un bourg, 121 villages ou hameaux, 46 biens ou fieges nobles. Des payfans y font libres, d'autres y font ferfs. Une régence l'adminiftre, y exerce la juftice fur tous les fujets, fur la nobleffe en premiere & feconde inftance ; juge des appels de tous les autres magiftrats, & des affaires criminelles & eccléfiaftiques. Il y a auffi une chambre des domaines & de la guerre, qui veille fur la police, le commerce, les manufactures, la guerre, les finances ; un confiftoire, un collége de fanté qui étend fes foins fur les maladies des hommes & des animaux. Un collége de médecine pourvoit à ce qu'on n'y manque pas de fecours en ce genre, & veille fur les fages femmes.

Les habitans font lutheriens. Les catholiques ont le libre exercice de leur culte à Minden & point ailleurs, les réformés ne s'affemblent qu'une fois tous les trois mois au château de Petershagen. Minden a fon miniftère eccléfiaftique particulier : tout le pays reconnaît en ce point l'autorité d'un fur-intendant. Les lutheriens y forment 34 paroiffes, divifées en 4 cercles.

La principauté a féance à la diete après Saxe-Lavenbourg & avant Holftein; cependant elle alterne avec Holftein-Gluckftadt. Dans le cercle de Weftphalie, elle fuit l'évèché d'Ofnabruk. Son mois romain monte à 121 rixdalers, & fa taxe pour l'entretien de la chambre Impériale à 54 rixdalers pour chaque terme. Elle a un maréchal héréditaire. Le revenu annuel de fes biens domaniaux monte à une tonne & demie d'or, & réunie aux comtés de Ravensberg, de Tecklenbourg & de Lingen, elle fournit deux tonnes & demie à la caiffe militaire. Elle renferme cinq bailliages, & a environ 40 lieues de circuit.

Villes immédiates.

Minden, *Mindo*, fur le Wefer, eft dans une fituation favorable pour le commerce, & pour la navigation : ceinte de murs, entourée par des foffés, elle n'eft pas forte, & a environ une lieue de tour. Sa bierre blanche, les champs, le bétail y donnent de l'aifance aux habitans. Sa cathédrale eft vafte, fon chapitre compofé de 18 chanoines, dont 7 font proteftans, de 24 vicaires, 4 commendataires, 4 chantres, & de deux prédicateurs bénédictins, eft riche encore. Il y a encore dans Minden deux chapitres : celui de St. Jean eft catholique, celui de St. Martin eft lutherien. On y compte 3 autres églifes, une maifon d'orphelins, une maifon de force où l'on fabrique des bas, 3 hôpitaux, un gymnase. Son magistrat juge de toutes les affaires en premiere instance dans la ville & son territoire. Cette ville était déja considérable sous Charlemagne. Elle a été anséatique.

Lübbecke, *Luthicke*, fut entourée de murs & de fossés, & devint ville en 1279. Ses priviléges sont considérables : son magistrat juge du civil & du criminel en premiere instance. C'est toujours un noble qui est bourguemaitre. Le peuple y est compté pour peu de chose. Elle a un petit chapitre, dont un doit toujours être catholique ; une école, & un hôpital. Les habitans sont lutheriens ; ils commerçent en fil & en toiles, labourent, entretiennent du bétail, brassent la bierre, font de l'eau-de-vie, afinent le sucre. Elle ne renferme que 258 maisons.

I. *Bailliage de Hausberge.*

C'est le premier & le plus considérable : son sol est fertile, le Weser l'arrose. Il a formé une seigneurie particuliere, qui fut incorporée à l'évêché de Minden vers la fin du 14e. siecle. Une montagne qui s'étend d'orient en occident, traversée par le fleuve, la partage en 4 prévôtés.

Hausberge fut érigée en ville l'an 1722. Elle a un magistrat de police, un château, une ferme royale, 3 chatellenies ; divers métiers, l'agriculture, la bierre & le brandevin qu'on y fait, occupent ses habitans.

La prévôté *entre Berg & Brug* renferme 7 villages & une mine de charbon de terre qu'on exploite. Sur le haut de la montagne de *Weden* ou *mont de Witikind*, est une chapelle où les catholiques s'assemblent quelquefois.

Celle de *Gohfeld* renferme 16 villages, & 6 paroisses. La Werra la traverse & lui donna autrefois son nom.

Celle d'*Uebernstieg* a 13 villages, & la commanderie de *Wietersheim*, de l'ordre de St. Jean. Elle juge en premiere instance dans un district assez étendu, a 75 serfs & rapporte plus de 2200 rixdalers par an.

Celle de *Landwehre* a 10 villages.

II. Bailliage de Petershagen.

Son sol est fertile, le Weser l'arrose & l'inonde quelquefois. On le divise en 4 prévôtés.

Petershagen, autrefois *Hockeleve*. C'était un bourg en 1520; il devint ville en 1722. Son vieux château était la demeure de l'évêque de Minden. Elle est divisée en ville vieille & neuve. Les habitans y filent, font des toiles, sont laboureurs ou pâtres.

Windheim est une paroisse & une prévôté qui renferme 12 bourgades. On y fait du fil, on y cultive les terres.

La prévôté d'*Auf der Börde* renferme 8 villages. Ses habitans s'occupent du bétail, du labourage; ils tirent & vendent de la tourbe dans la paroisse de *Hille*.

Hofmeister, prévôté de 6 villages; le sol y est pesant & stérile; les habitans y sont actifs & industrieux : ils fabriquent une étoffe moitié laine & moitié fil.

III. Bailliage de Reineberg.

Dans son enceinte est une haute montagne, où l'on espéra longtems de trouver des mines d'argent.

Sa fertilité vaut mieux que le métal qu'on y cherchait. Ce bailliage est semé de châteaux élevés par les évêques pour s'en maintenir la possession que leur disputaient les comtes de Tecklenbourg. Il renferme 6 prévôtés.

Dans celle de *Quernheim*, composée de 9 villages, est une abbaye de 12 dames nobles lutheriennes qui portent une croix d'or attachée à un ruban blanc. Ses habitans font du fil fin & des toiles.

Celle de *Gehlenbeck* est composée de 4 grands villages. Ses habitans sont cultivateurs.

Levern, paroisse, prévôté, abbaye de 9 dames nobles lutheriennes, qui possède des serfs. Le labourage, le bétail, les toiles en occupent les habitans.

Alswede, prévôté de 5 villages : leurs habitans cultivent leurs champs, veillent sur leurs bestiaux.

Schnathorst, prévôté de 5 villages. Ses habitans coupent & vendent des bois, ils font du fil.

Blasheim n'a que trois grands villages, qui forment une paroisse.

IV. Bailliage de Rahden, ou Rohden.

Il a deux baillis qui demeurent ensemble dans le château de ce nom, où l'on brasse la bierre, où l'on fait l'eau-de-vie. C'est un terrain bas qui nourrit du bétail. Ses habitans font de la vaisselle de bois qu'ils échangent contre du lin, dont ils font une étoffe en y mêlant de la laine. Il n'a que deux prévôtés.

Celle de *Rahden* est formée de 5 grands villages. On trouve dans son enceinte des vestiges de sepultures payennes.

Celle de *Stemmwerderberg* fut autrefois un comté particulier & renferme 6 villages.

V. Bailliage de Schlüsselbourg.

Son sol, traversé par le Weser, est infertile. Une partie de ses habitans cultive ses champs, l'autre file, & ils ne s'enrichissent pas. Il renferme quatre paroisses.

Schlüsselbourg, est un grand bourg, qui jouit de quelques priviléges des villes, a un bourguemaître, un château, & est peuplé de laboureurs.

OST-FRISE, OU FRISE ORIENTALE.

La mer la borne au nord; vers l'orient elle a le comté d'Oldenbourg, au sud l'évêché de Munster, au couchant la seigneurie de Groningue. Elle a 16 lieues de long, & 15 de large. L'air y est humide & pesant, mais purifié par les vents de mer : le printems y est tardif ainsi que les moissons; le terrain y est uni, bas, protégé par des digues contre les flots de la mer. Le long des côtes est une terre grasse & fertile; on y voit beaucoup de prairies & peu de champs. On y nourrit des bêtes à cornes, des chevaux & de grands moutons. Une vache au printems y fournit 20 à 24 pots de lait par jour : les brebis y font souvent 4 agneaux. On y fait du beurre & du fromage très gras. Au centre de ce pays le terrain est sablonneux, coupé de marécages : on y fait de la tourbe, plus utile qu'ailleurs parce qu'on y trouve moins de bois qu'ailleurs. Les fruits y sont gros, mais ils ont peu de goût. La volaille, le gibier y sont abondans; les oies y sont très grandes. Un tiers de la principauté est inculte : l'Ems l'arrose : très large près de son embouchure, il s'y divise en deux bras qui forment l'île de Borcum. Le flux de la mer s'y fait sentir à 5 lieues & rend ses eaux saleés.

Sur

Cercle de Westphalie. 49

Sur la fin du 13ᵉ. fiecle, la mer y couvrit 50 villages ou hameaux & y forma le golfe de *Dollart* où il fe jette. On remarque que la mer y abandonne infenfiblement fes rivages. Elle y fournit des poiffons, des huitres, des moules, des homards &c. Elle y facilite la navigation & le commerce. On en exporte de grands chevaux, des bêtes à cornes, du fromage, du beurre, de l'orge d'hyver, de l'avoine, des fèves, de la toile fine qu'on vend comme toile de Hollande. Le roi de Pruffe a établi à Embden une compagnie pour la pêche du hareng, & elle y profpére.

L'Oft-Frife fut d'abord partagée en un grand nombre de feigneuries. La plus grande partie fe foumit en 1430 à *Edzard* defcendant d'un de ces feigneurs ou capitaines qu'on furnomma Cyrkfena. Les fucceffeurs d'Edzard devinrent princes de l'Empire : leur race éteinte, Frederic II roi de Pruffe s'en empara en 1744. Son titre était une expectative accordée en 1694 par l'empereur Léopold. Fondés fur un pacte de famille conclu entr'elle & les princes d'Oft-Frife en 1691, les princes de Brunfwic-Lunebourg proteftérent contre cette prife de poffeffion ; mais pour rendre cette proteftation utile, il aurait fallu être le plus fort.

Les habitans font lutheriens & réformés : les catholiques y ont l'exercice libre de leur religion en diverfes villes, & les moraves à Norden. Les juifs y font tolérés. L'ancienne langue Frifonne y eft oubliée : la moderne, le haut-Allemand, le Hollandois y font prefque également connus. La nobleffe, les villes & les payfans y forment les *Etats*. Les tranfactions de ces Etats avec leurs princes, jointes aux ordonnances Impériales y fervent de loix & de bafe à l'adminiftration du pays. Ils confentent aux impôts

& les lèvent; ils administrent les accises & jouissent encore de divers priviléges. C'est à Aurich que resident la régence, la chambre de guerre & des domaines, le collége provincial des administrateurs, & celui de médecine.

L'Ost-Frise a séance à la diete entre les princes d'Aversperg & ceux de Furstenberg. Dans celles du cercle de Westphalie, sa place est entre Nassau-Dillenbourg & Meurs. Son mois Romain est fixé à 192 florins, & sa taxe pour la chambre Impériale est de 160 écus pour chaque terme. Elle paye plus de 300,000 écus à son souverain. Elle comprend 3 villes, 9 bailliages, 6 seigneuries nobles. Les bailliages sont divisés en prévôtés, & les prévôtés en paroisses.

I Aurich est au centre du pays: c'est là que resident les princes, là que siegent les colléges d'administration. Deux bourguemaitres la régissent. Elle a deux églises, un collége, une maison de pauvres. Son bailliage semé de bruyeres renferme 6 prévôtés & 21 paroisses lutheriennes, & une réformée. Dans son enceinte on remarque *Rahe*, petit village près du lieu où les Frisons s'assemblaient chaque année sous trois grands chênes. On y voit encore le lac de *Wibelsbüer-meer*, & le bourg de *Marienhave*, près duquel est un golfe connu par l'asyle qu'il offrait à d'anciens pirates.

II. Norden est la plus ancienne ville du pays. Elle est ouverte, grande, a un bon port, & est située à une lieue de la mer. Ses habitans sont aisés: ils sont lutheriens, réformés, mennonites, ou moraves. Son bailliage est semé de maisons de campagne; il s'étend sur l'ile de *St. Just* & sur les huit vallées ou *Tulen*. Les paysans qui les habitent s'assemblent tous les ans à Norden & partagent le revenu du pays suivant leurs régiſtres de famille.

III. Embden, *Emetha*, la plus conſidérable ville de l'Oſt-Friſe, eſt grande, forte, commerçante, ſur les bords de l'Embs, diviſée en ville vieille, ville neuve & en deux fauxbourgs. Elle a un port & un hôtel de ville où les vaiſſeaux parviennent par le canal de Delf qui communique à l'Embs. Trois égliſes ſont aux réformés, ainſi qu'une école latine. Il y a encore des catholiques, des lutheriens, des mennonites, & des juifs. La ville eſt un port franc : les Hollandais la protégaient, mais le roi de Pruſſe a racheté ce droit de protection. Son territoire renferme quelques ſeigneuries. Son bailliage s'étend ſur un ſol fertile, où ſont aſſis des bourgs & des villages. Il renferme 25 paroiſſes, dont une eſt lutherienne : elles forment 5 prévôtés. On y remarque le bourg de *Jemgum* qui eſt ſur l'Embs, a un port, eſt grand & riche, eſt peuplé de réformés. *Dizam* ſur l'Embs, gros village avec un port, & l'île de *Neſſa* ou *Neſſerland* dans le *Dollart*, qui forme une paroiſſe.

IV. Bailliage de Berum.

Il eſt près de l'Océan, renferme 4 prévôtés : une maiſon lui donne ſon nom, & tombe en ruines. On y voit le bourg de *Hage* & les îles de *Nordernay* & *Baldrum*. Chacune a une égliſe.

V. Bailliage de Grethſyhl ou Gretem.

Située au bord de l'Océan, il produit du trefle excellent. Il renferme 3 prévôtés, dans leſquelles on remarque *Grethſyhl*, ou Greete bourg ſur la mer qui a un château, origine des princes d'Oſt-Friſe. *Widum*, grand village, l'île de *Borkum* qui a une égliſe réformée, & l'île de *Bant*.

VI. Bailliage de Pewſum.

Ce bailliage a 4 paroiſſes, & eſt environné de celui de Gretem; il n'offre rien de remarquable.

VII. Bailliage de Leer, ou Mormer.

C'eſt le plus fertile & le plus riche de tous; il renferme 5 prévôtés, & 24 paroiſſes, dont 5 ſont lutheriennes. On y voit le bourg de *Leer* ou *Lehr*, grand, bien peuplé, arroſé par la Leda. Il eſt a un quart de lieue de l'Embs, & on y fabrique des toiles fines. Il a une égliſe réformée, & une lutherienne, une communauté de catholiques, une de mennonites, toutes deux fort nombreuſes. Le bourg de *Wehner* n'a rien de remarquable : il eſt ſitué dans le *Reiderland ſupérieur*, terroir qu'on ne fume jamais & qui produit ſans ceſſe.

VIII. Bailliage de Stickhauſen.

Il renferme deux prévôtés, & 14 paroiſſes : ſon ſol eſt humide, ſes pâturages abondans. Il renferme le *Mormer-Land*, petit pays rempli de marais, le bourg lutherien de *Detern* & le château de *Stickhauſen* bâti en 1435 par les Hambourgeois pour éloigner les pirates.

IX. Bailliage de Friedebourg.

Il renferme deux prévôtés, comprend une partie de l'ancienne province *d'Oſtringen*, eſt rempli de bruyeres & de marais. Il doit son nom à la forteresse de Friedebourg, tombée en ruines.

Seigneuries.

Ce sont celles de *Dornum*, de *Lüzelbourg*, de *Jennelt*, de *Risum*, de *Petkum*, & de *Goedens*. La derniere est la plus considérable : son terroir gras, produit beaucoup de trefle ; ses habitans fabriquent des toiles : elle renferme plusieurs villages, & le bourg de *Neu-Goedens*.

Pays de Harlingue.

Il ne fait pas partie de l'Ost-Frise; mais il est possédé par les princes d'Ost-Frise comme un fief de la Gueldres. La riviere de Harle lui donne son nom; c'est un pays gras & fertile, le long de la mer qui l'accroit en se retirant : ces nouvelles terres ont le nom de *Groden*. Le Harlingue est divisé en deux bailliages, celui d'*Esens*, renferme 11 paroisses. La ville de ce nom est jolie, a une grande église, un collége, une maison d'orphelins, un territoire assez étendu & fort peuplé. Celui de *Wittmund* est divisé en 3 prévôtés. On y voit le grand bourg de *Wittmund* & plusieurs villages. On y fouille une belle terre glaise qu'on transporte en Hollande & dont on fait une belle poterie.

COMTÉ DE LINGEN.

En remontant le long de l'Embs, on trouve ce petit pays ; son sol est médiocre : on y trouve de belles carrieres, & des mines de charbon de terre. La religion réformée y est dominante, la catholique y a le plus de sectateurs, la lutherienne y en a le moins ; toutes s'y exercent sans crainte. En matiere de police, de guerre, de finances, ce comté ressortit de Minden : sa régence lui est commune avec celle de Tecklenbourg. Les accises, les contributions, & le revenu des biens domaniaux, produisent un total de 80 mille florins par an.

Il fut autrefois un bailliage dependant du Tecklenbourg, & l'appanage des freres cadets des comtes. *Conrad*, l'un d'eux, fut obligé de céder ce bailliage avec 4 paroisses du Tecklenbourg, au comte de Büren, exécuteur des vengeances de Charles-Quint contre ceux qui avaient accédé à la ligue de Smalkalde. Le fief de Lingen passa de lui aux princes d'Orange par le mariage de sa fille avec Guillaume I prince de Nassau-Orange. Le roi de Prusse en prit possession, comme un des héritiers de Guillaume III roi d'Angleterre, & l'a réincorporé avec le Tecklenbourg.

Le comté de Lingen se divise en haut & bas.

Bas Comté.

C'est l'ancien bailliage de Lingen : il a 7 lieues de long, 5 de large.

Lingen, ville qui a été fortifiée, & n'a plus qu'un simple fossé, elle est le siege de la régence des deux comtés, a 3 églises pour les 3 religions, un collége académique fondé par Guillaume III & une ancienne école. On croit qu'elle s'appella autrefois *Sax-Linga*. Elle est sur l'Embs.

Freren ou *Vreren*, petite ville érigée en 1723.

Lengerich, beau village sur le ruisseau de Wallage. Sa communauté est considérable.

Le bas comté renferme encore 7 paroisses.

Haut Comté.

Ce sont les 4 paroisses que Charles-Quint fit retrancher du Tecklenbourg & ajouter au bailliage de Lingen.

Ibbenbuhren, petite ville, est une de ces paroisses : c'est la plus considérable : on trouve dans son enceinte une carriere de moëllon & de charbon de terre. Dans celle de *Brochterbeck* sont des carrieres de houille & de pierre. La 3ᵉ. est celle de *Recke* ou de *Mettingen*.

COMTÉ DE TECKLENBOUG.

Il est borné au nord & à l'orient par l'évêché d'Osnabrug, au sud & au couchant par l'évêché de Munster : il a 8 lieues de long, sur environ 4 à 5 de large. Son sol est fertile, partagé en champs, en pâturages, en bois. On y trouve de la tourbe & des carrieres : le gibier, la volaille y sont communs; de petites rivieres, des ruisseaux y fournissent du poisson. Les habitans sont réformés; ils fabriquent beaucoup de toiles.

Ce comté était plus étendu autrefois, & comprenait une partie de l'évêché de Munster : nous avons dit que le comté de Lingen en faisait partie. Dans le dernier siecle, les comtes de Bentheim & de Solms se le disputerent : deux conventions finirent le procès, qui recommença en 1700. Fatiguée de ces débats, la maison de Solms-Braunfels vendit ses droits au roi de Prusse en 1707, qui termina la querelle en s'emparant de tout ce qui l'avait fait naître. Ce comté le fait asseoir au collége des comtes de la Westphalie. Le mois romain est pour ce pays de 76 florins; sa taxe pour l'entretien de la chambre Impériale est de 40 rixdalers, 52 kreutzers. Ses biens domaniaux donnent un revenu annuel de 24 mille rixdalers. Un *Landgericht*, ou présidial reside à Tecklenbourg : la régence commune aux deux comtés reside à Lingen.

Tecklenbourg ou *Teckenborg*, petite ville, a un château ancien fur une montagne.

Lengericht fut érigée en ville en 1724. Elle n'eſt pas ceinte de murs.

Cappeln, chetive ville, dont la paroiſſe s'étend fur 6 villages & 3 fieges feigneuriaux.

Le reſte du comté eſt diviſé en 7 paroiſſes. Dans celle de *Lehden* on voit une abbaye franche & féculiere, compoſée de 9 dames nobles avec leur abbeſſe.

Principauté de Meurs.

Placée entre l'archevêché de Cologne & le duché de Clèves, elle n'a pas 4 lieues de long, & en a trois & demi de large. C'eſt un ancien fief du duché de Clèves. *Waldpurge*, un de ceux qui l'ont poſſédé, en fit don à Maurice prince de Naſſau-Orange, qui s'en empara, & s'y maintint. Après la mort de Guillaume III, le roi de Pruſſe s'en faiſit, & comme duc de Clèves & comme heritier. L'empereur Joſeph l'érigea en principauté en 1707. Elle n'a pu encore obtenir de fieger & de donner fa voix dans le collége des princes. Dans le cercle de Weſtphalie, elle prend fa place après l'Oſt-Friſe. Sa taxe pour le mois romain eſt de 96 fl. & pour l'entretien de la chambre impériale 40 rixdalers.

Sa régence adminiſtre toutes les affaires eccléſiaſtiques, civiles & féodales. Celles de la guerre & de la police font adminiſtrées par le conſeil des acciſes de Meurs & de Crefeld.

Ce pays, ſemé de marais, a des champs féconds en blés, & de beaux pâturages. Le Rhin le limite au couchant; des ruiſſeaux, des rivieres, en ſe rendant à ce fleuve, l'arroſent & le fertiliſent.

Meurs ou *Mars* eſt une petite ville : ſes fortifications ont été rasées. Elle renferme un château, une église réformée, une école latine. Autour d'elle sont 10 paroisses qui forment la principauté.

Crefeld ou *Creyfeld*, chef-lieu d'une belle seigneurie, environnée de l'archevêché de Cologne. Crefeld est belle, régulierement bâtie, a 700 maisons, & 5000 habitans. Son commerce de toiles fines, ses fabriques, ses manufactures, le libre exercice de leur religion, accordé aux mennonites, ont fait sa prospérité. Les catholiques y sont le plus grand nombre. La grande église est aux réformés, la plus belle aux catholiques, la plus propre aux mennonites, la moindre aux lutheriens. Les juifs y ont une synagogue. Crefeld devint ville en 1373. On y fait des rubans de velours, de soie, de filoselle; des étoffes de velours & de soie, des mouchoirs & des bas de soie, de la soie torse &c. du serget en fil, d'autres étoffes très estimées. On y fait le vinaigre & le savon, on y fabrique du tabac.

Le reste de la seigneurie, n'offre que deux seigneuries, la moitié du bourg de *Huls*, & les deux bourgades *d'Innert* & *Diesheim*, qui dans leur longueur s'étendent par toute la seigneurie.

Partie de la Gueldre qui appartient au roi de Prusse.

Cette partie de la Gueldre est située sur les deux rives de la Meuse & confine à la principauté de Meurs. Elle fut cédée au roi de Prusse par le traité d'Utrecht : il y doit laisser la religion catholique dans l'état où elle était sous les rois d'Espagne. Il y a érigé un collége d'administration. Les états se sont engagés à payer une somme fixe pour toutes contributions. Ce pays fertile en blés & en lin renferme plusieurs seigneuries, & un plus grand nombre de villages, qui forment environ 30 prévôtés. Nous parlerons de ce qu'il a de plus remarquable.

Gueldres, jadis, *Gelre*, est régulierement bâtie; on en jetta les fondemens en 1079. Elle est environnée par la Niers, au milieu de marécages, & ce sont là ses remparts. Ses fortifications ont été rasées. Les catholiques y ont la grande église & quelques couvens. Les lutheriens & les réformés y ont une église commune.

Stralen, petite ville, dont les fortifications ont été rasées en 1672.

Wachtendonk, petite ville sur la Niers, qui a eu un château & des fortifications.

Wierssen, grand village, où l'on fait un commerce considérable en toiles. Ses habitans sont aisés. Il y a deux églises, l'une pour les catholiques, l'autre pour les réformés, & un couvent de religieuses.

Arcen ou *Aerssen*, village & château qui a des jardins que leur beauté a rendus célébres.

Kessel, prévôté, qui a été un comté dépendant de Cologne. Il est sur la Meuse.

ÉVÊCHÉ DE MUNSTER.

Il est au midi de l'Ost-Frise, à l'orient des provinces-Unies, au couchant de l'évêché d'Osnabruk. C'est le plus grand des évêchés du cercle de Westphalie. Il renferme 12 villes appellées aux dietes provinciales, qui avec le clergé & la noblesse forment les Etats; 12 autres qui ne le sont pas, 12 bourgs sans jurisdictions municipales, & un grand nombre de villages. Charlemagne nomma en 802 [*]

(*) Lenglet dit en 794.

le premier évêque de *Mimigernford* ou de *Munster*: Otthon IV les éleva à la dignité de princes de l'Empire. Sous l'empereur Fréderic II en 1246, ils furent élus par leur chapitre. Louis II Landgrave de Hesse fut le premier évêque de Munster confirmé par le Pape. En 1763 on élut le 63ᵉ. évêque.

C'est un pays assez plat : on y voit de vastes pâturages semés de bruyeres, des contrées très fertiles, de belles forêts, de la tourbe, des carrieres de pierres, des rivieres poissonneuses, telles que l'*Embs*, *Amasis*, & la *Werse*, la *Hessel*, la *Bever*, l'*Aa*, la *Hase* qui viennent y finir leur cours. La *Lippe* l'arrose encore, & y nourrit des castors. La *Vecht* & la *Berkel* y passent aussi. Il renferme une partie du petit lac de *Dummersee* : l'autre appartient au comté de Diephotz. Les habitans sont robustes, & font un grand commerce de porcs.

Les habitans y professent la religion romaine : il y a cependant encore parmi les nobles des lutheriens & des réformés. Son mois romain est de 832 florins, & a chaque terme, il paye pour l'entretien de la chambre Impériale 434 écus.

L'évêque convoque le cercle de Westphalie; & le dirige. Il est suffragant de Cologne. Son chapitre est composé de 40 chanoines, tous anciens nobles. Tous les ans une fois, on promène au son du tambour les armes du dernier chanoine peintes sur une banniere, pour les soumettre à l'examen. Ce chapitre entretient 7 régimens.

Tout l'évêché est divisé en quatre **quartiers** & 13 bailliages.

I. Quartier de Wolbeck ou de Drein.

Il renferme 3 bailliages.

Bailliage de Wolbeck.

C'eſt le plus étendu : il renferme 47 paroiſſes.

Münſter, *Monaſterium*, eſt près de l'Embs, ſur l'Aa ou Alpha ; ſon nom ancien était *Mimigardeford* ou *Mimingerode*. Son couvent & ſon égliſe cathédrale changerent ſon nom en celui qu'elle porte aujourd'hui. Ses doubles murs ont été raſés en 1765 : ſes foſſés ont été percés, & leurs eaux écoulées dans l'Aa. Elle renferme 9 égliſes & 9 couvens. La cathédrale ſe divise en nouvelle & ancienne égliſe. C'eſt à celle de *St. Lambert* que fut ſuſpendu ce tailleur fanatique, *Jean Bockolt* ou *Jean de Leide*, qui s'était fait roi. On y compte auſſi 3 gymnaſes. Ses environs ſont rians & fertiles. Un canal qui paſſe entr'elle & *Clemenshafen* doit y faciliter le commerce par l'Embs. Elle a été libre & impériale.

Beckum, ſur la Werſe, eſt une petite ville qui a une égliſe collégiale, 2 couvens de religieuſes auguſtines, une juſtice & un tribunal appellé *Gogericht*. Elle ſiege aux aſſemblées provinciales.

Ahlen petite ville ſur la Werſe. Elle ſiege aux aſſemblées, a un chapitre, deux couvens, une juſtice, un *Go-gericht*. Elle eſt au centre de ce qu'on appellait autrefois le Sudergau.

Telget, ſiege aux aſſemblées, eſt ſur l'Embs, dans une contrée agréable. Le chapitre de Munſter y a un juge ou *Go-gericht*. C'eſt un lieu de pélérinage pour le peuple le premier jour de Juillet.

Sendenhorſt, eſt une petite ville : elle a un château, un *Go-gericht* dont l'autorité s'étend ſur la paroiſſe du bourg de *Steinford*, dans le canton appellé *Drein*.

Wolbeck, château, paroisse, siege du bailliage & d'un tribunal particulier.

Greven, bourg sur l'Embs. *Senden*, grand village où le chapitre a un *Gô-graf*, bailli ou chatelain, proprement *Juge du district.*

Bailliage de Saffenberg.

Il renferme 9 paroisses.

Warendorf, ville assez commerçante sur le bord de l'Embs. Elle siege aux assemblées provinciales, a un couvent de cordeliers, & près d'elle un couvent de religieuses, & l'abbaye noble, séculiere de *Frekenhorst*. Son commerce de toiles, & les pâturages excellens qui l'environnent font sa richesse.

Saffenberg est un bourg, un château. *Marienfeld* une abbaye d'hommes de l'ordre de Citeaux, dont l'abbé dirige l'abbaye de femmes nommée *Rengerink*, du même ordre. *Vinneberg* abbaye de bénédictines sur la Bever.

Bailliage de Stromberg.

Il renferme 11 paroisses. C'était un bourgraviat dont le possesseur fut mis au ban de l'Empire. L'évêque fut revêtu de ses dépouilles, & comme bourgrave il a obtenu de sieger au collége des princes. *Stromberg* siege du baillif, *Olde* où est un *Go-graf*, *Hertzfeld* siege d'un *Go-graf*, sont de chétifs bourgs ou de grands villages. *Leishorn* est une ancienne abbaye de bénédictins.

II. Quartier de *Werne* ou de *Stever*.

Il comprend 3 bailliages.

Bailliage de Werne.

Il renferme 13 paroisses.

Werne, petite ville près de la Lippe; elle siege aux assemblées provinciales, ainsi que les possesseurs de quelques chatellenies qu'elle renferme. Le doyen de l'église paroissiale est toujours le plus ancien chanoine de Cappenberg : une rente de 1000 écus est attachée à cet office.

Olphen est un bourg. *Nordkirken*, un château, une paroisse.

Bailliage de Dülman.

Il n'a que 4 paroisses.

Dülman, ville ancienne & petite qui siege aux assemblées de la province, a une justice, un go-graf, une église collégiale, un couvent de religieuses.

Halteren, petite ville au confluent de la Lippe & de la Stever. Elle siege aux assemblées, a une justice, un *Go-graf*. *Weldern* est une chartreuse.

Bailliage de Luddenghausen.

Charlemagne le donna à l'évêque de Werden. Les évêques de Munster en furent investis en 1430.

Luddenghausen, petite ville & château sur la Stever. C'est l'unique paroisse du bailliage.

III. Quartier de Braem.

Il renferme 4 bailliages.

Bailliage d'Ahaus, & sur le Braem.

Il renferme 24 paroisses, & formait autrefois deux bailliages. Le premier fut joint à l'autre en 1406,

Ahaus, petite ville, château fur l'Aa : fes habitans vivent de la culture de leurs campagnes.

Borken, petite & ancienne ville fur l'Aa. Elle fiege aux affemblées, a une collégiale, 2 couvens, une commanderie de St. Jean, une manufacture de draps, & fon juge propre. Dans fes environs on a déterré beaucoup d'urnes. Près d'elle eft *Groffen-Burlo*, couvent de Citeaux.

Vreden, fur la Berkel, petite ville qui a féance aux affemblées; fa fabrique de toiles eft renommée. Elle a une abbaye noble de femmes.

Stadt-Loen, petite ville fur la Berkel. Elle a fon juge particulier.

Ottenftein, bourg, château. Ses bourgeois fe choififfent un chef parmi les poffeffeurs des chatellenies, qui fe choifit un collégue dans la bourgeoifie.

Bailliage de Horftmar.

Il renferme 31 paroiffes & deux tribunaux appellés *Go-gerich*.

Horftmar, petite ville qui a une églife collégiale; un juge qui agit pour le prince, le repréfente, & cependant prète hommage aux chatelains nobles de la ville. Le château de Horftmar eft fur une hauteur.

Coesfeld, eft la plus grande ville de l'évêché après Munfter. Elle a été anféatique, a deux églifes paroiffiales, 5 couvens, un juge. Une belle plaine l'environne. C'eft là que refide ordinairement l'évêque : elle a été fortifiée.

Billerbeeck, petite ville qui a un juge nommé par l'évêque.

Mettelen, a une abbaye féculiere de demoifelles. C'eft une petite ville.

Nienbourg, fur la Dinkel, eft un château, & un bourg. Les chatelains y font juges criminels, & y ont un fceau privé.

Ochtrop, *Schæppingen*, *Gronau*, font des bourgs.

Borchorft, bourg, abbaye féculiere & noble. Son abbeffe était confirmée par l'archevêque de Magdebourg. *Notteln*, *Asbesk*, *Langenhorft* font auffi des abbayes féculieres & nobles de femmes. *Varler*, prévôté noble de prémontrés, *Klein-Burlo* prieuré de Citeaux. *Honholt* abbaye noble & féculiere.

Holtzhaufen, paroiffe qui renferme des bourgades confidérables.

Bailliage de Rheine & Bevergern.

Il renferme 12 paroiffes.

Rheine, ou *Reinen*, petite ville, fiege aux affemblées provinciales, a un couvent de Francifcains, eft fur l'Embs navigable depuis elle, & eft voifine de fources abondantes d'eaux falées.

Bevergern, petite ville entourée de marais, près d'une fource d'eau falée.

Bentlave, *Gravenhorft*, font deux couvens, l'un des freres de la Croix, l'autre de dames de Citeaux.

Embsburen, paroiffe, go-gericht; *Witmarfen*, abbaye noble & féculiere.

Bailliage de Bocholt.

Il ne renferme que 3 paroiffes.

Bocholt, ville bien bâtie fur l'Aa, qui fiege aux affemblées, a 4 couvens, & eft voifine de bonnes minières de fer.

Werdt, petite ville fur l'Yffel, où les lutheriens & les réformés peuvent profeffer librement leur culte

culte. Elle a été d'abord une seigneurie particuliere & a un vieux château.

IV. Quartier d'Embsland.

Il contient 3 bailliages.

Bailliage d'Embsland.

Il renferme 16 paroisses, est traversé par l'Embs, comprend le pays de *Neuhaus* & celui de *Humeling*.

Meppen, ville, forteresse au confluent de la Hase & de l'Embs. Elle a 2 couvens. Son magistrat prête foi & hommage à l'abbé de Corvey qui y possede encore différens fiefs.

Haselunen, petite ville sur la Hase.

Clemenswerth, maison de plaisance & de chasse de l'évêque. Elle doit son nom à l'évêque Clément Auguste qui y fit transporter les reliques de St. Fructuose qu'on voit dans la chapelle.

Bailliage de Vechta.

Il renferme 16 paroisses. Il a été un comté particulier jusqu'au 13ᵉ. siecle. Sa noblesse nombreuse, prétend avoir de grands priviléges, & a un sceau privé. On y a déterré des urnes & des massues de pierre.

Vechta, ville & forteresse sur la riviere de ce nom. Elle a une justice & un couvent.

Damme; *Digue*, bourg à qui la digue que les Angrivariens éleverent contre les Cherusques sur le Dümmersée a donné son nom. Il a une justice.

Bailliage de Cloppenbourg.

Il comprend 14 paroisses & 5 justices. C'est un

Tome IV. E

comté enlevé par les armes aux comtes de Tecklenbourg.

Cloppenbourg est un bourg sans murs.

Fryſoyta, *Oita Friſica*, petite ville dont dépend le pays de Sagel, qui siege aux assemblées & a une justice. Les 3 autres resident à *Loningen*, *Caſtrup*, & *Eſſen*.

ÉVÊCHÉ DE PADERBORN.

Vers le Levant il confine à la Hesse & à l'abbaye de Corvey, vers le couchant aux comtés de Rietberg & de la Lippe & au duché de Westphalie, qu'il a encore au midi, avec le comté de Waldeck. Au nord il a le comté de la Lippe; il est long de 18 lieues, large de 15, est très fertile, & riche en bétail. Le *Sintfeld* est un terroir fécond & riant, la *Senne* n'est qu'une longue bruyere qu'on essaye de cultiver, & sur laquelle on commence à voir des maisons. Cet évêché renferme des mines de fer, des sources d'eaux salées, des eaux minérales, des rivieres poissonneuses. La *Dimel*, la *Bever*, la *Necte* l'arrosent & se jettent dans le Weser qui le touche au Levant. La grande *Emmer* y reçoit la *Niſe*, la *Hée*, d'autres rivieres encore. La *Lippe* y a sa source; l'*Alme*, la *Gunne* se joignent à elle. L'*Embs* en sort. On y compte 23 villes, 3 bourgs, 95 paroisses. Les Etats y sont composés du chapitre de la cathédrale, de la noblesse & des villes. La religion dominante est la catholique : mais on y trouve des nobles lutheriens.

L'évêché fut fondé par Charlemagne : la cathédrale fut consacrée par le pape Leon III en 799. Les premiers évêques furent *Hatumar* & *Badurad*, l'un & l'autre canonisés. Cet évêque est prince de l'Empire; il se place à la diète entre ceux de Hildesheim, & de Freysingue; il est suffragant de Mayence. Son mois romain est de 352 florins : sa taxe pour la chambre impériale est de 162 rixdalers. Sa taille est de 5436 écus : on la double, triple, quelquefois on en exige douze.

Le chapitre est composé de 24 chanoines, de 24 bénéficiers, de 4 chantres. Le pays est administré par un vicariat général, un conseil privé, une chancellerie de régence, une chambre des finances, &c. Il a ses officiers héréditaires. Dans les tems de paix, il entretient 9 compagnies de troupes réglées, sous les ordres communs de l'évêque & du chapitre. L'évêque est le premier du cercle de Westphalie.

Les hautes montagnes d'Egge le divisent en deux parties ; l'une nommée *Untervald*, vers le nord, l'autre nommée *Obervald*. Chacune de ces parties se divisent en bailliages ou *Drostey*.

I. *Unterwald*, ou *district de Vorwald*.

Il contient 7 bailliages.

Bailliage de Neuhauss.

Paderborn, ville ancienne qui doit son nom à la rivière de *Pader*, qui naît au centre de la ville, & dont l'eau fumante en hiver, est glaçante en été. Cinq de ces sources sortent de dessous l'église cathédrale, se réunissent & font agir plusieurs moulins. Cette église fondée par Charlemagne, enrichie par la piété & la superstition, est une des plus belles d'Allemagne. Paderborn renferme encore 3 autres églises, deux chapitres, 5 couvens, un beau gymnase, une université où l'on n'enseigne que la théologie & la philosophie. Cette ville a été regardée comme impériale, & a été anséatique. Son commerce n'est plus : ses habitans vivent aujourd'hui du produit de leurs champs & de la vente de leur bétail. Les troubles nés de la religion lui ont fait perdre sa liberté. Charlemagne & d'autres empereurs y ont fait leur résidence ; c'est une consolation pour l'orgueil quand on est déchu. La cathédrale offrait l'image des douze apôtres en or : les os de St. Liboire y étaient renfermés dans un cercueil d'argent. Christian de Brunswick en fit faire des écus qui avaient cette legende. *Ami de Dieu, ennemi des moines.* Ce prince n'était pas cependant philosophe. St. Liboire n'y a rien perdu : ses os reposent aujourd'hui dans un cercueil d'argent fin & de vermeil.

Neuhauss, bourg, château où reside l'évêque : il est entouré de murs & de fossés, a un beau jardin, est voisin de la jonction de la Pader & de l'Alme avec la Lippe. Près de là est une fontaine négligée d'eaux minérales.

Salzkotten, petite ville qui siege aux assemblées, a deux chatellenies, & est voisine de sources d'eau salée.

Altenbecken, village voisin d'une source d'eau qui sort du pied d'une montagne. On l'appelle *Bullerborn*, fontaine tumultueuse, parce que ses eaux sortent avec bruit, & tantôt abondantes, manquent quelquefois entierement. C'est là qu'a dû être la statue fameuse du Dieu *Irmensul*, car Charlemagne vit une fontaine semblable près d'Irmensul. Près de là sont encore des minieres de fer assez abondantes.

Dalhem, couvent de chanoines réguliers de St. Augustin.

Bailliage de Delbruck.

C'est un terrein marécageux, entre la Lippe & l'Embs.

Delbruck, est un village. Dans son église est une croix qui attire beaucoup de pélerins.

Bailliage de Böke.

Il renferme l'ancien *Pagus Bocensis*, dont il tire son nom.

Böke, bourg, château sur la Lippe, *Thule*, village où est un siege de justice.

Bailliage de Lichtenau.

Lichtenau, petite ville. Elle siege aux assemblées provinciales.

Bailliage de Wunnenberg.

Wunnenberg, est dans le Sintfeld. C'est une petite ville qui siege aux assemblées, & parait devoir son nom à la victoire qu'y remporta Charlemagne sur les Saxons.

Furslenberg, paroisse où l'on voit 5 sieges nobles.

Bailliage ou Seigneurie de Buren.

Celui qui la possédait dans le siecle passé se fit jésuite, & de lui elle était tombée dans les mains de ce corps aujourd'hui détruit.

Buren, petite ville sur l'Alme, a un beau collége.

Hegensdorf, paroisse, où l'on révere une croix, tombée du ciel, & que l'on porte à Paderborn, tous les ans, le jour de l'Ascension, avec des cérémonies presque ridicules.

Holthausen, couvent de dames de Citeaux.

Bailliage de Wevelsbourg.

Wevelsbourg, village, château sur une hauteur près de l'Alme, construit lors de la premiere irruption des Huns, & reconstruit depuis.

Brenken, village qui renferme 3 sieges nobles.

Bodeken, couvent de chanoines réguliers de St. Augustin.

Oberwald.

Il renferme 4 bailliages dépendans de l'évêque

& 3 qui sont administrés par une régence nommée en commun par l'évêché & les comtes de la Lippe.

Bailliage de Dringenberg.

C'est le principal du pays. Son bailli, ou *Landdrost* connait des affaires civiles, criminelles, & de finances. Il renferme diverses justices inférieures.

Dringenberg, petite ville sur l'Oese, où l'on trouve des truites, & qui se jette dans la Nette. Dringenberg siege aux diètes provinciales : son château est sur une montagne.

Gerden, petite ville sur l'Oese. Elle siege aux diètes, & a un couvent de bénédictines.

Kleinenberg, siege aux diètes, quoique pauvre, petite & laide. Près d'elle est une jolie chapelle où l'on révère une image de la vierge. Entr'elle & *Wilbassen* est une forêt semée de vestiges de châteaux détruits par Charlemagne.

Wilbassen, ou *Willebadessen*, sur la Nette, est petite, siege aux diètes, renferme 2 couvens.

Warberg, ou *Warbourg*, ville divisée en vieille & nouvelle par un fossé & un mur. La premiere est enfoncée dans un vallon qu'arrose la Dimel. Chacune a son magistrat, chacune est appellée aux diètes de la province. C'était autrefois un comté : la ville était impériale & anséatique. Elle a deux châteaux, deux bourgs, & un couvent. Le pays qui l'environne est le plus fertile de l'évêché : on y trouve de la mine de plomb & de fer : on y recueille un chanvre & un lin très bon & fin. Le langage y est le plus grossier de la Westphalie.

Kalenberg, petite ville sur une montagne, qui a droit de sieger aux diètes.

Brakel, sur la Brucht près de la Nette. Elle a

été impériale, & formait un comté avec le pays qui l'environne. Elle a deux couvens.

Peckelsheim, petite ville, dans laquelle font deux fieges nobles & qui a féance aux diètes.

Borgentryck, ou *Borrenrick*, petite ville qui fiege aux diètes, & qui est placée dans une campagne riante & fertile.

Borchholz, fur la Bever, est une petite ville. Elle fiege aux diètes.

Neheim ou *Neme*, petite ville défolée par des incendies, connue par fes excellens petits fromages rouges, qui lui font plus utiles que fa féance aux diètes.

Drybourg, petite ville, voifine d'un château ruiné connu fous Charlemagne, & d'une fource d'eau minérale très estimée. Elle fiege aux diètes.

Hardehaufen est une riche abbaye de bernardins.

Bailliage de Steinheim.

Stadt-Steinheim, petite ville fur l'Emmer, ayant deux fieges nobles, environnée d'une campagne fertile, jouiffant du droit de féance aux diètes.

Voerden, fur la Bracht, petite ville fans commerce, fans agrémens. Elle fiege aux états.

Bailliage de Beverungen.

Beverungen, petite ville, au confluent du Wefer & de la Bever. Son péage, les bateaux qui en partent ou y abordent en rendent les habitans aifés. Dans fes environs font des fources d'eaux falées.

Herstelle, bourg fur la Wefer. Son vieux château tombe en ruines. Charlemagne y plaça fon camp en 797, & donna au bourg le nom qu'il porte encore.

Bailliage de Lugde.

Lugde ou *Lude*, petite ville sur la grande Emmer, dans une contrée fertile, enclavée dans le comté de Pyrmont dont elle a fait partie. Il y a deux églises, un couvent, un siege noble. Ses habitans font des dentelles de fil, & du fil d'or & d'argent.

Bailliages indivis entre l'évêché & les comtes de la Lippe.

Le bailliage d'Oldenbourg a été un comté séparé. L'évêque en possède la moitié. *Oldenbourg* est un château qui a été fortifié.

Marienmunster est une abbaye de bénédictins.

Le bailliage de *Stapelberg* forma une seigneurie. L'évêque n'en a que le quart. Il doit son nom à un château ruiné.

Le bailliage de *Schwalenberg*, renferme le couvent de *Valkenhagen*. Le quart appartient à l'évêque.

Lippspring, petite ville qui doit son nom à son voisinage des sources de la Lippe. Elle entre dans l'assemblée des Etats. Elle est sous la jurisdiction du chapitre cathédral, ainsi que la petite ville de *Bredenborg* qui entre aussi aux états, & la justice de *Holzhausen*.

ÉVÊCHÉ D'OSNABRUCK.

Au sud, au nord, au couchant, il a l'évêché de Munster; au levant les comtés de Ravensberg, de Diepholz, & la principauté de Minden : il a 10 lieues de long, 8 de large. Des landes, de la tourbe & des terres grasses qui servent d'engrais, font tout ce qu'on voit ou qu'on retire de la moitié de cet évêché. Peu de bois, peu de bestiaux, peu de froment, assez d'avoine & d'orge ; beaucoup de blé sarrasin, plus encore de seigle (car il fournit aux besoins des habitans & à la consommation de 500 chaudieres d'eau-de-vie) c'est ce que produit le reste. On y trouve cependant encore des salines, du marbre ; on y a eu trouvé de l'argent. Il est arrosé par la *Hase* & la *Hunte*. Cette derniere se perd dans le *Dummersée*, lac qui fournit du poisson & des canards sauvages. On y compte 4 villes, 5 bourgs, 20 000 feux qui comprennent deux familles, les nobles non compris. Les états sont composé du chapitre cathédral, de la noblesse & des 4 villes. Ils s'assemblent à Osnabruck ; c'est l'évêque qui les assemble. Quatre-vingt terres y donnent entrée ; mais pour y avoir séance & voix, le noble doit prouver 16 quartiers. Les habitans sont catholiques ou lutheriens : on y voit quelques protestans, point de juifs ; & personne, l'évêque même n'a pas le droit de réformer. Le syndic de la noblesse est protestant, le secretaire est catholique. Le chapitre, le noble, le clergé, le bourgeois a des serfs. On y file, on y fait une grosse toile qu'on transporte en Amérique ou dans la Guinée ; on y fabrique de gros draps. C'est auprès du feu qu'on travaille, jamais dans des chambres chauffées. Ces habitans assidus & laborieux passent au nombre de six mille chaque année en Hollande : ils y fauchent, labourent, préparent la tourbe, & chacun en rapporte de 20 à 70 florins.

Cet évêché est le plus ancien de la Westphalie, & fut fondé aussi par Charlemagne. L'évêque doit être alternativement protestant & catholique : le chapitre choisit à son gré celui-ci ; l'autre doit-être pris parmi les princes de la maison de Brunswick,

Lunebourg. Quand l'évèque est protestant, l'archevèque de Cologne dont il est suffragant, fait tout ce qu'un prêtre romain seul peut faire; mais ne fait que cela. L'évêché a le 4e. rang dans les états du cercle. Son mois romain est de 216 florins, sa taxe pour l'entretien de la chambre impériale est de 81 écus d'Empire. Il n'entretient point de soldats. Les contributions rapportent 12000 écus par mois, les taxes sur les cheminées donnent par an jusqu'à 15000 écus. L'évèque a un revenu de 40000 écus par an, le chapitre de 100,000 écus. Ce chapitre n'est composé que de 25 chanoines, dont 3 ou 4 sont protestans.

Un conseil privé administre les revenus & veille sur les autres tribunaux. Une chancellerie composée de catholiques & de lutheriens décide des affaires civiles, féodales, criminelles; on n'appelle de ses jugemens qu'aux tribunaux suprèmes de l'Empire: l'officialité juge aussi des affaires civiles & veille sur les ecclésiastiques. Il y a encore un consistoire, & des magistrats dans les villes. L'évêché est divisé en bailliages, & chaque bailliage a un juge noble, ou *Drost*, un receveur, un juge ordinaire, ou *Go-graf*, un greffier, & un fiscal. Tous les officiers prêtent serment au seigneur territorial & au chapitre. Après la mort de l'évèque, le chapitre se met en possession de tout, & joint au magistrat d'Osnabruck, il nomme les receveurs. Les juges seuls demeurent en place.

Le pays renferme 7 bailliages avec la ville d'Osnabruck.

Osnabruck, ville médiocre, située dans une vallée, sur les bords de la Hase, divisée en ville vieille & neuve qui ont un magistrat commun, fortifiée & bâtie à l'antique. On n'y baptise pas au-delà de 500 enfans par an. Elle était déja un grand bourg sous Charlemagne; elle fut ceinte de murs en 1082, & a été anféatique. Elle prête foi & hommage aux évêques; mais elle exerce seule la police, partage avec lui le jugement des affaires criminelles, & prétend en être indépendante pour les affaires ecclésiastiques. Chaque année elle élit son magistrat qui doit être lutherien; elle peut battre monnoie de cuivre, & se fortifier à son gré, elle s'impose & lève elle même les contributions nécessaires. Les biens des bourgeois sont libres. Osnabruck a dans son hôtel de ville des portraits & des monnaies curieuses; dans sa cathédrale diverses reliques. Elle a encore une collégiale où les lutheriens ont une place. Ceux-ci ont encore deux églises. Leurs os peuvent reposer dans le cimetiere catholique; ceux d'un catholique ne peuvent se mêler aux lutheriens dans leur cimetiere. Les catholiques peuvent faire des processions autour de leurs deux églises & pas ailleurs: ils ont 3 couvens, une commanderie teutonique, un gymnase. Les lutheriens en ont un aussi. On y trouve 3 riches hôpitaux, quelques autres plus petits, & une maison d'orphelins. Le territoire de la ville est entouré de digues. On y trouve plusieurs bourgades. Près de ses remparts était la citadelle de *Petersbourg* rasée par les bourgeois en 1647 : c'est aujourd'hui un jardin. Près d'elle encore est le couvent de *Gertrudenberg*, occupé par des augustines, située sur un mont où l'on trouve un antre dans lequel on a pratiqué diverses allées. *L'Ebersbourg* à une lieue de la ville, a un jardin de plantes étrangeres.

Bailliage d'Ibourg.

Il renferme 16 paroisses, dont 12 sont catholiques.

On y trouve des carrieres de marbre, du charbon de terre, & près de la montagne de Pye, fur une colline entre deux arbres antiques, une pierre de 32 pieds de long fur 14 de large, qu'on croit avoir été un autel des payens : dans la plaine de *Gredefch* près d'Ofnabruck, on croit voir auffi d'antiques fépultures en deux tas de groffes pierres.

Ibourg, fur la pente d'une montagne, a un vieux château, refidence de l'évêque : ce bourg a un couvent de bénédictins.

Dans la paroiffe d'*Oefede*, on voit le lieu ou s'affemblaient autrefois les états, en plein air, fous un grand tilleul. Oefede eft une abbaye de bénédictines fondée en 1175.

Dans celle de *Rulle* eft un couvent de religieufes de Citeaux, où les pélerins accourent le Vendredi avant Pentecôte.

Dans celle de *Diffen*, *Tiffene*, eft une faline qui appartient à l'électeur d'Hanovre.

Dans l'enceinte de ce bailliage font plufieurs terres nobles, & la franchife de *Wulften* ou *Wulvena*, terre libre, impériale qui renferme 59 feux dans un circuit de 3 lieues, & qui eft exempte d'impôts & de taxe. Un vieux château, qui fut fans doute un château royal y protége & y juge les habitans. Elle a été bien plus confidérable, & a eu des priviléges finguliers qui diminuent de jour en jour.

Bailliage de Turftenau.

Il comprend 15 paroiffes dont deux font mixtes & 5 proteftantes.

Turftenau, petite ville que les évêques ont eu habitée. Son églife eft proteftante; mais quand l'évêque ne l'est pas on y fait la messe & un des magistrats est alors de la religion romaine.

Quackenbruck, ville au bord de la Hase, qui s'y divise en 7 bras, & se réunit au dessous. Elle avait une collégiale dont les lutheriens & les catholiques ont partagé les revenus : ils y ont chacun une église. Son magistrat est sans jurisdiction ; mais il délibere avec les possesseurs des chatellenies sur tout ce qui concerne le bien public.

Dans la paroisse de *Boerstel* est une abbaye de dames, dont deux sont catholiques.

Ce bailliage renferme 12 biens nobles qui donnent entrée aux états.

Bailliage de Vœrden.

Il renferme 6 paroisses, dont une est catholique & deux mixtes, plusieurs anciens monumens des payens ; il confine au lac Dummer.

Vœrden, bourg, paroisse mixte. L'église est commune aux deux religions.

Le *Weichbild*, ou bourg de *Bramsche*, est assez considérable : on y fabrique de gros draps.

Malgarden ou *Mariengarten*, est un couvent de bénédictines.

Ce bailliage contient encore 7 biens nobles.

Bailliage de Huntebourg.

Il n'a que 3 paroisses & 11 biens nobles. Une de ces paroisses est lutherienne.

Huntebourg est une paroisse de 3 bourgades.

Oster-Cappeln, bourg où est la plus ancienne église de campagne.

Bailliage de Witlage.

Il renferme trois paroisses toutes lutheriennes & 5 biens nobles.

Essen, paroisse, village où y il a un marché de lin très considérable.

Bailliage de Grœnenberg.

Il renferme 9 paroisses, dont 4 sont lutheriennes, une mixte, & 10 biens nobles.

Gesmold, paroisse catholique, village dont les habitans ne payent point de tailles. La seigneurie de ce nom donne entrée dans les états.

Melle, paroisse mixte, bourg qui a deux églises pour les deux religions, un magistrat & un bourguemaître.

Bailliage de Reckenberg.

Il renferme 4 paroisses, dont une est mixte, & deux biens nobles qui donnent entrée aux états.

Wiedenbruck, petite ville sur l'Embs. Elle a son magistrat particulier, une église collégiale, deux couvens. Elle a fait fraper des monnaies de cuivre.

COMTÉ DE DIEPHOTZ.

Borné au couchant par l'évêché de Munster, & au sud par celui d'Osnabruck, ce comté a au levant la principauté de Minden, & au nord le comté d'Hoya. Il a 9 lieues de long, 4 à 5 de large, est semé de bruyeres & de marais. Les champs y demandent un travail opiniâtre pour produire 6 pour un. On y joint le tranchant de la bêche à celui de la charue pour rendre les sillons plus profonds & suppléer au fumier dont on manque. Les prairies y font médiocres. Les plus belles s'étendent le long des rives du lac de Dummer, long de près de deux lieues, sur une largeur inégale, mais qui n'excede pas une lieue. Son eau profonde de 12 à 16 pieds est claire & limpide, des troupes de canards se jouent sur ses ondes: il nourrit beaucoup de poissons & sur tout des carpes: son fond hérissé de racines & de rameaux en rend la pêche difficile. La Hunte s'y jette en sortant de l'évêché d'Osnabruck: elle en ressort vers Diephotz, porte avant d'y arriver le nom de Lœhne, & reprend ensuite son ancien nom. Le comté renferme 4 bourgs, & 1900 feux: le bois y est rare, & on s'y sert de tourbe. Les habitans y élevent des bestiaux qu'ils vendent en Hollande & le long du Rhin; y travaillent une étoffe de laine grossiere. Des étoupes qu'ils retirent de Munster & de Minden, ils font une grosse toile qu'ils vendent dans les mêmes lieux, & qui de là se transporte en Hollande, en Amérique: enfin une toile de lin nommée *Lauent-Linnen*, occupe ces hommes qui aiment à remplir le loisir que leur laisse les travaux champêtres. Plusieurs au printems vont en Hollande faucher les prés, travailler à la tourbe & reviennent avec le produit de leurs travaux.

On y compte 11 paroisses: la religion y est la luthérienne. Il a reçu le nom de comté de l'empereur Maximilien. La branche mâle de ses comtes s'éteignit en 1385; & le pays passa aux ducs de Zell, de ceux-ci aux électeurs d'Hanovre. Le roi a séance & voix pour ce comté parmi les comtes de Westphalie dans les diètes du cercle & dans celles de l'Empire. Les contributions qu'il en retire montent à 30,824 rixdalers. Les habitans logent de la cavalerie & lui fournissent le fourage, ils contribuent à l'entretien de l'université de Gœttingue dont ils profitent peu. Quant au gouvernement civil, voyez le comté d'Hoya.

Il est divisé en deux bailliages.

I. *Bailliage de Diepholz.*

On y compte 35 villages, trois bourgs & la paroisse de Goldenstedt.

Diepholz, grand bourg sur la Hunte, siege du sur-intendant des églises du pays. Ses habitans fabriquent le gros draps de laine dont nous avons parlé. Les deux autres bourgs sont *Barnstorf* & *Cornau.*

La paroisse de *Goldenstedt* est soumise aux tribunaux de Diepholz & paye la cense à Munster. L'évêque y nomme le pasteur & a substitué un prêtre catholique au lutherien : ce qui a produit un mélange singulier. La maison de Brunswick y nomme un sacristain protestant, & tandis que les catholiques sont assemblés, que le prêtre dit la messe, le sacristain sonne les cloches, & chante avec les Protestans les cantiques Lutheriens.

II. *Bailliage de Lemfœrde.*

On y compte un bourg & 8 villages.

Lemfœrde ou *Levenfurt*, bourg situé au milieu des marais, & qui fut environné autrefois d'un rempart & d'un fossé. C'est là qu'était le château des comtes.

Le bailliage d'*Aubourg* fit autrefois partie de ce comté : la maison de Hesse le possède aujourd'hui : celui qui le possédait avant elle, avait voulu en faire un fief franc-aleu immédiat de l'Empire ; mais il ne réussit pas. On y voit un château où réside un commandant.

COMTÉ

CERCLE DE WESTPHALIE.
COMTÉ D'HOYA.

Il est vers le levant & le nord de Diepholz; la principauté de Mendin le borne au midi, le comté de Delmenhorst au nord. Il a 13 lieues de long sur 12 de large: son sol est sablonneux, mêlé de bruyeres & de pâturages. Le long des riviéres est un terrain gras qui porte du froment, des fèves & de l'orge: ailleurs on cultive le lin, le tabac, la garance. Il produit plus d'avoine, de seigle, de blé sarasin qu'il n'en consomme. Le bétail, les abeilles font une de ses richesses. Les bois y sont rares & peu étendus: la tourbe y supplée. Diverses rivieres le traversent ou le touchent. Parmi elles on compte le Weser, l'Aller, l'Ave, la Delme, la Hunte. On y voit des étangs naturels, & d'autres creusés par la main des hommes pour prévenir les inondations.

Ce comté renferme une ville, 13 bourgs, 80 villages, 9000 feux. Les habitans sont presque tous serfs, travaillent aux champs, veillent sur leurs bestiaux, sur les abeilles, filent le lin & la laine; tissent des étoffes, des toiles; font des bas & des dentelles. Plusieurs vont en Hollande au printems, & reviennent moissonner chez eux.

Les états sont composés de 2 prélats, l'un abbé de Bassum, l'autre chef du couvent de Heiligenrode, de ceux qui possédent des francs-aleus ou terres privilégiées, & des députés de la ville de Nienbourg & des bourgs. On les assemble pour créer de nouveaux impôts, pour changer les constitutions établies, pour l'élection de divers magistrats: ils ont le droit de présenter un assesseur à la justice aulique d'Hanovre, un conseiller à la cour souveraine des appellations &c. Un conseil des finances les administre: il est composé de 3 nobles & de

Tome IV. F

deux jurisconsultes qui ne le font pas. Un petit comité des états formé de 6 nobles, du député de Nienbourg & de ceux d'Hoya & Stolzenau, se rend quatre fois par an à Hanovre, deux fois pour écouter les propositions du prince, deux fois pour lui porter la résolution des Etats. Un grand comité formé de 10 nobles, de deux jurisconsultes du conseil des finances, des bourguemaitres de Nienbourg & des bourgs d'Hoya, de Stolzenau & de Sillingen, s'assemble deux fois par an pour déliberer sur les propositions des diètes, veiller sur les intérêts du pays, sur les finances, sur l'élection des magistrats. Divers tribunaux lui sont communs avec la principauté de Calenberg. On en a parlé dans la description du cercle de Basse-Saxe.

On y professe la religion lutherienne : on y compte 54 paroisses, sur lesquelles préside un surintendant subordonné au consistoire d'Hanovre.

C'est dans le 12ᵉ. siecle que les comtes de Stumpenhausen bâtirent le château d'Hoya près de ce bourg; ce domaine s'accrut, passa à la maison de Lunebourg en 1543, & à celle de Brunswic-Hanovre en 1705. Le landgrave de Hesse-Cassel y possède comme seigneur direct les bailliages d'*Uchte* & de *Freudenberg*. Ce comté donne séance & voix dans les diètes. Son mois romain est de 48 florins. La maison de Brunswic paye une somme fixée pour toutes les terres dépendantes de son électorat.

La taille y rapporte 13000 rixdalers : c'est sur ce fond qu'on paye les magistrats. Les contributions rapportent près de 70000 rixdalers par an, & la ville de Nienbourg en paye 2000 pour son exemption de charges.

Le pays fournit de fourages la cavalerie qui y est en quartier; du blé à l'infanterie, donne une somme pour les frais de légation & pour l'entretien de l'université de Gœttingue. Les revenus annuels des différens bailliages montent à 113,000 rixdalers.

On le divise en haut & bas, ou en 4 quartiers. On suivra cette derniere division.

Premier quartier.

Bassum, abbaye noble : une abbesse & une doyenne élues par le chapitre y président : 9 sœurs conventuelles, 3 chanoines nobles le composent. Ses chanoines ont droit de présider aux états & n'y président jamais, parce que les états exigent qu'ils y paraissent en habits de cérémonie, & que les chanoines veulent qu'on les en dispense. Les femmes y portent une croix d'or émaillée de sable, attachée à un cordon blanc tissu d'or.

Bailliage de Sycke.

Il renferme 9 paroisses.

Sycke est un bourg assez grand : les officiers du bailliage y résident : il a un siege seigneurial.

Heiligenrode, paroisse, village, couvent de femmes, composé d'une prieure, de deux sœurs nobles, de deux roturieres, & d'un bailli.

Dreye, village sur le Weser : il a un péage.

Bailliage d'Ehrenburg.

Il renferme 8 paroisses.

Suhlingen, bourg situé sur un ruisseau de ce nom, est le siege d'un seigneur, & du sur-intendant des églises. Rebâti dans ce siecle pour réparer les ravages d'un incendie, il s'y tient 4 foires par an : les mêtiers y fleuriffent, & fon territoire partagé en champs & en prairies, eft fort étendu.

Ehrenburg, petit bourg : c'eft là où refide le baillif dans une maifon qui femble une fortereffe au milieu des marais.

Twiftringen, village; il renferme une églife catholique.

Second quartier.

Il renferme 6 bailliages.

Bailliage de Stolzenau.

On y compte 7 paroiffes.

Stolzenau, bourg fur le Wefer, fiege du bailliage, & de 3 feigneurs. Ce qui l'intéreffe le plus eft une pêche abondante de faumons qui fe fait dans le fleuve en ce lieu.

Landsberg, grand village, paroiffe fur le Wefer. Il a un péage & un fiege noble.

Bailliage de Diepenau.

Il n'a que deux paroiffes.

Diepenau eft un petit bourg, fiege du bailli.

Bailliage de Steyerberg.

Il renferme 5 paroiffes. On y voit les ruines d'un château antique & une colline fablonneufe qui porte le nom du bourg.

Steyerberg eft fitué fur une petite riviere qui le partage & y forme une île où fiege le bailli. C'eft un fiege feigneurial : fon églife eft placée hors des murs.

Bailliage de Siedenburg.

Il renferme deux paroiffes.

Siedenburg, bourg fur le ruiffeau de Siede. C'eft le fiege du bailli.

Bailliage de Bahrenburg.

Il n'a qu'une paroiffe.

CERCLE DE WESTPHALIE. 85

Bahrenburg, bourg, traversé par une petite riviere, a deux sieges nobles. C'est au milieu des débris d'un vieux château fort qu'est élevée la maison du bailli.

Bailliage de Harpstedt.

Il a été engagé aux comtes d'Oldenburg & de Delmenhorst : il renferme 4 paroisses.

Harpstedt, bourg rebâti depuis 1739, après un incendie. Il en est plus beau, & ses rues plus regulieres : il est sur la Delme qui environne la maison baillivale.

Troisieme quartier.

On y compte une ville & 3 bailliages.

Nienbourg, ville sur le Weser, sur lequel elle a un beau pont de pierre. Elle est forte, a un arsenal, un hôtel de ville où les états ont leurs archives, est gardée par 5 compagnies de soldats qui vivent sous des baraques. Son bailliage a 8 paroisses, & on y voit le bourg de Drakenbourg sur le Weser.

Bailliage d'Hoya.

Il comprend 10 paroisses.

Hoya, bourg fort ancien, brûlé en 1758, rebâti depuis. Il est sur le Weser qu'on y passe sur un pont de bois. Il est le siege du bailliage.

Bucken, petit bourg où résidait autrefois un chapitre.

Bailliage de Liebenau.

Il renferme une paroisse.

Liebenau, bourg traversé par une petite riviere: la partie orientale s'appellait autrefois *Bruchdorf* : on y fabrique des faux, & des dentelles très fines.

F 3

Quatrieme Quartier.
Il renferme 3 bailliages.

Bailliage de Bruchhausen.

Il en formait deux autrefois. On y remarque 4 bourgs. *Alt-Bruchhausen* a un château, une chapelle; la ferme de *Heiligenberg* qui en est voisine a été un couvent. Les trois autres bourgs sont *Mohr*, *Vilsen*, *Neu-Bruchhausen*.

Bailliage de Westen.

Il est situé entre le Weser & l'Aller ; rivieres dont les bords sont gras & fertiles. On n'y compte qu'une paroisse & 6 villages.

Bailliage de Thedinghausen.

Il fut cédé par le traité de Westphalie à la Suède, qui le céda à la maison de Brunswick-Lunebourg. Une partie seulement est réunie au comté d'Hoya. Son sol est fertile : le Weser l'arrose ; la culture & les bestiaux occupent ses habitans : on y compte dix-huit villages. Celui d'*Intschen* a un péage sur le Weser. Dans celui de *Wulmstorf* est un moulin de garance : cette plante a réussi dans ses environs.

La portion du comté d'Hoya qui appartient à Hesse-Cassel, paye un mois romain de 8 florins, & une taxe de 6 écus & 37 kr. pour l'entretien de la chambre impériale. Divisé en deux bailliages, on y compte 4 bourgs. Ce sont ceux d'*Uchte*, de *Bassum*, de *Freudenberg*, & de *Loge*.

PRINCIPAUTÉ DE VERDEN.

Cette principauté s'avance en forme de presqu'île au-delà du Weser dans le Cercle de Basse-Saxe : au devant elle a Lunebourg, & Brème au couchant. Elle a 10 lieues de long & 9 de large. Son sol est mêlé de bruyeres, de bois, de terres sablonneuses. Elle a des terres graſſes & fertiles le long des rivieres qui l'arroſent. L'*Aller* la traverſe au midi, le *Weſer* au couchant. La *Wumme* l'arroſe du levant au couchant & y reçoit dans ſon cours la *Fintau*, la *Weerſe*, le *Wiedau*, la *Rodau*, petites rivieres qui ont leurs ſources dans ce pays même. La *Wumme* en ſe joignant à la *Wiſte* forme les limites communes du pays de Brême & de celui de Verden.

Les états y ſont compoſés de la nobleſſe & de la ville de Verden : ils ſont aſſemblés par les maréchaux & le chambellan héréditaires. Le conſeil provincial de la nobleſſe & celui de la ville aſſiſtent à la diète des états de Brême quand on doit délibérer ſur des objets intéreſſans pour les deux pays. La religion eſt la lutherienne : le conſiſtoire & le ſur-intendant qui veillent ſur ſes égliſes, lui ſont communs avec le duché de Brême ; la ville a cependant ſon ſur-intendant particulier.

Verden fut un évêché fondé en 786 par Charlemagne. Son ſiege fut d'abord à Covelde. Son diocèſe s'étendait ſur le duché de Lunebourg, ſur les comtés de Lüchau & de Dannenberg, ſur une partie de l'archevêché de Brême & de la Marche-Brandebourgeoiſe. Cet évêché fut ſéculariſé par le traité de Weſtphalie & changé en principauté qui fut cédée à la Suède. Les Danois le vendirent à la maiſon électorale de Brunſwick-Lunebourg, comme s'ils en euſſent été poſſeſſeurs : la Suède fut obligée d'y conſentir en 1719.

Le roi d'Angleterre, comme prince de Verden, ſiege dans le collége des princes à la diète de l'Empire & dans les aſſemblées du cercle de Weſtphalie. Son mois romain eſt de 120 florins, & tous les trois mois, elle donne 81 rixdalers & 14 kr. pour l'entretien de la chambre impériale.

Sa régence, sa chancellerie de justice, sa chambre aulique lui sont communes avec le duché de Brême; les contributions se payent en commun. La noblesse & la ville nomment chacune un assesseur pour la chambre aulique. Deux bailliages & le territoire de la ville divisent cette principauté.

I. Verden ou *Ferden*, autrefois *Phardum* & *Fardium*, ville médiocre sur l'Aller qui s'y divise en deux bras, dont le plus voisin de la ville est le plus petit, mais le plus navigable. Elle fut longtems partagée en deux villes qui avaient chacune leurs magistrats: ces deux villes furent réunies en 1667: Verden fut entourée de murs en 1210; elle est le siege du sur-intendant & renferme 4 églises, & une école latine.

II. Bailliage de Verden.

Il renferme 4 paroisses, un bourg & 51 villages. Son bailli reside à Verden. A une demie lieue de la ville, au pied d'une montagne de sable est une source d'eau minérale dont le goût approche de celle de Pyrmont, & contient des parties de sel minéral, de sel moyen, de sel alcali, & des parties terreuses & ferrugineuses: on y trouve de l'ocre: elle coule du sud au nord.

Langwedel est un bourg, & renferme un bien noble.

Essel, village divisé en grand & petit, à l'embouchure de l'Aller dans le Weser.

III. Bailliage ou Seigneurie de Rotenbourg.

Il renferme un bourg & une centaine de villages.

Rotenbourg, bourg situé sur la Wumme, qui y reçoit la Rodau & le Wiedau. Il est le siege du bailliage : la chambre de justice est élevée sur les débris du château qui est fameux dans l'histoire du pays.

Visselhœvede, village qui eut autrefois des fossés & des portes. Il exerce ou exerçait la jurisdiction criminelle de sa paroisse.

Wittorf, *Fintel*, *Scheesel*, sont de grands villages, Les deux derniers ont des foires où il se fait un assez grand commerce.

Comtés d'Oldenbourg et de Delmenhorst.

Le Weser les sépare du duché de Brême : au couchant ils touchent à l'Ost-Frise & à l'évêché de Munster : au nord à la seigneurie de Jever. Le nom d'*Oldenbourg* n'est connu que depuis le 12e. siecle, & vient d'un château bâti sur l'Oldena ou Altena. La ville de Delmenhorst a donné son nom au comté. Ils ont ensemble 16 lieues de long & 10 à 11 de large. Le terrein y est inégal. Là, il est sablonneux, aride : ici il est gras & rempli de tourbes : tel est le *Géesland* (pays de landes & de bruyeres.) Le *Marschland*, (pays humide) est gras, fertile, invite à l'agriculture, & à élever des bestiaux. Le blé qu'on y recueille ne suffit pas aux habitans. Le beurre, le fromage, le lin, le houblon, la tourbe, la toile, des meubles de bois, sur-tout d'excellens chevaux font les objets du commerce de ces pays ; mais ils sont obligés de tirer de l'étranger du blé, de l'orge, du seigle, de la biere, du vin, du sel, divers objets de manufactures. Des inondations fréquentes ont obligé de creuser des étangs pour recevoir les eaux surabondantes : une maîtrise particuliere est chargée de les entretenir.

Les deux comtés renferment 51 paroisses, environ 70 mille ames, 2 villes, 5 bourgs, plus de 350 villages & hameaux, 74 terres nobles, dont 12 font des fiefs. On y professe la religion lutherienne ; on y trouve quelques réformés & tous les 6 mois, on célèbre un service à Oldenbourg pour les catholiques & les réformés : c'est sur-tout pour la commodité de la garnison qu'on le fait.

C'est de Vitikind que descendent les comtes d'Oldenbourg. *Christian* II, l'un d'eux fut élu roi de Dannemark, duc de Sleswig & de Holstein. *Gerard* son frere continua la tige des comtes ; elle s'éteignit en 1667, & les rois de Dannemark prirent possession des deux comtés après un accommodement avec les ducs de Plœn, plus proche descendant qu'eux de Christian I fondateur d'Oldenbourg. Ces comtés donnent au roi deux suffrages à la diète de l'Empire dans le collége des comtes, & dans les assemblées du cercle de Westphalie.

Un *Grand Drossard* gouverne ces comtés : il est chef de la régence d'Oldenbourg, & cette régence est composée d'un directeur, & de plusieurs conseillers, sécretaires &c. Elle veille au bien de ces pays, & représente le roi. Elle prononce sur l'honneur, l'état, la vie des sujets. Les tribunaux inférieurs n'ont pas le droit du glaive : elle seule le possede sur tous, avec les magistrats d'Oldenbourg & de la seigneurie de Varel dans l'étendue de leurs districts. C'est à elle que vont tous les appels, & on n'appelle de ses arrêts aux tribunaux de l'Empire que lorsque l'objet excéde en valeur 1000 florins de Rhin. Le consistoire est composé des principaux pasteurs & des membres de la régence.

Les rois de Dannemark tirent de ces deux comtés un revenu annuel de 227000 écus d'Empire : l'entretien des officiers militaires & civils lui en coutent 52000. Le mois romain pour Oldenbourg est de 216 florins & pour Delmenhorst de 80. Ils donnent ensemble pour l'entretien de la chambre impériale 113 écus 55 kr. tous les 3 mois. Un régiment de 600 hommes se lève dans ces comtés & porte leur nom.

Comté d'Oldenbourg.

Oldenbourg, ville bâtie en 1155 sur la Haare qui la traverse & s'y joint à la Hunte qu'on nommait jadis Oldena. Elle obtint son droit municipal en 1345 : dix bastions & d'autres ouvrages l'environnent : on y remarque deux églises, un vaste château, un hôtel magnifique où siege le grand Drossard & les tribunaux du pays, un college de langue latine, une maison de correction, & 4 fauxbourgs. Elle renferme 484 maisons, divisées en franches & bourgeoises : & qui forment deux classes dans ceux qui l'habitent. Les *francs* qui ressortissent immédiatement de la régence royale, & sont exempts de toutes charges bourgeoises, & les bourgeois qui sont soumis à l'autorité du magistrat municipal. La ville ne paye aucune imposition, & partage avec le roi les revenus de l'accise & le produit des amandes imposées aux bourgeois incontinens. La justice provinciale du comté y tient ses séances.

Le *Geestland* autrefois *Pagus Ammeri*, renferme 4 prévôtés. Dans celle du château d'Oldenbourg on remarque l'antique bois de *Wildelho*, & un hôpital qui fut jadis un couvent de dominicains.

Celle de *Wüsteland* renferme 10 villages : celle de *Wardenburg* en comprend 9 & une ferme qui fut autrefois un forteresse. Celle de *Hatten* en renferme 20; on y remarque le canton d'Ofenberg, parfemé de collines fablonneufes, où l'on trouva dit-on la corne d'Oldenbourg faite de vermeil, pefant 61 onces, préfentée au comte Otton, & confervée aujourd'hui à Coppenhague. On croit que cet Otton la fit faire pour fervir de gobelet au roi Chriftian I.

Le *Marschland*, autrefois *Pagus Steding*, comprend 4 prévôtés. On remarque dans celle de *Mohriem* ou *d'Elsfleth* 14 villages, le bourg *d'Elsfleth*, au confluent de la Hunte & du Wefer, dont le péage rapporte 30000 rixdalers par an, quoique les navires chargés ne puiffent pas y monter : les marais de *Bremertœpe* ou du baptême des Brêmois, parce qu'il y en périt beaucoup dans une bataille : le terrain marécageux de *Nevenfeld*, qu'on a rendu labourable en y formant des étangs. Celle d'*Oldenbrock* compte 9 villages dans fon enceinte : celle de *Struckhaufen* en renferme 8 : celle de *Hammelwarden* en contient 12. On y remarque le village de *Bracke*, où l'on décharge les vaiffeaux qui remontent le Wefer, & les îles de *Hammelward* & de *Harvie* formées par le Wefer.

La fénéchauffée de *Nevenbourg* renferme 3 bailliages & 2 prévôtés. Le bailliage de Nevenbourg a 16 villages & le bourg qui lui donne fon nom : il eft formé de deux villages réunis. On y voit des cantons marécageux rendus fertiles par des coupures. Celui d'*Ape* comprend 33 villages. L'un d'eux (Vittenheim) s'appellait *Burgforde*, & doit fon nom actuel à fon feigneur Adalric de Witken, homme refpectable & favant. Celui de *Raftede* a 24 villages. On voyait dans celui de Raftede une riche abbaye de bénédictins confirmée en 1160 par le pape Victor IV, elle fut convertie en château.

La prévôté de *Zwifchenahn* renferme 29 villages : on y voit un étang très poiffonneux auquel on donne le nom de *mer* d'Ebsmendorf : il n'a pas deux lieues de circuit. Celle de *Jade* n'a que 7 villages, & n'eft formée que d'un terrain defféché par la main de l'homme.

La feigneurie de *Varel* fut autrefois immédiate, & n'eft plus aujourd'hui qu'une feigneurie noble, dépendante d'Oldenbourg. Elle a confervé beaucoup de priviléges : le droit de patronage, de haute & baffe juftice, de la chaffe, de la pêche, des péages &c. Elle paye 1200 rixdalers de charges annuelles. Longue de 2 lieues, large d'une & demie, fon fol eft gras & fertile d'un côté, & de l'autre n'eft rempli que de marécages d'où l'on ne tire que de la tourbe. *Varel* eft un bourg très bien bâti à l'entrée d'une belle forêt qui porte fon nom. On y compte 350 maifons, une églife lutherienne, une chapelle réformée, & un beau château. La feigneurie renferme encore 9 villages.

Le bailliage de *Schwey* renferme 10 villages.

La juftice provinciale *d'Ovelgœnne*, étend fon autorité fur un terrain long de 5 lieues, large d'une. Elle a eu formé un petit état libre, protégé d'abord par l'Oft-Frife. Il n'a paffé en entier à la maifon d'Oldenbourg qu'en 1653. On le divife en *Stadland* & *Butjadingerland*. Le premier renferme 4 prévôtés. Elles ont enfemble 43 villages & le bourg *d'Ovelgœnne* qui fut fortifié, mais qui ne l'eft plus. Le Butjadingerland eft divifé en 3 prévôtés qui contiennent 33 villages. Dans celui de *Hofswurden*, on voit une maifon de charité pour 24 perfonnes, fondée par un des comtes d'Oldenbourg.

La terre ou bailliage de *Wurden* eft fituée au delà du Wefer : on y compte 10 villages & 2 fiefs,

Comté de Delmenhorst.

Delmenhorst, ville petite ouverte, siege d'une justice provinciale, n'ayant qu'une église, 237 maisons & 1400 habitans. Un château dont il ne reste plus rien lui donna la naissance & son nom. Placé sur un terrain sec & élevé (*Horst*) sur la Delme, il eut le nom de *Delmenhorst*. Construit en 1247, il eut 16 ans après une église, une communauté de chanoines réguliers, quelques maisons qui devinrent une cité en 1270. Cette seigneurie fut l'appanage des descendans d'un frere d'un comte d'Oldenbourg. Cette tige éteinte, elle retourna aux comtes.

Sa sénéchaussée renferme 3 prévôtés. Celle du château comprend 28 villages : celui de *Hude* avait autrefois une riche abbaye de bénédictins, ordre de Citeaux, fondée en 1272. Celle de *Stuhr* a 6 villages & on l'a réunie à la premiere. Dans celle de *Berné* & *d'Altenesch*, qui composent le *Marschvogtegen*, ont ensemble 38 villages. Elles embrassent le fertile canton de *Stedingerland*, dont les habitans ont pendant 30 ans repoussé le joug que leur imposaient les comtes d'Oldenbourg. Une bataille sanglante les y soumit.

COMTÉ DE BENTHEIM.

D'Oldenbourg, en passant par l'évêché de Munster, on trouve sur ses frontières & celles de l'Ober-Issel le comté de Bentheim ; son sol est fertile, l'aspect en est riant, ses productions suffisent aux besoins de ceux qui l'habitent & leur fournissent des objets de commerce. On trouve de belles carrieres dans ses montagnes : ses plaines sont partagées en champs féconds, en belles prairies, où paissent de nombreux troupeaux de bétail: ses forêts sont animées par le gibier qu'elles recelent. La *Vechte* l'arrose dans sa longueur, sort de Munster, va dans l'Ober-Issel, reçoit dans le comté *l'Aa* & la *Dinkel*, nourrit une multitude de poissons, porte des bateaux, des radeaux, & rend le commerce actif.

Ce pays long de 16 lieues, large de 5 environ, renferme 3 villes, un bourg, des habitans laborieux: ils commercent en fil, laine, toile, miel, bestiaux, moëllon, pierres, bois, &c. vont en Hollande, y servent, s'y établissent ou reviennent dans leurs foyers avec le fruit de leurs épargnes & de leur travail. Les états sont formés des députés de la province d'Ober-Issel, ou du prince d'Orange à qui les possessions donnent le droit du premier suffrage: des possesseurs des maisons nobles de *Brandlecht*, de *Laer*, de *Langen, Ravenshorst*, & *Wolda*, des couvens de *Fernswegen*, & de *Wietmarsen*; enfin des bourguemaîtres des trois villes qui n'ont ensemble qu'une voix. Les réformés sont le plus grand nombre des habitans: le prince y a été catholique, & les catholiques n'eurent sous lui que dans la ville de Bentheim l'exercice libre de leur religion: les états généraux y sont protecteurs de la constitution ecclésiastique.

Les comtes de Bentheim sont connus depuis le 10e. siecle: ce pays a été possédé par un comte de Hollande, par un seigneur de Gütterswick: un de ses comtes a réuni en 1590 par sa femme & des héritages le comté de Steinfurt, le Tecklenbourg, le Limbourg, les seigneuries d'Alpen, d'Helfenstein, de Lennep & la prévôté héréditaire de Cologne qu'il partagea entre ses enfans. L'un de ses descendans le possédait en 1753 & il en a cédé la supériorité territoriale pour 30 ans à la maison électorale de Brunswick-Lunebourg, pour en obtenir de l'argent & une subrogation de ses dettes. Ce comté a séance & voix dans la diète de l'Empire & dans celle du cercle. Son mois romain est de 152 fl., son contingent tous les 3 mois est de 121 écus & 66 kr. pour l'entretien de la chambre impériale.

On divise le comté en haut & bas : ils diffèrent par leurs droits, & leurs coutumes : le haut est fief de l'Empire, le bas reconnait la supériorité du prince d'Orange.

Haut Comté.

Il renferme 3 bailliages.

Bailliage de Schüttorf.

Bentheim, grand bourg dont une partie s'élève sur une montagne & l'autre s'étend dans la plaine. Il renferme une église protestante & une église catholique. Son château, résidence du comte est sur un roc isolé & très haut qu'on voit au nord du bourg : il est très ancien, & flanqué de tours. Drusus bâtit, dit-on, un fort en ce même lieu. Le comte Erneste Guillaume devenu catholique y mit une garnison que l'évêque de Munster lui fournit, & cette garnison y est encore.

Schüttorf, est la plus ancienne ville du pays ; bâtie au 13e. siecle, ornée de beaux priviléges, elle eut des fossés qui sont comblés, des murs qui subsistent encore, & un château. Elle est sur la Vechte.

Ohne, grand village sur la Vechte, rebâti depuis 1754. On croit son église la plus ancienne du pays.

Gildehaus, village semblable à une ville par sa grandeur & son commerce. Ce commerce, & le produit de ses carrieres y répandent l'aisance.

Bailliage

CERCLE DE WESTPHALIE. 97
Bailliage de Northorn.

Northorn, ville petite, fans murs, mais non fans commerce. La Vechte l'environne.

Frenfwegen, couvent occupé par les chanoines auguftins, & qui, avant la réformation fervait de fépulture aux comtes. Celui qui le dota s'y fit moine : fans doute il était content de fon ouvrage.

Wietmarfen, abbaye d'abord occupée par des bénédictins qui l'abandonnerent dans le 12ᵉ. fiecle & on l'érigea en abbaye féculieré de dames nobles du même ordre. L'évêque de Munfter en eft le protecteur : un hameau voifin & divers vaffaux en dépendent.

Bailliage d'Emblicheim.

Il forme une feigneurie particuliere : fes terres font coupées par un grand marais qui fort du pays de Drente : on y remarque le village d'*Emblicheim* ou *Emblikamp* & celui de *Laerwald* qui a 2 fieges nobles : ce dernier eft fur la Vechte : l'autre en eft près.

Haut Comté.

Il renferme 2 bailliages.

Bailliage de Nienhus.

Nienhus ou *Nevenhaus*, petite ville fur la Dinkel, près de fon embouchure dans la Vechte. Son château la fit naître & n'offre plus que des mafures. Fondé dans le 13ᵉ. fiecle, les maifons qui l'environnerent formerent la ville : fes priviléges font de 1376. Le territoire qui l'environne eft fertile ; mais un grand marais le rétrécit.

Tome IV. G

Bailliage d'Ulfen.

Ulfen est un village ; mais fa paroiffe eft la plus étendue du comté. Celle de *Wilfum* eft auffi dans ce bailliage.

COMTÉ DE STEINFURT.

Il eft au fud oueft de Bentheim & environné par l'évêché de Munfter qui en poffède la plus grande partie : tel qu'il fut érigé, il avait 8 lieues de long fur 5 de large. L'Aa l'arrofe. L'évêque de Munfter voulut qu'il dépendît de lui : en 1716, il fut décidé que la ville, le château, la paroiffe de *Steinfurt* feraient reputés un comté immédiat de l'Empire ; que tout le refte dépendrait de Munfter. Il fut poffédé longtems par les comtes de Bentheim, & l'eft encore par leurs defcendans. Il a féance & voix dans le collége des comtes & aux affemblées du cercle. Son mois romain eft de 7 fl. un quart, fa taxe pour la chambre impériale eft 5 écus 89 kr. tous les trois mois.

Steinfurt ou *Burg-Steinfurt*, ville fur l'Aa, qui reçut fes priviléges en 1343. Le grand nombre des habitans eft réformé : les catholiques n'y ont point d'églife ; mais ils ont la permiffion de s'en bâtir une. On y voit un gymnafe qui a eu de la célébrité, & où l'on compte 5 profeffeurs & 6 précepteurs. Il fut fondé en 1591 par le comte Arnould. Il y a auffi une commanderie de St. Jean.

SEIGNEURIE DE GEHMEN.

Elle a été une baronnie de l'Empire : moins étendue aujourd'hui, c'eft une feigneurie immédiate

CERCLE DE WESTPHALIE.

possédée par une branche de Limbourg-Styrum. Enclavée dans un bailliage de l'évêché de Munster au sud ouest de Steinfurt on y remarque *Gehmen*, ou *Gemen*, bourg sur l'Aa : ses habitans sont lutheriens & réformés & y ont chacun une église. On y compte encore 4 communautés.

SEIGNEURIE D'ANHOLT.

Au couchant de Gehmen, entre les frontieres de Munster, Cleves & Zutphen, elle est possédée par le prince de Salm. Elle relevait du duché de Gueldres, & Charles V l'en affranchit : elle a voix aux diètes de l'Empire; son mois romain est de 12 fl. mais elle n'est point comprise dans les matricules de l'Empire, ni dans celles de la chambre impériale. Son chef-lieu est *Anholt* petite ville sur l'ancienne Issel. Elle a un chateau.

ABBAYE DE THORN.

Située dans le comté de Horn qui fait partie de l'évêché de Liege. L'Ytter-Beck l'arrose & se jette dans la Meuse. Fondée vers l'an 1000, elle siege & vote aux dietes, paye un mois romain de 12 fl. mais ne donne rien pour la chambre impériale, parce qu'il n'est pas prouvé qu'elle soit indépendante du duché de Gueldres. Cette abbaye séculiere est composée de chanoinesses, filles de princes ou de comtes.

ABBAYES DE STABLO ET MALMEDY.

Fondées par St. Remacle au 7e. siecle, elles élisent en commun l'abbé qui les réunit. Elles sont entre l'évêché de Liege, & les duchés de Luxembourg & Limbourg. On a publié beaucoup d'écrits pour prouver que Malmedy devait être soumise à Stablo comme une cellule l'est à son couvent; ou que Stablo n'était que l'égale de Malmedy. Il est possible d'être un homme instruit & d'ignorer ces intéressantes discutions. Ce qu'on peut dire ici, c'est que l'abbé commun s'élit dans Stablo, que c'est là que les moines de Malmedy font leurs vœux, & qu'ils ont leurs archives; que lorsqu'on donne à un nouvel abbé l'investiture impériale, on n'y parle que de Stablo, peut-être par abbréviation. Cet abbé est prince de l'Empire, & comte de Logne, & il siege parmi les princes. Son mois romain est de 112 florins, & tous les trois mois il donne 81 rixdalers pour l'entretien de la chambre impériale. Il est consacré par l'évêque de Liege; Stablo est de son diocèse, Malmedy est de celui de Cologne. Ces deux abbayes sont de l'ordre de St. Benoit. Jointes à quelques villages, elles valent à leur abbé un revenu de 10 ou 12 mille écus.

Dans la principauté de *Stablo*, on voit la ville & l'abbaye de ce nom, sur l'Amblève, dans une vallée profonde. St. Remacle y est enterré: & la ville & abbaye de Malmedy, sur la Recht, toutes les deux ont quelques manufactures, & un bon commerce: dans le voisinage sont des sources d'eaux minérales.

Dans le comté de Logne, on voit le château de ce nom, & huit villages divisés en deux districts.

ABBAYE DE ST. CORNELIS-MUNSTER.

Sur les frontieres du duché de Limbourg, à 3 ou 4 lieues au sud d'Aix-la-Chapelle, cette abbaye de bénédictins fut fondée sous le règne des empe-

CERCLE DE WESTPHALIE.

reurs Carlovingiens. Les ducs de Juliers en sont les protecteurs, & les archevêques de Cologne, les directeurs. L'abbé siege parmi les princes : son mois romain est de 48 florins, sa taxe 126 rixdalers 21 kr. L'abbaye appellée aussi *Inden*, est située sur la Derte : une petite ville en est voisine & porte son nom : son autorité s'étend sur elle & sur 13 villages.

COMTÉ DE GRONSFELD.

Il est dans le duché de Limbourg, près de la Meuse & de Maestricht. Ceux qui le possedent siegent parmi les comtes de Westphalie, & leur taxe est de 19 rixdalers 62 kr. Le petit territoire qui forme cette ancienne seigneurie renferme les villages & les paroisses de *Gronsfeld*, de *Hontem*, quelques hameaux & quelques fermes.

COMTÉ DE RECKHEIM OU REKUM.

Il est sur la rive occidentale de la Meuse près de Maestricht. C'est un fief féminin érigé en comté en 1623. Son mois romain est de 6 florins, & tous les trois mois il paye pour l'entretien de la chambre impériale 52 rixdalers 45 kr.

Reckheim, est un grand bourg. Il a un beau château, un couvent de cordeliers, & un de religieuses de l'ordre de St. Norbert. On voit encore dans ce comté les paroisses de *Borsem*, d'*Uckhofen* & quelques hameaux.

LES SEIGNEURIES DE WITTEM, D'EYSS, ET DE SCHLENACKEN.

Elles sont dans le duché de Limbourg. On les

joint ici parce qu'elles ont le même possesseur ; c'est le comte de *Plattenberg*. Il paye pour ces 3 seigneuries 20 rixdalers 51 kr. à la chambre impériale.

Wittem a le titre de comté, est à 3 lieues d'Aix-la-Chapelle. Heritage des ducs de Brabant, l'Espagne y possédait le domaine direct : elle y renonça en 1689. Son possesseur siege parmi les comtes : son mois romain est de 14 florins. On voit les ruines de son château, près d'un beau couvent de capucins, orné d'une église magnifique. Ce comté renferme 3 paroisses & quelques fermes.

Eyss, seigneurie au nord-est de Wittem est peu considérable. Elle a dépendu du Brabant : ses revenus sont modiques : on y voit le village paroissial d'Eyss, & quelques métairies éparses.

Schlenacken est près de Wittem sur la Gulpe. On y voit le village paroissial de ce nom, le couvent de Ste. Croix, occupé par des chanoines réguliers du St. Sépulcre & quelques maisons isolées.

SEIGNEURIE DE VICKERAD.

Elle est entre le duché de Juliers & l'archevêché de Cologne. La Niers l'arrose : formée de deux baronnies, son possesseur siege parmi les comtes, & son mois romain est de 16 florins. On y professe la religion réformée. *Wickerad* a un château magnifique, un couvent de freres croisés ; autour de lui sont 7 villages. *Schwanenberg* renferme 363 ménages.

SEIGNEURIE DE MYLENDONK.

Elle touche à celle de Vickerad, & son possesseur siege après le sien, & paye le même mois romain.

CERCLE DE WESTPHALIE. 103

On y remarque le château de *Mylendonk*, quelques maisons isolées & le grand village de *Corsenbroich*.

COMTÉ DE KERPEN ET LOMMERSUM.

Il est dans le duché de Juliers. Il fut érigé en comté par Charles VI en 1712. Son tenancier prend son rang parmi les comtes de la Westphalie : son mois romain est de 12 fl. Le duché de Brabant prétend qu'il relève de lui. On y remarque *Kerpen*, grand bourg qui a une église collégiale ; on voit les ruines de son château sur une hauteur voisine. *Miethrath*, *Lommersum*, *Poddern* sont des villages.

COMTÉ DE SCHLEIDEN.

Il est placé entre les duchés de Juliers & de Luxembourg, dans l'Eyffel. Son possesseur a son rang parmi les comtes de la Westphalie. Il réclame l'exemption de charges, promise par l'Autriche & ne l'a point encore obtenue. On y voit le bourg de *Schleiden*, quelques hameaux, & plusieurs fermes dispersées.

SEIGNEURIES DE WINNENBOURG ET DE BEILSTEIN.

Elles sont près de la Moselle & de Trèves. Possédées par un noble de la maison de Metternich ; elles lui donnent séance & voix aux diètes. Son mois romain est de 12 florins : sa taxe pour la chambre impériale 8 rixdalers & 10 kr. On y remarque la petite ville de *Beilstein* sur la Moselle, dont l'archevêque de Trèves eft co-feigneur, le château de Winnenbourg ou Winnenberg & quelques villages.

COMTÉ DE VIRNENBOURG.

Il eft dans l'Eyffel, & entouré par l'archevêché de Trèves. Une partie de ce comté fait aujourd'hui partie de l'électorat de Trèves. Ce qui lui refte paye 15 florins de mois romain, & 35 rixdalers 21 kr. pour la chambre impériale. On y voit le bourg & château de *Virnenbourg* & 5 villages.

COMTÉS DE BLANKENHEIM ET DE GEROLSTEIN.

Ils font dans l'électorat de Trèves, & donnent à leur poffeffeur le droit de voter dans le collége des comtes. Il paye 64 fl. pour fon mois romain & 72 rixdalers 44 kr. pour la chambre impériale. On y remarque *Blankenheim*, bourg, château où le comte refide. *Gerolftein*, petite ville fur la Kill. *Manderfcheid*, bourg, château qui donne fon nom à la famille des comtes; les baronnies de *Jukenrath*, de *Dollendorf*, de *Merfeld*, de *Kronenbourg*, de *Bettingen*, d'*Heiftart*, & *Schuller*, les feigneuries d'*Erb de Daun*, de *Keyll*, & de *Neuerbourg*.

SEIGNEURIE DE REICHENSTEIN.

Située au nord de l'électorat de Trèves, dans le bailliage de Dierdorff, elle donne à fon tenancier féance parmi les comtes de Weftphalie. Elle ne contient que le village de *Reichenftein*, un ancien château, une mine de cuivre, une ufine où l'on travaille le cuivre & le fer.

Cercle de Westphalie.

Comté de Holzapfel.

Placé entre le territoire de Trèves, & celui de Nassau-Dietz, sur la riviere de Lahne, il est formé de la seigneurie d'Esterau, & de la prévôté d'Isselbach; vendu par un prince de Nassau, érigé par Ferdinand III en comté immédiat de l'Empire, il donne place à son possesseur dans les diètes. Son mois romain est de 15 florins, sa taxe pour la chambre impériale est de 13 rixdalers 86 kr. On y voit la petite ville de *Holzapfel*, où est une école latine; le château de Laurenbourg, sur la Lahne, au pied d'une montagne sur laquelle est encore une tour de l'ancien château de ce nom, d'où descendent les princes de Nassau, *Charlottenbourg*, village bâti par des réfugiés français, & 9 autres villages.

Principauté de Nassau.

Elle est située dans la Wetteravie, & confine à l'électorat de Trèves. Elle a 20 lieues de long, 12 de large. C'est un pays semé de montagnes, de bois, qui laissent entr'eux des prairies & des champs. C'est sur-tout dans le Westervald qu'on trouve les plus beaux pâturages, & qu'on nourrit le plus de bestiaux.

La maison de Nassau descend d'Otton, frere de l'empereur Conrad I. Il était seigneur de Laurenbourg. Cette maison s'étendit par ses branches & par ses possessions: elle prit son nom du château de *Nasouva* bâti en 1101. Elle a fourni un empereur à l'Allemagne & un grand nombre d'hommes illustres. Ses diverses branches se sont réunies en trois qui subsistent encore aujourd'hui.

La ligne cadette, ou Ottonienne de cette maison

n'existe plus que dans la personne de Guillaume V prince d'Orange, gouverneur général des Provinces Unies. Celles de Walram n'ont pas séance au collége des princes, & leur pays est compris dans le cercle du haut Rhin. Celle de Weilbourg est la troisieme qui subsiste encore.

Nous ne parlerons ici que des états de la branche Ottonienne, parce qu'eux seuls font partie du cercle de Westphalie. Leur produit annuel est de 350 mille florins d'Empire.

I. *Comté de Dietz.*

Situé sur les bords de la Lœhn, il eut longtems ses comtes particuliers. Il est parvenu à la maison de Nassau par un mariage & des transactions : elle n'en possède que la moitié qui relève de l'archevêché de Trèves : l'autre moitié appartient à l'archevêché même. La fertilité de ce pays lui a fait donner le nom de *Comté d'Or*. Les comtes payent pour ce qu'ils possèdent un mois romain de 63 & demi fl. & pour l'entretien de la chambre impériale 41 rixdalers 79 kr. Les landgraves de Hesse prennent le titre de comtes de Dietz ; mais il est incertain si les possessions qui le leur font prendre ont jamais fait partie de ce comté. Il est divisé en 6 bailliages.

Bailliage de Dietz.

Dietz, *Decia*, est sur le bord la Lœhn qu'on y passe sur un pont de pierres ; elle est divisée en ville vieille & neuve, son château est sur une élévation : les réformés y ont deux églises, les lutheriens une.

Oranienstein, château de plaisance élevé sur les ruines d'un couvent de religieuses.

Fachengen, village voisin d'une fontaine d'eaux minérales.

Bailliage de Hanstetten.

On y voit le château de ce nom, 3 villages, quelques hameaux, une église & un collége qui furent autrefois un couvent de Citeaux.

Bailliage de Kirchberg.

Il renferme le bourg muré de ce nom & quatre villages.

Bailliage de Camberg.

On n'y voit rien de remarquable : il est partagé entre l'électeur de Trèves & le comte.

Bailliage de Nassau, ou des 3 Seigneurs.

Nassau-Dietz en possède la moitié ; l'autre moitié est partagée entre Nassau-Usingen, & Nassau-Weilbourg. On y voit le bourg libre de *Nassau* au bord de la Loehn qui le sépare d'une montagne élevée où était le château de *Nassauberg*, le bourg de *Daussenau* sur la Loehn & différens villages.

Bailliage des 4 Seigneurs.

Un quart en appartient à Nassau-Dietz, qui a part aussi aux bains d'*Ems*, à la paroisse de *Kirdorf*, au bailliage de Loehnberg, dont on parlera ailleurs.

II. Nassau-Siegen.

Cette partie de la principauté est placée dans le Westerwald : elle a 5 lieues de long, moins de deux de large : on y recueille du blé, on y fait paître beaucoup de bétail dans les prairies coupées par des monts & des forêts. Il y a des fonderies de fer ; on y prépare l'acier. La Sieg l'arrose, y reçoit plusieurs ruisseaux & lui donne son nom. On y trouve une ville, deux bourgs, 150 villages. Un Nassau-Siegen devenu catholique, a mêlé des catholiques parmi ses sujets autrefois tous réformés. Le mois romain de Nassau-Siegen est de 77 fl. & demi, sa taxe pour la chambre impériale est de 50 rixdalers 6 kr. Joint avec Hadamar, il a un suffrage dans le collége des princes. On croit que le revenu du pays est de 100,000 rixdalers. Il renferme 7 bailliages.

Bailliage de Siegen.

Siegen, sur la Sieg, ville qui eut un collège de jésuites, qui a deux châteaux, où résidaient un Nassau réformé & un catholique. Elle a deux églises pour les deux cultes. Ses environs montrent des minieres de fer; on y a établi des fonderies & des martinets.

Les bailliages d'Ober-Netphe, de Nieder-Netphe, de Crombach, de Ferndorf, n'offrent rien de remarquable.

Bailliage de Hilchenbach.

Hilchenbach est un bourg & un château. *Keppel*, un couvent de demoiselles réformées.

Bailliage de Freudenberg.

Freudenberg est un bourg où l'on travaille le fer & l'acier. *Oberheisling*, un château & un village.

Bailliage de Heisslingen.

Il est renfermé dans les limites d'une vallée agréable par ses prairies.

III. Nassau-Dillenbourg.

Il touche au précédent, a 7 lieues de long, 5 de

large : on y voit des forêts, des forges, des martinets ; on y trouve du cuivre, du plomb, de l'argent, du vitriol, du fer : le commerce de ce dernier métal fupplée par fon produit au blé qu'il ne produit pas. La Sieg & la Dille y ont leurs fources. Les habitans font réformés : on y compte 5 villes deux bourgs, & beaucoup de villages.

Naffau-Dillenbourg a un fuffrage dans les diètes. Son mois romain eft de 102 florins, fa taxe pour la chambre impériale eft de 50 rixdalers 6 kr. pour chaque terme : fes revenus montent à 160,000 fl. Le pays eft divifé en 9 bailliages.

Bailliage de Dillenbourg.

Dillenbourg, fur la Dille qui lui donna fon nom. Là font les tribunaux de la maifon de Naffau, un beau manège, un parc, un harras nombreux. Dans l'églife paroiffiale font les tombeaux des anciens comtes. Cette ville doit fa beauté à un incendie arrivé en 1724. Près d'elle eft un fourneau dans lequel on fond 150 quintaux de cuivre par année. Autour font plufieurs villages.

Bailliage de Hayger.

Hayger, petite ville fur la Dille. On fond le fer à *Haygerhutte*, & le plomb, l'argent, le vitriol près du village de *Steinbach*.

Bailliage de Herborn.

Herborn, petite ville, château fur la Dille. On y fonda un gymnafe réformé en 1584. Autour d'elle on voit plufieurs villages, deux fonderies & martinets de fer.

Bailliage de Bourbach.

Grund-Bourbach, bourg & château : on trouve dans fon territoire une miniere de plomb.

Bailliage de *Driedorf*.

Driedorf, petite ville entourée de hauts murs & de tours : son château est en ruines.

Bailliage de *Mengers Kirchen & d'Ellar*.

Mengers-Kirchen est une petite ville, un château. *Probbach*, un village près duquel est une fontaine d'eaux aigres. *Seck* un village où fut un couvent, qui est devenu ferme.

Bailliages de *Tringenstein & d'Ebersbach*.

Tringenstein est un château sur l'Aar, *Ebersbach-sur-la-montagne*, un village près duquel est une fonderie de fer.

Bailliage de *Wehrheim*.

Une partie est possédée par l'électeur de Trèves. *Wehrheim* est un bourg auquel l'empereur Charles IV accorda le droit d'être ville.

IV. *Nassau-Hadamar*.

Cette partie est encore dans le Werterwald : elle a un peu plus de trois lieues de long sur trois de large, & ne renferme que le bailliage d'Hadamar.

Hadamar, ou *Ober-Hadamar*, bourg sur l'Els. Il a un château superbe & un couvent de Franciscains. *Dern* est un village, un château. Plusieurs villages sont dispersés dans ce pays.

COMTÉ DE WIED.

Il est situé au nord de l'électorat de Trèves. Les deux fils du comte Jean I le partagerent en deux portions égales vers l'an 1560 : ce partage a toujours subsisté. Une portion s'appelle *Comté inférieur*, ou *Wied-Neuwied* : l'autre *Comté supérieur*, ou *Wied-Runkel*. Les deux comtes siegent dans leur banc : leur mois romain est de 96 florins & chacun paye 32 rixdalers 40 kreutzers pour la chambre impériale.

I. Comté Supérieur.

Il est composé de la seigneurie de Runkel & du bailliage de Dierdorf.

Seigneurie de Runkel.

Les habitans sont réformés ; ils cultivent des champs, des vignes, des jardins, nourrissent des bestiaux dans leurs prairies.

Runkel, bourg dans une vallée qu'arrose la Lahn, sur laquelle est un pont-levis placé sur 4 arches construites en pierres de taille, & au milieu duquel est un grand bâtiment qu'on habite. Le château est sur un roc élevé : il est le siege de la chancellerie & le dépôt des archives.

Steden, village près duquel est une carriere d'un beau marbre blanc & rouge.

Schupbach, paroisse dans laquelle on trouve du beau marbre noir à veines blanches dont on peut faire des colonnes de 20 pieds de hauteur. On trouve encore du beau marbre dans la paroisse de *Séelbach*; une carriere abondante de pierre à chaux dans celle de *Hukholzhausen* : de l'ardoise, des minieres d'argent & de plomb, une fonderie de fer dans celle de *Weyer*.

Haut bailliage de Dierdorf.

Dierdorf, siege des tribunaux du comté, est une ville sur la Wiedbach : l'agriculture, différens métiers, le commerce en occupent les habitans. Il y a un couvent de capucins. Son château est la residence des comtes.

Dans la paroisse d'*Urbach*, on trouve des forêts étendues & de bonnes carrieres d'ardoises. Dans celle de *Raubach* sont des minieres de fer & une fonderie. Celle de *Niedern-Rambach* renferme le village de *Strimel* où se tiennent tous les 15 jours des foires de bestiaux, & où l'on trouve des pierres taillées par la nature en forme pyramidale : on s'en sert pour marquer les limites.

Ce comté a encore quelques paroisses, ou portion de paroisses, il étend ses possessions dans les cercles de haut & de bas Rhin.

II. Comté inférieur.

Il est situé le long du Rhin : on y trouve des minieres de cuivre & de fer ; il produit du blé, des fruits, des vins, dont le rouge est appellé *Bleichert*. Les habitans sont réformés : quelques uns sont catholiques.

Neuwied, ville sans murs, régulierement bâtie : elle augmente & embellit tous les jours. Les réformés, les lutheriens, les catholiques y ont chacun une église ; les juifs une synagogue voisine, les moraves une communauté. Son château est bien bâti, est orné d'un grand jardin. La Wied coule à quelque distance de la ville, que le Rhin borde, où il passe avec rapidité, où il appelle le commerce ; mais qu'il inonde quelquefois ainsi que les campagnes voisines : on l'y traverse sur un bac.

Sur la Wied, dans la paroisse de *Heddesdorf*, on fond le fer, on teint, on blanchit, on forge le fer, on mout le blé, on fait l'huile. Celle de *Feldkirchen* présente l'aspect d'un jardin fertile & riant. Là est le village de *Fahr* au bord du Rhin, & le château de *Friderichstein*, construit dans le roc, & que les

bateliers

CERCLE DE WESTPHALIE.

bateliers appellent le *Château du Diable*. Dans celle de *Bieber* on trouve des moulins, une papeterie, des martinets de cuivre, d'acier, de fer blanc; on y foule & teint les draps. Là est l'antique église de Ste. Croix où accourent les pélerins, & le vieux château de *Nieder-Bieber*, où l'on trouve différentes antiquités. Dans celle de *Wied* est l'ancien bourg de ce nom, qui lui fut donné par la riviere qui l'arrose. Sur une montagne rocailleuse est encore le vieux château des comtes. Celle de *Honnefeld* a 9 villages & des minieres, des fonderies, des martinets de cuivre & de fer. Celle d'*Anhausen* renferme des monts élevés, des forêts, 4 villages & l'antique château de *Braunsberg*. C'est dans celle de *Dreyfelden* que la Wied prend sa source : on y voit 6 grands étangs, & une pierre sur les frontieres de *Sayn* & de *Hadamar* où les trois souverains pouvaient se mettre à table chacun sur leur territoire. A *Nordhofen* on fait de la vaisselle de terre. *Grenzhausen* est un grand bourg, traversé par deux ruisseaux, où l'on fait de la vaisselle & des pipes : dans ses environs sont des minieres de cuivre, d'argent & de fer. On en trouve aussi de ce dernier métal dans la paroisse d'*Alsbach*.

COMTÉ DE SAYN.

Il est situé dans le Westerwald, renferme 3 villes, & les 3 religions y ont des temples. Le premier comte dont il soit parlé était *Henri* I & vivait en 1112. Ce comté s'est divisé par des transactions & des héritages : il a aujourd'hui deux possesseurs principaux : l'un est le margrave de Brandebourg-Onolzbach ; l'autre, le bourgrave de Kirchberg. Ils n'ont qu'une voix dans les diètes. La portion du

Tome IV.   H

premier s'appelle *Sayn-Altkirchen* : son mois romain est de 42 florins 58 kr. Celle du second est nommée, *Sayn-Hachenbourg* : son mois romain est de 45 florins 41 kr. Tout le comté paye pour l'entretien de la chambre impériale 46 rixd. 60 kr.

Les comtes de Sayn possédaient autrefois de plus grands domaines : une partie du comté même en a été retranché & partagé entre l'électeur de Trèves & le comté de Witgenstein-Hombourg.

I. *Sayn-Altkirchen.*

Bailliage d'Alt-Kirchen.

Alt-Kirchen, petite ville, où siege la chancellerie. Les lutheriens & les réformés y ont chacun une église : elle reçut ses priviléges en 1314. Elle a un château. Ce bailliage est un fief de Cologne.

Bailliage de Freusbourg.

Freusbourg, est un bourg, siege d'une justice libre : il est près de la Sieg. Son château existe encore. Son bailliage est un fief de Trèves.

Bailliage de Friedewald.

Friedewald, petite ville à laquelle on accorda en 1324 les mêmes priviléges qu'à Francfort : ils ne l'ont pas conduit à la même grandeur, aux mêmes richesses. C'est un fief de Hesse-Darmstadt.

Daden, bourg dans lequel siege une justice pour les mines. Les minieres de cuivre qui en sont voisines donnent jusqu'à 300 quintaux de laiton.

Bailliage de Bendorf.

Bendorf, près du Rhin & la Sayn. Il est habité par les lutheriens & les catholiques.

Sayn-Hachenbourg.

On n'y trouve de remarquable que la petite ville

de *Hachenbourg*; son château est la résidence des bourgraves de Kirchberg : la ville & le château sont des fiefs de Cologne. La prévôté de Rosbach, 9 paroisses, le ban de Marsayn, une partie de la terre de Burbach, est ce qui compose cette partie du comté.

Seigneurie de Gimborn et Neustadt.

En remontant vers le nord, entre le duché de Berg & le comté de la Mark, on trouve cette seigneurie, qui est un franc fief masculin, formé par l'électeur de Brandebourg en 1631. Son possesseur le comte de Schwartzenberg fut admis à faire partie des états de Westphalie en 1682. Il fournit au cercle un cavalier & deux fantassins, & au comté de la Mark un cavalier & 5 fantassins. Depuis 1702, il a séance & voix dans les diètes. Cette seigneurie est gouvernée par un grand-baillif, un prévôt & 12 échevins.

Gimborn n'est qu'un double château. La communauté de *Nieder-Gimborn* est variée d'une manière agréable, de champs, de prairies, de bois : ses habitans sont cultivateurs & commerçans en fer.

Neustadt, ville de 40 maisons, au pied d'un mont sur lequel était un château élevé en 1353 comme la ville. Son magistrat est annuel : elle est peuplée de cultivateurs.

Dans la paroisse de *Gummersbach*, on trouve des mines de fer, de plomb & de cuivre. On y file le coton, on y commerce en fer & en bestiaux. Dans celle de *Muhlenbach* est la source de la Wipper. On y commerce en coton filé, en fer : mais l'agriculture & le soin du bétail y sont la principale occupation des habitans : il en est de même de celle de *Runderod*. *Marienheyde* est un village & un couvent de dominicains.

Abbaye de Werden.

Son territoire est dans le comté de la Mark. Cette abbaye de bénédictins fut fondée par St. Ludger, premier évêque de Munster. Divers souverains l'enrichirent de leurs dons, & de fiefs qu'elle a cédé à ses voisins. Son mois romain est de 48 florins, sa taxe pour la chambre impériale est de 18 rixdalers 14 kr. pour chaque terme. Ses revenus montent à 20000 rixdalers. Le roi de Prusse en prétend être le seigneur territorial.

Werden, petite ville sur la Roer. Elle fut entourée de murs en 1317; il y a une église lutherienne. C'est là qu'est l'abbaye de ce nom. Dans son voisinage on trouve du charbon de terre & de la pierre à chaux.

Kettwyck, bourg sur la Roer: on y fabrique des draps. *Horbach*, *Born* &c. sont des villages.

Abbaye d'Essen.

Son territoire confine au comté de la Mark, au duché de Berg, & à celui de l'abbaye de Werden. Elle fut fondée en 877 par *Alfried* évêque d'Hildesheim. Elle a le droit de se choisir un protecteur & c'est le roi de Prusse qui a ce titre. Son mois romain est de 76 florins, sa taxe pour la chambre impériale est de 162 rixdalers 29 kr.

Essen (l'abbaye d') est de l'ordre de St. Benoit; elle est séculiere, & son chapitre est composé de princesses & de comtesses.

Essen, *Assindia*, ville assez grande, & commerçante : on y fabrique de bons draps : sa manufacture d'armes a déchu. L'abbesse d'Essen, & la ville y partagent les droits regaliens. La premiere y exerce la jurisdiction ordinaire, & y jouit de la supériorité territoriale. La ville ne lui prête point hommage, s'impose elle-même ses contributions, administre la justice civile & criminelle, mais sans faire exécuter ses jugemens de mort, exerce la police, élit ou dépose ses magistrats, garde ses murs, ses tours, ses portes, ses digues &c. Son château a le droit d'asyle & l'abbesse y reside. Les habitans sont la plupart lutheriens : il y a une église réformée, quelques églises & couvens catholiques, une commanderie de l'ordre teutonique & un gymnase.

Steyll, petite ville avec deux églises, l'une lutherienne, l'autre catholique.

Rellinghausen, seigneurie, village. Son église a un chapitre : ses environs ont des mines de charbons de terre.

Huckarde, *Dorstfeld*, *Borbeck*, seigneuries. Celle de *Breysich* est dans le duché de Juliers.

ABBAYE DE HERFORD.

Elle est dans le comté de Ravensberg, & fut fondée en 790, d'abord monastere de St. Benoit, elle a reçu ensuite la réformation, est devenue lutherienne & séculiere. Elle doit ses priviléges au pape, aux empereurs & à l'Empire. Son mois romain est de 8 florins, sa contribution pour la chambre impériale de 81 rixdalers 14 kr. Son abbesse est seigneur de plusieurs arrieres-fiefs, & nomme à des cures dont la vente est une partie de ses revenus : ils montent à 6000 rixdalers par an. Ceux des chanoinesses sont modiques : ce sont des princesses ou des comtesses qui ont ce titre. Elles portent une croix attachée à un ruban ponceau bordé d'argent. D'un côté est la vierge & l'enfant Jésus avec ces mots, *Meminisse & imitari* : de l'autre est le nom de l'institutrice.

A 600 pas de la ville voisine de l'abbaye, est une montagne sur laquelle est le *Chapitre Ste. Marie* fondé dans le 11ᵉ. siecle, & soumis à l'abbesse.

Abbaye de Corvey.

Cette principauté ecclésiastique est bornée à l'orient par le Weser, au couchant & au midi par l'évêché de Paderborn. Elle a 5 lieues de long, 4 de large : aux bords du Weser sont des champs fertiles, ailleurs ce sont des monts, des bois & quelques prairies. Fondée par l'empereur Louis, *St. Adelhard* en fut le premier abbé : ses moines furent tirés de Corbie en Picardie, & de là vient son nom. Elle a été plus riche & plus étendue. Ses revenus annuels montent à 30 ou 40,000 florins. Son mois romain est de 60 fl., & sa taxe pour la chambre impériale de 108 rixdalers. L'abbé dépend immédiatement du St. Siege : il a une régence & une cour féodale.

Corvey, *Corbeja nova*, abbaye de bénédictins, château grand, bien bâti, sur le Weser & sur la Schelpe. L'abbé y tient une compagnie de soldats. Autrefois elle renfermait des hommes savans : on en tirait les évêques & les prédicateurs pour tout le nord où l'on connaissait la religion chrétienne, & où l'on voulait l'annoncer. On leur doit les œuvres de Tacite qu'ils conserverent & qu'on retrouva chez eux.

Hœxter, *Hœxar*, ville près de l'abbaye, sur la Grove & le Weser. Elle a une collégiale, deux églises catholiques & deux lutheriennes. Elle fut donnée au premier abbé par le fondateur de l'abbaye. Les ducs de Brunswick y ont le droit de protection, & leur prévôt assiste aux jugemens criminels; mais sans les prononcer, ni les changer, ni les exécuter. Tout s'y administre au nom de l'abbé. Une compagnie des troupes de Munster garde les portes de la ville. Elle a eu plus de 1000 bourgeois aisés, mais elle déchoit tous les jours.

Brenkhusen, sur la Schelpe, couvent de bénédictines, *St. Jacobsberg*, prévôté enclavée dans l'évêché de Paderborn, *Brunsberg*, château fort, ruiné par Charlemagne, situé sur une montagne, & une vingtaine de villages & de hameaux. L'abbé a des droits sur *Meppen*, *Stadtberg* ou *Marsberg*, *Volkmarschheim* & *Kogelberg*.

COMTÉ DE LA LIPPE.

Il touche à l'évêché de Paderborn, aux comtés de Rielberg, de Ravensberg, de Schauenbourg, & de Pyrmont, à l'abbaye de Corvey. Son sol est semé de monts, de champs, de bruyeres. On y trouve une saline, & des eaux minérales. L'Emmer, la Werre, la Humme & le Bever l'arrosent & les 3 dernieres y prennent leur source. Il renferme cinq villes, 4 bourgs, 152 communautés rurales. Ses états sont composés des nobles & des villes: la maison règnante les convoque, & délibere avec eux. Les habitans sont réformés, & lutheriens. La famille des comtes est très ancienne & on la croit la même que celle des Ursins: elle est divisée en plusieurs branches. Le comte règnant de la branche ainée, donne & reçoit les fiefs par la mort de ceux qui les possédent, a le droit de succession, l'hommage des villes, l'administration de la justice criminelle, le droit de paraître aux diètes de l'Empire &c. Quelques branches lui disputent ces droits. Leur mois romain est de 120 fl. Ils payent 67 rixdalers & demi pour la chambre impériale.

Les tribunaux de ce pays sont une régence, ou chancellerie, deux justices auliques & deux consistoires, les uns ordinaires, les autres généraux. Le comte règnant en nomme les membres, en consultant ses branches cadettes. Celles-ci instruisent les procès dans les bailliages qu'elles possèdent ; mais le comte règnant concourt à la nomination des juges qui en connaissent : il a la supériorité territoriale ; elles exercent la haute & basse jurisdiction. Dans les diètes, on règle les impôts, & ce sont le comte règnant & les états qui en ordonnent.

I. *Villes & Bailliages de la maison règnante.*

Detmold, ville divisée en ancienne & nouvelle, sur la Werre. Elle est le siege des tribunaux du pays, la résidence ordinaire des comtes règnants. Elle a une église & un collége pour les réformés, une église pour les lutheriens. La montagne voisine s'appelle *Teuteberg* ; elle rappelle le nom de *Teutenburg* où Varus fut défait, & que l'on croit être *Thietmal* ou *Detmold*.

Lemgo, ville sur le ruisseau de Bega, près de la Werre, divisée en nouvelle & ancienne, elle a eu formé deux villes ayant chacune son magistrat particulier. C'est la plus grande ville du pays. On y voit le château de *Lippehof*, une abbaye noble, dont l'abbesse est toujours une comtesse de la Lippe, nommée par le comte règnant : deux églises & un collége aux lutheriens, une église réformée, quelques manufactures de laine. Elle a eu été impériale & anséatique. Il lui reste le droit de haute & basse jurisdiction & quelques autres priviléges.

Horn, est une ville ancienne; elle a un château seigneurial. Le bois voisin appellé *Teutenburg*, les champs qui le touchent & qu'on nomme *Vinfeld*, *Champ de la victoire*, confirme que c'est dans le voisinage que Varus périt. Près de Horn est le rocher *Exterenstein*, *Rupes picarum*, rocher qui s'étend fort loin dans la plaine, & qui a exercé les savans.

Blomberg devint une ville au 14ᵉ. siecle. *Salz-Ufeln* dans le 15ᵉ. & doit son existence à une source abondante d'eau salée.

Le bailliage de *Detmold* renferme 40 communautés: celui *d'Oerlinghausen* s'étend sur 8, celui de *Schalmar* sur 12, celui de *Horn* sur 9, celui de *Varenholz* en a 21: le château de ce nom est remarquable par sa situation & son architecture: le village *d'Erder* est le lieu où l'on embarque & décharge les marchandises qui partent ou arrivent par le Weser. Le bailliage de *Brake* a 13 communautés & son château fut la résidence d'une branche des comtes qui s'est éteinte en 1709. Celui de *Barntrup* renferme un château & un bourg qui portent ce nom: le bourg a été ville. Celui de *Lipperode* a le bourg de ce nom sur la Lippe.

La maison règnante partage en commun, avec le roi de Prusse, la ville de Lippe & avec l'évêché de Paderborn quelques bailliages.

Lippe ou *Lippstadt*, fut fondée en 1150, fortifiée en 1633, rendue plus forte encore en 1759. Elle a le premier rang parmi les villes qui siegent aux diètes. Elle a 600 maisons, 4 églises lutheriennes, une réformée & une catholique, un couvent d'augustines, une abbaye libre & séculiere de dames nobles, un collége. Le roi de Pruſſe comme comte de la Marck la gouverne en commun avec le comte de la Lippe : mais tout ce qui a trait au militaire & aux poſtes dépend du premier. Elle fut vendue aux comtes de la Mark en 1376, qui en reſtituerent la moitié en 1445 aux comtes de la Lippe. Elle a été anſéatique.

L'évêché de Paderborn a le quart du bailliage de *Swalenberg*. Dans la portion des comtes on voit *Swalenberg*, bourg ſur la Neiſſe, ſiege d'une juſtice co-ſeigneuriale. Il poſſéde la moitié de celui d'*Oldenbourg*, & le quart de celui de *Stoppelberg*. Les deux premiers donnent un revenu de 6000 rixdalers & ont formé autrefois deux comtés particuliers.

II. *Poſſeſſions de Schauenbourg - Lippe & d'Alverdiſſen.*

Schauenbourg les doit à l'extinction de la ligne de *Brake*. Ses revenus montent à 10,000 écus d'Empire.

Le bailliage de *Blomberg* renferme un château & 17 communautés. Celui de *Schieder* a auſſi un château ſur l'Emmer avec un beau jardin. *Alt-Schieder* eſt voiſin de ce château : c'eſt l'ancien *Skiderbourg*, fortereſſe des Saxons, où Charlemagne fonda l'évêché transferé depuis à Magdebourg.

Les poſſeſſions *d'Alverdiſſen*, ſont le bourg de ce nom : il a un château, & l'Exter y prend ſa ſource. *Dorothéenthal*, château : des rentes, des cenſes &c.

III. *Comté de Sternberg.*

Il eut longtems ſes comtes particuliers de qui ceux de la Lippe l'heriterent. Il touche au midi &

à l'occident au comté de la Lippe, & a 10 lieues de circonférence : la pente de ses montagnes offre des champs, des prés, des bois, des vallons parsemés de métairies. La marne peut seule fertiliser son terroir. On y cultive le lin, on le file, on le tisse, & il est la richesse du pays. Il a deux potteries, & l'on y fabrique de la vaisselle avec une terre brune. On y trouve une pierre pointue, luisante & dure dont on se sert pour tailler le verre. Ses forêts abondent en cerfs, en chevreuils, lièvres, sangliers &c. La Bega y prend sa source. Les habitans sont réformés.

Steinberg est un vieux château sur un mont, entouré de murs. Les prévôtés de *Humfeld*, d'*Exter*, & de *Bœsingfelde*, renferment 11 communautés. C'est tout ce que renferme ce comté.

COMTÉ DE SCHAUENBOURG.

Il touche au comté de la Lippe, aux principautés de Callenberg & de Minden, est bordé par le Weser, & prend son nom de l'ancien château de Schauenbourg. Il a 13 lieues de long, 4 à 5 de large. Le terrein est montueux ; mais on y voit des terres fertiles, de beaux pâturages, des rivieres poissonneuses comme le *Hamel*, le *Gaspall*, le *Weser*, l'*Exter*, & au nord le lac de *Steinhuder*, long de deux lieues, large d'une, dont les eaux jaunâtres, profondes de 16 à 20 pieds ont le goût de la tourbe. On en exporte de grosses pierres de taille qu'on prend sur la montagne de *Buckeberg*. On y fait du salpêtre, on y trouve des salines, des mines d'alun, de charbon de terre, d'or, d'argent, d'airain, de cuivre & de fer ; de la pierre à chaux, du gips, du beau cristal, d'épaisses forêts, beaucoup de gibier. Les habitans sont cultivateurs, & professent le luthéranisme : il y a aussi des réformés. On y compte 7 villes, 3 bourgs, 167 villages.

Les comtes de Schauenbourg descendaient d'un comte de Mansfeld : son fils Adolphe I obtint de l'empereur Conrad II un territoire où il éleva un château qui donna son nom au pays. Ses descendans réunirent les comtés de Holstein, de Stormarn, de Sternberg & la seigneurie de Gehmen. Cette famille s'éteignit en 1640. Ses possessions furent partagées entre le duc de Brunswick-Lunebourg, le landgrave de Hesse & le comte de la Lippe. Ces deux derniers sont reconnus comtes de Schauenbourg. Ils n'ont qu'une voix à la diète : leur mois romain est de 276 fl. leur taxe pour la chambre impériale est de 75 rixdalers 43 kr. Les deux possesseurs payent ces charges en proportion de ce qu'ils possèdent du comté. Hesse-Cassel fournit un contingent qui est à celui de la Lippe comme 5 est à 2. Tout le comté rapporte 100,000 rixdalers par an.

I. Portion de Schauenbourg-Lippe.

Elle comprend 4 bailliages, deux villes, 2 bourgs, 78 villages.

Stadthagen, *Haga-Schauenburgi*, est la premiere ville du comté : elle existait en 1224, son nom vient de Stadt-Vom Hagem, ville de *Hagen*, surnom du comte Adolphe ; environnée de fossés, de remparts, de murs & de tours, elle est au milieu d'une plaine agréable & jouit de grands priviléges. Son château est ancien : derriere est une source d'eau minérale fort salutaire. Elle a eu un gymnase, qui est devenu l'université de Rinteln. On admire le mausolée d'Erneste, tour septangulaire couverte de plaques de cuivre, laquelle renferme un monument de marbre & d'airain qui représente Jésus-Christ ressuscitant : au dessous est le caveau où l'on enferme les corps des comtes, d'un côté est le collége ; de l'autre l'église luthérienne. L'église réformée est tout ce qui reste d'un ancien couvent de franciscains. Les habitans cultivent leurs terres & font de la biere. Elle a une maison d'orphelins.

Buckebourg, ancien château, petite ville entourée de murs dans le 14ᵉ. siécle. Sa grande église est belle, on y voit de beaux édifices, de belles maisons, deux petits colléges, une maison d'orphelins, une jolie fontaine dont l'eau vient de la montagne de Harel. Le château, réparé, embelli par les comtes, est le siege des tribunaux du pays, & les comtes actuels se font inhumer dans la chapelle.

Wilhelmstein, petit fort dans une île du lac Steinhude. Il a couté de grandes sommes & n'est pas bien utile.

Le bailliage de *Stadthagen* n'offre rien de remarquable : il s'étend sur 27 villages. Dans celui de *Buckebourg*, on voit le village de *Juttenbourg* où fut autrefois un temple dédié à Hercule, & 38 villages. Celui d'Arensbourg est petit : le lieu qui lui donne son nom parait avoir été une retraite de brigans. Celui d'*Hagenbourg* comprend deux bourgs, & 9 villages. *Hagenbourg* est un bourg sans murs, mais dans une situation riante. Il a un château & un canal qui conduit au lac Steinhude. Le bourg qui porte le nom de ce lac, est placé sur son bord. Il est joli, & bien bâti ; on y pêche, on y fait de la toile & du treillis.

II. Portion de *Hesse-Cassel*.

Elle renferme 3 bailliages, 5 villes, un bourg, 89 villages.

Rinteln, place forte entre le Weser & l'Exter, environnée de montagnes. Elle était autrefois sur l'autre bord du Weser. Il y eut d'abord une chapelle, puis un couvent de dames de Citeaux, enfin la ville se forma des débris de l'ancienne. On y passe le Weser sur un pont de bateaux. Elle a une université dont les professeurs sont lutheriens & réformés. La ville fut fortifiée en 1666 : elle est le siege de la régence & du consistoire ; la navigation sur le Weser, la biere qu'on y brasse, la culture des champs, le commerce des bestiaux rendent les habitans aisés.

Oldendorf, petite ville sur le Weser dont les murs tombent en ruines.

Obernkirchen petite ville, abbaye noble fondée en 815, occupée d'abord par des bénédictines, & aujourd'hui par des filles nobles lutheriennes. La ville est au pied d'une colline. Dans ses environs on voyait l'ancien château de Buckebourg ; on y voit une excellente carriere de pierre de taille & du charbon minéral.

Rodenberg, petite ville, château, situés à l'extrémité d'une plaine, dans une vallée environnée de hautes montagnes. La ville n'a point d'église & se sert de celle d'un village voisin. Derriere le château est une fontaine d'eaux minérales découverte en 1738.

Sachsenhagen, bourg érigé en ville l'an 1680 : son château existait en 1253, mais il n'en reste plus qu'une tour. Elle a une église.

Le bailliage de *Schauenbourg* doit son nom à l'antique château de ce nom, qui le devait à sa situation sur une haute montagne d'où l'on découvre très loin : car *Schauen* signifie, voir, regarder. La montagne s'appelle *Oelberg*, mont des Oliviers. Le premier château qui se vit sur son sommet fut bâti par Drusus fils d'Auguste. Le bailliage est fort étendu. On y voit le bourg & l'abbaye libre impériale de *Visbeck* ou *Fischbeck*, sur les bords du Weser, occupée par 12 demoiselles lutheriennes. Il renferme encore *Mœllenbeck*, ancien couvent, au milieu d'une campagne fertile, près d'une forêt. Son église sert aux réformés d'un village voisin, ses revenus sont employés pour l'entretien de l'université de Rinteln. Il en est de même des revenus d'*Egestorf*, couvent ruiné où habiterent des bénédictines. Les bailliages de *Rodenberg* & de *Sachsenhaguen* n'ont rien de remarquable.

COMTÉ DE RIETBERG.

Il touche au nord au comté de Ravensberg, au sud à celui de la Lippe, à l'orient à l'évêché de Paderborn : il a 7 lieues de long, 2 de large : il est presque couvert de landes & de bruyeres : il est arrosé par *l'Embs*, *l'Hastenbeck* & la *Dalke*. Il appartient au comte de Kaunitz. Son mois romain est de 72 florins, son contingent pour la chambre impériale est de 70 rixdalers & 49 kr. tous les trois mois. Il donne 28 mille rixdalers de revenu annuel. Le landgrave en est le seigneur territorial. Une régence composée de députés & de conseillers y administre la justice.

Rietberg, petite ville sur l'Embs, près du château d'*Eden*. Elle a une manufacture de fil très estimée. *Holte*, château voisin d'une belle forêt d'où sort un ruisseau dont les eaux coulent sur un sable fin. Il a sur ses bords une blanchisserie pour les toiles & le fil, composée de plusieurs bâtimens, & qui renferme une machine ingénieuse pour lustrer le fil. L'art de filer y est très perfectionné. On voit encore dans ce comté 4 villages, une terre noble & plusieurs hameaux.

COMTÉ DE SPIEGELBERG.

Il est peu étendu, est placé entre la principauté de Calenberg & l'électorat d'Hanovre, & eut long-tems ses comtes particuliers; la bataille de St. Quentin, en 1557, vit périr le dernier. Il appartient aujourd'hui à Guillaume V prince d'Orange, Stadhouder; l'électeur de Brunswic-Hanovre en donne l'investiture. Les habitans portent l'appel des causes civiles aux tribunaux de cette maison: ils reçoivent garnison hanovrienne & suivent l'électeur à la guerre. Le consistoire électoral ordonne leurs ministres, & juge en dernier ressort des affaires matrimoniales. Les loix des états du Calenberg sont des loix pour ce comté, dont le mois romain se joint à celui de la principauté & dont la taxe pour la chambre impériale est de trente-deux rixdalers & 40 kr.

Le comté de Spiegelberg dispose de plusieurs fiefs hors de son territoire.

Coppenbrugge bourg, *Hohusen* grand village. Le château de *Spiegelberg* était sur une colline, il fut brûlé par un assassin seigneur de Hombourg. Près de ses ruines, on voit un hôpital pour les vieilles femmes, & une chapelle où une image de la vierge appelle des pélerins. On y trouve encore 4 villages & un bien noble.

COMTÉ DE PYRMONT.

Il touche au nord, au levant, au couchant à la
principauté

principauté de Calenberg, & a trois lieues en tout sens d'étendue : sa partie inférieure présente une vallée charmante d'une lieue de long, d'où sortent des eaux minérales célebres. Elle est traversée par l'Emmer, sur les bords duquel il y a des salines, bordée par des montagnes ornées d'une belle verdure, & dont la plus haute offre les restes de l'antique château d'*Hermausbourg*, qui devait son nom au célebre Cherusque Armenius ou Hermann. Cette montagne touche à l'évêché de Paderborn & au comté de la Lippe.

Les habitans du comté sont luthériens : il fut d'abord connu sous le nom de *Perremunt* ou *Pirromunt*, eut des possesseurs de différentes familles ; appartient à la maison de Waldeck, & après l'extinction de la tige mâle de ces comtes, il doit revenir à l'évêché de Paderborn, qui prétendait le posséder avant eux. Le comte de Pyrmont siege aux dietes & dans les assemblées du cercle, paye un mois romain de 14 fl. & une contribution de 17 rixdalers 68 kr. pour l'entretien de la chambre impériale. Ses revenus proviennent des eaux minérales, & des salines : ils sont évalués 30000 rixdalers par an. On y compte une ville, un château, un bailliage divisé en deux paroisses qui renferment 10 villages.

Partie inférieure du Comté.

Pyrmont, château rebâti en 1706, muni d'un fossé, de hauts remparts, & de casemattes. Son fossé communique à un canal qui descend dans une grande allée, où l'on voit un jet d'eau minérale qui s'élève à plus de 20 pieds. A la tête de cette allée est une jolie maison où l'on s'assemble, où on danse, & près de là l'abondante source minérale, dont les eaux se transportent en différens lieux de l'Europe & jusqu'en Amérique : à 44 pieds de ce lieu sort avec grand bruit la fontaine *Brodebrunn*, dont on se sert pour les bains; & plus loin une troisieme fontaine dont les eaux sont plus faibles.

Pyrmont-la-Neuve, petite ville fondée en 1668, & qui obtint le nom de cité en 1720. Elle a au midi une maison d'orphelins, au nord une carriere où l'on trouve une caverne formée d'une voute de pierres semblable à la grotte du Chien près de Naples, en ce qu'elle exhale de fortes exhalaisons sulphureuses. Près de là est une source abondante d'un acide vineux qui flatte le goût. Sur l'Emmer, on tire du sel d'une source qui exhale du soufre. A côté est une fontaine minérale, dont l'eau n'est ni si forte, ni si âpre que celle de la source martiale de Pyrmont.

Au dessus du village de *Holzhausen* sont trois terrasses naturelles formées par l'éboulement des terres.

Partie supérieure.

C'est la moins connue & la moins digne de l'être : on y compte 5 villages.

COMTÉ DE HALLERMUND.

Ce comté est très-ancien; mais n'est plus un domaine particulier. Il est dépendant de la principauté de Calenberg. L'électeur George Louis I de Brunswic le donna en arriere-fief à *Erneste-de-Plats* qui obtint en 1706 d'être admis dans le cercle de Westphalie, & de sieger dans le banc des comtes. Son mois romain est de 8 florins.

Villes Impériales du Cercle de Westphalie.

Cologne, *Coln*, *Colonia Agrippina*, grande ville bâtie en croissant sur les bords du Rhin, fortifiée à l'antique. Elle fut fondée par les Ubiens, vit naître l'impératrice Agrippine femme de Claude, qui y envoya une colonie Romaine, & de là vient son nom. Elle a été anséatique. Son université est fameuse; elle est le siege du grand chapitre de l'archevêché de ce nom : les chanoines sont tous princes & comtes de l'Empire. On la nomme la Ste. parce que les églises s'y touchent presque, qu'on y en compte 260, que la plupart sont très-riches en reliques. La grande église serait magnifique si elle n'était encore imparfaite. Derriere le chœur est une petite chapelle où l'on voit une espece de tombeau fort élevé qui renferme une châsse enrichie de perles & de rubis. C'est celle des 3 Mages : un treillis doré les renferme : on en fait voir les têtes, leurs corps sont, dit-on, entiers. Hélène les avait apportés à Constantinople : un évêque de Milan les transporta dans cette ville, enfin en 1164 ils furent placés à Cologne dans un lieu obscur : le sort de ces prêtres était de voyager, comme on le voit, pendant leur vie & après leur mort (*). C'est près d'eux que sont les entrailles de la mere de Louis XIII. L'église de Ste. Ursule présente un autre spectacle. Dans la nef sont plusieurs tombeaux, & dans le chœur une multitude d'ossemens rangés dans des armoires, restes très-

___

(*) Les Hongrais, par l'intercession de ces rois, obtinrent une pluye heureuse qui fit cesser la famine qui les consumait, & de 7 en 7 ans, deux pélerins viennent les en remercier. On les reçoit dans une maison bâtie exprès, & le magistrat les y fait servir pendant 15 jours.

précieux de Ste. Urſule & des onze mille vierges. Sur le bord du Rhin, dans le quartier le plus habité, on voit l'hôtel de ville, & les chartreux, monaſtere antique, ſur la porte duquel eſt la ſtatue en bois de St. Bruno leur fondateur. On montre la maiſon où ce Saint demeurait. Le port de Cologne la ſépare de la petite ville de Duitz. Là était un pont de pierre bâti par Conſtantin, il n'y a plus qu'un pont volant, conſtruit avec art & poſé ſur deux bateaux accouplés : il peut tranſporter à la fois 150 cavaliers armés. On compte à Cologne 34 portes, 10 collégiales, 49 égliſes paroiſſiales, 4 abbayes, 56 couvens, 16 hôpitaux, 50 chapelles. Elle eſt commerçante, mais mal peuplée : on y fabrique des rubans recherchés, divers ouvrages en filoſelle. Il y a des proteſtans; ils font leurs aſſemblées religieuſes à *Millheim*, petit bourg dépendant du duché de Berg. Otton III l'a déclarée libre & impériale : mais Otton le grand l'avait miſe ſous la protection des archevêques, & ils ont voulu ſouvent y faire reconnaître leur autorité. La ville reconnaît leur pouvoir eccléſiaſtique, mais leur refuſe celui de princes : elle leur prête ferment en tant qu'ils la maintiendront dans ſes droits & immunités; elle prétend qu'ils n'y peuvent même ſéjourner 3 jours ſans ſa permiſſion. Elle paye un mois romain de 1100 florins, & pour la chambre impériale 405 rixdalers 72 kr. Elle entretient 4 compagnies de ſoldats. L'empereur ou ſes alliés y mettent garniſon pendant la guerre. Sa latitude eſt 50 deg. 50 min. ſa long. 24 deg. 43 min.

Aix-la-Chapelle, *Achen*, *Aquæ*, *Urbs-Aquenſis* eſt ſituée dans un fond environné de montagnes, entre les duchés de Juliers & de Limbourg : elle tire ſon nom de ſes eaux célebres déja ſous les Payens,

Elle est divisée en deux parties inégales, bâties à l'antique & ceintes de murs. La petite fut fondée, dit-on, par Serenus Granus, sous l'empereur Adrien : elle est flanquée de 10 tours, & son circuit est de 3 quarts de lieue. La grande, bâtie en 1172, a 8 portes & deux lieues de circonférence. On y compte 21 couvens, deux collégiales. Chaque empereur est chanoine né de celle de St. Albert : & deux chapelains exerçent ses fonctions. L'église renferme des reliques & de riches ornemens. On y voit, dit-on, une robe de la Vierge, les langes de J. C. une piece de toile qui reçut la tête sanglante de St. Jean Baptiste, & un linceul qui ceignit les reins du Sauveur : ce sont des toiles ourdies par les mains de la superstition. On ne les montre que tous les 7 ans, ou quand le nouvel empereur le demande ; tout le conseil & le clergé du chapitre assistent à l'ouverture & à la cloture des châsses. C'est là qu'on garde l'épée de Charlemagne, son baudrier, son livre des évangiles écrit en lettres d'or : on les envoie à la ville où se fait le nouvel empereur depuis que diverses circonstances n'ont plus permis de le faire à Aix. Le tombeau de Charlemagne y est soutenu par 4 anges. Otton III l'ayant fait ouvrir, trouva le corps assis sur un trône revêtu d'habits royaux : il prit la croix d'or qui lui pendait au cou, la couronne, le sceptre, le cimeterre, une partie des vêtemens. Charlemagne s'y plaisait, elle fut long-tems regardée comme la capitale de l'Empire, & on l'appelle encore un *siege royal*. Elle dispute à Cologne le premier rang parmi les villes au banc du Rhin, & n'occupe que le second. Son mois romain est de 100 florins, son contingent pour la chambre impériale est de 155 rixdalers 40 kr. L'évêque de Liege en est le juge spirituel, le duc de Ju-

liers le protecteur : on connait mieux leurs prétentions que leurs prérogatives.

Aix-la-Chapelle peut avoir 3000 habitans ou
chefs de famille : elle eſt exempte de péage dans
tout l'Empire. On y fabrique des draps, le cuivre,
le laiton ; on y fait des aiguilles à coudre &c. Ses
eaux thermales, leurs effets, l'ont rendue célebre,
& y attirent tous les ans 20000 étrangers. Leur cha-
leur eſt de 104 à 116 degrés au thermomètre de
Fahrenheith. On en compte 5 ſources diſtribuées
en 7 maiſons, contenant 32 chambres à bains &
5 étuves, indépendamment de celle qui eſt deſtinée
aux pauvres. Ceux qu'on appelle bain de l'empereur & bain de St. Corneille ſont les principaux &
le magiſtrat les admodie 6 à 800 rixdalers à ceux
qui y reçoivent les étrangers.

Le territoire d'Aix-la-Chapelle eſt peu étendu,
un petit foſſé le termine de toutes parts, & la petite riviere de Wurm le partage en deux parties
inégales.

DORTMUND, *Tremonia*, ville ancienne, aſſez
grande, mal bâtie, ſur le bord de l'Embs, dans le
comté de la Marck. Elle a 4 égliſes luthériennes,
3 couvens, un archi-gymnaſe. Charlemagne y avait
un palais. Elle a été anſéatique. Les comtes de la
Marck, les électeurs de Cologne lui diſputerent ſon
indépendance : elle acheta leurs prétentions pour
14000 fl. d'or. Elle a ſéance & voix aux diètes,
ſon mois romain eſt de 96 florins, ſa contribution
pour la chambre impériale de 108 rixdalers 20 kr.
Son territoire eſt un ancien comté dont la moitié
lui fut cédée par ſes poſſeſſeurs ; elle s'empara du
reſte après que le dernier fut mort ſans poſtérité.
On y compte 12 villages ou hameaux. La plupart
des habitans ſont proteſtans.

Gelnhacsen. Cette ville fut long-tems soumise à l'électeur Palatin & au comte de Hanau. Le premier vendit sa part au second, mais ayant prouvé qu'elle était désignée dans divers actes comme ville impériale & immédiate du cercle de Westphalie, elle fut rétablie en 1734 dans tous ses privileges. C'est une petite ville sur le Kinzig à trois lieues de Hanau.

Quelques-uns placent encore *Herford* ou *Herwoden* au rang des villes impériales; nous en avons parlé dans la description du comté de Ravensberg.

PROVINCES-UNIES
DES PAYS-BAS.

Peu de pays ont éprouvé plus de révolutions que les Provinces-Unies, soit de celles que causent les hommes, soit de celles que la nature prépare & opere. Le pays des anciens Bataves existe encore, mais la face en est changée : tel lieu peuplé autrefois, est aujourd'hui couvert des eaux de la mer ; en différens tems, elle a envahi les côtes, après les avoir minées insensiblement. Des ruines de villages, de forteresses, de villes mêmes se découvrent encore dans le sein des eaux : de grandes îles ont été diminuées, ou séparées, ou englouties; de vastes golfes se sont formés, des fleuves ont changé leurs cours. Quelques plages ont été enlevées à la mer par l'industrie des hommes ; mais aujourd'hui encore c'est avec peine qu'elle défend le sol qu'elle cultive, des ravages d'une inondation. Divers peuples habiterent ce pays. Au nord étaient les *Marsages* & les *Frisiabons*; au couchant, les *Canninefates* & les *Matiaques* ; à l'orient les *Cauches*, au midi les *Bataves* ; au centre du pays étaient les *Sturiotes* & les *Caussses*. Nous n'examinerons point si ces peuples différens par le nom, avaient une origine commune ; nous nous bornerons à dire que les Bataves furent les plus célebres, qu'on les croit les mêmes que les *Cattes* ou *Battes*, les seuls Germains, selon Tacite, qui sussent faire la guerre ; ils élisaient leurs chefs, écoutaient leurs propositions, connaissaient la subordination, la prudence, l'inconstance de la fortune, le pouvoir & la constance de la vertu ; leur force était dans leur chef, plus que dans leur nombre ; la jeunesse n'acquérait le droit de se couper les cheveux & la barbe, qu'en donnant la mort à un ennemi de la patrie ; ils n'avaient ni maisons, ni champs, se nourrissaient de tout ce que la nature leur offrait : prodigues de ce qui n'était pas à eux, ils méprisaient ce qu'ils possédaient. Si tels étaient en effet ces peuples, leurs descendans ne leur ressemblent pas ; des circonstances & des intérêts différens ont formé des mœurs différentes.

Le chef ou roi des Bataves était le premier entre les nobles, & donnait moins des ordres que des conseils : les nobles ou grands, faisaient l'office de juges, & de chefs militaires dans les quartiers qui leur étaient assignés ; l'assemblée générale élisait ces juges ainsi que les rois ; le peuple n'était point avili par sa soumission à ses chefs, il veillait sur eux, les récompensait par ses suffrages, & les punissait en les leur refusant : on prenait dans son sein des juges subalternes. Ce peuple ne fut pas vaincu par les romains ; il en fut d'abord l'ami & mérita leur estime par sa valeur : César leur donna le pays situé entre le Waal & la Meuse, qu'il venait de soumettre, & en combattant pour lui, peut-être ils lui donnerent l'Empire. Leur liberté fut respectée par ce héros, & par les tyrans qui lui succéderent : leur fidélité inviolable était pendant la paix la sûreté de ces hommes détestés ; *c'est à nous à les garder*, disaient-ils, *non à juger de leur conduite* : ils les faisaient triompher dans la guerre : comme fantassins, ils étaient redoutables, mais leur cavalerie sur-tout était estimée : elle passait les fleuves à la nage sans rompre ses rangs, & son audace, sa rapidité fixait le sort des combats : leurs bataillons avaient la forme d'un cône émouffé ; ils lançaient d'abord le javelot & la flèche, & fondaient enfuite fur l'ennemi étonné : leurs armes étaient ornées de couleurs éclatantes ; la peau des victimes immolées, fufpendue à une perche, leur fervait de drapeau ; leurs trompettes imitaient le mugiffement du taureau. Les femmes mêmes n'étaient pas inutiles dans les combats ; elles excitaient leurs époux, fuçaient leurs bleffures, & les ranimaient en combattant elles-mêmes. Les Romains leur firent des injuftices qu'ils furent venger, & les vainqueurs d'une partie du monde fe reconcilierent avec eux après en avoir éprouvé de deshonorantes défaites.

Ils fuivirent enfuite la fortune de l'empire Romain, vaincus par les Germains qui l'abattirent, par les Francs qui le releverent en Europe : un fils de Charlemagne règna fur eux, & ce fut fous fon règne que la Frife fut inondée, & que le Rhin changea fon cours. Les Francs pour affurer leur domination fur ces peuples les firent chrétiens ; mais il fallut verfer leur fang pour les y contraindre : devenus ce qu'on avait voulu qu'ils fuffent, le bonheur & la paix de ces peuples n'en fut pas plus affuré, les peuples du nord vinrent les défoler, & la faibleffe des defcendans de Charlemagne les y laiffa expofés fans défenfe, jufqu'à-ce que les officiers qu'ils nommaient pour y exercer la juftice, encouragés par le mépris dont fe chargeaient leurs maitres, par la confiance du peuple en eux, & par le defir de l'indépendance, rendirent leur dignité héréditaire, & gouvernerent comme prince, l'état qui leur fut confié comme magiftrat. Mais ce prince même fut inquieté par fes vaffaux, fouvent oppreffeurs du peuple & les ennemis de leur chef : il n'en recevait que de vains respects, & souvent ils osaient l'outrager. Pour les affaiblir, il donna des privileges aux villes qui devinrent puissantes, & firent fleurir le commerce : l'histoire de ce que firent sur ce point les successeurs de Théodoric, premier comte de Hollande, est semblable aux moyens employés par les empereurs, par tous les rois de l'Europe : les mêmes abus inspirerent les mêmes remèdes.

La tige des comtes de Hollande (*) s'éteignit & leur état devint le partage des ducs de Bourgogne : ceux-ci plus puissans que leurs prédécesseurs régnerent avec plus d'empire, mais leur autorité avait des bornes dont ils s'écarterent peu : ce ne fut que quand l'héritiere de cette maison eut fait passer ses états dans la maison d'Autriche, que la Hollande perdit sa liberté. Charles-Quint sut tempérer son pouvoir, il sut même se faire aimer ; mais son fils, homme dur, froid, hypocrite, qui voulut règner & non gouverner, soumettre quand il devait conduire, s'en fit détester : il sut qu'on l'y méprisait, & il haït des peuples qui osaient le juger. Par leurs privilèges, il ne pouvait mettre des impôts sur les villes, entretenir des troupes étrangeres, faire des loix & des changemens dans le gouvernement sans le consentement des trois ordres ; *Granvelle* digne confident de Philippe éloigna les nobles des conseils, viola avec audace les privileges du peuple, fit des édits, persécuta les luthériens & voulut établir le tribunal de l'inquisition : il foula aux pieds les privileges des moines mêmes. Il révolta des hommes que l'habitude du joug n'avait point encore avilis : des murmures se firent entendre, des mou-

---

(*) Le nom de Hollande signifie *pays creux*, & a succédé à celui de *Flaartingia* que portait cette province il y a 700 ans.

vemens se firent remarquer; on craignit des projets & une révolte. Pour la prévenir, Philippe nomma le duc d'Albe gouverneur des Pays-Bas. Cet homme célebre, qui, par sa cruauté ternit l'éclat de ses vertus & de ses talens, acheva la révolte déja commencée, & c'est aux efforts qu'il fit pour l'étouffer qu'on doit le spectacle intéressant d'un petit coin de terre, presque noyé dans les marais, sans autre commerce que la pêche du hareng, sans autre ressource que son courage & son désespoir, conduit par la politique heureuse du prince d'Orange, devenir redoutable à ses tyrans, & tenir tête à la puissance la plus formidable de l'Europe.

Il commença par envoyer à l'échaffaut les comtes d'Egmont & de Horn, deux seigneurs puissans, le premier par sa naissance, ses vertus & ses services, le second par ses richesses, & vingt gentils-hommes qui leur étaient attachés, périrent avec eux. Le prince d'Orange *Guillaume le Taciturne*, échappa au même sort par sa prudence, & se retira en Allemagne où il se fit des amis, où il prépara des secours à ses compatriotes opprimés & dont un grand nombre étaient déja fugitifs: deux fois il combattit le duc d'Albe, & deux fois il fut battu; mais son courage fut plus grand que ses revers: conseillé par l'amiral de Coligni, il sentit l'inutilité d'opposer des soldats ramassés à la hâte contre les vieilles bandes Espagnoles, & il mit sa force dans ses vaisseaux: ce fut avec la petite armée navale qu'il forma, qu'il prit *la Brille*, place importante, & ce succès fut comme le signal de la révolution: presque toutes les provinces des Pays-Bas se révolterent; l'habileté, les talens militaires du duc d'Albe ne purent les soumettre, il ne put, comme il disait, les noyer dans leur beurre, & son successeur, le commandeur de Requefens plus jufte, & auffi, bien moins guerrier, fut moins heureux encore : fous lui, le foldat qui ne l'eftimait pas, devint plus redoutable aux provinces foumifes qu'à celles qu'il devait foumettre : fa mort laiffa ces provinces dans l'anarchie : le prince d'Orange avait été élu *Stathouder* par les provinces de Hollande & de Zélande : Amfterdam longtems fidèle à l'Efpagne fe joignit à lui : la haine que les Efpagnols infpiraient accrut fes forces, & il eût eu la gloire d'affermir la liberté, fi un affaffin, à qui le fanatifme de la religion confeilla ce crime, honoré par l'Efpagne, ne lui eût donné la mort. Frappé d'un coup mortel, il n'oublia pas ceux pour qui il avait combattu, & fes derniers mots furent des vœux pour fon peuple.

Ces guerres furent cruelles & atroces ; on faifait périr par le bourreau ceux que le fer avait épargné ; l'efpagnol, foldat avare, y commit des horreurs qui font frémir pour arracher au vaincu fes tréfors, & il apprit aux Hollandais à l'imiter par vengeance. Le duc d'Albe fe vantait d'avoir fait périr plus de 18 mille hommes par la main du bourreau ; un tel homme méritait l'exécration publique, & le roi qui l'employa, de perdre fes états & fa gloire.

Don-Jean d'Autriche aurait peut-être ramené la paix, s'il n'avait pas eu des vues particulieres : on croit que fon frere Philippe qui le craignait, parce qu'il était aimable, s'en délivra par le poifon. Un héros lui fuccéda ; ce fut le duc de Parme ; *Maurice* fils du prince d'Orange ofa lui refifter, le combattre, & c'eft par-là qu'il mérita la gloire dont il a joui : la France, l'Angleterre la fécoururent, mais ces fecours auraient été inutiles s'il n'avait fu les faire agir.

Les états de Hollande, de Zéelande, de

Gueldres, de Frise & d'Utrecht, avaient encore pendant quelque tems mis le nom du roi à la tête de leurs ordonnances; ils y renoncerent enfin à Utrecht, au mois de Janvier 1579, & les articles de l'union que contracterent ces provinces fut la base de la république des Provinces-Unies: les provinces d'Over-Issel & de Groningue s'y joignirent bientôt après. Ce fut alors que ces provinces convinrent de la forme de gouvernement qui subsiste encore aujourd'hui, où elles se liguerent pour leur sûreté commune, sans cesser d'être indépendantes l'une de l'autre; l'extérieur de leur souveraineté réunie, résida dans les états généraux, formés des députés de chaque province: un capitaine général donna un mouvement commun à ces diverses parties de l'état, mais il n'assista point à l'assemblée générale: il eut le droit de faire grace aux criminels, de présider à toutes les cours de justice & son nom fut mis à la tête de toutes les sentences; il choisit les magistrats des villes, en quelques lieux, sur les sujets qu'on lui présentait; ailleurs il les choisit à son gré; il envoya des plénipotentiaires en son nom dans les cours étrangeres, & donna audience à leurs ambassadeurs; il exécuta les décrets portés par la république, & fut arbitre des différens qui diviserent les communautés, les provinces ou les villes: tel était l'emploi de Stadhouder: il fut d'abord uni à celui de capitaine & d'amiral général. La guerre rendait nécessaire ce pouvoir dans les mains d'un seul homme; mais il était dangereux qu'il le possédât durant la paix. *Maurice* qui avait résisté au duc de Parme, à l'archiduc Albert, à Spinola, tous hommes distingués par des grands talens & de grandes vertus, fut estimé plus grand qu'eux, par ceux qu'il défendait, & leur égal par ceux de ses ennemis qui savaient juger. Son camp fut l'école des guerriers. Il réduisit enfin l'Espagne à signer une trève de 12 ans, pendant laquelle la république parvint au plus haut degré de puissance qu'elle ait jamais possédée, & Maurice y perdit presque sa gloire ; il voulut devenir le roi de ceux dont il avait été le protecteur : *Barnevelt*, vieillard vertueux, un de ces hommes dont les vertus consolent l'humanité des outrages des méchans, s'opposa au prince qu'il aimait, pour faire le bien d'une patrie qu'il aimait plus encore : il fit échouer ses desseins, & lui seul pouvait les faire échouer. Ce prince ne put le lui pardonner : il se mit à la tête d'une secte ennemie de la secte que Barnevelt favorisait ; il les envenima l'une contre l'autre, il changea des questions de théologie, la plupart ridicules en crimes d'état, & conduisit le vieillard respectable sur un échaffaut ; il eut la barbarie de voir la mort d'un homme auquel il devait beaucoup, & d'en jouir ; mais il vit aussi le peuple se disputer le sable teint du sang de ce magistrat, pour le conserver comme une relique précieuse : bientôt le remords vint le déchirer, & le conduire lentement dans le tombeau où il entra presque détesté. Son frere succéda à ses charges, à ses desirs peut-être ; mais il était modéré, & se borna à être le général, & le premier homme de l'état, parce qu'il ne pouvait atteindre plus haut sans effort. *Fréderic-Henri* sut faire la guerre ; il soutint la gloire de sa maison, & se fit aimer des Hollandais que son frere avait allarmés. Il maintint la liberté de son pays, & le fit reconnaitre indépendant par les Espagnols à la paix de Munster. Sous son gouvernement le commerce fleurit, s'étendit avec l'état par ses conquêtes en Amérique & en Asie, où il éleva des villes & en ôta aux ennemis de la Hollande. Son fils succéda à sa puissance, jeune encore, ayant des vertus, & plus d'ambition que de vertus, il s'opposa à la réforme des troupes que la paix permettait de faire, & pour se venger de n'avoir pu la prévenir, il voulut se servir de ces troupes qu'on réformait pour se saisir d'Amsterdam, & se soumettre les provinces. Son premier pas fut une chûte, & la honte de n'avoir pu réussir jointe à la petite vérole termina bientôt ses jours, laissant sa femme enceinte de *Guillaume* qui devint roi d'Angleterre.

La république fut alors gouvernée par des magistrats, dont le plus puissant était le grand pensionnaire de Hollande, & ce fut alors qu'elle osa combattre l'Angleterre & balancer son pouvoir. Ses amiraux *Tromp* & *Ruiter* la rendaient redoutable sur l'Océan, & *Dewit* homme prudent, désintéressé, qui avait de grandes vues, & un grand amour pour la liberté, l'assurait au dehors par les alliances qu'il formait. Louis XIV, en l'attaquant, en la mettant sur le penchant de sa ruine, causa la mort de *Dewit*, & le rétablissement de la maison d'Orange dans ses charges; les Hollandois ne virent que ce moyen de se défendre, & il leur réussit : la France après de vains efforts, laissa la Hollande libre ; Guillaume III la gouverna en roi par la confiance qu'il avait inspiré ; mais depuis ce tems, elle a toujours déchu, parce qu'un état qui n'est rien que par le commerce d'économie, déchoit comme le commerce s'étend chez ses voisins, & parce que le danger qui l'avait menacé autrefois, n'étant plus, les vertus qu'il avait rendues nécessaires, se dissiperent avec lui. Les Provinces-Unies ont fait la guerre, depuis Guillaume III, mais elles l'ont faite en subalterne, & n'y ont point acquis de gloire : leur

prospérité

prospérité a perdu son éclat ; leur liberté même n'est plus ce qu'elle a été. Elles ne forment plus qu'une espèce de monarchie tempérée. C'est en 1747 que commença cette révolution ; le peuple qui ne juge que par des exemples, que souvent il applique mal, se souvenait que l'élection d'un Stathouder avait arrêté les conquêtes des Français, il crut que ce remède était bon dans toutes les circonstances ; les nobles qui aiment une cour & des honneurs se joignirent au peuple & ils forcerent les magistrats de ceder à leur volonté ; le Stathouderat fut rétabli, il le fut pour toujours & devint héréditaire ; ce projet était ancien ; mais les magistrats ne le craignirent pas assez : cette dignité est aujourd'hui héréditaire, non seulement pour les enfans mâles, mais encore pour les femmes & les collateraux. (*)

Avant que cet état forma une république, chacune d'elle avait son gouverneur particulier nommé par le prince, pour rendre la justice, veiller au bien des peuples, & sur les magistrats subalternes, défendre les églises, & porter au fisc les revenus des domaines du prince : dans les affaires importantes, sept assesseurs pris parmi les bourgeois, formaient avec lui un tribunal dont le siege se plaçait à l'ombre d'un arbre & en plein champ. Les bourgeois députaient aux assemblées ; ils étaient employés dans les négociations, dans les ambassades comme les nobles : chaque ville créait des bourgue-

---

(*) Le devoir du Stathouder est en général, de veiller à la conservation des droits, du pouvoir, des privilèges, des usages de chaque province, de garder de toute oppression & défendre la religion chrétienne réformée ; l'exercice de la justice ; d'accourir au secours de la loi. Avec l'agrément des provinces & des cours de justice, il peut faire grace & absoudre tout coupable qui ne l'est pas de meurtre & d'impudicité méditée. Il est majeur à 18 ans.

maîtres & des conseillers, Amsterdam avait un sénat, & toutes les magistratures étaient annuelles. Philippe de Bourgogne fixa à la Haye le siege du conseil de Hollande qui autrefois n'en avait point de fixe ; on l'appellait aussi le grand conseil, le conseil des provinces, & un grand trésorier y présidait; il avait alors du pouvoir; mais il n'eut tout son éclat qu'après la révolution, lorsque les provinces s'unirent à perpétuité, leurs villes & leurs peuples, pour s'entre-secourir de leurs biens & de leur vie. On régla par l'union d'Utrecht que les villes qu'on fortifierait pour la sureté commune, le seraient moitié aux dépens de la province où elles sont situées, moitié aux frais de la généralité ; que toutes les villes recevraient garnison quand les états généraux le jugeraient nécessaire, qu'ils y enverraient des secours ; que les soldats prêteraient serment à l'état en général & à la ville où ils veilleraient ; que la guerre & la paix se décideraient à la pluralité des voix dans chaque province. Les mésintelligences particulieres entre deux ou trois provinces sont jugées par les provinces désintéressées, & si aucune n'est censée l'être, les contestations sont décidées par le Stathouder. Dans les affaires pressantes, on peut requerir une convocation générale. L'autorité dans chaque province est si bien divisée, que chaque particulier a, ou peut avoir part à l'administration, & chaque ville est souveraine dans son territoire comme chaque province dans le sien.

Les Etats généraux sont l'assemblée des députés de chaque province pour veiller au bien commun de chaque province & de toutes; ces députés sont nobles ou bourgeois : réunis, ils ont le titre de *nobles & puissans seigneurs*. Ces républiques particulières gardent encore leur rang ancien, & leurs députés le prennent comme elles & dans cet ordre: *Gueldres*, *Hollande*, *Zeelande*, *Utrecht*, *Frife*, *Ower-Iffel*, la ville & feigneurie de *Groningue*. Au deffous d'elle fiege la feigneurie de *Drenthe*. Les *Etats-Généraux* s'affemblent chaque jour pour terminer les affaires peu importantes, & les importantes qui ne peuvent fouffrir de délai; mais dans tous les autres cas, ils doivent fe tenir dans les bornes du plein pouvoir qui leur fut donné par leurs commettans, fous peine de punition capitale. Les députés de Hollande reçoivent de leur province 4 florins par jour: ceux des autres provinces en reçoivent 6. Chaque province peut y envoyer autant de députés qu'il lui plait, mais fa voix n'en a pas plus de force; chaque province n'en a qu'une. Elles préfident tour à tour pendant une femaine. Les états-généraux s'affemblent dans le palais des anciens comtes de Hollande à la Haye. Les pieces rélatives à l'objet dont on s'y occupe font lues par le greffier, le grand-penfionnaire expofe le pour & le contre, le préfident ouvre la délibération, & la pluralité des voix décide: il eft des affaires qui exigent l'unanimité: telles font la guerre, la paix, les levées de foldats, & de deniers & les alliances. Dans tous ces cas la voix d'une province fufpend les délibérations; & il faut que les députés reviennent demander de nouveaux pouvoirs à leurs commettans; ce qui jette de la lenteur dans les affaires. Les états-généraux jouiffent des honneurs de la fouveraineté; c'eft en leur nom qu'on déclare la guerre & qu'on fait la paix: les généraux & les officiers prêtent ferment dans leurs mains: ils expédient les fauvegardes, donnent des lettres de grace aux déferteurs, règlent les tarifs des droits d'entrée & de

K 2

sortie, veillent sur les monnaies, en fixent la valeur, nomment les tréforiers, les receveurs des deniers publics, régissent les pays de conquêtes, forment les bureaux des affaires étrangeres, des finances, de la marine, du commerce, reçoivent les ambassadeurs & en envoyent ; ils ont dans les camps des députés qui déliberent avec le général, qui ne peut agir quand ils s'y refusent : ils peuvent nommer un feld-maréchal : ils exécutent enfin ce que les 7 Provinces ont déterminé. Ils peuvent faire des loix ; mais elles ne sont exécutées que dans les provinces qui les admettent, ou qui les ont demandées : ils doivent respecter celles que les sept provinces ont approuvées. Le Stathouder peut se trouver dans leur assemblée pour y faire les propositions qui lui semblent convenables ; mais il n'y a aucune place déterminée : ils nomment les magistrats dans les villes, & les commandans dans les forteresses ; ils conferent enfin les principaux emplois, forment des commissions particulieres, & veillent sur l'exécution des loix. Dans les harangues, on les nomme *Hautes-Puiſſances*. On sait qu'ils représentent leur union par leurs armes qui offrent un lion d'or tenant 7 flèches d'argent liées dans la griffe droite avec ces mots *concordiâ res parvæ crescunt*, emblème que le comte d'Egmont fit succéder aux titres ridicules qu'ils avaient pris d'abord, & à leur écuelle.

Le *conseil d'Etat* dépend d'eux en quelque maniere : il est formé de 12 députés des états de chaque province, qui la plupart ne peuvent y sieger plus de 3 ans, à moins que les états qui les ont nommés ne les choisissent encore. Les députés de Hollande y ont 3 voix, parce qu'elle paye plus de contributions que les autres qui en ont deux ou une, selon la part des subsides que paye leur province. Chacun des 12 membres préside à son tour pendant une semaine. Ce conseil s'assemble tous les jours dans une chambre du château à la Haye: l'administration de la guerre & des finances est son principal objet: les confiscations, les contributions en tems de guerre en dépendent encore: les fortifications, les magasins, les moulins à poudre, les places frontieres sont de son ressort: les états généraux nomment le sécretaire de ce conseil: le trésorier général y assiste, y expose son opinion, mais n'y a point de voix, & le receveur général peut aussi y paraitre: quelquefois ce conseil doit se présenter devant les états généraux: le plus souvent il députe quelques uns de ses membres pour conférer avec eux.

La *Chambre des Comptes* est formée de 14 députés, dont deux sont nommés par chaque province: ce collége est ancien, mais son rang le place après le conseil d'Etat. Celle de la *Monnaie* est formée de trois conseillers, d'un maitre général, de l'essayeur général & d'un sécretaire. Ces deux conseils siegent encore à la Haye. Nous parlerons ailleurs du collége de l'amirauté.

Dans l'administration de la justice, les tribunaux suivent les loix particulieres des provinces, les ordonnances des états & le droit romain. Chaque province a sa cour de justice à laquelle on peut appeller des tribunaux inférieurs des villes & des bailliages, excepté pour les affaires criminelles. Si la partie condamnée desire encore un nouvel examen, les états de la province nomment quelques hommes respectables & instruits dans les loix du pays pour revoir la sentence, & ils donnent une décision souveraine. Nulle part la justice n'est administrée avec plus d'intégrité que dans les Provinces-Unies.

Les impôts y sont grands, mais nécessaires : les habitans de la province de Hollande sont ceux qui en payent le plus; tous ont des possessions, & toute possession paye : l'air qu'on y respire est seul exempt d'impositions : les plus considérables sont levées sur les marchandises qui entrent & sortent, & l'accise, dont le produit est destiné à l'entretien des flottes : l'impôt sur les maisons & les biens de campagne, celui sur les bêtes à cornes qu'on nomme *Verponding*. Le prix des biens immeubles, parmi lesquels on compte les navires du port de plus de 500 livres, paye le 40e. pfenning, & rapporte annuellement dans la province de Hollande 7 tonnes ou 700 mille gouldes; les successions entre collateraux, ou en ligne ascendante doivent le 20e. pfenning, & rapporte autant; chaque personne paye un impôt par tète, tout objet de luxe, & même de nécessité, le blé, la biere, la tourbe, les chevaux, les domestiques, les voitures, le papier timbré sont soumis à une forte imposition; & ce dernier rapporte annuellement dans la province de Hollande une tonne de florins d'or; le prix d'une feuille varie de 3 steuers à 150 florins selon ce à quoi on l'employe. Les actions sur la compagnie payent le 10e. Quand la guerre multiplie les dépenses, on double les impôts sur les maisons & les campagnes, & on lève d'autres subsides encore, tel que celui qu'on leva en 1747, c'était le 50e. pfenning sur tous les biens que chaque habitant possédait. Chaque province fournit dans les besoins publics proportionnellement à ce qui fut réglé en 1612, & cette convention veut que pour former

la somme de 100 gouldes, la Gueldres fournisse
5 fl. 12 st. 13 hel.

La Hollande .	58	6	4 & demi.
La Zeelande .	9	3	8
Utrecht . .	6	16	7 & demi.
La Frise . .	11	13	2 & un quart.
Ober-Issel . .	3	11	5
Groningue .	5	16	7 & demi.

Et la seigneurie de Drenthe donne un goulde par dessus.

 Les revenus de la république sont estimés être de 21 millions de gouldes, & ces revenus n'ont pas suffi aux dépenses, dans des tems de guerre, & c'est ce qui rend nécessaires les fortes impositions, qui n'ont pu prévenir les dettes dont les provinces sont chargées, sur-tout celle de Hollande qui a toujours fourni promptement des secours volontaires : en 1672 elle devait 65 millions de florins & à la paix de Risswick elle en devait encore 60.

 L'armée de terre des Provinces-Unies n'est pas considérable, & n'a pas toujours été la même : rarement elle exceda 40 mille hommes; souvent elle a été moindre. Dans ces derniers tems, elle a été de 35497 hommes, formée de 7 régimens de cavalerie qui font 2274 hommes, de 3 régimens de dragons, de 80 bataillons d'infanterie, d'un corps d'artillerie, d'ingénieurs & de mineurs. Parmi ces troupes, il y a 4 bataillons Ecossais, 11 Suisses, 6 Allemans, 2 Vallons. Le desir d'économiser fait que ces troupes ne sont souvent formées que de nouvelles levées, peu propres à la guerre : mais dans le danger, on y supplée en soudoyant des régimens allemans. Le Stathouder est le chef de ces troupes; un feld-maréchal tient souvent sa place à l'armée. Les villes & les forts sont entretenus avec soin; la plupart peuvent inonder leurs environs dans un court espace de tems. Les frais que coutent l'entretien des forces de terre monta dans l'année 1766 à 11316123 gouldes, cependant c'était une année de paix. Les forts ont des commandans; les villes ont des gouverneurs qui font les bourguemaitres. Dans les pays conquis par la république, les commandans & gouverneurs font nommés par le Stathouder. Le gouvernement de *Sluis* est le plus riche & donne annuellement 25000 gouldes; après lui est celui de *Mastricht*, que suit de près Bois-le-Duc.

L'armée navale fut autrefois redoutable, & a eu été composée de 100 vaisseaux, pendant la guerre; durant la paix, on n'entretient que 30 vaisseaux. Ordinairement cet objet de dépense en tems de paix monte à environ 300,000 gouldes par mois. Cette flotte sert à protéger les vaisseaux marchands contre les pirates de la Méditerranée, & ceux qui reviennent des Indes Orientales. Les colléges de l'amirauté, dans un tems assez court, & quand le besoin l'exige, doivent pouvoir équiper & mettre en course 40 à 50 vaisseaux de guerre. Ces colléges de l'amirauté font onéreux aux états par les inutiles frais qu'ils causent. Leurs fonctions sont de veiller sur les ports, sur les fleuves, sur toute la navigation, d'équiper des vaisseaux de guerre pour assurer les vaisseaux marchands & le commerce : ils sont au nombre de 5, que nous nommons ici dans le rang qu'ils tiennent : le *collége sur la Meuse* ou de *Roterdam*, celui d'*Amsterdam*, ceux de *Zéelande* ou de *Middelbourg*, de *West-frise*, ou de *Nord-Hollande*, qui réside alternativement à Horn, ou à Enkhuisen & de *Frise* dont le siege est Harlingen. Chacun a sous son inspection une partie de la flotte : les impôts sur les vaisseaux & les marchandises,

levés par ces colléges, font deftinés aux frais né-
ceffaires : chaque province eft obligée de fournir
encore une fomme confidérable pour cet objet. Le
Stathouder eft le chef des armées navales ; il préfi-
de dans les colléges, & leur prefcrit des ordres dans
plufieurs cas. Ces forces ne paraiffent pas confidérables comparées à celles des puiffances voifines ;
mais elles le font relativement à l'étendue & aux richeffes naturelles des 7. Provinces. Leur plus grande
furface eft de 1730 lieues quarrées. Elles font la
partie feptentrionale des Pays-Bas dont le nom annonce la fituation. Leur bornes font la Flandre &
le Brabant au midi ; la haute Gueldre, le duché de
Clèves, l'évêché de Munfter, le comté de Bentheim & la principauté d'Oft-Frife au levant ; au
feptentrion & au couchant, elles font ceintes par
la mer du Nord.

Ce pays eft marécageux ; mais ces marais ne lui
font pas tous inutiles ; on en tire de la tourbe, &
vers l'Orient, on les regarde comme une barriere
qui le défend contre l'Allemagne & on a ordonné
de ne point les deffécher : malgré cet ordre quelques uns font cultivés & tous le devraient être,
car des champs & des prairies enrichiffent un pays,
& des marais le défendent mal. Ces marais & le
voifinage de la mer y rendent l'air humide ; des
vents pluvieux l'agitent fouvent avec violence :
ceux d'oueft le couvrent d'épais brouillards. Le rhu-
matifme & le fcorbut y font les maladies les plus
ordinaires : la toux, les rhumes y font fréquens.
Vers la mer où le flux dépofe un limon qui exhale
des vapeurs fétides, où l'on manque d'eaux fai-
nes, les habitans font fujets à des vomiffemens
fréquens, aux vers, à des maladies violentes. En
général l'hiver y eft froid, l'été chaud, & l'autom-

ne pluvieuse. Ce pays n'est presque qu'une vaste plaine au niveau de la mer, & en quelques endroits plus basse encore. Pour l'en défendre on y a élevé des digues ; les unes sont des especes d'amphithéâtres de fascines & de terre, qui diminuent d'abord la violence des flots, & ensuite la détruisent ; les autres sont formées par de grosses poutres enfoncées dans le sable de la mer, inclinées vers la terre, où elles sont soutenues par d'autres qui ont la terre pour appui : des planches épaisses garnies de fascines & de terre remplissent le vuide que les poutres laissent entr'elles : le double talus qu'elles présentent épuise la fureur des eaux & les font jaillir dans l'air : des vers apportés d'Amérique en 1722 menaçaient ces digues d'une destruction prochaine, si le tems & l'activité du Hollandais n'y avaient apporté du remède. La partie du pays qui est marécageuse, est partagée par des canaux & d'inombrables fossés, où des moulins à vent forcent l'eau de se rendre & d'y circuler : des écluses disposées avec intelligence conduisent ces eaux dans les fleuves. Ces écluses, ces canaux, ces fossés, donnent au pays un aspect singulier : les deux côtés de ces canaux où l'on navigue paisiblement sont embellis de belles & longues allées d'arbres, de jardins & de maisons de plaisance qui offrent au voyageur & au commerçant des commodités & des plaisirs. Une multitude de bateaux les couvre dans la belle saison, & ils sont tirés par des chevaux qui partent d'un lieu & arrivent à un autre à des heures fixées.

Le sol y est en partie couvert de bruyeres & de sable ; on y recueille à peine le blé nécessaire au quart de ses habitans ; mais le commerce & la navigation y amenent le superflu de l'étranger, & celui qu'on n'y confomme pas fert à faire de la biere & des eaux-de-vie qu'on tranfporte au loin : il n'y croît pas de vin, en des endroits les arbres utiles n'ont pu profpérer ; en d'autres on trouve de beaux & nombreux vergers : de gras pâturages y rendent le lait, le beurre & le fromage très-abondans ; ce qu'il y a de meilleur dans ces deux derniers objets s'exporte dans l'étranger ; & c'eft fur-tout de là que vient la richeffe du Nord-Hollande : le bétail à cornes s'y engraiffe, mais la plus grande partie vient de l'Allemagne : on y pourrait nourrir facilement un million de brebis, mais le défaut d'ordre s'oppofe à la multiplication de ces troupeaux dont la laine eft eftimée (*) une des meilleures de l'Europe. On y cultive le tabac avec fuccès en divers lieux : la garance l'eft en Zéelande ; prefque nulle part on n'y manque d'herbes potageres ; il y croît peu de lin & de chanvre. Le bois y eft rare & cher ; on y en confume peu, la houille, le charbon-de-pierre qu'on tire d'Angleterre & d'Ecoffe y fuppléent. Le bois de conftruction fe tire de l'étranger ; une partie fert aux befoins des habitans, & le refte travaillé par eux, eft tranfporté dans les ports des nations voifines. Les eaux de la mer y donnent du fel, le comté de Zutphen du fer ; mais en général on n'y trouve ni métaux, ni minéraux ; il eft très-pauvre en richeffes naturelles, & le commerce feul y donne ce que la nature y refufe, & y raffemble l'agréable & l'utile.

Les provinces de Zéelande, de Hollande, de Frife & de Groningue touchent à la mer du Nord : celles d'Utrecht, de Gueldres, d'Ober-Iffel y communiquent par le Zuiderfée, grand golfe qu'elles en-

---

(*) Quelques auteurs la difent rude & groffiere.

vironnent avec la Frife & la Hollande. C'était autrefois un lac que le Flevo ou un bras droit du Rhin, & l'Yffel formaient & traverfaient avant de fe jetter dans la mer. Une inondation, ou peut-être un affaiffement couvrit l'efpace qu'ils parcouraient du lac à la mer, & forma le Zuiderzée ou Suderfée : une voye romaine qu'on découvre encore dans le fond de ce golfe & qui conduifait de la Nord-Hollande à la province de Frife, femble appuier la derniere caufe. Ce Flevo coulait où eft maintenant *Takezyl* & avait fon embouchure entre les îles de Vlieland & de Schelling : il difparut dans le 13e. fiecle quand la mer couvrit l'efpace qui s'étend des fables d'Enkhuifen & de Takezyl jufqu'aux îles de Texel & celles qui formaient fon embouchure.

Les principaux fleuves du pays, font le *Rhin*, la *Meufe* & la *Schelde* ou *l'Efcaut*. Le *Rhin* entre dans le pays en fortant du duché de Cleves, près du fort de Schenke il fe partageait en deux bras, dont l'un était le *Waal* qui paffant au deffus de Nimègue, & au deffous de Thiel s'uniffait à la Meufe, d'abord à St. André, puis encore non loin du château de Loweftein, & l'autre était le *Rhin* proprement dit qui fe rendait par un cours tortueux à Arnhem ; mais en 1701, on fit un canal profond de 7 pieds, large de 12 verges près du village de Dannerden, qui va du Waal au Rhin, & depuis ce tems l'ancien lit de ce dernier, de Schenke à l'endroit où le canal le coupe, fe comble infenfiblement ; le canal fe creufe & s'élargit, parce que fa courfe eft moins étendue & plus rapide. Le Rhin fe partage encore entre Hueffen & Arnhem ; un de fes bras fe dirige par le canal de Drufus fous le nom de *nouvelle-Yffel* vers Doesbourg, où elle s'unit à la vieille Yffel, & fe perd enfin dans le Suderfée : l'autre fous le nom de Rhin, passe à Arnhem, Wageningen, Rhenen, & Wyk-Duerstede où il se divise de nouveau : le bras le plus considérable se nomme le *Leck* & va par Kuilenbourg, Vianen & Schoonhooven se jetter dans la Meuse près du village de Krimpen : l'autre n'est plus qu'un ruisseau étroit, séparé du Leck par une écluse, qui se rend à Utrecht par un cours tortueux qui s'élargit en s'approchant de Leyde, d'où il se rendait autrefois dans la mer entre les villages de Catwyk sur le Rhin & Catwyk sur la mer; mais cette embouchure comblée par les sables, & le Rhin près de Leyde, n'ayant presque point de cours y forme un lac & y est partagé en canaux, dont l'un conserve son nom, & d'où il passe dans un autre qui le conduit à Catwyk sur la mer. Depuis qu'on a fait le canal de Panderren, le Rhin devenu plus abondant & plus rapide, rend le pays situé entre lui & le Waal plus sujet aux inondations. La *Meuse*, *Mosa* est la borne commune de la Gueldre & du Brabant, elle s'unit deux fois au Waal comme nous l'avons dit, & prend à la derniere fois le nom de *Merwe*, du vieux château de *Merwede* : elle coule vers Dordrecht, & là s'y partage en deux bras; celui à droite passe à Rotterdam sous le nom tantôt de Meuse & tantôt de Merwe; l'autre a constamment le nom de vieille Meuse (*). Ils se réunissent vers Vlaardingen & se jettent ensemble dans la mer du Nord. La navigation y fut autrefois très florissante; mais les petits seigneurs qui règnent sur ses bords y ont

---

(*) Il y a lieu de croire que cette réunion n'a pas toujours existé : au reste la Meuse se lançait jadis dans la mer avec une rapidité étonnante : cette rapidité a été ralentie par la mer qui a rongé les côtes qui en resserraient l'embouchure, & par l'île de Rosenberg qui s'y est formée.

opprimé le commerce en multipliant les péages, & il a pris une autre route pour leur échapper. La plupart des marchandises passent de l'évêché de Liege à Breda sur des chars. La *Schelde* ou *l'Escaut* se partage en deux bras à Zandvliet; celui du levant en tire sa dénomination, se rend à Berg-op-Zoom & se jette dans la mer entre les îles de Zéelande: celui du couchant, ou le *Hond* arrose la Flandre & la Zéelande.

La pêche est abondante dans le pays sur les ruisseaux, les fleuves & les lacs; mais elle y est nécessaire à la nourriture des habitans: celle qui se fait dans la mer du Nord est plus importante. On la partage en grande & petite. Celle-ci se fait sur le banc des Chiens, entre l'Ecosse & le Jutland, le cabeliau, la merluche, la plie, la limande & autres poissons en sont les objets: le premier se mange en partie frais dans le pays, & salé on le transporte chez les nations voisines. Celle-là comprend la pêche du hareng & celle de la baleine. Plus de 20000 hommes se nourrissent de la premiere, & c'est une mine d'or pour ces provinces, quoiqu'elle est bien diminuée: elle est l'école des matelots. On croit qu'elle rapporte encore plus de 2 millions de florins. Elle se fait dès le 24 Juin jusqu'au 25 de Novembre, & on y a vu 1500 bâtimens occupés: de nos jours elle n'en occupe que 150. On distingue trois sortes de harengs, à sel fin, à gros sel, & harengs vuides: les premiers sont les plus chers & les plus recherchés: aucun ne paye de droits d'entrée. La pêche de la baleine occupe 250 navires de 2 à 300 tonneaux, suivis de 5 à 6 chaloupes, de 6 à 7 hommes, & elle se fait sur les côtes de Groënland, du Spitzberg & de la nouvelle Zemble: elle est laborieuse, dangereuse, & son succès très incertain.

Les 7 Provinces font cultivées avec foin, & fort peuplées; en leur joignant le pays de Drenthe, on y compte 113 cités, environ 1400 bourgs & villages, & 2 millions d'habitans. Dans le pays qu'elles ont conquis, & qu'on nomme *pays de la Généralité* parce qu'il appartient en commun à toutes, on trouve 25 villes. La province de Hollande est la plus riche, la plus peuplée, la plus intéressante: les villes y font bâties avec goût; des canaux bordés d'arbres les embellissent & y facilitent la propreté; nulle part on ne trouve de plus beaux villages que dans la Nord-Hollande. La langue naturelle est un Allemand corrompu mêlé de mots latins; le français y est fort commun.

Deux causes rendent ce pays si peuplé, malgré sa pauvreté naturelle: la tolerance & le commerce. Nous dirons un mot de l'une & de l'autre.

Les habitans des Provinces-Unies embrasserent d'abord le luthéranisme de la confession d'Augsbourg; le calvinisme s'y introduisit bientôt après & devint la religion dominante, elle fut confirmée par diverses loix & affermie par l'union d'Utrecht en 1579, par les états de Hollande en 1583, par le synode de Dordrecht en 1618 & 1619, & par les états encore en 1651. Les réformés seuls peuvent parvenir aux charges, & pour en être revêtus, il faut accepter les règlemens du synode de Dordrecht & le catéchisme d'Heidelberg pour règle de discipline & de foi: les catholiques qui sont les moins protégés parce que leur doctrine est plus intolérante & qu'on les a craint davantage, peuvent posséder tous les grades militaires, excepté celui de feld-maréchal. Toutes les sectes peuvent y exercer en paix leur croyance, pourvu qu'ils soyent soumis aux magistrats & ne troublent point l'ordre public.

Le corps ecclésiastique des réformés est composé des professeurs en théologie de l'université, des prédicateurs, des anciens & des diacres. Les affaires ecclésiastiques se traitent dans trois diverses assemblées, le consistoire, la classe, & le synode. Il y a un consistoire dans chaque commune, composé de ministres, d'anciens, & dans quelques villes, de diacres : là se discutent & se règlent tout ce qui intéresse la commune. Dans les affaires de quelque importance, on peut appeler des sentences qui s'y rendent, à la classe ; elle est formée par la réunion des anciens & des ministres qu'y députent les paroisses voisines, lesquelles leur donnent leurs instructions & un plein-pouvoir. Ces classes s'assemblent quelquefois 6 fois par an, & jamais moins de 3 : elles nomment 2 ou plusieurs de leurs membres pour faire la visite des églises. Les synodes sont divisés en provinciaux & en nationaux : les premiers sont composés des ministres que députent annuellement les classes de la province : chacune y députe ordinairement deux ou trois ministres & un ou deux anciens. En voici l'énumeration.

	Classes.	Prédicateurs.
Le synode de Gueldres est formé des députés de	9 & a	285
De Sud-Hollande	11 & a	331
De Nord-Hollande	6 & a	220
De Zéelande . .	4 & a	163
D'Utrecht . . .	3 & a	79
De Frise . . .	6 & a	207
D'Ober-Issel .	4 & a	84
De la ville & seigneurie de Groningue . . .	7 & a	161
Du pays de Drenthe	3 & a	40
	53 classes & 1570	

Ont

On compte dans les provinces, le pays de généralité & les villes barrieres, 50 communautés vallonnes & 90 prédicateurs. Dans les provinces de Zéelande, de Hollande & d'Utrecht on trouve diverses églises de Presbyteriens anglais, dont les pasteurs sont en grande partie membres des classes des lieux où ils sont situés. Tous ces synodes provinciaux sont soumis à l'assemblée générale des églises ou synode national, composé des députés de chaque synode particulier; mais il ne s'en est point assemblé depuis celui de Dordrecht.

Les *catholiques Romains* ont dans les Provinces-Unies, environ 350 églises, desservies par 400 prêtres, & dans le pays de généralité, on en compte autant: parmi ces églises, il en est 51 formées par les janfénistes, & desservies par 74 prêtres; les églises n'y ont aucune distinction apparente, & le prêtre réside dans la partie extérieure; on n'en peut bâtir de nouvelles sans la permission du magistrat; les prêtres y sont habillés comme les séculiers; on croit que le tiers des habitans du pays sont catholiques. Il y a encore un évêque d'Utrecht, élu par son chapitre; mais il est sans pouvoir & sans éclat.

Les *Luthériens* ont des églises décorées extérieurement & exercent leur culte en pleine liberté, mais ils sont exclus des charges, ils possédent 41 églises, desservies par 53 ministres qui officient sans robes ni surplis. Les Salzbourgeois ont aussi une commune dans le pays.

Les Arméniens prirent le nom de *Remontrans*, qu'ils portent encore, des remontrances qu'ils firent en 1610 aux états généraux: *Jacob Arménius* fut leur chef; ils ne jugent pas nécessaire de croire à la Trinité, à la divinité de Jésus, & d'adorer le St. Esprit. L'écriture est leur regle, & chacun l'interprête à fa maniere ; leur tolérance eft fans bornes & leur obéiffance inalterable : ils forment une fociété de freres, forment 34 communautés dirigées par 43 prédicateurs, entretiennent un profeffeur en philofophie, & un en théologie, ont plufieurs écoles pour les langues, & tiennent alternativement leur confeil eccléfiaftique à Amfterdam, & à Rotterdam.

Les *Mennonites* ont pris leur nom du frifon *Menno* qui fut leur chef; on les appelle auffi *Wiedekaufer* (Revendeurs.) Ils forment diverfes fectes dont les *Flâmifchen* & les *Wafferlanden* font les plus confidérables : mais qui fe réuniffent & forment les mêmes communautés. Les dogmes qui leur font communs à toutes, c'eft qu'ils croient ne devoir adminiftrer le baptême que dans l'âge de raifon, ne jamais faire de ferment, ne point porter les armes, n'exercer aucune autorité fur leurs femblables : il eft facheux que le fanatifme fouille ces principes humains. On compte 190 communautés de mennonites dans les Provinces-Unies, & elles ont 312 docteurs. Ils ont un collége, des hôpitaux, des maifons d'orphelins.

Les *Rhinsburgeois* prennent leur nom du village de Rhinsbourg près de Leyde où ils s'affemblent tous les ans deux fois. Les colléges qu'ils ont fondés pour l'inftruction & la priere, leur ont fait donner auffi le nom de *Collegiens* : deux freres nommés *Codde* les ont fondés : l'un était corroyeur, l'autre laboureur. Ils rejettent l'autorité des prêtres; chacun eft fon prêtre à lui-même & explique à fon gré l'écriture : les anciens diftribuent la Cène, & donnent le baptême par immerfion : leur tolérance eft entiere, & doit l'être puis qu'ils n'ont ni fymboles ni articles de foi : il fuffit de reconnaître Jésus-Christ & les écritures pour être digne de recevoir d'eux le baptême ; mais l'initié est libre de choisir encore la secte qui lui plait. Ils ont dix-huit à vingt collèges.

Les *Quakres* sont peu nombreux : on n'en compte pas 200 dans la république : les *Hernhutes*, ou *Moraves*, ou *freres Evangeliques unis* leur ont succédé ; mais ils sont encore en petit nombre : c'est en Allemagne & dans le Groenland qu'il faut les chercher. Les *chrétiens Arméniens* ont une église à Amsterdam, le commerce les y attire : indépendans de Rome, ils n'admettent point le culte des images, & communient sous les deux espèces. Les *Anti-Trinitaires* ou *Arriens* ne forment pas de communautés & sont répandus en divers lieux : on sait que Newton les favorisait & que Clarke les a défendus. Nous ne parlerons pas d'un grand nombre d'autres sectes obscures ; mais nous devons dire un mot des Juifs. Ils jouissent des droits & libertés des autres habitans, exercent leur culte en paix, & ont des synagogues : seulement dans quelques lieux, comme à Amsterdam, ils sont exclus des meilleurs corps de métiers. On les distingue en juifs allemans, & en portugais, dont il vint un grand nombre dans les années 1530 & 1550.

On trouve dans les Provinces-Unies des peintres & des graveurs en cuivre estimés ; mais on y manque d'habiles sculpteurs : les sciences y sont cultivées & elles ont produit des savans illustres. Elles renferment 5 académies, qui sont celles de Leyde, d'Utrecht, de Hardewyck, de Franiker, & de Groningue ; deux gymnases, l'un à Amsterdam, l'autre à Dewenter & plusieurs écoles latines. Harlen a une académie des sciences.

Le commerce y a fait naître diverses manufactures & fabriques, & elles l'ont nourri à son tour. Les étoffes qu'on y fabriquait, faisaient concurrence à celles de Lyon, mais la cherté des denrées, & la main d'œuvre, la multiplicité des impôts, ont fait tomber ces fabriques : Harlem entretient à peine ses soieries. Les draps fin d'Utrecht & de Leyde se soutiennent encore ; les camelots, les toiles de Hollande sont toujours recherchées ; les papiers sont dans le même cas, mais ceux qu'on fait en France & en Allemagne leur ont nui sans les égaler. C'est à Amsterdam qu'on taille les diamans, & on les y envoye de diverses parties de l'Europe. La librairie y fut très florissante ; elle l'est encore, quoiqu'elle ne soit plus ce qu'elle a été. La manufacture la plus importante est celle des vaisseaux : on prétend que les constructeurs du village de *Sardam*, s'engageraient à livrer un vaisseau de guerre par jour en leur donnant quelques mois d'avance. Celles des briques, des pipes, du tabac y sont considérables encore. On y fait de la belle porcelaine : on y prépare de l'excellent borax, on y purifie le sel commun & un sucre recherché. L'huile & l'émail blanc & bleu y sont des objets de commerce assez importants. On y travaille le coton, le lin & le chanvre de diverses manieres : des moulins à scie innombrables, y changent en planches les bois apportés de la Norwege & de la Baltique, & sont le fondement d'un commerce utile avec l'Espagne, le Portugal & d'autres lieux. La préparation des cuirs & les blancheries y sont florissantes encore. La situation du pays, malgré le défaut de ports commodes & sûrs y fait prospérer le commerce maritime ; les fleuves, les canaux, la pêche abondante, l'économie & l'activité des habitans, leur richesse, la banque d'Amsterdam, la confiance des nations voifines en font encore des foutiens. (*) Parlons des diverses compagnies qui l'exercent.

La *Compagnie des Indes Orientales* fut érigée en 1602, & possède en Asie de grands états, la plupart enlevés aux Portugais. Deux fois elle perdit ses fonds; mais la constance la soutint, & bientôt son élévation fut prodigieuse. Elle forme comme une république indépendante dans une autre république, nomme ses officiers de justice, de finances, de guerre, lève & entretient des armées, équipe des flottes, règle les impositions, la vente des marchandises, & la repartition des deniers. Elle envoye des colonies, bâtit des villes, construit des forts, & bat monnaie. Elle élit ses directeurs, traite avec les princes de l'Inde, mais au nom des Etats-Généraux, qui reçoivent le serment des officiers, & prolongent de tems à autre le privilege de cette compagnie. Soixante-sept directeurs la gouvernent & forment 6 chambres qui siegent à Amsterdam, Middelbourg, Delfs, Rotterdam, Horn & Enkuysen : celle d'Amsterdam est la plus considérable, a 24 directeurs, plus de 1200 ouvriers à ses gages & possède seule les 7 12e. du fond de la compagnie : ces directeurs sont élus par les magistrats des villes où siege la chambre dont ils sont membres, sur 3 sujets que la compagnie présente; il faut avoir 6000 fl. de capital dans la compagnie pour être élu dans les chambres d'Amsterdam & de Middelbourg; il suffit de la moitié de cette somme pour être éligible dans les autres : dans toutes, il faut être âgé de 25 ans & n'avoir de parens plus proche

---

(*) Pour lui redonner plus d'activité, il faudrait un port franc, faciliter la navigation sur les fleuves, en diminuant les impôts qui le gênent; mais lors même qu'on employerait ces deux moyens jamais il ne reviendra ce qu'il a été.

dans la chambre qui élit, qu'au 4ᵉ. degré. Ces 67 députés forment un conseil suprême de 17 directeurs qui s'assemble 3 fois par an, pendant 6 ans de suite à Amsterdam, & pendant 2 ans à Middelbourg. Il règle la vente des épiceries, les repartitions à faire aux actionnaires, délibere sur les lettres reçues des Indes & les réponses qu'il y faut faire, statue sur le nombre de vaisseaux à envoyer, & nomme le gouverneur général & son conseil qui résident à Batavia : ce gouverneur est le chef & l'amiral de la compagnie dans les Indes, il vit avec le faste d'un roi, sa paye est de 1400 fl. par mois, de 400 fl. pour sa table, il est logé gratis, & ses profits illicites sont peut-être bien plus considérables : après lui le directeur-général est le membre le plus respecté du conseil des Indes, formé de 18 personnes. La compagnie nomme encore des gouverneurs aux îles de Ceilan, d'Amboine, de Banda, de Ternate, de Macassar, à la presqu'île de Malaca, à la côte de Coromandel, au cap de Bonne-Espérance ; des directeurs à Bengale, à Surate & pour la Perse ; des commandans sur les côtes du Malabar, de Ceilan & de Java ; des commis & des chefs de comptoirs en divers lieux de l'Asie ; elle commerce à la Chine, seule elle peut encore aborder au Japon : 150 vaisseaux de 20 à 50 canons, 42 à 50 plus petits se meuvent à ses ordres. Elle en envoye aux Indes dans les mois de Mars ou Avril, dans ceux de Septembre ou d'Octobre, de Décembre ou de Janvier, & chaque flotte est communément de 38 à 40, qui chacun avec leur charge, s'évalue à 400000 gouldes. Ces flottes repartent aussi des Indes en 3 termes fixés. Cette compagnie a rapporté des trésors immenses des Indes en Europe. On fait monter le profit annuel à 3 millions de ducats, &

ce profit fut encore plus grand autrefois; ses actions y valent 18000 gouldes; & son principal commerce consiste en cloux de gerofle, noix muscades, canelle, poivre, cardamome, thé, café, porcelaine, ris, camphre, salpètre, or, perles, diamans, draps, toiles de coton, & étoffes de soie.

Cette compagnie paye 3 ou 4 millions de gouldes aux Etats pour 50 années de renouvellement de son privilege; & annuellement elle paye pour l'impôt des marchandises de l'Inde ou qu'elle y envoye, soit pour l'entrée ou la sortie, 364000 fl. & 8 pieces de canons de fonte de 24 liv. de balle: elle fournit d'autres secours encore à la nation, & les comptes de ses directeurs sont examinés tous les 3 ans par les Etats-Généraux. Elle a de plus un conseil de 10 députés à la Haye pour veiller à ses intérèts. On se plaint de sa négligence à fortifier ses possessions: on prétend mème qu'il y a de grands abus dans son administration.

La *Compagnie des Indes Occidentales* s'est formée de mème que la premiere. Le grand-pensionnaire Barneveld voulut la créer; mais sa mort fit évanouir son projet. Quelques marchands particuliers obtinrent en 1674 le droit de commercer au long des côtes d'Afrique, depuis le tropique du Cancer jusqu'au 30ᵉ. degré au Sud de la ligne, dans les îles qui sont entre ces limites; & en Amérique, à Curaçao, Oruba, Bueynos-Airès, St. Eustache, & aux côtes d'Esequebo, du banc de Terre-Neuve, au détroit de le Maire. Elle peut faire des traités avec les habitans du pays, faire la guerre & la paix avec eux, bâtir des forts & des villes, fonder des colonies, lever & entretenir des soldats, armer des flottes, administrer la justice civile & criminelle, &c. mais au nom & sous l'autorité des Etats-Géné-

L 4

raux. Les fonds furent de 7200000 fl. & pour avoir voix délibérative, il faut avoir au moins 1200 fl. en caisse. Elle est divisée en 5 chambres qui résident, celles d'Amsterdam, de Zéelande, de la Meuse, du Nord-Hollande, & de Groningue. Dix-neuf directeurs y régissent les affaires les plus considérables, & s'assemblent à Amsterdam pendant 6 ans, & à Middelbourg pendant deux. Elle possede des places importantes en Afrique & en Amérique, & y a des gouverneurs, des directeurs, des inspecteurs, occupe quelques vaisseaux pour le commerce dans ces contrées ; mais son plus grand revenu est dans le produit de l'impôt que chaque communauté de marchands lui paye pour exercer le commerce librement dans les pays qui lui furent concédés. Elle fut d'abord plus florissante que la premiere ; mais elle est bien tombée : ses dividendes montent rarement à plus de 2 & demi pour 100, & ses actions de 100 gouldes se donnent pour 40.

La *Compagnie de commerce de Surinam* est formée par la ville d'Amsterdam, la compagnie des Indes Occidentales, & les héritiers des seigneurs de Sommelsdyck. La colonie des *Berbice* dans la Guiane est régie par des directeurs choisis parmi les intéressés. Sa concession fut accordée par les Etats-Généraux en 1732, sa navigation est devenue célebre parce qu'elle est libre, mais les habitans, les étrangers, les navires qui entrent ou sortent, payent un impôt.

Les Hollandais commercent dans tous les pays ; ils transportent dans les uns le superflu des autres, & leurs propres marchandises, louent leurs vaisseaux ou les vendent, portent vers le Nord, en Norwege, en Livonie, en Pologne, &c. des épiceries, des draps, des toiles, de l'or, de l'argent, des étoffes de soie, du riz, du sucre, de l'indigo, des bois de teinture, de la quincaillerie, des objets de modes, du verre, des bijoux, de la laine, de l'huile & du vin, des fruits secs, du café, du fromage, du papier, de l'eau-de-vie, & en rapportent du chanvre, des mâts, des planches, du goudron, des pelleteries, des cuirs, du suif, de la colle de poisson, de la cire, du miel, des bœufs, des vaches, du fil d'archal, des chaudrons, du fer, de l'acier, du plomb, des armes à feu, du salpêtre, du duvet, des blés. Presque seuls ils font le commerce du Rhin, de la Moselle, du Mein & du Necker, & par eux ils portent en Allemagne les productions du midi & du nord : ils en tirent des vins, du bois, du tabac, du fer. Le commerce de la Meuse & par terre avec Liege, Juliers &c., consiste en sucre, épiceries, poisson, cuir, & productions des Indes, de la laine, de l'huile, du savon, qu'on échange contre des armes, du charbon de terre, des ustensiles de fer, des étoffes qui s'y fabriquent. Les Hollandais vendent aux Flamans des toiles blanches de coton, du poisson frais, de l'huile, du sel, de la soie, des eaux-de-vie, des fruits de Provence, & en retirent du colzat, des toiles, des dentelles, des pierres & des briques : aux Anglais des épiceries, & en rapportent du tabac, de l'étain, des étoffes de laine, des grains, des bijoux, des bœufs & du poisson salé, des cuirs & du charbon de terre. Aux Français des bois de charpente, des cordages, des harengs, toutes les marchandises du Nord, & en reçoivent divers objets de manufactures, de quincaillerie & de mode, des productions du pays & de celles du Levant & des Indes : aux Espagnols des toiles, des épiceries, des poissons secs, de la cire, des cartes à jouer, & en retirent des laines, des chataignes, des raisins secs, des figues, des amandes, de l'anis, des oranges, des olives, du safran, du fer, du marroquin, du vin, des soies, de la soude, du savon, du sel, de l'eau-de-vie, de l'indigo, du bois de Campêche, du cacao, de la cochenille, du quinquina, du tabac, des piastres. Ils retirent des Portugais, de l'or, des diamans bruts, de l'ambre gris, mais les Anglais ont presque anéanti ce commerce : celui que la république fait avec le Levant est riche encore : une chambre érigée à Amsterdam le dirige & nomme les consuls qui resident en Turquie; on leve un droit de 2 & demi pour 100 sur les retours de Smyrne & d'Alep pour fournir aux présens offerts à la Porte & aux Etats Barbaresques ; & pour se défendre des pirates. Un vaisseau ne peut naviger seul dans la mer Méditerranée, ni avoir moins de 24 canons & 50 hommes d'équipage. C'est à Constantinople, à Alep, au Caire, & à Smyrne sur-tout que les Hollandais portent des draps, du fer, du sucre, & de l'argent, & en retirent des soies, des toiles de coton, du poil de chevre, & de chameau, de la rhubarbe, des marroquins, du café, du mastic de Chio, de l'opium, des tapis, des vins &c.

Un *Collége général de la Monnaie* dirige cette partie de l'administration dans chaque province : chacune est souveraine dans cette partie ; mais pour que l'argent dans l'une d'elle ait cours dans toutes, il faut qu'il ait la même valeur intrinséque, ou il est défendu dans les 6 autres. La monnaie la plus basse est un *deut* de cuivre, qui vaut deux deniers, ou hellers, 4 deuts valent un *grot* dont deux valent un *steuver* ou *stuyver* : deux de ceux-ci valent un *dubbelchen*, 6 valent un *schilling* : il est des schillings décriés qui ne valent que 5 steuvers & demi.

La goulde Hollandaise vaut 20 fteuvers, on a auffi des demi & des tiers de goulde; mais elles font rares : 28 fteuvers forment une goulde d'or; 30 font un *thaler*. Une *rixdale* ou *thaler albertin* vaut deux gouldes & 10 fteuvers : le thaler Leonin vaut 42 fteuvers, & le ducaton 63. La valeur relative de ces monnaies, comparée à celle de France varie, mais on peut s'en former une idée en fuppofant que le fteuver vaut 2 fols de France & 5 deniers; ce qui ne s'éloigne pas beaucoup de fa valeur réelle.

Pour les monnaies d'or, il eft des *ducats* qui valent 5 gouldes ou florins, & 4 à 5 fteuvers, & des *ruyders* qui valent 14 gouldes; il y a auffi des demi & des quarts de ruyder. Le *ruyder* vaut intrinféquement 29 liv. 4 fols, 9 deniers de France.

Il nous refte à dire un mot du caractère des Hollandais. L'égalité y rend le peuple groffier & quelquefois infolent; c'eft un abus attaché à l'ufage d'un bien. En général on peut divifer le peuple en 6 claffes : le payfan qui travaille à la terre eft fimple, frugal, défintéreffé; mais très-inculte : le matelot accoutumé aux vents, à la tempête, au travail, à une vie dure, eft franc & brutal : les marchands & les artifans font honnêtes & fubtils; les derniers favent imiter; les premiers confervent encore de la bonne foi. Les rentiers, ceux qui ont des poffeffions en fonds de terre, font encore économes, parce qu'ils ne font pas opulens : c'eft dans cette claffe qu'on trouve plus d'hommes inftruits; la plupart accroiffent leurs revenus en exerçant des charges, ou en s'affociant à des commerçans : la nobleffe y a de l'autorité, & de grands privileges, elle renferme des hommes eftimables par leurs lumieres, refpectables par leurs vertus; ils ont moins d'orgueil qu'ailleurs, mais un grand nombre copie fans discernement les manieres, les travers, les ridicules & les vices des Français. Le nom de patrie est encore puissant dans tous ces ordres, il en fait respecter les loix & supporter les charges ; il en fait partager la prospérité & les disgraces ; il y fait germer des vertus. La modération, l'esprit de raison distingue en général cette nation : on y connaît peu l'amour, l'époux y est docile & sage, la femme impérieuse & chaste : l'économie dégénere facilement chez eux en avarice, & elle se fait remarquer dans leurs habits, dans leurs maisons, leurs jeux, leurs cérémonies : la propreté y est un goût, une manie, & fut d'abord une nécessité ; les rues y sont pavées de briques, & lavées ; les maisons, les chambres, les écuries même sont nettoyées avec soin ; le marbre poli, la porcelaine, la fayence embellissent leurs murs & leurs vestibules ; les belles glaces de Venise, les tapisseries de Flandres, les tapis de Perse, de riches tableaux ornent leurs appartemens : on y marche sur des nattes & des tapis : toutes les semaines la maison est lavée du haut en bas, tous les jours on nettaie les vitres, les murailles, les portes, les lambris, les volets ; on les repeint souvent ; les ustenciles de cuisine y sont brillants ; les poteaux où le bétail est attaché, les crèches, sont peints & lavés, les vaches essuyées avec soin & leur queue retroussée. Un air humide y rend utiles ces soins qui nous paraissent excessifs.

Passons à présent à la description particuliere de chaque province.

I. GUELDRES.

La Gueldres Hollandaise est la basse Gueldres jointe au comté de Zutphen : la haute en a été détachée par la paix de Westphalie, & nous en avons parlé ailleurs. Au couchant, elle touche aux provinces d'Utrecht & de Hollande, au nord à celle d'Ober-Issel, & au Zuiderfée, au levant à l'évêché de Munster & au duché de Clèves, au midi à la Meuse & au Brabant. C'est des 7 Provinces celle qui jouit d'un air plus pur, & qui a plus de champs fertiles; au centre du *Veluwe* ou *Sandbergen*, & dans une partie du comté de Zutphen on trouve des broussailles & des bruyeres; elle peut fournir ses voisins de pommes, de poires & de cerises, est riche en pâturages, & arrosée par les 3 bras du Rhin, par la Meuse, par quelques petites rivieres, telles que la *Linge*, autrefois la *Longue eau*, qui coule entre le Rhin & le Waal, & tombe à Gorcum dans la Meuse; la *Vieille Yssel* qui se joint à l'Yssel près de Doesbourg; la *Borkel* ou *Berkel*, qui s'y joint à Zutphen, & qu'on a rendue navigable. La province renferme 20 villes & deux bourgs: un gouverneur héréditaire la gouverna; l'empereur Henri IV le créa comte, & dans le 12e. siecle l'un de ces comtes s'unit à l'héritiere de ceux de Zutphen. Henri de Nassau ajouta le Véluwe à ces deux comtés: Otton III en étendit les bornes en y ajoutant Nimegue & son territoire. Louis de Baviere érigea la Gueldres en duché vers l'an 1339, & ce duché passa en différentes familles, dans celle de Juliers, puis à celle d'Egmont, enfin par engagement aux ducs de Bourgogne. En 1579, 3 quartiers de ce duché accederent à l'union d'Utrecht; ce sont ceux de Nimegue, de Zutphen, & d'Arnhem qui forment aujourd'hui la province de Gueldres. Chacun de ces quartiers a ses états particuliers composés par la noblesse & les villes, & ces deux classes y ont également le pouvoir de faire des propositions relatives au gouvernement : tout noble âgé de 22 ans y est admis : les villes qui ont droit d'y assister y envoyent autant de députés qu'il leur plait; mais n'ont qu'une voix chacune. Les Etats de chaque quartier s'assemblent dans leur capitale, & son bourguemaitre y préside. Il y a aussi chaque année deux assemblées des Etats de la province entiere, qui se tiennent alternativement dans les 3 capitales, & sont formés des députés des états de chaque quartier : le burgrave impérial de Nimegue y préside & on y traite de tout ce qui intéresse la province en général. La Gueldres envoye 19 députés aux Etats-Généraux : Arnhem est le siege de sa cour provinciale, ou de son tribunal supérieur & de sa chambre des comptes. Les prédicateurs réformés y forment les classes de Nimegue, de Thiel, de Bommel, de Zutphen, de haut & de bas Veluwe, de Bois-le-Duc, de Péel & Kempeland, & de Mastricht. Les 6 premieres appartiennent proprement à la province, les 3 autres au pays de conquêtes. Chacune envoye 2 prédicateurs & 2 anciens au synode qui se tient tous les ans une fois alternativement à Nimegue, Zutphen, Arnhem & Hardewyk. Les catholiques Romains y forment 14 communautés, les luthériens 4, les mennonites 3, les arméniens une.

I. *Quartier de Nimegue.*

C'est la partie méridionale de la Gueldres : il est situé entre le Rhin, le Waal & la Meuse; est le plus petit, mais le plus important de la province, parce qu'il la défend. Trois de ses villes siegent à ses états & ont chacune leur voix : les nobles réunis n'en ont qu'une.

Nimegue, *Noviomagus*, ville capitale du quartier & la seconde de la province par son rang, est située sur 9 collines; sur la plus élevée, il y a 3 fontaines abondantes : le Waal en baigne les murs, & on l'y passe sur un pont volant; son enceinte actuelle renferme ses anciens fauxbourgs & sa citadelle, ce qui rend ses fortifications trop vastes, & difficiles à défendre : elles sont entretenues avec soin, parce qu'elle est vers le levant la place la plus extérieure du Pays-Bas. Elle a deux églises Hollandaises, une Française, une Luthérienne, 5 Catholiques, qui y furent autrefois en bien plus grand nombre. Au levant, sur une colline élevée, est une antique citadelle, dont l'enceinte est de pierres de taille, & flanquée de tours vers le midi; on la dit fondée par Charlemagne, réparée par Frederic Barberousse. Son nom est *Falkenhof* : de ce lieu on jouit d'une vue magnifique : le bourgrave impérial y demeure; c'est le chef de la noblesse de Gueldres. Près d'elle est une promenade agréable, c'est dans la maison de ville que s'assemblent les Etats du quartier & les diètes de la provinces. Elle est ornée des statues de divers empereurs. La ville est antique, & c'est ce que prouvent les inscriptions qu'on y remarque ainsi que dans ses environs; elle étoit impériale & anséatique; ses habitans conservent leurs anciennes mœurs, ils reçoivent difficilement des étrangers parmi eux; quelques-uns ont été des généraux illustres, ou des savans célèbres; mais le plus grand nombre est commerçant. On y fabrique une biere blanche estimée & dont on transporte beaucoup dans les provinces voisines. Elle a le droit de battre monnaie. Son territoire renferme 3 villages : de l'autre côté du Waal était autrefois le *Knod-Senburg*, bâti par Maurice prince d'Orange : une inondation causée par une fonte subite des glaces renversa les remparts, élevés vis-à-vis de Nimegue, au delà du Waal. Vis-à-vis est un canal, qui du village de Lent conduit à Arnhem ; il fut creusé au dépens des deux villes, à qui il devient inutile, parce qu'il se comble & qu'on le néglige.

Thiel ou *Tiel*, ville sur le Waal, dans une contrée riante & fertile. Elle est très ancienne, & a été plus grande & plus florissante qu'elle n'est aujourd'hui. Autrefois très forte, la guerre & les incendies l'ont souvent dévastée : ses fortifications sont rasées, ses murs tombent en ruines, mais sa population est nombreuse ; la navigation sur la Meuse y soutient le commerce : un banc de sable qui se forme près d'elle, pourrait bientôt l'en éloigner si on ne le prévient. Devant une de ses portes sort un bras de la Linge qui y facilite le commerce du blé & autres denrées, avec les lieux voisins.

Bommel, ou *Stalt-Bommel*, est situé aussi sur le Waal, dans la partie septentrionale de l'île de *Bommel-Waard*. Elle fut une forteresse, & le prince Maurice y fit admirer ses talens militaires par les fossés qu'il y fit creuser, renfermés par ce parapet à angles saillans & rentrans qu'on nomme chemin couvert, au devant duquel il fit faire un glacis : c'est la première ville qui en ait vu autour de son enceinte : aujourd'hui elle est sans défense : on rasa ses ouvrages extérieurs lorsque Bois-le-Duc fut soumise aux Provinces-Unies, & le tems détruit le reste. Son port se remplit de sable & son commerce tombe : son territoire humide est abondant en fruits.

La *jurisdiction de Nimegue* forme un bailliage situé entre la Meuse & le Waal : le bourgrave de Nimegue y préside ; le terroir en est sablonneux & les habitans presque tous catholiques : elle renferme

quatre

quatre villages, quelques châteaux & le *Mooker-Heyde*, qui s'étend jufqu'à Nimegue, efpace prefque inculte & célebre par une bataille.

Le bailliage de *Meufe-Waal* doit fon nom aux fleuves qui le bornent, eft peuplé en grande partie de catholiques Romains, renferme le bourg de *Batenbourg*, fur la Meufe, orné d'un vafte château, 5 autres feigneuries & le village de *Maas-Bommel*.

Le pays fitué entre le Rhin & le Waal qui en font une île, fit autrefois partie de celle des Bataves; il fe nomme aujourd'hui *Betuwe*, la Linge l'arrofe, & il eft divifé en deux bailliáges, l'un au levant, eft le *haut-Betuwe*, l'autre au couchant, eft le *bas-Betuwe*. Le *haut-Betuwe*, renferme les reftes de l'ancien fort de *Schenk*, élevé en 1586 par un colonel de ce nom : le Rhin faifait une île du fol fur lequel il était affis; il était vafte, bâti avec folidité, avait au dehors des cafernes pour loger des foldats, & renfermait 800 habitans. Aujourd'hui le lit du Rhin qui l'environnait étant defféché, parce que fes eaux ne fe féparent du Waal qu'au canal de *Panderen*, il fe trouve dans le territoire de Clèves. Il y a encore un péage qui fe perçoit fur les voitures qui paffent : le *Tollhuis* ou *Zollhuis* (maifon de péage,) célebre en France fous Louis XIV, fut une maifon des ducs de Gueldres, changée enfuite en maifon où les navices defcendant le Rhin, payaient un droit; elle eft tombée en ruines. Ce bailliage renferme encore 8 feigneuries, & le village de *Panderen*, ou plutot, de *Pannerden*, où commence le canal dont nous avons parlé.

Le *Bas-Betuwe* renferme plufieurs villages, tous fur le Rhin. On y compte 8 à 9 feigneuries dont les poffeffeurs joints au baillif qui les prefide, jugent les caufes civiles & criminelles qui s'y élevent. Par-

Tome IV. M

mi les villages on remarque ceux d'*Yſendoorn*, de *Zeelen* & de *Ryſwick*.

Le quartier de Nimegue renferme encore deux bailliages, dont l'un eſt partagé par le Waal en *Thieler Waard* & *Bommel Waard*, du nom des deux villes qui en ſont voiſines. Les mêmes juges n'y exercent pas la juſtice civile & la juſtice criminelle: celle-ci l'eſt par le baillif & le magiſtrat de Bommel, celle-là par quatre cours de juſtice, où les nobles ne peuvent être juges. On y compte plus de 20 Seigneuries, dont quelques unes ont leurs tribunaux particuliers. Quelques villages ſitués ſur le Waal dépendent de la ville de Tiel. Parmi les autres, on remarque ceux de *Zuilichen* dont le château eſt célebre, & de *Driel* l'un des plus conſidérables du pays. Près de *Roſſum*, au delà du canal qui joint le Waal à la Meuſe, eſt le fort de *St. André*, élevé par le cardinal *André d'Autriche* qui lui donna ſon nom: c'eſt un pentagone régulier. Non loin de là, ſur la Meuſe, ſont les veſtiges de celui d'*Voom*, ou de *Naſſau*, démoli par les Français en 1672. Près de ces ruines, on voit tracés ſur les cartes deux canaux qui joignaient le Waal & la Meuſe; ils ont été bouchés par une digue. Le dernier bailliage dont nous avons à parler eſt celui de *Beeſt*, arroſé par la Linge: il ne renferme que le bourg de *Beeſt* autrefois conſidérable, aujourd'hui pauvre & preſque abandonné; le village de *Renoi*, & la ſeigneurie de *Marienwaard* qui fut autrefois une abbaye: elle ne fait pas proprement partie du bailliage. Les comtés de *Buren* & de *Kuilenbourg* n'appartiennent point à la Gueldres; mais ils étaient ſous la mouvance de ſes ducs, & touchent au quartier de Nimegue, comme à la Hollande & à la province d'Utrecht : nous les placerons donc ici.

Le comté de *Buren*, était féparé de la Gueldres par une digue qui s'étendait de *Lekkendyk* à la Linge : des champs fertiles & rians en font la richeffe : on y voit la ville de *Buren* qu'arrofe un bras de la Linge, & que forment deux rues courtes, traverfées en croix par une troifieme ; elle eft bien bâtie, a une grande maifon de veuves & d'orphelins, & au dehors, un vieux château environné d'eaux & d'un double foffé : on le croit bâti par le premier comte de Buren, & eft bon encore. Six villages, dont le plus confidérable eft *Beufichem* ; forment avec elle le comté qui appartient à la maifon d'Orange.

Le comté de *Kuilenbourg* touche au précédent : il fut autrefois très floriffant : la ville qui lui donne fon nom, eft fur le Leck, divifée en 3 parties, ceintes d'un mur & d'un foffé particulier, & jointes par un pont de pierres. La partie intérieure eft la plus ancienne. On y compté une communauté & une églife réformée, une luthérienne qui eft la feule des Pays-Bas qui peut fe fervir de cloches, deux catholiques, & une maifon de chartreux françois : une vieille tour y conferve encore le fouvenir du château antique des comtes. On commerce en grains dans cette ville, qui a une manufacture de lin qui déchoit. Ses environs font élevés & fertiles en blés ; mais le refte du comté eft humide & bas, couvert d'eaux pendant l'hyver, & n'offre que des pâturages. Les villages d'*Éverdingen*, de *Zyderweld*, les communes de *Golberdingen* & de *Rekum* font tout ce qu'a encore de remarquable ce pays qui appartient auffi à la maifon d'Orange, depuis 1748 que les états de Nimegue qui l'avaient acheté, lui en firent préfent.

II. Quartier de Zutphen.

Il est séparé du Veluwe par l'Yssel : au midi & au couchant, sur l'Yssel & la vieille Yssel, les champs sont féconds & l'air pur : vers le levant, il n'a gueres que des marais, des bruyeres, des broussailles. On y compte cinq villes qui siegent & ont voix aux Etats.

Zutphen, *Zutphania*, capitale du comté, lui donne son nom ; elle est située sur la rive de l'Yssel, où se rend la Berkel ou Borkel qui sort de l'évêché de Munster où elle naît, & divise la ville en vieille & nouvelle ville ; celle-ci est plus grande que l'autre : toutes deux ont un grand fauxbourg, qui insensiblement ont été renfermés dans l'enceinte des murs : ils ne semblent formés que par des maisons de plaisance : la ville est défendue par de bonnes fortifications ; les fauxbourgs par de moindres ; mais la force de Zutphen est dans le Borkel qui peut en inonder les environs : ses remparts sont des promenades agréables, ornées d'arbres : elle a été ansséatique & plus riche qu'elle n'est : seule elle a plus de pouvoir dans les Etats que les 4 autres villes ensemble, ils s'y assemblent dans une vaste salle qui touche à la maison de ville. Les réformés Hollandais y ont deux églises ; les Vallons, les Luthériens, les Catholiques, les Mennonites y forment chacun une communauté. Le gymnase a 6 classes & fut fondé en 1686. Sous sa jurisdiction est un petit district au-delà de l'Yssel, & de longues plaines humides, fertiles en pâturages. Sa long. est 23 deg. 48 m. sa lat. 52 deg. 12 min.

Doesbourg, petite & forte ville au confluent de la vieille & nouvelle Yssel ou canal de Drusus. Un grand nombre de ses habitans sont catholiques : ses environs rapportent beaucoup de tabac. Les Français en détruisirent les fortifications; mais elles ont été réparées.

Deutikem, petite ville qu'arrose la vieille Yssel & dont le tems a détruit les remparts: les luthériens y ont une église depuis 1673; on y fait des bombes, des boulets, des grenades avec le fer qu'on tire des mines du comté.

Lochem, petite ville au nord-ouest d'une montagne qui porte son nom: la Borkel l'arrose, & ses fortifications sont en ruines.

Grol, autrefois *Groenlo*, petite ville qui est sur le Slink, bras de la Borkel; elle touche aux frontieres de Munster. Elle a été forte, mais aujourd'hui elle est toute ouverte. Son péage rapporte beaucoup, & c'est par là que les marchands d'Allemagne entrent en Hollande.

Le *bailliage de Zutphen* a pour chef un drossard: divers villages & maisons nobles en dépendent: celui de *Zelhem* donne son nom à une bruyere étendue: *Bronkhorst* chef-lieu d'une seigneurie qui a droit de haute justice, n'est qu'un petit village; mais il fut une ville qu'arrosait l'Yssel, & que les Espagnols détruisirent.

Zutphen donne encore son nom à une jurisdiction (*Schulzenamt*) qui renferme 4 villages & 14 maisons nobles. C'est près de celui d'*Almen* que le roi Guillaume III fit élever en 1700, la vaste & superbe maison de *Woost*, aliénée & vendue par le comte d'Albermale à qui il l'avait donnée.

Le *bailliage* ou *jurisdiction* de Doesbourg renferme 4 villages & la seigneurie de *Keppel*; il confine au couchant à la seigneurie de *Baar* & *Lathum*, qui est régie aujourd'hui par la chambre des comptes.

La *jurifdiction de Lochem* renferme un village, 9 maifons nobles & la feigneurie de *Werwolde*.

La *feigneurie de Borkelo* doit fon nom à la riviere qui la traverfe : elle eft fituée fur les frontieres de l'Ober-Yffel, & fut l'objet d'un long procès : l'évêque de Munfter y renonça après avoir longtems combattu pour fe l'affurer, & elle fut incorporée au comté de Zutphen : elle renferme la petite ville de *Borkelo* & quelques villages.

Lichtenvoord, feigneurie qui renferme la petite ville de ce nom. *Bredevoort*, feigneurie à la maifon de Naffau-Orange, où eft une petite ville qui lui donna fon nom, fituée au milieu des marais, entourée de quelques fortifications, & 3 villages. *Wifch*, jurifdiction qui s'étend fur la ville de *Burg* ou *Ter-Bourg*, & deux villages. *Heerenberg*, ou *Berg* par abréviation, comté dont les poffeffeurs devinrent princes de l'Empire, & qui renferme S*Heerenberg*, petite ville ornée d'un château, & 6 villages, & plufieurs maifons nobles. Près du village de *Weftervoort* eft le fort de *Gelderfoord*.

La province exerce encore la fupériorité territoriale fur la feigneurie d'*Anholt* dont nous avons parlé dans le cercle de Weftphalie.

III. Quartier d'Arnhem, ou le Veluwe.

L'Yffel le fépare du précédent : le centre du pays y eft couvert de broffailles, de bruyeres, de collines de fable; mais vers la rive du fleuve, il eft fertile & a de belles prairies. Il renferme 5 villes qui ont féance & voix dans les Etats.

Arnhem, (*Arenacum*) eft regardée comme la capitale de la Gueldres; elle eft fituée au pié de la montagne de Veluwe, fur le Rhin, à demi lieue de sa séparation d'avec l'Yssel. Elle a un bon port sur le fleuve & un pont de bateaux : ses fortifications sont l'ouvrage de Koehorn : au couchant est une hauteur qu'on a fortifiée & munie d'un magasin ; au nord coule le Molebeck qui remplit de ses eaux les fossés de la ville : ses remparts sont ornés de tilleuls, & telle est son enceinte qu'on en fait le tour en demie heure. La ville est assez bien bâtie ; beaucoup de nobles s'y retirent l'été & l'hyver ; les Etats s'y assemblent, & elle est le siege des premiers tribunaux de la province & de la chambre des comptes. Les ducs de Gueldres y residaient, & lorsque le Stathouder vient présider aux Etats, il habite dans leur antique palais : plusieurs de leurs tombeaux se voient encore dans sa grande église. Outre celle-là, il en est une Hollandaise réformée, une Française, & une Luthérienne. Elle a une grande maison de correction fondée en 1710 sur les ruines d'une église. Sa long. est 23 deg. 15 m. sa lat. 52.

Hardewyck, ville située sur le Zuiderzée, entourée d'antiques fortifications. Son université, d'abord languissante, n'a jamais jetté un grand éclat. On bat à Hardewyck la monnaie de la province : on y commerce en grains, en bois, en poissons, surtout en harengs qu'on y prépare.

Wageningen, autrefois *Vado*, ville peu éloignée du Rhin : un bassin commode occupe l'espace qui l'en sépare & y conduit les bateaux : elle est petite & ses fortifications font peu de chose : on cultive le tabac dans ses environs.

Hattem, petite ville près de l'Yssel, sur l'Eau-noire, assez bien fortifiée & peuplée : la culture de tabac, le commerce du bétail en font les principales richesses. On tire de la tourbe dans ses environs : à demi lieue d'elle est le fort de *Rick-in-de-Vecht.*

Elbourg, ville sur le Zuiderzée où elle a un bon port : ses remparts sont singuliers par la multitude d'Ifs qui les couvrent, & qui en font une promenade agréable : ses habitans s'occupent à la pêche & à la chasse des canards sauvages.

Le *bailliage du Veluwe* a pour chef un drossard : il s'étend dans la partie du nord & du couchant de ce quartier ; il se divise en haut & bas, & en 9 sieges de justice. On y remarque le village de *Leuteren* par sa beauté, celui d'*Otterloo* ou *Aanstoot* dans les campagnes duquel on cultive beaucoup de blé sarrasin & où l'on entretient beaucoup d'abeilles ; *Putten* par son étendue & son voisinage de l'ancienne abbaye de Keldery. *Barneveld*, ou *Barreveld* est un bourg considérable. *Nieuwkerk* est encore un bourg étendu & qui a un port commode sur le Zuidersée.

La jurisdiction de *Veluwe-Zoon* est située sur le Rhin & l'Yssel, & environne au sud-est le bailliage du Veluwe, comme le bord d'un habit, & c'est de là que vient son nom : son sol est très fertile, & donne lieu à ce proverbe : *le Veluwe est une pauvre robe, mais elle a une bordure precieuse.* On y remarque le village de *Spankeren* voisin de la maison de plaisance de *Dieren*, élevée par les Princes d'Orange qui acheterent le district où elle est située pour 147000 gouldes : le bâtiment n'est pas beau, le jardin est médiocre, mais les promenades en sont très agréables. Près du village d'*Ellekom* on voit la belle maison de Middagten ; & sur un mont voisin le *Rouvenberg*, maison de chasse que le roi Guillaume III fit bâtir. Dans l'angle où l'Yssel se sépare du Rhin, on trouve les ruines du fort d'*Ysselloort. Klaarenbeek* est une maison riante & fut autrefois un couvent nommé

Monnikhuizen : celui de *Mariendaal* était célebre ; il touchoit à l'agréable canton de *Rozande*.

Loo est une seigneurie qui a droit de haute justice : elle est presque au centre du Veluwe, & c'est là que mourut Guillaume III : la maison est construite en carreaux réguliers de briques. Ses chambres sont magnifiques, son jardin est beau, & elle est ornée d'une vaste allée circulaire de chênes & de tilleuls. Dans cette seigneurie, on compte 3 villages, & on voit le lac poissonneux d'*Uddeler*.

Doornwaard, seigneurie libre qu'arrose le Rhin, est située entre Arnhem & Wageningen : le château de *Doornenbourg* lui donne son nom ; elle possède plusieurs fiefs répandus dans la province, & appartient aux comtes de Bentink, ainsi que celles de *Roon* & de *Pendrecht*.

Rozendaal, seigneurie libre qui ne renferme qu'un village & une maison de plaisance ornée d'un jardin superbe. *Scherpenzeel* & *Hoevelaken* sont encore des seigneuries.

OBER-YSSEL.

L'Ober-Yssel, en latin, *Transisalania*, confine vers le couchant au Zuidersée, vers le nord à la Frise & au pays de Drenthe, vers le levant au comté de Bentheim & à l'évêché de Munster vers le midi à la Gueldres. Sa situation au delà de l'Yssel qui la borne lui donna son nom : le sol y est presque partout marécageux, & ne produit que de la rouille ; vers le couchant & près de l'Yssel, elle a les champs fertiles ; elle est riche en pâturages quoiqu'ils y soient plus maigres que dans d'autres contrées ; ils n'appartiennent pas en propre à leurs possesseurs, mais en commun aux habitans des bourgs & villages voisins : il n'en est pas de même des prairies que les rivieres arrosent. Ce sol presque par-tout bas & uni, s'élève & devient montueux au centre de la province dans une espace qui s'étend du nord au sud : la chasse y est abondante. L'*Yssel* sépare cette province du Veluwe, mais elle a 2 petits cantons qui s'étendent sur la rive opposée : la *Zwarte-Water*, (Eau noire) sort près de Zwol où elle prend son nom des divers ruisseaux qui la forment, coule vers le nord, fait le *Zwolsche Diep* & se perd dans le Zuidersée : le *Vecht*, (Vedrus) qu'il ne faut pas confondre avec la riviere qui arrose les provinces de Hollande & d'Utrecht, s'unit à la *Zwarte-Water*; sa source est dans l'évêché de Munster, d'où il passe dans le comté Bentheim, & entre enfin dans l'Ober-Yssel. Au dessous d'Ommen, il reçoit la *Regge* formée de divers ruisseaux dont celui d'*Aa* est le plus considérable. Le *Schipbeck* se jette dans l'Yssel près de Deventer ; en automne & en hyver, il porte des bateaux : divers petits ruisseaux sortent encore de la seigneurie de Drenthe, parmi lesquels on remarque le *Linde* qui sépare cette province de celle de Frise & se jette dans le Zuidersée.

L'*Ober-Yssel* est la moins peuplée des 7 provinces : on y compte 16 villes ; mais le nombre des villages ne va pas au-delà de 80. On la divise en quartiers de *Salland*, de *Twenthe* & de *Vollenhoven*. La noblesse & les villes y forment les Etats, & chacune de ces deux classes y ont un pouvoir égal. La noblesse y est nombreuse ; mais pour sieger aux Etats, il faut que le noble soit de la religion réformée, qu'il ait 24 ans & possède un bien auquel ce droit soit attaché : ce bien doit valoir au moins 25000 gouldes. L'officier militaire peut être membre du gouvernement, mais pour y aspirer il faut être au moins capitaine, & lorsqu'on traite d'objets relatifs au service, il doit s'absenter. Les villes qui députent aux états sont *Deventer*, *Kampen* & *Zwol*, & les Etats s'y assemblent alternativement : le grand-bailli de Salland y préside, & dans son absence, c'est celui de *Twenthe* : celui de *Vollenhoven* n'a la préséance que lorsque l'un & l'autre n'y paraissent pas.

Vers la fin du 10°. siecle, cette province était une seigneurie de l'évêque d'Utrecht; de là vient qu'on l'appella autrefois *Haut-évêché* : l'évêque gouvernait en commun avec les Etats, soit dans les affaires ecclésiastiques, soit dans les civiles : de ces évêques elle passa aux ducs de Brabant & comtes de Hollande qui en rendaient hommage à l'empereur : mais la province d'Utrecht s'étant unie à la Hollande en 1536, l'Ober-Yssel en fut entierement séparée ; elle forma une province particuliere, sous le titre de seigneurie, que régissait le gouverneur de la Frise. Elle entra dans l'union d'Utrecht en 1580.

Trois nobles, trois députés des villes y forment le collége des Etats & des finances : il y a encore une chambre des comptes & une chancellerie : les trois villes capitales ne sont soumises à aucune cour de justice, mais on appelle des sentences prononcées par les juges des petites villes, bourgs & villages, à un tribunal nommé *Klaringe* qui siege à Deventer, & décide aussi en premier ressort les procès qui s'élevent entre les nobles : ses membres sont choisis dans la noblesse, & dans les simples citoyens des 3 villes : le président est appelé, *Dingwarder*. La province députe aux Etats-Généraux deux nobles, & trois citoyens dont un est choisi par chacune des 3 capitales. L'ordre ecclésiastique y forme 4 classes, celles de Deventer, de Kampen, de Zwol, de Vollenhoven & Steenwyk : chacune députe au synode annuel 3 ministres & un ancien. Ce synode s'assemble alternativement dans les villes qui donnent le nom aux classes. Les catholiques ont dans cette province 27 églises & 30 prêtres ; les mennonites 16 communautés & 35 docteurs, les luthériens 2 communes & 3 prédicateurs.

I. *Quartier de Salland.*

C'est la partie sud-ouest de la province : l'air y est plus pur & le sol meilleur que dans les autres quartiers : le grand-bailliage d'*Yssehnuiden* lui est joint. Les 3 villes qui députent aux Etats y sont situées.

Deventer, *Daventria*, autrefois *Devonturum*, ville sur l'Yssel qui y a un pont de bateaux, & y reçoit le Schipbeck. Son enceinte n'est pas grande, mais ses maisons sont serrées & bien habitées. On y compte 10000 habitans. Entourée d'un bon rempart, de 8 bastions, de ravelins & d'autres ouvrages, elle peut passer pour forte. Son commerce est considérable, sur-tout en biere estimée. Elle renferme 7 églises, dont 3 sont pour les Hollandais réformés, une pour les Français réformés, une aux Luthériens, une aux Mennonites, & la derniere aux catholiques Romains. Son gymnase fut fondé dans le 17e. siecle par les Etats de la province : elle a le droit de battre monnaie, est le siege du *Klaringe*, tribunal supérieur dont nous avons parlé, & renferme une grande fonderie de fer. Au-delà de l'Yssel, elle a une promenade agréable qu'on nomme le *Werp*, couverte en partie d'allées de tilleuls, & en partie découverte : la ville est envitonnée de campagnes agréables & fertiles où l'on recueille beaucoup de grains & de fourage, & où le gibier abonde. Elle a été impériale & anséatique, & possède le petit bailliage de *Kolmschaten* : sa long. est de 23 deg. 43 m. ; sa lat. 52 deg. 18. m.

Kampen, ville sur l'Yssel qui avant de se jetter dans le Zuiderzée s'y partage en plusieurs bras, dont les deux plus considérables forment une île à qui la ville donne son nom : sur l'Yssel la ville a un pont de bois ingénieux, long de 723 pieds, large de 20, & dont les poutres épaisses sont placées de maniere qu'on le croirait suspendu en l'air : une petite redoute placée sur l'autre bord de l'Yssel le défendait autrefois ; les soldats de Munster l'abatirent en 1673 : la ville n'est pas forte par ses ouvrages ; mais on en peut inonder les dehors : elle est moins grande que Deventer, moins bien bâtie, & a moins de ressources : cependant ses environs sont beaux & fertiles. Elle a le droit de battre des monnaies d'or & d'argent. On y compte 3 églises Hollandaises réformées, dans l'une desquelles les réformés Français font leur service. On y trouve des Mennonites, des Luthériens, des Catholiques ; elle a été impériale & anséatique.

Zwol ou *Swolle*, ville sur l'Aa, qui y prend le nom d'*Eau Noire*, est dans une contrée riante, à une demi lieue de l'Yssel, & un peu plus du Vecht : ces deux derniers se communiquent par un canal appellé le *nouveau Vecht*. L'Eau-Noire y porte des grands bateaux pesamment chargés, & la fait communiquer au Zuiderzée. C'est la ville la plus riche & la plus belle de la province ; l'Aa & deux autres canaux coulent dans son sein, & contribuent à ses agrémens & à ses commodités. On y voit un beau fauxbourg, 3 églises pour les réformés Hollandais, une pour les Français, & 4 maisons qui en servent aux Catholiques : on y trouve beaucoup de Mennonites & quelques Luthériens. Elle a le droit de battre monnaie, fut libre, impériale & anséatique : un bon rempart, 11 bastions & de bons ouvrages extérieurs l'environnent. Trois redoutes qui communiquent entr'elles & la ville par une ligne fortifiée, la défendent vers l'Yssel, & faciliteraient les secours en tems de siege. A quelque distance sur le *St. Agnietenberge*, était autrefois un monastère d'Augustins.

Le *Grand-bailliage* renferme 3 petites villes, un bourg & plusieurs biens nobles. Le Grand-baillif est toujours un gentil-homme, & par son rang il est le premier homme de la province.

Hassett, petite ville forte, située sur l'Eau-noire : elle est peuplée & commerçante : au sud de la ville, on voit un fossé ou canal qui facilite le transport de la tourbe, de l'Echter-Venen dans l'Eau-noire. A demi lieue est le fort de *Ryk-in-de-Vecht*, nommé ainsi de sa situation à l'embouchure du Vecht.

Ommen, petite ville ruinée sur le Vecht au dessus du lieu où elle reçoit la Regge. Le *fort d'Ommen* & le *nouveau retranchement*, sont à une lieue & demie d'elle, dans l'Echter-Venen.

Hardenberg, petite ville sur le Vecht, & les frontieres du comté de Bentheim.

Genemuiden, grand bourg à l'embouchure de l'Eau-noire qu'on y nomme *Zwolsche-Diep*.

Mastenbrock, village considérable, au centre d'un canton nommé *Polder*.

Le *Grand-bailliage d'Yffelmuiden* prend son nom d'un village situé près de Campen.

II. Quartier de Twenthe.

Son nom lui vient, ou de *Tubant*, ancien habitant de cette contrée, ou de *Zwey-Theil*, parce qu'elle est la seconde partie de la province : le grand bailliage de *Haarbergen* lui est joint.

Ryssen, petite ville près de la Regge.

Almelo, petite ville sur le Vecht : elle est bien bâtie ; on y blanchit & travaille le lin qui y est l'objet d'un grand commerce : les Réformés & les Mennonites y ont chacun une église : elle a le titre de seigneurie & près d'elle est un beau château.

Ootmarsum, petite ville sur les frontieres du comté de Bentheim : elle a le titre de seigneurie & a été fortifiée.

Oldensaal, petite ville qu'on avait fortifiée, & qu'on regarde comme la capitale de ce quartier.

Enschede, ville ouverte, qu'un incendie a fait déchoir : elle est au midi d'Oldensaal.

Delden, petite ville sans murs, voisine du château & de la seigneurie de *Twiekel*.

Goor, ville qui donna son nom à un comté dont le titre est aujourd'hui éteint. On compte encore 4 seigneuries dans ce district.

Le bailliage de *Haarbergen* renferme le village qui lui donne son nom, situé sur les frontieres du Zutphen, & la petite ville de *Diepenheim*.

III. Quartier de Vollenhoven.

Il forme la partie septentrionale de la province & touche au Zuidersée.

Vollenhoven, sa ville capitale est petite ; le Zuidersée baigne ses murs & facilite le commerce de ses habitans : une noblesse nombreuse habite ses campagnes & ne la rend pas plus considérable. Son vaste château fut détruit dans la guerre que l'évêque Henri de Baviere fit à ses citoyens.

Steenwyk, petite ville dans une plaine : elle a été forte & ne l'est plus.

Blokzyl, est un fort au bord du Zuidersée qui y reçoit la vieille Aa par 2 écluses. Il fut bâti en 1581.

Kuinder est encore une forteresse sur le Zuidersée & aux frontieres de Frise, à l'embouchure de la Linde. Son enceinte est grande, & elle a eu le titre de comté.

Zwarte-Sluis, fort situé au confluent de l'Eau-noire avec l'Aa : c'est dans ses environs qu'on tire la meilleure tourbe de la province.

PAYS DE DRENTHE.

Il touche au sud à l'Ober-Yssel, à l'est à l'évêché de Munster, à l'ouest à la Frise, au nord au pays de Groningue : son sol est plus élevé que ceux de la Frise & de Groningue ; & ressemble à celui de l'Ober-Yssel : les lieux les plus élevés sont couverts de bois ; à leur pié sont d'abondantes prairies : il y croît çà & là de bons grains, & principalement du seigle, dont la récolte par une coutume particuliere à ce pays, doit se faire dans un jour marqué, annoncé au son des cloches de tous les villages, & commencer & finir dans le même tems. La partie méridionale est remplie de marais, dont les plus considérables sont ceux de *Smilder-Veenen*, & d'*Echter-Veenen*. On y voit de belles prairies : divers ruisseaux l'arrosent, tels que le *Mussel-Aa*, le *Schuyten-Diep* & quelques autres. On n'y trouve point de villes, & on n'y compte que deux bourgs, une forteresse, deux redoutes, & 37 villages. La noblesse & les possesseurs de quelques biens y forment les Etats : les nobles doivent avoir une métairie

pour

pour y avoir séance, & on n'y en compte que 18. Les biens qui donnent le droit d'y voter sont au nombre de 36 : le drossard préside à cette assemblée, qui se tient toutes les années au mois de Mars à *Assen*. Ce pays fut autrefois un comté dépendant de l'Empire : il fut soumis aux ducs de Gueldres, & ensuite à l'empereur Charles V : il devint une seigneurie indépendante sous Philippe II, roi d'Espagne. Sa petitesse ne lui permit pas d'être comptée au nombre des provinces qui signerent l'union d'Utrecht, & de siéger dans les Etats-généraux ; mais elle en est protégée. Nous avons dit qu'elle donnoit un florin quand les sept provinces en donnoient 100.

Outre les Etats, le pays de Drenthe a un autre conseil formé par le drossard, ou grand-baillif, & quatre députés des Etats, dont deux sont choisis parmi les nobles : il s'assemble huit fois chaque année, pour exécuter les décrets des Etats. Le premier tribunal de justice, formé par le drossard, un assesseur & vingt-quatre conseillers, s'appelle *Etstuhl*, & décide de tous les procès civils & criminels. Quant à l'ordre ecclésiastique, il y est partagé en trois classes, qui sont celles de Meppel, d'Emmen & de Rolde : chacune envoie un prédicateur & un ancien au synode qui s'assemble annuellement à Assen au mois de Novembre. Ce synode n'a aucune liaison avec ceux des sept Provinces.

Assen, bourg, chef-lieu du pays, dont il occupe presque le centre, sur le bord du ruisseau de *Hoorendiep*, est bien bâti & florissant : il fut autrefois un couvent de religieuses, & les Etats s'assemblent aujourd'hui dans l'enceinte de ses murs.

Koerverden, ou *Coervorden*, forteresse réguliere, une des plus importantes de la république, située près des frontieres du comté de Bentheim : ses sept bastions portent le nom des sept provinces : ses ouvrages extérieurs sont entretenus avec soin, & elle est défendue encore par une citadelle particulier qui a cinq bastions : tout a été fait & est entretenu aux dépens des Etats-généraux. Elle passe pour le chef-d'œuvre de Kœhorn : elle est assise sur un fond de sable ; des marais l'environnent, & la rendent presque inaccessible : c'est la clef de l'Ober-Yssel, de la Frise & du pays de Groningue ; mais elle seroit plus forte encore, si, par des écluses, on pouvoit en inonder les environs. Elle renferme un arsenal bien fourni. C'est entr'elle, Lingen & Wedden qu'on voit encore une longue chaussée, ouvrage de Lucius Domitius.

Meppel est un bourg sur le ruisseau de Havelter-Aa.

On y compte encore six bailliages ; celui de *Zuideweld* s'étend sur neuf villages, parmi lesquels on remarque celui d'*Emmen*, & les forts de *Volter* & de *Hollen*. Celui de *Dieveren* s'étend sur douze villages, dont le plus considérable lui donne son nom, & renferme la seigneurie de *Ruynen* : les quatre autres sont *Beilen*, *Kolde*, *Medeveld* & *Oostermeer*.

PROVINCE DE GRONINGUE.

Elle confine à la mer du Nord, au pays de Drenthe, à l'évêché de Munster, & à la principauté d'Ost-Frise : la riviere de Lauwers la sépare de la Frise, à qui elle ressemble par sa température & son sol. Le pays est humide & bas pour la plus grande partie : il a de beaux pâturages & des champs assez fertiles ; mais la nourriture du bétail est la principale ressource des habitans. On y trouve de la tourbe peu estimée : vers le pays de Drenthe, le terrein est sablonneux, & couvert de bruyeres & de bois. La mer du Nord forme entre lui & l'Oſt-Friſe, le grand golfe de *Dollert*, dont nous avons parlé ailleurs, & où ſe jettent l'*Oſter-Ems* & le *Weſter-Ems*. La riviere la plus conſidérable de la province eſt la *Hunſe*, formée par divers ruiſſeaux qui s'uniſſent près de Groningue, & ſe jette dans un autre golfe de la mer du Nord, qui touche à la Friſe. La *Fivel*, nommée auſſi *Damſter*, du bourg de *Dam* où elle paſſe, paſſe auſſi près de Groningue, d'où ſe dirigeant au nord-eſt, elle ſe rend à l'embouchure de l'Ems à Delfzyl. Au levant coule le *Weſtwolder-Aa*, qui ſe jette dans le Dollert. Entre lui & la Hunſe eſt la *Renſel*, qui forme un paſſage commode pour aller de Winſchoten au nouveau fort & en Oſt-Friſe. Un grand nombre de foſſés & de canaux partagent le pays, pour le délivrer des eaux ſuperflues. On y compte 3 villes & environ 165 villages. Les Etats y ſont formés par les députés de la ville de Groningue & des *Ommelandes*, pays qui l'environne; ces derniers ſont nobles, ou cultivateurs, & pour être élus, ils doivent avoir des poſſeſſions déterminées: ils s'aſſemblent ordinairement à Groningue dans le mois de février.

Elle étoit une ancienne ſeigneurie, régie dans le dixieme ſiecle par un baillif, qui prit enſuite le nom de bourgrave: elle ne dépendoit que de l'Empire, & ſe gouvernoit par ſes loix. Le bourgrave de Groningue reçut en 1046 la juriſdiction du pays de Drenthe, qu'obtinrent bientôt après les évêques d'Utrecht, ce qui fit naître de longs & ſanglans débats entre la ville & eux. Celle-là s'environna de murs dans le douzieme ſiecle, aſſura ſa liberté, affermit ſa puiſſance, & l'étendit ſur la Friſe. L'empereur Maximilien I donna cette ſeigneurie au duc

Albert de Saxe, comme un fief héréditaire ; mais cette donation n'eut pas son effet. Groningue, en 1498, pour sa sureté, fut obligée d'entrer en accommodement avec l'évêque d'Utrecht, & d'en recevoir un juge, sous la réserve cependant que ses autres privileges lui seroient conservés : attaquée depuis, & n'étant point secourue par l'évêque, elle fut obligée, en 1506, de se mettre sous la protection du comte d'Ost-Frise : mise ensuite au ban de l'Empire, assiégée par George, duc de Saxe, elle ne put se sauver qu'en se soumettant au duc de Gueldres, & ensuite à Charles V, comme duc de Brabant, comte de Hollande, & seigneur de Frise & d'Ober-Yssel. Elle fut admise au traité d'Utrecht en 1579 & 1594.

Les Etats, joints au Stathouder héréditaire, y exercent le souverain pouvoir. Un college, formé de huit députés des Etats, dont quatre sont de Groningue, & quatre des Ommelandes, fait exécuter les décrets des Etats. La cour provinciale y est la cour suprême de justice : la chambre des comptes y est formée de six personnes. Cette province députe six de ses citoyens aux Etats-généraux. L'Etat ecclésiastique y est partagé en sept classes, qui sont celles de Groningue, d'Appengebam, de Loppersum de Middelstum, de Marne, de Westerquartiere & d'Oldampt & Wertwoldingerland. Le synode s'y tient au mois de Mai, tantôt à Groningue, tantôt Appengebam, & chaque classe y députe trois prédicateurs & quelques anciens. Les Catholiques Romains ont dans cette province dix églises & treize prêtres, les Luthériens trois communes & quatre prédicateurs ; les Mennonites, vingt-sept communes & soixante-un docteurs ; les Collégiens, deux communes qui sont dans la ville de Groningue.

Groningue & son territoire.

On l'appelle aussi Groeningue ; elle est située au confluent de plusieurs ruisseaux, qui y forment la Hunse & la Fivel, qui chacune peuvent y conduire de la mer des grands & pesans bateaux, & par-là favorisent le commerce de ses habitans. Moins grande autrefois, elle s'est étendue depuis 1613 au nord & au couchant, & s'entoura d'un nouveau rempart, de dix-sept bastions & d'une bonne contrescarpe ; mais aujourd'hui ces fortifications négligées commencent à tomber en ruines. A un quart de lieue de la ville, elle est encore défendue par une ligne fortifiée, bien entretenue. Elle est le siege des principaux tribunaux de la province, & la demeure des familles les plus riches & les plus nobles. Les réformés Hollandais y ont trois églises & celle de l'université, où un docteur en théologie fait ses sermons en latin. Les réformés Français y forment une commune : l'université fut fondée en 1615. On y trouve encore une église pour les Luthériens, deux pour les Mennonites, & cinq pour les Catholiques Romains. Sa place publique est la plus grande de toutes celles des villes des sept Provinces : elle communique au marché aux poissons, qui lui-même est très-long. Groningue a été anséatique : sa situation y appelle le commerce de la province : son gouvernement municipal a plusieurs rapports à celui de l'ancienne Rome. Paul IV y avait érigé un évêché en 1559, qui ne subsista pas long-tems. Son territoire appellé *le Gorecht*, s'étend autour d'elle, mais principalement au midi & vers le levant : elle possede encore un château & huit villages, parmi lesquels on remarque celui de *Zapmeer*, où demeure un grand nombre de Mennonites : ils y ont une église, ainsi que les Réformés.

Les Ommelandes (pays environnant) se divisent en cinq cantons.

Le canton de *l'Ouest*, parce qu'il est au couchant de la ville, est divisé en quatre districts, qui sont ceux de *Middagster*, de *Vredewold*, de *Langewold*, & de *Ruigewaard*. On n'y trouve que des villages, parmi lesquels on en remarque de grands & peuplés, & diverses maisons nobles. Parmi les premiers, nous nommerons celui de *Nuis*, voisin du château de *Coenders*; celui de *Visvlict*, qui est fort grand, & sur le bord du Lauwers; celui d'*Aduwerd*, qui a le titre de seigneurie. Le fort d'Aduwerder-Zyl est situé là où le ruisseau qui coule près du village de ce nom, tombe dans la Hunse.

Le canton d'*Hunsinge* reçoit son nom de la riviere qui l'arrose, & est formé des districts de *Marne*, de *Halveampt*, d'*Oosterampt*, & d'*Ubbega*. On y compte 50 villages, dont plusieurs ont le titre de seigneurie : celui de *Bellingweer* est voisin des châteaux de *Ripperda* & *Tamminga*: celui de *Middelstum* donne son nom à une classe de la province. A l'embouchure de la Hunse on a élevé le fort de *Soltkamp*.

Le canton de *Fivelingo*, nommé ainsi de la Fivel qui le traverse, est partagé en trois districts, qui sont ceux de *Hogeland*, de *Duirswolster*, & d'*Oostera* : on y remarque *Dam*, ou *Appinge-Dam*, bourg, ou ville ouverte au bord de la Fivel, auquel elle donne son nom de-là jusqu'à la mer. L'empereur Charles V en fit abattre les fortifications en 1536. *Delfzyl* (ou écluse de Delf) est une forteresse à l'embouchure de l'Ems & de la Fivel, perfectionnée par les soins de Coehorn : il y a une écluse entretenue avec soin par les Etats de Frise & de Groningue. Le duc d'Albe avoit projetté d'en faire une ville sous le nom de Marsbourg, pour faire tomber Embden. Parmi les 40 villages qui sont encore dans ce canton, nous ne nommerons que celui de *Loppersum*, qui est un des plus beaux.

Le canton des *Anciens-Bailliages* appartient à la ville de Groningue, & fut divisé en petit & grand bailliage : de-là lui vient son nom. On y remarque *Winschoten*, ville forte sur la Rensel ; c'était un beau village, que les Etats-généraux firent fortifier en 1593, pour garantir les provinces voisines des incursions des Espagnols. Près d'elle sont les forts nommés *Winschoter-Schleuse*, & *Bruggeschans*. Parmi les villages on remarque ceux de *Heiligerle* & de *Widwolde* : *Huninga* est un château.

Le canton de *Westwoldingerland*, quoique renfermé dans la province, dépend des Etats-généraux, qui y envoient chaque année deux personnes, pour en visiter les forts. On y remarque le fort de *Bourtang*, dans un marais presque impénétrable, dont les eaux remplissent un canal utile pour la navigation, qui s'étend des murs du fort à la plaine de Westerwold : le marais pénétre dans le pays de Drenthe : les vivres se transportent aussi par une étroite chaussée qui peut être submergée. Celui de *Bollingwolder-Zyl* est situé dans la plaine de Westerwold ; il fut construit en 1593, & muni d'écluses qui peuvent en mettre les environs sous l'eau.

Les forts de *Booner* & de *Langeacker* sont situés près du Dollert, & y communiquent par un canal. Sur les côtes de Groningue on voit trois petites îles que la Schille sépare : ce sont celles de *Bosch* & de *Rottum*.

LA FRISE.

Les Frisons, peuple fort ancien, lui donnerent son nom, & ils le reçurent eux-mêmes, de ce qu'à force de canaux & de levées de terre, ils avaient rendu habitable un pays couvert par les eaux : car *friſſen* dans leur langue ſignifiait *creuſer, remuer la terre.* Ils habitaient ſur les bords de la mer d'Allemagne, des bords de l'Eſcaut à ceux du Weſer; & de-là vient que la Nord-Hollande conſerve encore le nom de Weſt-Friſe, & qu'à l'orient de Groningue le pays s'appelle Oſt-Friſe. La Friſe dont il s'agit ici, eſt ſituée entre le *Flieſtrom* & la petite riviere de *Lauwers*, qui donne ſon nom à la partie de la mer qui la reçoit. Dans le ſens le plus étroit, elle confine à la mer du Nord, au Flieſtrom vers l'oueſt, au Zuiderſée & à l'Ober-Yſſel vers le ſud, aux pays de Groningue & de Drenthe vers l'eſt. La partie qui eſt au nord-oueſt eſt plus baſſe que la mer : là ſont des pâturages abondans, qui nourriſſent de nombreux troupeaux de moutons, de bœufs & de vaches, mais plus encore de grands chevaux, qui ſe vendent dans l'Allemagne & la France. Dans les lieux plus élevés il y a des champs fertiles, où croît ſur-tout du froment qui donne beaucoup de farine, & fort blanche : les pois qu'on y recueille ſont recherchés par leur goût exquis : la tourbe y eſt aſſez abondante, mais elle eſt inférieure à celle de Hollande : les lieux d'où on la tire deviennent des lacs, & telle eſt l'origine de *Tjieuke*, de *Sloter*, de *Fljuſſen*, & beaucoup d'autres. Vers l'Over-Yſſel le pays eſt couvert de bruyeres & de bois : il n'eſt défendu nulle part des flots de la mer par des dunes, & c'eſt ce qui oblige d'y élever & d'y entretenir des digues coûteuſes. Tant qu'elles appartinrent aux particuliers, poſſeſſeurs des biens de campagne, elles ne réſiſterent pas aux vagues de la mer, ſur-tout lorſqu'elles étaient pouſſées par un vent violent d'oueſt; les hommes & les animaux périſſaient par de fréquentes inondations : pour s'en préserver autant qu'il leur était possible, ils élevaient des collines de 20 à 25 pieds de haut, où ils se réfugiaient en hâte, avec leurs troupeaux & leurs meubles, lorsqu'une inondation survenait, & ils y demeuraient aussi long-tems qu'elle durait. Ils nommaient d'abord ces collines *Werd*, ou *Waerd*, ensuite *Terp*; & on en voit encore çà & là, sur lesquelles on a bâti des maisons, des villages, des villes même : de-là vient que les noms de la plupart de ces lieux se terminent en *werd* ou en *terp*. Gaspard Robles, gouverneur Espagnol, changea cet usage, en 1570, en un plus salutaire : il régla que les digues seraient entretenues aux frais communs de tous ; & depuis ce tems, elles sont plus élevées, plus fortes, & les inondations moins à craindre. La Frise est encore plus entrecoupée de canaux que la province de Hollande : ils servent à conduire les eaux superflues à la mer, comme à la commodité des habitans, en leur facilitant le transport des productions de leurs biens, & des marchandises. Le plus considérable & le plus fréquenté est celui qui s'étend de Haartingen, par Francker, à Leeuwarden, Dokkum, Groningue, & même jusqu'aux frontieres de l'Ost-Frise. Ce pays renferme 11 villes, & 336 bourgs ou villages, dont aucun n'a le titre de seigneurie. On y trouve quelques vieux châteaux, asyles des nobles, qu'on nomme *staten* ou *stinsen*. Les habitans ont toujours pour la liberté l'amour violent que leurs ancêtres eurent pour elle : ils conservent leurs coutumes, leurs mœurs, leur langue ancienne, qui n'est point entendue de leurs voisins. Ils travaillent de belles étoffes de laine, & des toiles de la plus grande finesse : l'aune en coûte 12 gouldes. La plus grande partie sont Réformés ; mais plusieurs sont Catholiques, & un plus grand nombre Mennonites; ce qui ne doit pas étonner, parce que c'est-là que naquit *Mennosimon*, & là qu'il développa d'abord sa doctrine. Ils ont dans le pays 58 communautés, & 152 docteurs; les Catholiques ont 24 communautés & 31 prêtres; les Luthériens, 2 communes & 3 prédicateurs; les Remontrans n'ont qu'une des premieres; les Collégiens y ont quelques colleges.

Les Frisons eurent d'abord des chefs, puis des ducs, ensuite des rois, dont le plus connu est *Radbod II*; mais plus long-tems encore des podestats élus par le peuple. En 1436 une partie de la province dépendait déja de la maison de Bourgogne: la plus grande était régie par ses podestats. Maximilien I nomma en 1497 Albert duc de Saxe pour statthalter héréditaire du pays, auquel il conserva ses libertés: ce prince ne fut reconnu qu'avec peine: son titre passa à ses deux fils, d'eux au duc de Gueldres, qui vendit ses droits à Charles, roi d'Espagne, élu empereur peu après. Sous son fils Philippe II, la Frise redevint libre, & entra dans le traité d'Utrecht. Elle est divisée en trois quartiers qui sont l'*Oostergo*, le *Westergo* & le *Zevenwolde*: chaque quartier est partagé en *Grietenyes*, ou préfectures: dans chacune est une cour de justice, composée d'un préfet, de deux ou trois conseillers, & d'un secretaire. Les habitans de chaque grietenye élisent deux représentans, qui réunis au nombre de 60, avec les vingt-deux représentans des onze villes, forment les Etats de la province: ces villes forment un quatrieme quartier. Les Etats s'assemblent annuellement dans le mois de Février à Leeuwarden; ils sont présidés par le stathouder, & comme dans les autres colleges de la province, il y a voix délibérative. Six députés des grietenyes & trois des villes forment un college, qui est chargé de mettre en exécution ce que les Etats ont arrêté; traite des affaires politiques & militaires, des revenus de l'état, de la distribution des emplois, &c. ses membres changent tous les trois ans. La *cour provinciale* est composée de douze conseillers, d'un procureur-général & d'un secretaire ; il juge les procès criminels, & reçoit les appels des procès civils, quand ils ont été jugés par les justices des préfectures ou des villes. La *chambre des comptes* s'assemble aussi à Leeuwarden. La province députe cinq personnes aux Etats-généraux : deux sont choisis par les villes, deux par les préfectures, & le cinquieme par les villes encore jointes au quartier de *Zevenwolden*. L'ordre ecclésiastique y forme les six classes de *Leeuwarden*, de *Dokkum*, de *Francker*, de *Sneek*, de *Bolswerd* & *Workum*, enfin de *Zevenwolden*. Deux prédicateurs & deux anciens de chaque classe, forment le synode qui s'assemble tous les ans, huit jours après la Pentecôte, alternativement dans les villes de Leeuwarden, Dokkum, Francker, Sneek, Bolswerd & Harlingen, & dans le bourg de Zevenwolden.

I. *Quartier des villes.*

Nous les plaçons dans le rang qu'elles tiennent entr'elles aux Etats.

Leeuwarden est la capitale de la province, le siege de ses principaux tribunaux, & celui où elle fait battre monnaie : elle est le séjour des nobles ; c'est la plus grande, la plus belle & la plus peuplée des villes de la province : plusieurs canaux l'arrosent, s'y réunissent, & y facilitent le commerce : ses fortifications tombent en ruines. Sa maison de ville fut fondée en 1715; elle-même le fut en 1190. Depuis que la province n'a plus de Stathouder particulier, elle a perdu de son éclat. Les Hollandais Réformés y ont trois églises; les Français, une; les Luthériens, une; les Mennonites, trois; les Catholiques, plusieurs: les Juifs y ont une synagogue. Un golfe de la mer du Nord s'étendait autrefois jusques sous ses murs; mais depuis long-tems il est desséché: on le nommait *Mittelsée*, & il séparait l'Oostergo du Westergo. Paul IV y fonda un évêché en 1559; ce ne fut pas pour long-tems. Près de la ville est la maison de plaisance de *Marienbourg*, qui appartient à la maison de Nassau. Sa longitude est de 23 d. 17 min. sa lat. de 53 d. 12 min.

Bolswerd, ville ancienne, située à une demi-lieue du Fliestrome, là où se coupent divers canaux qui sont comme le lien commun de la province. Elle a été anséatique: les sagettes de Frise s'y fabriquent; il s'y fait un grand commerce de beurre.

Francker, ville située sur le canal qui va de Leeuwarden à Harlingen: elle n'est ni grande, ni forte, mais elle a une université fondée en 1585 par le comte Louis de Nassau, & un jardin de plantes medicinales. Elle a de beaux édifices: on y voyait autrefois le château antique de *Sjaardema*, environné d'un fossé. Dans ses environs on fabrique beaucoup de briques vernissées, qui se transportent en d'autres contrées.

Sneek, ancienne ville, qui donne son nom à un lac voisin, abondant en poissons. Le sol sur lequel elle est assise est bas & rempli d'eaux: elle n'est ni belle, ni grande, ni forte. On y trouve deux églises Hollandaises Réformées.

Dokkum, petite ville située avantageusement pour le commerce: elle est à deux lieues de la mer, mais elle y communique par le Dekkumer-Diep, qui peut amener les plus grands vaisseaux, avec le secours de la marée, dans l'enceinte de ses murs; elle a un bon port & un beau chantier. On y compte 3000 habitans. Le sel qui s'y prépare est son principal commerce; les grains en sont encore un des objets : ses environs en rapportent beaucoup.

Harlingen, ville au bord de la mer, ou plutôt sur le Fliestrome : c'est, après *Leeuwarden*, la ville la plus grande & la plus peuplée de la province. Elle a un port grand & commode; mais depuis que son entrée est gênée par les sables, il faut décharger les vaisseaux pesamment chargés, pour qu'ils puissent y entrer. Du côté de la terre elle est fortifiée avec assez de soin, & on peut inonder ses environs. Une forte digue la défend de la mer. Un sénat de huit bourguemaîtres la gouverne. Les Hollandais Réformés y ont deux églises : les Mennonites y sont nombreux & riches : on y trouve aussi des Luthériens & des Catholiques : elle est le siege du college de l'amirauté de Frise. Le sel qui s'y prépare, & les briques qu'on y fabrique, y apportent beaucoup d'argent.

Staveren, petite ville au bord du Zuidersée, sur la pointe la plus occidentale du pays, qui n'est éloignée du Nord-Hollande que de 5 lieues : c'en était autrefois la ville la plus grande, la plus peuplée, & elle fut long-tems le siege des rois Frisons. Son commerce maritime était très-étendu, & l'on prétend que ses habitans sont les premiers qui, par l'Oresund, ont fait voile dans la mer Baltique. Mais un banc de sable ayant rendu l'entrée de son port difficile & dangereuse, les commerçans se retirerent en d'autres lieux, & elle tombe en ruines. Les Espagnols en accélérerent la perte en la brûlant dans l'année 1572 : quelques bateliers en sont encore les habitans.

Sloten, petite ville formée de deux rues qui se croisent : très-forte autrefois, ses fortifications tombent de vieillesse ; mais elle peut cependant résister à un ennemi par sa situation : des lacs l'environnent de toutes parts. D'un lac qui porte son nom, descend une riviere navigable qu'on nomme *Ee* ; elle traverse la ville, & à une lieue au-dessous, se rend dans le Zuidersée par une écluse : c'est par-là que passent les vaisseaux chargés de tourbe.

Workum, autrefois *Woderkum*, petite ville à quelque distance du Zuidersée, & environnée de divers lacs poissonneux. Un fossé plein d'eau l'entoure : une longue rue coupée par un canal, la forme ; elle a un port long & étroit, qui n'est point commode pour les grandes barques. Dans son voisinage on fait beaucoup de chaux avec les coquilles ramassées au bord de la mer.

Ylst, petite ville environnée d'un fossé plein d'eau, & formée de deux rangs de maisons, entre lesquelles coule un ruisseau. On y fait beaucoup de barques & de vaisseaux.

Hindelopen, ou *Hinlopen*, ville avec un port sur le Zuidersée : elle fut autrefois une des plus florissantes du pays ; mais la mer, le feu, d'autres malheurs encore l'ont fait déchoir. La plupart de ses habitans sont Mennonites, & se distinguent des autres Frisons par leur habillement & leur langage.

II. *Quartier d'Oostergo, Pagus Orientalis.*

Il touche à la mer du Nord, au pays de Groningue, & doit son nom à sa situation. On le divise en onze *Grietenyes*, ou préfectures. *Leeuwarderdeel*, préfecture qui doit son nom à la capitale de la province, renferme 14 villages situés sur des hauteurs. *Ferwederadeel*, située sur la mer du Nord, contient onze villages : sur ses frontieres étaient les deux abbayes de *Mariengaarde* & de *Gennaard*. *West-Dongerdeel*, située sur la mer du Nord, renferme quatorze villages. *Oost-Dongerdeel* est separée de la précédente par une riviere, & elle s'étend jusqu'au lac de Lauwer, où est le fort d'*Ostahorn* : on y compte quatorze villages. *Rollumerland* & *Nieu-Rruisland* font ensemble une préfecture qui touche aux frontieres, & renferme six villages, parmi lesquels on remarque *Kollum*, qui est fort grand, a un bon port, qui le fait communiquer au *Dokkumer-Diep*, & aide au commerce de ses habitans : ils nourrissent des bestiaux, & s'exercent à la pêche, qui les enrichit. On y voit de belles maisons, un marché annuel de chevaux, une école latine, &c. *Achtkerspelen* prend son nom des huit églises qu'il renferme. *Dantumadeel* contient douze villages. *Tjetjerksteradeel* en a quinze, & doit son nom à l'un d'eux, qui le donne aussi à un lac & à un bois. On trouve beaucoup de tisserands dans ce district. *Smallingerland* renferme 7 villages, desquels sont *Naorder* & *Zuider-Drachten*. Dans l'espace qui les sépare, est une église qui sert à tous les deux. Ils sont grands, peuplés, & sur-tout par des Mennonites. *Idaarderadeel* doit son nom au village d'*Idaar*, qui est beau & grand. Autour on en compte sept autres. *Rauwerderahem* en renferme six : celui de *Rauwerd* est considérable.

III. *Quartier de Westergo, Pagus Occidentalis.*

Il touche à la mer du Nord, au Zuidersée, & à l'orient, au pays que nous venons de décrire. Il est partagé en neuf *grietenyes*. Celle de *Menaldumadeel* consiste en douze villages, parmi lesquels on remarque *Menaldum*; il est beau, situé sur un canal qui coule entre Leeuwarden & Francker; & *Berlikum*, qui est grand, riche, & a deux foires de chevaux. *Franekeradeel* tient son nom de la ville dont nous avons parlé: un canal l'arrose, & il renferme onze villages. *Barradeel* contient huit villages; *Het-Bilt* en contient neuf: son sol a été enlevé à la mer par le moyen des digues. *Baarderadeel* renferme 16 villages: le canal qui va de Sneek à Leeuwarden le traverse. *Hennaarderadeel* contient douze villages. *Wonseradeel* en a vingt-sept; on y remarque le bourg de *Makkum*, qui est grand, où l'on prépare le sel, fait des briques & de la chaux, & dont les habitans sont navigateurs. *Wimbritseradeel* renferme vingt-huit villages. *Hemelumen-Oldepheert* & *Noordwolde* forment un grietenye dont le sol est rempli de marais & de lacs: on y voit neuf villages. Celui de *Hemelum* avait autrefois une abbaye de son nom. Celui de *Molkweren* est remarquable par ses habitans, qui ont des habits, une langue, des mœurs particulieres, & des maisons obscures.

IV. Quartier de Zevenwolden.

Son nom vient des sept forêts qu'il renferme. Il touche à l'orient au pays de Drenthe, au midi au Zuidersée & à l'Over-Yssel, ailleurs aux deux autres quartiers. Il est partagé en dix grietenyes: celui de *Gaasterland* fit autrefois partie du Westergo. Il renferme huit villages, parmi lesquels on remarque *Wykel*, dans l'église duquel fut enseveli le général Kœhorn. *Doniawerstal* renferme quatorze villages; *Haskerland*, sept; *Angwirden*, cinq; *Uringerdeel*, sept. On y remarque celui d'*Emarip-ter-Horne*, bâti sur ur une ile du lac de Sneek. L'*Opsterland* en a treize, t le fort de *Paalen* ; le *Schoterland* en compte dix-huit, avec un fort qui porte son nom : près de celui e *Brongerga* est la maison de plaisance d'*Oranien-Vond*, dont le corps est peu de chose, mais elle a eux belles ailes. *Heerenveen* est un grand & beau ourg qu'on nomme *la Haye* de la Frise : dans ses en-irons on trouve la meilleure tourbe de la province. *tellingwerse - Oosteinde* contient dix villages : celui e *Haule* est sur les frontieres du pays de Drenthe ; ès de lui s'éleve le fort de *Breeberg*. *Stellingwerf-Verteinde* contient vingt villages : la tourbe est la incipale ressource des habitans. Le *Lemsterland* en renferme que cinq, dont le plus considérable est *mmer*, situé sur le Zuidersée ; il est grand, consi-irable, & peuplé : c'est-là que passent les voyageurs ui vont d'Amsterdam dans la Frise & le pays de roningue.

Près des côtes de la Frise, dans la mer du Nord, 1 trouve deux îles qui firent autrefois partie du ntinent : elles en sont séparées aujourd'hui par le *'adden*, espece de bras de mer, où les bancs de ble n'empèchent pas de naviger, mais qu'ils ren-nt dangereux. Elles défendent la Frise contre la olence des flots. Celle d'*Ameland* est la plus gran- ; elle est à l'ouest, forme une seigneurie libre indépendante, que possede la maison d'Orange : 1 y compte trois villages : ses habitans sont pè-eurs & bons nautoniers. L'autre est située vers st, à l'embouchure du golfe de Lauwer : elle n'a 1e des maisons dispersées, & ses habitans pèchent navigent comme ceux d'Ameland.

Tome IV. O

La Hollande.

Elle confine vers le midi au Brabant, au levant la Gueldres, à Utrecht, au Zuiderfée qui la born[e] encore vers le Nord ; par-tout ailleurs elle touche la mer. C'est la plus grande des sept Provinces : Jea[n] de Witt estime que sa surface est de 400,000 acres[,] d'autres lui en donnent encore 40,000 de plus.

Le sol en est bas, & dans quelques endroits, plu[s] bas que la mer même : de fortes digues, des éclufe[s] la défendent des inondations. Elle est coupée par u[n] grand nombre de fossés & de canaux, qui détournen[t] les eaux dans le tems du flux : vers la mer du Nord des collines de fable lui fervent de rempart. L'air est humide, froid & mal-fain : l'eau n'y est pas pure[,] la terre n'y préfente que des pâturages : elle est u[n] glaçon en hiver, & n'est presque qu'un marais e[n] été : cependant elle y nourrit un grand nombre d[e] vaches à lait : ses cultivateurs ne sont guere occu[-]pés qu'à faire du beurre & du fromage. C'est aux en[-]virons de Delft & de Leide que se fait le meilleu[r] beurre ; c'est aux environs de Gouda, & dans l[a] Nord-Hollande que se font les fromages les plus re[-]cherchés : ce dernier s'appelle fromage d'Edam[,] parce que cette ville en est un des plus grands mar[-]chés. Dans sa partie méridionale, dans les îles vo[i-]sines de la Zéelande, on trouve des champs qu[i] rapportent toutes fortes de grains. Dans son cen[-]tre, & fur les rives du vieux Rhin, elle n'a qu'u[n] fond de tourbe ; on l'en retire, & on s'en fert ; ma[is] les fosses qu'elle y fait faire, deviennent de peti[ts] lacs, qui pourront un jour devenir funestes à ses ha[-]bitans : quelques-uns ont été faignés & comblés ; ce[-]pendant un grand nombre existe encore, & il s'e[st] forme tous les jours. On a voulu aussi dessécher la mer de Harlem, parce qu'elle donnerait à la province une étendue de 30,000 arpens en pâturages, & que cette mer ronge tous les jours ses bords, & menace les villes voisines : il faudrait des millions pour la dessécher ; mais on y gagnerait plus de sureté. On parle d'ouvrir un lit au Rhin, & de faire écouler les eaux de cette mer, par 5 ou 600 moulins, dans ce fleuve & dans l'Ye. Plusieurs petits fleuves arrosent la province : tel est le *Vecht*, qui vient d'Utrecht, & se rend dans le Zuidersée : il porte à Amsterdam de grands navires, fretés à Oberrheim, & qui n'y pourraient arriver par la tortueuse Amstel, dont la voie ferait bien plus courte. L'*Amstel* naît près du village d'Ouwerkerk, & se rend, par Amsterdam, dans l'Ye. La *Zaan* coule dans le Nord-Hollande, & tombe aussi dans l'Ye, près de Zaanzedam. Le *Spaaren* s'y rend encore, & vient de la mer de Harlem : joint à l'Ye, il porte des vaisseaux d'Amsterdam en Zéelande & autres lieux ; & de la mer de Harlem ils se rendent dans la vieille *Wetering*, qui les porte à Gouda. La *Schie* & la *Rotte* se jettent dans la Meuse, l'une par Schiedam, l'autre par Rotterdam. La *Gouwe* vient du vieux Rhin, se joint près de Gouda à l'*Yssel Hollandaise*, qui reçoit ses eaux d'un canal du Rhin, entre Urefwyk & Utrecht, passe près d'Yssellstein, de Montfoort, d'Oudewater & de Gouda, & tombe dans la Meuse à Yssenmonde. La *Ulist*, qui coule entre Schoonhoven & Haastrecht, vient aussi s'y perdre. La *Linge* vient de la Gueldres, & se jette dans la Meuse près de Gorkum. Des canaux joignent ces fleuves les uns aux autres, & facilitent la communication entre les villes, bourgs & villages : ils sont couverts de bateaux traînés par des chevaux, qui partent à des heures déterminées ; & par eux, avec des frais modiques, on peut voyager, & envoyer des marchandises de toutes parts.

L'*Ye*, par son large lit, divise la province en septentrionale & méridionale, ou en Sud-Hollande & West-Frise: on la nomme *Het-Ey*. Près de Beverwyk elle forme le *Wykermeer*: à son embouchure est le *Het-Pampus*, village & passage entre deux bancs de sable, qui n'a pas assez de fond pour les vaisseaux pesamment chargés, & oblige de les alléger, & d'attendre le flux.

Cette province est très-peuplée: on y compte 37 villes, 8 bourgs, & environ 400 villages. En 1732, on comptait dans la Hollande méridionale, 79957 maisons dans les villes, 46932 dans les villages: en West-Frise, on comptait 11154 maisons dans les villes, 24419 dans les villages; en tout 163462 maisons: en supposant 6 personnes pour chacune, la province aurait 980772 habitans. On retrouve le même nombre à-peu-près, en multipliant par 35 les 28000 enfans qui y naissent chaque année. Les maisons y sont bâties de briques, & nulle-part elles ne sont plus belles: on ne trouve point ailleurs de plus beaux villages, une plus grande propreté; elle y rend agréable la campagne, l'extérieur des maisons, & sur-tout l'intérieur: elle s'étend jusques dans les étables.

On fait remonter l'origine des comtes de Hollande au dixieme siecle; mais on le fait sans vraisemblance. Il paraît que les empereurs exerçaient dans cette province, au onzieme siecle, une autorité sans bornes: elle se souleva, élut pour chef le marquis de Ulaardin, & après sa mort, son frere *Florenz*, qui défendit la liberté de sa patrie, & mérita d'en être regardé comme le premier comte. C'est dans une lettre de l'empereur Henri IV à l'évêque d'Utrecht, qu'on trouve le mot *Hollande* employé pour déſigner cette province. Le comte Jean étant mort ſans enfans en 1299, deux différentes familles y régnerent ſuccesſivement ; la derniere fut celle de Baviere, qui s'éteignit en 1425, & laiſſa ſes états au duc de Bourgogne, *Philippe le Bon*, d'où elle parvint à la maiſon d'Autriche.

Les Etats de la province ont le titre d'Etats de Hollande & de Weſt-Friſe : la nobleſſe & les villes les forment : le nombre des nobles qui peuvent y entrer n'eſt pas déterminé, & n'eſt pas le même dans tous les tems ; rarement il paſſe celui de 10, qui ſont élus par les autres à la pluralité des voix. Celui des villes qui ont droit d'y députer, fut d'abord de 6 ; il eſt aujourd'hui de 18, dont 7 ſont dans la Weſt-Friſe, & 11 dans le Sud-Hollande : d'autres petites villes exerçaient le même droit ; mais elles l'ont négligé probablement par économie. Le nombre des députés que chaque ville envoie n'eſt pas fixé ; ils s'aſſemblent à *Gravenhafe*, ou *la Haye*. Le grand penſionnaire de la province y eſt reſpecté, ſans avoir de voix déciſive : les Etats l'éliſent, & le confirment, ou le changent tous les 5 ans : il porte la parole dans les Etats, eſt député perpétuel dans les Etats-généraux, & y fait les propoſitions au nom de la Hollande. Le *Conſeil d'Etat de Gecommitteerde-Raden* eſt permanent ; il eſt diviſé en deux parties, comme la province : celle de la Hollande méridionale eſt formée de 10 députés, dont un eſt noble, & y préſide : il veille ſur les finances, ſur le militaire, & convoque les Etats quand les affaires le demandent. Celle de la Weſt-Friſe eſt formée de 7 députés, & réſide à Hoorn. Chaque année, au mois de Novembre, ces deux parties ſe réuniſſent, & déliberent en commun. Toute la province envoie 4 ou

5 députés aux Etats-généraux : celui de la noblesse préside sur ceux des villes.

La Hollande & la Zéelande ont en commun deux tribunaux supérieurs : l'un est la cour de Hollande, composée de huit conseillers de cette province, & de trois de celle de Zéelande : son président est choisi alternativement dans les deux provinces. On appelle à ce tribunal des sentences rendues dans les tribunaux des villes : le noble y porte ses procès en premiere instance : les matieres féodales y sont décidées. Quand on appelle de ses jugemens, c'est au grand conseil de Hollande & de Zéelande, composé de six conseillers de la premiere province, & de trois de la seconde.

Quant à l'ordre ecclésiastique, la province est aussi divisée en deux parties, dont chacune a son synode particulier : mais cette division n'est pas la même que la politique ; car Amsterdam & Harlem, qui dans celle-ci appartiennent au Sud-Hollande, dans celle-là appartiennent au Nord-Hollande. La Hollande méridionale est divisée en onze classes, qui sont, Dordrecht, Delft, Leyde & le Bas Rhinland, Buren, Gouda & Schoonhoven, Schieland, Gorichem, Voorn & Puten, St. Gravenhage, Woerden & le Haut Rhinland, Breda. La septentrionale est divisée en six classes, qui sont, Amsterdam, Alckmaar, Harlem, Hoorn, Enkhuysen, & Edam. Chacune députe trois prédicateurs & un ancien à leur synode, qui dure onze jours, & se tient alternativement dans les villes qui donnent leurs noms aux classes. Amsterdam, Rotterdam, Dordrecht, Leyde & la Haye ont des églises pour les Presbytériens Anglais. La premiere ville a une église Anglicane. La province renferme 250 églises Catholiques, & 235 prêtres ; les Luthériens y ont 19 communautés & 28 prédicateurs ; les Remontrans, 30 communautés & 38 prédicateurs ; les Mennonites, 76 communautés & 163 docteurs : les Collégiens y font en moindre nombre. Les Quakers ont une assemblée à Amsterdam : le siege principal des Hernhutes, ou freres évangéliques, est à Herrendyk.

Nord-Hollande, ou West-Frise.

Ce dernier nom a un sens plus étroit que le premier, & ne se rapporte qu'à la partie septentrionale du Nord-Hollande : elle est moins étendue que la Hollande méridionale, & a la forme d'une presqu'ile, que le Zuidersée environne d'un côté, & la mer du Nord de l'autre : une langue étroite la lie au continent. Au nord sont des élévations de terre & des collines de sable ; mais le reste du pays est fort bas : il était autrefois semé de flaques d'eaux, que les habitans ont desséchées avec beaucoup de peine, & changées en pâturages : de nombreux moulins à vent entretiennent à grands frais ce desséchement. On y compte 7 villes qui ont voix dans les Etats.

Alckmaar, la premiere ville du Nord-Hollande par son rang, est située presqu'à son centre. Sa forme est réguliere : on y comptait 2581 maisons en 1732 : ces maisons sont propres, bien bâties, les rues bien percées : un canal large & propre la traverse, & y facilite le commerce, qui y consiste en grains, fromages & beurre. L'hôtel de ville y serait apparent s'il avait une place devant sa façade : l'arsenal est bien fourni : elle fut comptée au nombre des villes fortes : ses remparts servent de promenade. Les Réformés y ont deux églises, les Luthériens, les Remontrans, les Mennonites y en ont chacun une, & les Juifs une école : une grande partie des habitans sont Catholiques : ils cultivent les fleurs avec d'autant plus de goût que la nature les refuse au fol. Son nom vient des marais où elle fut située, & que ses habitans ont desséchés : les environs en sont charmans, & l'on y voit quelques sombres forêts. Son jardin est hors de ses murs, formé de bosquets, de boulingrins & d'un bois délicieux. Le chemin qui de-là conduit à Bemster, est tiré au cordeau, & long de trois quarts de lieue, partagé dans sa longueur par un large canal, orné des deux côtés par des arbres, & bordé d'un fossé. Plus loin sont de belles prairies, des jardins & des maisons de plaisance très-propres.

Hoorn, ville sur le Zuidersée, où elle a un port commode. On y comptait 2817 maisons en 1732. Les Réformés y ont 2 églises, les Arminiens & les Luthériens chacun une; les Catholiques & les Mennonites chacun 3. Vers le nord, elle a quelques fortifications peu capables de la défendre. Elle est le siege de l'assemblée des députés de la province, d'une chambre de la compagnie des Indes orientales, & alterne tous les trois mois avec Enkhuisen, pour l'être d'un des colleges de l'amirauté, avec la même ville & Medenblik, pour battre monnaie. On y construit beaucoup de navires de guerre & marchands : on y commerce en beurre & en fromages : les habitans trafiquent particuliérement en Dannemark, d'où ils tirent un grand nombre de bœufs. En général, cette ville est bien percée, ornée de canaux & d'allées d'arbres. Les dehors en sont charmans : d'un côté on voit le Zuidersée, de l'autre de vastes prairies, & par-tout des maisons peintes & agréables. Sa promenade conduit à une allée pavée de briques, longue d'une lieue, large de trois toises, terminée par un rang de maisons, sur une étendue égale qui s'étend jusqu'à Enkhuisen.

Enkhuifen est une des plus grandes villes du Nord-Hollande : les deux tiers sont entourés du Zuider-sée, lequel lui forme un port commode qui s'avance dans ses murs : l'autre côté est environné d'un rempart & de sept bastions. On y compte 2600 maisons, presque toutes bâties en pierres, trois églises Réformées, une Luthérienne, deux Mennonites, & trois de Catholiques Romains. Il y a une chambre des Indes occidentales, outre celle dont nous avons parlé : il y a un chantier pour construire des vaisseaux, sur-tout pour la pêche du hareng, dont il sortait autrefois de son port 4 à 500 ; aujourd'hui il n'en sort que 60 ; une affinerie pour le sel marin ; un magasin général pour les troupes de terre. Une grande rue propre & alignée la traverse & l'embellit ; d'autres, à droite & à gauche, sont coupées de canaux, ombragées de belles allées. On vante son hôtel de ville : son port s'embarrasse par les sables qui s'y accumulent : elle fournit beaucoup de charpentiers & de matelots à l'Etat.

Edam, ville située près du Zuidersée, à laquelle il communique par une belle écluse qui allonge son port. Elle est coupée de canaux agréables & commodes, renferme mille & quelques maisons, deux églises Réformées, une Luthérienne, une Catholique, une Mennonite ; fait un très-grand commerce de bois, qu'elle travaille, de navires qu'elle construit, du sel qu'elle affine, & de l'huile de poisson qu'elle prépare. Elle en fait encore en fromages, mais moins qu'autrefois.

Monnikendum n'est entourée ni de fossés, ni de murs, & est située sur un petit golfe du Zuidersée, qui lui donne son nom, & lui formait autrefois un bon port, que les sables ont embarrassé, & l'ont fait déchoir elle-même : ce golfe communique au Zuiderfée par une digue ou une écluse. On y compte 700 maisons, dont quelques-unes sont fort belles, une église Réformée, une Luthérienne, une Catholique & une Mennonite. La pêche, une fabrique de savon, une manufacture de soie, sont les ressources de ses habitans.

Medenblik, ou *Memelik*, ville située sur le Zuiderfée, fortifiée & défendue par un vieux château : elle renferme environ 700 maisons, & deux églises Réformées ; les Luthériens, les Mennonites & les Catholiques en ont chacun une. Son port est très-bon, & peut donner un abri à plus de 300 vaisseaux. Son plus grand commerce vient des bois que ses habitans tirent de la Suede & de la Norwege. On la croit la plus ancienne ville du Nord-Hollande, & elle fut un siege des anciens rois Frisons : ses digues sont estimées les plus belles du pays.

Purmerend, ville d'environ 600 maisons, située à l'extrèmité d'un lac nommé *Polder-Purmer*. Son vaste & antique château fut démoli en 1741. Toutes les semaines, il s'y tient un marché de fromages & de bestiaux.

Le bailliage de *Noord-Rennemerland*, confine à la mer du Nord, à la mer de Wyker, renferme la *longue Mer* d'où sort la petite riviere de Ril. La *Zaan* qui le parcourt reçoit la plus grande partie de ses eaux du lac de *Poel*. Les villes & les villages se communiquent par des canaux. On y remarque *Beverwyk* ou *Wyk*, bourg agréable sur la mer ou lac de Wyker : ses habitans sont presque tous jardiniers, & fournissent Amsterdam du produit de leurs travaux. *Velzen*, village sur le même lac. *Heilo* en est un encore, qui est en grande considération auprès des catholiques qui habitent dans son voisinage, à cause de la vertu qu'ils attribuent aux eaux du *Heilo Putje*. *Egmond-opzée*, & *Egmond-opdenzée* sont deux villages, qui avec quelques autres formaient autrefois un comté : dans le premier on voit les murs d'un monastère fondé par Dietrich ou Thierri comte de Hollande : dans le second sont les ruines d'un château : on donne quelquefois le nom de ville à ces deux villages. *Petten*, village connu par les huitres qui s'y pêchent. *Zype* nom d'une espece d'île de deux lieues & demi de long & une de large, autrefois inutile amas de sable & de boue, aujourd'hui convertie en belles prairies. Deux chemins s'y croisent, & sont bornés de maisons dont les habitans forment les paroisses de *Noord-Zype* & de *Zuid-Zype*. L'île de *Wieringer* est défendue par une forte digue & a une église. *Helder*, village sur le Marsdiep, au milieu d'une pointe qui s'avance vers l'île du Texel, & dont une partie est sur la digue même : cette digue est peut-être la plus remarquable de toute la Hollande : ses habitans sont presque toujours sur la mer : de là aux villages de *Kaantsoog* & de *Huisduinen* est un rang de collines de sable formé par la nature & le travail de l'homme, qui laissent entr'elles & la mer une plaine de demi lieue, que les eaux couvrent quand elles sont hautes : dans les lieux les plus élevés de cette plaine, on trouve une multitude de lapins dont la chasse s'afferme. Au couchant de *Helder* est un havre commode pour jetter l'ancre : on le nomme *Landsdiep*, & la flotte s'y assemble en tems de guerre. *Schermer*, lac ou grand étang, desséché en partie, qui donne son nom à plusieurs villages situés sur ses bords. *Ryp* est un grand village dont les habitans s'occupent à la pêche du hareng & de la baleine. *Wormer* grand village, situé sur la rive orientale du Zaan, & connu par les biscuits qui s'y font. *Zaan-*

dam, ou *Zardam*, grand & riche bourg sur le Zaai qui le partage : il est très commerçant en bois, grains, huile de baleine, & autres objets : on y construit des navires, & le nombre de moulins à scie, à huile, à foulons pour préparer les couleurs, pour le papier, pour le tabac, le senevé, peut aller à 2300 : il en est qui brulent & moulent le café. Il y a ici une imprimerie, & tout ce qu'on trouve dans une ville.

Le *Waterland* est un bailliage qui renferme la partie méridionale du Nord-Hollande. On y trouve un grand nombre de villages : celui de *Broek* est fort grand & très beau ; c'est un des lieux qui font le plus admirer la propreté Hollandaise : les maisons sont de bois & n'ont qu'un étage ; leurs toits sont de tuiles rangées en échiquier ; le dehors en est peint diversement selon le goût de ses possesseurs & cette peinture souvent renouvellée les fait paraitre toujours neuves ; elles ont des fenêtres anglaises, faites de verre choisi, au dedans elles ont de beaux rideaux : l'intérieur en est propre & charmant : devant la maison est ordinairement un jardin entouré d'une palissade basse & peinte, divisé en compartimens, distingués par du sable coloré, par des coquillages, des statues, & de semblables ornemens : divers canaux passent par le village : les rues sont pavées de briques, tenues très propres & semées de sable blanc dont on forme différentes fleurs : pour conserver ces desseins, on fait les rues si étroites qu'un char ne peut y passer : le bétail n'ose s'en approcher, & les voyageurs même sont reçus dans un logis élevé au dehors : tout ce qui est en bois est peint, balais, rateaux, piliers, soutiens d'arbres, &c. & le haut est sculpté proprement. Les habitans sont commerçans ou vivent de leurs rentes :

parmi ceux-ci sont plusieurs bourgeois d'Amsterdam qui viennent y passer des jours sereins & paisibles.

Le *Zeevang* fait partie du Waterland & est sur le bord du Zuidersée: on y trouve en divers endroits de la tourbe. On y compte 11 villages.

Les lacs desséchés du Waterland sont assez nombreux: celui de *Beemster* est un des plus considérables, il renferme 7794 arpens de terre; plusieurs canaux tirés au cordeau, s'y coupent à angles droits. Entr'eux sont des chemins bordés d'arbres de différentes espèces. Le lac de *Wormer* a 1798 arpens de surface, celui de *Purmer* en a 2981.

La West-Frise proprement dite, s'étend de la Zype vers le levant, & se termine à un angle qui s'avance dans le Zuidersée & n'est séparée de la Frise que par une distance de 5 lieues. On la nomme le *Dregterland*, & c'est sous ce nom qu'il en est parlé dans les anciennes Histoires: c'est un pays de prairies dont plusieurs furent des lacs. Il est partagé en 4 *oggen*, qui sont ceux de l'ouest, de l'est, du nord, & du sud. Dans cette enceinte peu considérable on compte jusqu'à 58 villages, parmi lesquels sont plusieurs seigneuries, telles qu'*Obdam*, *Veenhuizen*, *hagen* qui est un bourg considérable: il eut le droit de ville en 1415; & reçut son nom des habitans du Itland qui s'y établirent.

Diverses îles sont situées sur les côtes du Nord-Hollande, & firent autrefois partie de la terre ferme, dont elles ont été séparées par l'impétuosité de la mer. (*) Leurs habitans s'exercent dès leur jeunesse à la navigation & deviennent d'excellens hom-

---

*) Elles furent autrefois en plus grand nombre, & l'on conserve les noms de plusieurs qui n'existent plus.

mes de mer. Parmi ces îles, on remarque le *Texel* ou *Teſſel*, ſéparée du Nord-Hollande par un courant d'eau d'une lieue de large; c'eſt la plus grande ſur-tout lorſqu'on y joint l'*Eierland* qui fit autrefois partie du Texel, fort grande alors, & peu peuplée : ſes habitans vivaient de poiſſons & d'œufs. Céſar en parle dans ſes commentaires : ce ſont des oiſeaux de Norwege qui viennent encore tous les printems y dépoſer leurs œufs. L'île du Texel cultivée aujourd'hui avec ſoin, n'a plus de ces œufs mais l'Eierland en a encore, & un homme à qui une petite cabane ſert d'aſyle vient les y ramaſſer cette île paraît diminuer tous les jours. Buſching dit qu'une digue la réunit au Texel en 1630. Ces deux îles réunies ont des champs fertiles & des pâturages excellens où l'on nourrit beaucoup de moutons : on y fait un bon commerce en laine, & en fromages verds, faits avec le lait des brebis, & qui portent le nom de l'île. On y compte 6 villages celui de *Burg* eſt le plus conſidérable ; il eſt placé dans ſon centre : au levant, elle a une rade commode, où ſe raſſemblent les vaiſſeaux de la compagnie des Indes orientales qui partent pour le compte des chambres d'Amſterdam, de Horn & d'Enkhuiſen, & ils y ſont protégés par un Fort. On en ſort par le vent d'Eſt ou de nord-Eſt ; l'entrée en eſt dangereuſe durant l'orage & ſur-tout lorſqu'il eſt contraire, à cauſe de deux bancs de ſable qui ſont à ſon ouverture où ſouvent des vaiſſeaux périſſent. L'île eſt environnée de digues & de dunes, qui la défendent de la mer plus élevée qu'elle ; on lui donne 3 lieues de long & deux de large.

Flieland, île qui doit ſon nom au Flieſtrome qui ſe rendait à la mer du Nord près de ſes côtes ſeptentrionales dans le tems que les lieux qui l'environnent étaient encore couverts de pâturages, ils le font aujourd'hui par les eaux. Elle avait deux villages : celui qui est au levant subsiste ; celui du couchant a été détruit par la mer.

Ter-Schelling, île plus grande & plus peuplée que la précédente : les champs & les pâturages y sont féconds. On y compte 4 villages. Entre ces îles coule le Fliestrome qui y forme un passage commode pour les vaisseaux qui font voile au Nord & vers la mer Baltique.

Wieringen, île qui prend son nom d'une herbe de mer qui croît aux environs : on avait projetté de l'unir avec la West-Frise par des digues, mais on ne l'a point encore exécuté. Elle a des champs, des prairies, & nourrit beaucoup de moutons. On y compte 3 villages.

Marken, petite île de deux lieues de tour, dans le Zuidersée, sur les côtes du Nord-Hollande, près de Monnikendam ; la navigation & la pêche en nourrissent les habitans : elle ne renferme qu'un village.

Urk, île d'une lieue de tour soumise à la jurisdiction d'Amsterdam : on y voit un village sur une haute colline de sable : près de lui sont des fontaines d'eaux douces.

Schokland, île au levant de celle d'Urk, & plus qu'elle. La partie du Nord appartient à la ville d'Amsterdam : celle du Sud à la province d'Ober-Yssel : dans l'une & l'autre il y a un village. Ces deux îles d'Urk & Schokland sont intéressantes pour la navigation dans le Zuidersée : sur leurs côtes on élève des fanaux qui conduisent les navires, & c'est pour cela qu'Amsterdam, Zwol, & Kampen veillent à leur conservation.

SUD-HOLLANDE.

Il s'étend des bornes du Brabant jusqu'à l'Y. Nous plaçons les villes qui députent aux Etats dans le rang qui leur y est assigné.

Drodrecht ou *Dort*, est bâtie dans une île que forme la Meuse; elle a un port commode, une grande & belle église dont le chœur est converti en école: autour sont des chapelles dont les autels sont démolis. La chaire est de marbre blanc, moucheté de noir, & travaillé en relief: quatre vertus, sculptées avec art en soutiennent le noyau. La ville renferme près de 4000 maisons, la plupart assez belles: elle est coupée par 3 canaux, dont un lui sert de fossé; a de belles vues & d'agréables promenades, est sans fortifications; la Meuse la défend, & c'est à ce fleuve qu'elle doit le bonheur de n'avoir jamais été subjuguée. Elle fut le siege des anciens comtes de Hollande; de là vient le rang qu'elle occupe. On y frappe la monnaie du Sud-Hollande. Son gymnase fut fondé en 1635. On connait le fameux synode qui s'y tint en 1618. Les principaux objets de son commerce sont les grains, le vin, & sur-tout celui du Rhin, le bois qui vient d'Allemagne. Elle jouit du droit d'étape. C'est dans ses environs qu'en 1421 la Meuse ayant rompu ses digues, inonda le pays, couvrit 72 villages & fit périr 100,000 habitans.

Haarlem, est située à une lieue de la mer, ou du lac de son nom, sur le Spaaren, qui fait communiquer la Frise à la Hollande, & facilite leur commerce: un grand nombre de vaisseaux y navigent sans cesse: un canal joint cette ville à Leyde & à Amsterdam. On y compte près de 8000 maisons, toutes assez antiques. On y compte 4 églises réformées Hollandaises, une Luthérienne, 11 catholiques

ques : parmi les premieres, on remarque celle de
St. Bavon, une des plus grandes & des plus belles
de la province, autrefois la cathédrale d'un évêché,
qui dit-on, subsiste encore, mais dans l'obscurité :
3 prêtres catholiques habitent une maison voisine,
& prennent le titre de chapitre de Harlem. La grille
de l'église est de cuivre jaune, & travaillée avec
art : le vaisseau est gothique & vaste : l'orgue qui
en occupe le fond passe pour la plus belle de l'Europe : son jeu très sonore remplit l'église, & étonne
les étrangers : 4 colonnes de marbre la soutiennent ; la religion, la musique, la poësie y sont représentées en marbre blanc sous divers symboles :
là, on voit encore le roi David jouant de la harpe,
jeux renommées &c. Dans le mur est un boulet qui
entra par la fenêtre lorsque le duc d'Albe assiegeait
la ville : l'hôtel de ville est remarquable sans être
beau ; les étrangers visitent la maison de Laurent
Jean Coster sans en croire l'inscription. Les manufactures de toiles de Harlem sont déchues, mais
subsistent toujours : ses blanchisseries sont encore
à prospérité : ses beaux jardins, son commerce de
fleurs la rendirent célebre : ce commerce fut une
espèce de fureur ; un oignon de tulipes s'y est vendu, dit-on, 50 mille francs ; quelques belles tulipes
faisaient la fortune d'un citoyen : chacun voulut
voir un jardin, voulut posséder seul de beaux
ayeux & la maniere de les cultiver, & on parla
un jargon presqu'inintelligible. L'Etat se crut obligé
d'arrêter cette frenésie, & elle s'est calmée sans s'éteindre : les fleurs y sont cultivées avec beaucoup
de soin, & variées avec art : les plus rares s'y vendent jusqu'à 100 ou 200 francs. Cette ville a une
académie depuis 1752. Dans ses environs on remar-

Tome IV. P

que le bocage qui porte son nom, formé dans un bois, environné d'allées charmantes.

Delft, *Delphi*, ville située dans une contrée agréable, sur la Schie. Elle forme un quarré long, ses rues sont droites, arrosées par des canaux ornés de quais : trois d'entr'elles vont d'un bout de la ville à l'autre : on y compte 4870 maisons : dans le centre est une grande place où l'on voit d'un côté l'hôtel de ville & de l'autre une église. On y voit le palais habité par Guillaume I, & qui fut autrefois un couvent : il y fut assassiné, & les Etats lui ont élevé un magnifique mausolée dans l'église neuve, devenue le tombeau de ses successeurs. La vieille église renferme ceux de l'amiral Martin Harpert Tromp, qui, dit l'inscription, cessa de vivre & de vaincre : & de Pierre Hein. Près d'eux est celui de deux époux morts à l'âge de 100 ans. La province a dans cette ville son arsenal, & on y compte 50000 fusils. La fayence qu'on y fait égale en beauté la porcelaine. On y trouve de grands magasins de poivre. Le commerce y est facilité par un grand canal qui communique à la Meuse, & dont les bords plantés d'arbres forment une promenade riante. Au dehors des murs, on remarque une église réformée Hollandaise. Elle en a au dedans deux Réformées, une Française, une Luthérienne, une Catholique : son territoire renferme *Delfshaven* grand & beau bourg, sur la Meuse, à l'extrémité du canal de Delfs, & c'est dans son port que viennent se rendre les vaisseaux de la compagnie des Indes, ceux de la pêche du hareng, & divers navires marchands. On y compte aujourd'hui 2000 habitans.

Leyde, *Lugdunum Batavorum*, autrefois *Lugdunum ad Rhœnum*, ville située sur le Rhin ; c'est après Amsterdam, la plus grande & la plus belle de la proince : on y compte plus de 60000 habitans, & 0891 maisons : les rues y sont larges, longues, propres, coupées par de beaux canaux qui y forment 50 îles, jointes par 160 ponts. Une de ces rues est appuiée sur une voute d'un quart de lieue de long, sous laquelle un ruisseau entraine les immondices dans le Rhin : les quais le long du fleuve, les rues, les canaux ornés d'arbres forment partout d'agréables promenades, mais rendent les maisons un peu obscures : son enceinte est de plus d'une lieue ; on y entre par 8 portes. Il ne reste que les murs de son château antique, placé au milieu d'elle, sur le Rhin qui l'environne : on y trouve encore un labyrinthe & un puits très profond, qui n'a plus que peu ou point d'eau. Son enceinte est circulaire, & occupe une hauteur faite de main d'hommes, remplie aujourd'hui par un verger, & autrefois par des cerfs, des chevreuils & des paons. De ses murs crenelés, on découvre la ville & la campagne ; on les croit l'ouvrage des Romains, ainsi que d'autres ruines que Leyde renferme. On y compte 5 églises réformées Hollandaises : parmi elles est celle de St. Pierre, grand vaisseau gothique, assez élevé, & dont le plafond est en bois ; elle est remplie d'épitaphes, & on y remarque le mausolée de Boerhave. Elle a encore une église Française, 2 Luthériennes, une Anglaise, une Mennonite, plusieurs lieux d'assemblées pour les catholiques qui y sont en plus grand nombre que les protestans. En 1575, Guillaume I, prince d'Orange, y fonda une université au nom du roi d'Espagne : la beauté du lieu, la douceur des habitans, une campagne riante, les bords de la mer, tout s'unissait pour faire de Leyde une université. Elle a une bibliothéque nombreuse où l'on compte 2000 manuscrits rares, la plupart Arabes ; un grand globe céleste, où un mouvement d'horlogerie fait mouvoir les corps célestes selon le système de Copernic ; un théâtre d'anatomie, un cabinet d'histoire naturelle, un observatoire & un jardin botanique. Les Etats de Hollande & de Zéelande y ont fondé le collége de théologiens où l'on forme les jeunes gens à remplir les fonctions de pasteurs. Les Vallons y ont un collége françois ; il y a encore une école latine. On y fabrique des draps, des sagettes, des bouracans ; mais ses manufactures ont passé le point de leur prospérité. Leyde a un conseil de 40 sénateurs ; parmi eux sont 4 bourguemaîtres choisis par le Stathouder, un grand bailli & 8 échevins y administrent la justice civile & criminelle. Ses environs sont riants & féconds, semés de grands villages, & c'est là qu'on fait la meilleure bierre, le meilleur beurre, le meilleur pain du pays : de loin elle semble une ville dans un bois ; c'est dommage que les chaleurs fassent exhaler de ses canaux remplis d'eaux dormantes, des exhalaisons fétides & mal saines.

Amsterdam, ou *Amsteldam*, n'était en 1204 qu'un petit château des seigneurs d'Amstel : son terrain bas & marécageux, était arrosé de rivieres dont les plus considérables sont l'Y & l'Amstel, qui s'y réunissent, & qui sont fort poissonneuses : la derniere, munie d'une digue pour prévenir les inondations, a donné son nom à la ville formée d'abord de cabanes de pêcheurs ; leur nombre s'accrut avec leur prospérité : on lui donne le nom d'Amstelredamme dans de vieux titres de 1274 ; il n'en est fait aucune mention avant cette époque : entourée de murs & de remparts, elle eut en 1275 le droit de commercer par toute la Hollande, & 5 ans après, elle s'environna de nouvelles fortifications & de tours de bois; mais tout fut rasé en 1300: bientôt elle fut rebâtie, obtint ses anciens privileges, & figura entre les villes commerçantes, malgré la multiplication des monastères qui occupaient le tiers de son enceinte. En 1421, il fut défendu aux religieux d'hériter, d'acquérir ou acheter aucuns immeubles dans la ville & son territoire: aggrandie successivement, elle eut en 1658 l'étendue qu'on lui voit aujourd'hui. Elle est entourée de hauts murs de briques, d'un large fossé & d'une digue bordée de deux rangs d'arbres, fortifiée de 26 bastions, fermée du côté du port par deux rangs de gros pieux fichés perpendiculairement & joints par des poutres horizontales, avec des ouvertures où les vaisseaux entrent & sortent, & qui se ferment tous les soirs après qu'on a sonné une cloche pour en avertir. Ces rangs de pilotis ont 50000 pieds de long, elle a la figure d'un demi cercle, qui s'appuye sur l'Y & peut inonder ses environs: son grand pont sur l'Amstel est un des plus beaux morceaux d'architecture de la Hollande, il est long de 660 piés, large de 70, a 35 arcades dont 11 sont plus élevées que les autres; 8 d'entr'elles servent à recevoir des bateaux & sont fermées; les 3 autres servent pour le passage des barques: il est orné de balustrades, & c'est là que l'Amstel se distribue dans les canaux de la ville & forme un grand nombre d'îles jointes par des ponts de pierres ou de bois: d'autres sont remplis par l'Y; ils se communiquent, ont des quais garnis d'arbres & sont très propres: l'Amstel perd son nom dans le canal de Rockin, il passe par les voutes ménagées sous la Bourse, & sous la grande place, mêle ses eaux à celles de la mer dans le canal de Dam-Rack qui communique au port: ses eaux forment deux canaux à sa droite;

deux à sa gauche, ils se communiquent par de plus petits : il en est de même de ceux de l'Y : ils sont tous navigables, facilitent le transport des marchandises, aident à la propreté & à l'agrément des rues ; mais en été, malgré les soins qu'on prend pour en agiter l'eau par des moulins, il s'en exhale une mauvaise odeur, sur-tout lorsqu'il règne un vent faible & chaud.

Amsterdam n'a pas de belles places publiques : la principale est le *Middelham*, très irréguliere, ornée de la maison de ville qu'offusque un bâtiment isolé où l'on pèse les marchandises : les autres n'ont rien de remarquable, mais peu de villes ont autant & d'aussi beaux édifices publics. Son église neuve, fondée en 1414, achevée en 1470, a 315 pieds de long, 210 de large, 52 piliers, 75 fenêtres, & repose sur 6363 pilotis : la chaire est un chef-d'œuvre en ce genre. Elle n'a point de tour, la plus haute qu'ait Amsterdam est celle de l'église occidentale qui est très belle. Plusieurs églises ne sont que de bois : les anciens couvens ont été changés en hôpitaux, ou en maisons bourgeoises. Les Hollandais réformés y ont 11 églises ; les Français deux ; les Anglicans 2 ; les Arminiens une ; les Luthériens 2 ; les Mennonites 3 ; les Catholiques y ont 24 lieux d'assemblée ; les Arminiens un ; les Juifs plusieurs synagogues, dont la principale est magnifique, très propre & de forme quarrée : c'est celle des juifs Portugais. Les hôpitaux y sont nombreux, leurs revenus considérables & bien administrés, leur propreté & leur commodité admirables : il en est pour les vieillards des deux sexes, & on leur y distribue le pain, le beurre, le fromage & la tourbe nécessaires pour leur entretien : il en est trois encore & très vastes, où on leur donne le logement. Il y a plusieurs maisons d'orphelins : la plus considérable en renferme ordinairement 2000 : ses maisons de correction sont le *Raspelhaus*, le *Spinnhaus*, la nouvelle *Werkhaus*, la *Besserungshaus*, & un hôpital des fous. Parmi les édifices publics, on remarque sur-tout la maison de ville : sa construction a coûté 30 millions de florins : elle a 282 pieds de long, 255 de large & 116 de hauteur : ses fondemens reposent sur 13659 gros pilotis ; la premiere pierre en fut posée le 28ᵉ. Octobre 1648 : au dedans elle est ornée de marbre, de jaspe, de sculptures & de peintures : le dehors semble défiguré par 7 petites portes qui représentent peut-être les 7 Provinces ; mais l'homme de goût prefererait un majestueux portail à cet emblême mesquin. Son rez-de-chaussée sert de prisons aux criminels, d'arsenal à la ville, d'enceinte à la banque & de dépôt à son trésor qu'on estime le plus riche qu'il y ait en Europe. Cette banque fut établie en 1609 : les particuliers y déposent les sommes qu'ils veulent mettre sous la garde publique, & leur confiance n'a jamais été trompée : on n'ouvre, on ne ferme ce dépôt qu'en présence d'un bourguemaître : ses payemens se font par un banquier perpétuel, choisi parmi les habitans d'Amsterdam ; ils ne peuvent être au-dessus de 300 gouldes à la fois pour un seul particulier. Son crédit est immense & se confond avec celui de l'Etat : la ville a garanti les sommes qu'on y dépose, excepté dans les cas imprévus de violence, d'incendie, & d'inondation. Ce magnifique édifice est dans ses appartemens supérieurs occupés par différens tribunaux de justice. Dans sa tour est un carillon admirable, & l'on y jouit d'une vue étendue sur la ville & la campagne jusqu'au Zuiderfée.

La *Bourse*, fondée en 1608, achevée 5 ans après, est élevée sur 3 arcades où se réunissent deux canaux où coule l'Amstel : elle est bâtie de briques, a 250 pieds de long, & 140 de large ; son rez-de-chaussée forme une galerie qui règne autour d'une belle cour : 46 colonnes soutiennent les salles plus élevées ; elles sont numerotées, & chaque nation commerçante y a la sienne. C'est dans la cour que les négocians s'assemblent depuis midi à une heure, là qu'ils proposent leurs lettres de change, leurs marchandises, leurs projets : ceux qui viennent après midi & un quart payent une amende d'un sol pour les pauvres : dans le haut, est une salle d'armes, & une halle où se vendent toutes sortes de draps : autour d'elle sont les bureaux des postes. L'*Amirauté* est encore un grand bâtiment, ancien palais des princes d'Orange, dont l'église sert aujourd'hui de bureau : elle a un vaste arsenal, les boulets sont dans le bas : plus haut sont les cordages & les armes ; plus haut encore sont les voiles, poulies, pavillons, & les instrumens du pilotage : on y voit un canot des sauvages du détroit de Davis. Dans la partie la plus élevée du bâtiment est un reservoir de 1600 tonneaux d'eau, qui par différens tuiaux de plomb peut se rendre en ses différentes parties pour arrêter les incendies. Le chantier est voisin de là : il a plus de 500 pieds de long, & est entouré des maisons des charpentiers ; on est étonné de l'abondance de ses matériaux & on en remarque la forge.

La compagnie des Indes orientales s'assemble dans un bâtiment nommé *Bos-huys* qui renferme une partie de ses marchandises : elle a ailleurs un vaste magasin bâti sur 3 petites îles, qui renferme ses épiceries, tout ce qui lui est nécessaire pour construire & équiper ses flottes, de grandes forges, & une corderie de 2000 pieds de long : 3000 hommes sont occupés dans ce magasin & le chantier voisin. Le magasin de la compagnie d'Occident est voisin de l'Amirauté. On remarque encore ailleurs divers édifices : la tour des Pleurs où s'embarquent les matelots, où s'assemblent ceux qui sont chargés de veiller sur les ports & les quais : la tour des Harengs où s'assemblent les pilotes ; la tour de Jan-Reden-Port où sont détenus les prisonniers pour dettes : la tour des Réguliers, qui doit son nom à un couvent, & qui bâtie pour défendre la ville, devint ensuite un hôtel de monnaie, puis une hôtellerie. On y trouve encore un Lombard, une école latine, un gymnase, un collége anatomique, divers hôtels publics.

Le circuit d'Amsterdam renferme 894 journaux de terre ; une partie est vuide encore de maisons, & on y voit des jardins de particuliers, & le jardin public des plantes où l'on donne des leçons de botanique : on a compté dans cette ville en 1732, 26835 maisons, la plupart bâties en briques, couvertes de tuiles rouges ou noires, & élevées de 3 étages : le nombre des habitans peut aller à 250000. On y manque d'eaux pures, & celle qu'on y a vient du Vecht. Son port est un des plus grands & des plus sûrs de l'Univers ; mais il est peu profond, & le *Pampus*, banc de sable sur lequel il faut passer pour l'atteindre, oblige d'alléger les navires & souvent de se servir de machines pour les tirer dans la haute mer. Un ennemi trouverait les mêmes inconvéniens à surmonter & les vaincrait difficilement. Il est divisé en 3, & il s'y fait un flux & reflux continuel de navires ; de loin on voit une forêt de mâts, les vaisseaux cachent à l'œil l'eau qui les porte, & la ville semble régner sur la mer. Sa situation est si avantageuse, que les autres villes de la province trouvent leur avantage à y envoyer & à y prendre des marchandises, & qu'aidés du vent, les vaisseaux peuvent aller en peu d'heures de son port dans tous ceux du Nord-Hollande, de la Frise, de l'Ober-Yssel, de la Gueldres, de la Zéelande même, & en revenir.

Trente-six sénateurs & 12 bourguemaîtres qui président tour à tour, la gouvernent: les bourguemaîtres sont peu payés, mais ils le sont de toutes les dépenses extraordinaires auxquelles leur dignité les oblige, & ils ont le pouvoir de faire du bien; c'est le plus grand avantage de leur charge. Chaque année il en sort trois & on en nomme trois. Des échevins y administrent la justice civile & criminelle: ils sont au nombre de 9, dont 7 sont changés après l'année de leur gestion révolue; deux restent pour présider sur les nouveaux: ils sont nommés par les bourguemaîtres qui le sont par le sénat choisi par la bourgeoisie: il forme différens autres tribunaux. Sa longitude est 22, 39. Sa lat. 52, 22' 45."

Gouda, *Ter-Gouw*, ville située sur la petite riviere ou canal de Gouve qui y tombe dans l'Yssel par 2 embouchures, après avoir environné la ville qu'un de ses bras traverse. Elle a environ 4000 maisons. Sa grande église est magnifique: on en admire les vitres de verre peint aux dépens de Philippe II, de Marguerite, gouvernante des Pays-Bas, & du prince d'Orange. Le commerce intérieur y est très actif, parce qu'elle est située au passage des barques qui vont & viennent entre la Hollande, la Zéelande & les Pays-Bas Autrichiens par l'Yssel & la Meuse: elle entretient une multitude d'écluses, & y perçoit des péages: on y fait une quantité immense de cordages & de pipes à tabac dont la terre vient du pays de Liege. On peut en mettre les environs sous l'eau, & c'est là son rempart le plus sûr. On y trouve beaucoup de Remontrans. Les archives de la province y sont en dépôt.

Rotterdam, ville sur la Meuse ou Merwe dans laquelle se jette la petite riviere ou canal de Rotte qui donne son nom à la ville qu'elle arrose : son port est formé par elle, & les vaisseaux qui ne prennent pas plus de 15 pieds d'eau y parviennent. C'est après Amsterdam la ville la plus commerçante de la Hollande, sur-tout pour l'Angleterre & l'Ecosse ; elle est l'abord des vins de France. Son antiquité ne va pas au-delà du 13e. siecle ; mais elle est célebre par la beauté de sa situation, par sa population, ses maisons agréables, & ses richesses. On y comptait 6621 maisons en 1732. Elle surpasse Amsterdam par la clarté de ses eaux, la commodité de son port, la netteté de ses rues, & la largeur de ses canaux bordés de quais ornés de tilleuls, & qui forment des promenades charmantes. Le milieu des rues est pavé de pierres, pour les voitures ; les deux côtés sont de briques, rangées en compartiment & servent aux gens de pié : des traineaux qui repandent de l'eau sur le devant pour que le frottement ne les enflamme pas, y transportent seuls les fardeaux : les quartiers de la ville sont coupés par de larges & profonds canaux ; ils sont joints par des pont-levis, qui se lèvent pour laisser passer les bâtimens : une foule d'yachts circule sur ces canaux, ou pour des parties de plaisir, ou pour le transport des marchandises : chaque rue a deux petits ruisseaux qui servent à les laver : une platte forme, revêtue de marbre, bordée par une balustrade les sépare des maisons qui presque toutes sont bâties de briques de différentes couleurs, arrangées avec art. Les vitres en font d'une propreté singuliere; souvent des miroirs différemment inclinés s'avancent au dehors pour annoncer au dedans ce qui se passe au dehors : toutes les portes sont peintes en verd, & ornées de cloux de cuivre. L'hôtel de ville est peu remarquable; mais la Bourse est un bâtiment plus beau que celui d'Amsterdam. La grande place, formée en partie par un pont, est embellie par la statue de bronze élevée au savant Erasme. Elle est le siege du premier collége de l'Amirauté, formé par 12 conseillers, & l'amiral monte toujours sur un de ses vaisseaux : vers l'orient on voit un grand bassin où l'on bâtit & lance à l'eau les vaisseaux de la compagnie : au couchant est un autre bassin qui sert au même usage pour les particuliers. Elle renferme 4 églises pour les réformés Hollandais; une pour les Français; deux pour les Anglais, dont une pour les Presbyteriens, l'autre pour les Anglicans; une pour les Ecossais, & une pour les Luthériens : cette derniere est moderne & fort belle. Il y a plusieurs maisons où les Catholiques exercent sans crainte leur culte. On y a fondé en 1771 une société des sciences qui a un capital de 150 mille gouldes. La ville est régie par 24 sénateurs dont 4 sont bourguesmaîtres : la justice y est administrée par un bailli & 7 échevins.

Gorcum, *Gorichem* ou *Gornichem*, ville sur la Meuse, aux frontieres de la Gueldres, arrosée par la Linge qui la partage avant de se perdre dans le fleuve; médiocrement fortifiée au levant, on peut la mettre sous l'eau : elle déchoit & on n'y compte plus qu'environ 1400 maisons. On y commerce en beurre, en fromages, & sur-tout en grains. La Meuse y procure une pêche abondante en saumons.

Schiedam, ville sur la Meuse, qui reçoit son nom de la Schie qu'une écluse conduit dans le fleuve. Elle a déchu & l'on n'y compte plus que 1500 maisons. Ses plus riches habitans y font bâtir des vaisseaux pour la pêche du hareng : ses plus pauvres font des cordages. Il croit aux environs beaucoup de genievre.

Schoonhoven, ville sur le Leck, qui y reçoit le Vliet après qu'il a traversé la ville. On n'y compte pas 600 maisons ; mais elle est fortifiée avec soin, & l'on peut mettre sous l'eau le pays qui l'environne. Son commerce est médiocre ; on y travaille l'argent, on y fait du papier, & la pêche des saumons dans le Leck y est abondante.

La *Brille*, ou *Briel*, est située dans la partie septentrionale de l'île de Voorne, près de l'embouchure de la Meuse, avec laquelle un port grand & commode la fait communiquer. Elle a de bonnes fortifications que la province entretient à ses frais. On y compte près de mille maisons ; des jardins potagers occupent une partie de son enceinte : quelques uns de ses habitans sont pilotes, beaucoup sont pêcheurs : le seul monument qu'on y remarque est le tombeau de l'amiral Van-Almonde. C'est dans cette ville que se jetterent les fondemens de la république des Provinces-Unies dans l'année 1572.

Il est d'autres villes qui n'envoyent plus de députés aux Etats de la province ; mais qui dépendent immédiatement des Etats-Généraux : quelques unes sont des forteresses qui défendent la Hollande au levant & au midi.

Naerden, forteresse sur le Zuidersée, & où l'on compte 7 à 800 maisons : c'est le boulevard d'Amsterdam dont elle est séparée par un espace de quatre lieues où passe le canal de Muyden. Ses habitans font des draps & des velours.

Muyden, petite ville sur le Vecht qui s'y jette dans le Zuidersée; médiocrement fortifiée, son château est considérable; mais ce qui peut mieux la défendre encore, c'est qu'elle peut inonder ses dehors. On n'y compte pas 200 maisons; ses habitans sont pêcheurs, ou font du sel. Une écluse placée à l'embouchure du Vecht, fait de la ville le passage des navires qui vont & viennent du haut Rhin à Amsterdam.

Wezep ou *Weesp*, ville de 500 maisons, arrosée par le Vecht, assez bien fortifiée : c'est de cette ville que l'on porte à Amsterdam de l'eau douce qui sert aux brasseurs de bierre & à d'autres usages.

Nieuwersluis, fort sur le Vecht, à trois lieues de Wezep : la riviere qui le traverse y fait la limite commune des provinces de Hollande & d'Utrecht, de sorte qu'une de ses moitiés appartient seulement à la Hollande. Près de lui, le Vecht s'unit à la tortueuse Amstel par un canal qui forme un passage très fréquenté d'Amsterdam à Utrecht.

Woerden, petite ville sur le vieux Rhin qui la partage. Elle est bien fortifiée, renferme dans son enceinte un château & près de 400 maisons. A une demi lieue de là, est le fort *Wiericke* élevé sur la rive gauche du Rhin : sur sa rive droite & un peu plus haut, étoit celui de *Nieuwer-Brug*, qui a été démoli.

Oudewater, ville forte sur l'Yssel qui la traverse. On y compte 562 maisons. Là nâquit Arminius.

Nieuport, petite ville sur le Leck, qui donne son nom à une seigneurie de la maison d'Orange. Ses habitans s'occupent à la pêche du saumon; ses maisons sont au nombre de 140 ; ses fortifications seules la rendent importante.

Loewestein, petit fort sur la pointe occidentale du Bommel Waard, vers les frontieres de la Gueldres au lieu où se réunissent la Meuse & le Waal, ce qui le rend important pour la Hollande : au milieu s'élève un vieux château, où l'on enferme les prisonniers d'Etat.

Woudrichem, communément *Worcum*, petite ville bien fortifiée, sur la Meuse ou Merwe, dans le pays d'Altena : on y compte 158 maisons.

Heusden, ou *Neder-Heusden*, ville très forte, située entre des marais près de la Meuse, qui y communique par un ravin profond qui fut son ancien lit : elle a 600 maisons.

Gertruidenberg, communément le *Berg*, ville située sur le golfe de Biesbos, ou Bergerveld, formé par l'inondation de 1421 & dont nous avons parlé ailleurs. On la croit fondée par Gertrude sœur de Charlemagne qui y vécut en sainte & lui donna son nom. La Dongen vient s'y perdre dans le golfe : on y compte 456 maisons ; le prince d'Orange y a un palais ; ses habitans s'occupent à la pêche du saumon.

Le *Klundert*, petite ville forte, qui lorsqu'elle n'était qu'un village avait le nom de *Nieuwertvaart* : elle fut environnée d'un rempart en 1583, appartient à la maison d'Orange, est arrosée par le Rodewaart sur les bords duquel est le fort de Bloemendaal.

St. Gravenhage (demeure des comtes) plus communément *la Haye*, a eu longtems indifféremment le nom de village, de bourg, de ville, & n'est fermé que par des canaux bordés d'arbres ; mais il a aujourd'hui le rang de ville qu'on lui a donné pour y introduire les Juifs qui ne devaient l'être que dans des lieux fermés : sa situation est riante : on y entre par des ponts-levis. En 1732, on y comptait 6164 maisons, sans y comprendre les édifices publics dont quelques uns sont grands & réguliers. On y voit de grandes places plantées d'arbres, & qui sont de belles promenades en été. C'est là que s'assemblent les Etats-Généraux, les différens collèges généraux des Provinces-Unies & de la province de Hollande, les ambassadeurs, residens & agens des puissances étrangeres. Ce fut d'abord un bois avec une maison de chasse des comtes de Hollande : ils y éleverent un palais en 1248 & en firent leur séjour ; Charles-Quint l'orna d'une belle promenade qu'on nomme encore *Voorhout* ; c'est aujourd'hui un cours magnifique entouré d'une vaste enceinte de maisons ; il est tracé en équerre. C'est dans ce lieu que les habitans viennent prendre le frais en été. La Haye a environ deux lieues de tour : ses rues sont longues, larges, propres ; ses maisons bâties de briques sont très agréables ; quelques unes sont en pierres de taille. Le plus beau des canaux qui la traversent, est le canal de la Princesse, & sur ses bords s'élève l'hôtel de l'ambassadeur de France. Le *Pleyn*, grande place quarrée, autrefois jardin du prince, ornée d'arbres & de belles maisons, est le lieu où se fait la parade, & chaque jour on y entend une musique guerriere ; toute la ville, ses places, ses rues, ses cours, ses jardins, ses bosquets, ses canaux n'en font qu'une vaste promenade.

La vieille cour, où l'ancien palais des comtes est le lieu où s'assemblent les Etats-Généraux & les tribunaux de la province : c'est une masse antique & peu agréable autour de laquelle on a élevé diverses

ses maisons; d'un côté est un long édifice occupé autrefois par le Stathouder. La grande salle est vieille, isolée de trois côtés, & renferme les trophées pris sur les ennemis de l'Etat. A droite & à gauche sont des boutiques de Libraires, & les lieux où se fait le commerce des actions. Les salles des Etats sont vastes & ornées de peintures : on y voit une ancienne tapisserie où l'éguille a presque égalé la finesse du pinceau. Celle des ambassadeurs est ornée des portraits des princes d'Orange. Le cabinet d'histoire naturelle du Stathouder est plus complet en certains genres que celui du jardin du roi à Paris : on y voit un canon donné par le roi de Candy, d'une structure singuliere, garni d'argent & de cuivre doré sur un affut de couleur bleu céleste. Dans l'enceinte de la vieille cour est l'église Française réformée.

On compte à la Haye 3 églises réformées Hollandaises, une église Anglaise, une Luthérienne qui depuis 1766 a deux prédicateurs, l'un Hollandais, l'autre Allemand. Les Remontrans & les Catholiques y ont divers lieux d'assemblée; & les Juifs deux synagogues. Les pauvres y sont reçus dans 2 grandes maisons, les orphelins en ont une; les femmes libertines sont forcées de filer dans le *Spinnhuys*.

La Haye s'est principalement accrue au midi par le nombre de ses maisons : mais ses parties les plus belles, sont le long du canal du Prince, bordé de maisons magnifiques qui ont vue sur le bois. C'est dommage qu'on y prenne peu de soin d'y nettaier les canaux : & quoique l'air y paraisse plus sain qu'en d'autres lieux de la Hollande, l'or & l'argent s'y rouillent aussi fortement. Cette ville a peu de commerce; les nobles & les étrangers la font fleurir par

Tome IV. Q

la dépense qu'ils y font. Presque tout le monde y parle français.

Le pays qui l'environne est charmant : vers le levant sont d'agréables prairies ; vers le midi de superbes maisons de plaisance ; vers le couchant des dunes ou collines de sable ; vers la mer du nord & le village de Schewelingen, est la plus belle route de Hollande, pavée de briques, bordée de chaque côté de deux ou trois rangées d'arbres ; c'est la promenade la plus fréquentée, le village la termine ; il est sur les bords de la mer toujours couverts de pêcheurs. Vers le nord est la belle forêt de *Haagsch Bosch* dans laquelle est le château de plaisance d'*Oranienſaal*, orné au dedans de magnifiques tableaux des plus grands maîtres, au dehors par de beaux jardins, distribués avec goût. Deux belles allées conduisent encore de la Haye à Delft & au village de Loosduinen.

Bailliages.

Celui de *Gooiland* touche au Zuiderſée, & au territoire de Naarden : des côteaux sablonneux, des bruyeres où paissent des vaches & des brebis, en composent la plus grande partie, dans l'autre on recueille du blé noir & du seigle. On y voit *Huizen* village peuplé d'artisans & de pêcheurs. *Hilverſum* où l'on fabrique des draps & des étoffes de laine ; on y compte 400 maisons. *St. Græveland*, beau village rempli de maisons de campagne. *Muyderberg* dans les environs duquel est le *Nordermeer*, riche en poissons.

Loosdrecht, bailliage qui vers le sud-ouest confine au précédent ; il est petit & couvert de bruyeres. Il a cependant de grands villages : tels sont ceux d'*Alt* & *Neu-Loofdrecht*. On y remarque encore le château de *Kronenbourg*, sur le bord du Vecht.

L'*Amstelland* prend son nom de l'Amstel qui le partage : il est couvert de prairies & de bruyeres. On y voit les villages d'*Ouderkerk* & de *Diemen*, l'un & l'autre appartiennent à la ville d'Amsterdam & ont le titre de seigneurie : quelques étangs y ont été changés en terres labourables.

Le *Kennemerland*, touche à la mer du nord : on se divise en *Nort-Kenn* & en *Zuid-Kenn* : dont le dernier seul appartient au Sud-Hollande : dans cette partie on voit 6 villages & 3 maisons nobles.

Le *Rheinland* est le bailliage le plus étendu du Sud-Hollande : le vieux Rhin le traverse & lui donne son nom : son sol n'est presque couvert que de tourbe : les lieux d'où on l'a tirée, desséchés avec soin, sont convertis en prairies : au nord du Rhin on remarque les villages d'*Oude-Wetering* & d'*Oudshoorn*, près desquels passent les navires qui d'Amsterdam vont en Zéelande, celui de *Rhinsbourg* a donné son nom aux collégiens qui y viennent communier deux fois par année : il y avait autrefois une abbaye de bénédictines, & les comtes de Hollande y étaient inhumés. Les deux villages de *Nortwick* ont de jolies maisons de campagne : entr'eux était l'ancienne abaye de *Leeuwenhorn*. Au sud du Rhin on voit les villages de *Katwick-op-Rhin* & de *Katwick-op-Zée*, tous deux seigneuriaux & qui doivent leur nom aux Cattes, peuple Germain qui habita ce pays : le dernier a une magnifique maison de plaisance, & à quelque distance, il y avait un fort bâti par Caligula, à l'embouchure du Rhin : on l'appellait (*) *Arx Britannica* ; parce qu'il était le passage le plus

(*) Quelques auteurs distinguent la tour de Caligula du château de *Britten*, ou *arx Britannica*.

fréquenté pour paſſer en Angleterre : les Romains y tenaient une garniſon ; mais la mer ayant rongé les terres qui l'environnaient, l'a enfin englouti dans ſes eaux. Dans le milieu du 16ᵉ. ſiecle, la mer fut ſi baſſe en ce lieu qu'on en vit les murs, qu'on en tira le plan & en enleva une inſcription & des monnaies. On vit que ce fort était un quarré dont chaque côté avait environ 240 pieds de long. En 1752, on le revit encore à 600 pas du village. On remarque encore ceux de *Waſſenaar*, *d'Alphen* & de *Zwammerdam*.

Le bailliage de *Woerden* dont la ville de ce nom occupe le centre, n'eſt compoſé que de prairies & ſes habitans ne vivent que du produit de leurs fromages. On y voit les villages de *Bodegraven* & de *Waarder*.

Le *Schieland* doit ſon nom à la Schie qui le touche au couchant. Ce bailliage eſt couvert de bruyeres & d'étangs d'où l'on a tiré autrefois de la houille. Vers la Meuſe & l'Yſſel, il a des prairies & des champs : il y a d'aſſez beaux villages. Près de ceux de *Moordrecht*, *Nieuwerkerk* & *Kapelle*, près des deux rives de l'Yſſel, on voit un grand nombre de briqueteries ; la brique s'y fait avec la fange profonde des rives de l'Yſſel.

Le *Delftland* eſt le plus beau & le plus fertile pays de la Hollande. Delft lui donne ſon nom. Sa partie occidentale eſt ſur-tout abondante en fruits. On y voit des villages magnifiques : celui de *Schwelingen* fournit chaque jour à la Haye du poiſſon frais ; la mer ronge ſes terres, & déja l'égliſe qui jadis était au centre du village, ſe trouve iſolée ſur le rivage. *Loofduinen*, beau village, dans l'égliſe duquel on montre les deux baſſins qui ont ſervi au baptême des 365 enfans de la comteſſe de Henneberg : il faudroit une plus forte preuve pour perſuader ce conte de Mere-l'Oye. Il y avait autrefois dans ce lieu une abbaye de Citeaux. *S. Gravefande*, beau bourg fur une colline de fable au bord de la mer, où fiégerent les anciens comtes de Hollande. Les villages de *Naaldwyk* & de *Hoondslaardyk* appartinrent quelque tems au roi de Pruffe, comme à un des héritiers de Guillaume III; mais ils ont été abandonnés avec tout ce qu'ils renfermaient, au Stathouder Guillaume V, pour 705000 gouldes. *Ryfwick*, village agréable près de la Haye, à qui il appartient: on y voit un beau château à la maifon d'Orange, & on y fait de l'excellent beurre. *Maasland*, ou *Maas-Sluys*, bourg confidérable fur un bras de la Meufe: la pêche du hareng, celle de la baleine, occupent & nourriffent fes habitans. *Vlaardingen*, grand bourg fur la Meufe, qui eft très-ancien, & n'a jamais changé de nom: on l'écrit auffi *Phlardingen*: il eft riche par la pêche du hareng: il en fort plus de bâtimens pour cet objet, que de tous les autres ports de la Hollande enfemble: en 1763, il fortit de tous 173 navires deftinés à cette pêche, & Vlaardingen feul en fournit 112.

Vers le Sud du Schieland & du Delftland, font fituées diverfes îles fort peuplées, qui font partie de la Hollande. On les appelle quelquefois le *Maasland*, ou le pays au-delà de la Meufe, parce que cette riviere les fépare de la province, & qu'elles font voifines de la Zéelande, avec laquelle, par leur température & les mœurs de fes habitans, elles ont de grands rapports. Outre la Meufe, elles font environnées du large courant de *Haringvliet*, qui vient du Biesbofch, & par le *Volke-Rak*, qui felon les lieux où il court, eft connu fous le nom de *Krammer* & de *Bieningen*, ou *Grevelingen*. Toutes ces îles font partagées en divers bailliages.

Le *pays de Voorne*, ou *Oſt-Voorn*, pour le diſtinguer de l'*Over-Flacque*, ou *Sud-Voorn*, & de *Goerec*, ou *Weſt-Voorn*, qui font enſemble un bailliage, renferme la ville de la Brille. Cette île eſt ſéparée de celle de *Putten* par le courant d'eau de Borniſſe : le village d'Oſt-Voorn lui donna ſon nom : on voit dans ſon voiſinage les ruines du château de Voorn. Les lieux les plus remarquables ſont la petite ville de *Heenvliet* (*) ſur la Borniſſe, & *Helvoeſtſluis*, petite place forte, bâtie en 1696. Il y a un chantier & un beau magaſin ; ſa rade en eſt grande & ſûre, ſon port petit & bon : c'eſt-là qu'arrivent, & d'où partent les paquebots de Harwick ; & c'eſt un lieu de dépôt pour les vaiſſeaux de guerre dépendans de l'amirauté de Rotterdam.

L'île d'*Over-Flacque*, ou *Zuid-Voorn*, a reçu ſon premier nom, ou de ce qu'elle eſt ſituée au-delà du banc de ſable *Flacque*, ou parce qu'un courant de ce nom la ſépare de celle dont nous venons de parler. Sa ſituation, relativement à l'Ooſt-Voorn, lui donne le ſecond. On y remarque les villages grands & peuplés de *Meliszand*, *Dirksland*, *Herkinge* & autres : la ſeigneurie de *Gryſoord* en renferme deux.

L'île de *Goerée*, ou *Goede-Reede* (bonne rade) était autrefois ſéparée de celle d'Over-Flacque ; mais un banc de ſable s'étant formé & accru, elles ſont jointes aujourd'hui. On y voit la petite ville qui lui donna ſon nom : elle a été plus floriſſante, mais on y compte encore 162 maiſons & 5 à 600 habitans. Sa rade n'a pas ceſſé d'être utile.

(*) On l'appelle auſſi *Irvliet*. On y montre une tour bâtie, dit-on, par Merouée, roi des Francs : les murs en ſont ſi ſolides qu'on ne peut en détacher aucune partie. On y montre auſſi la maiſon qui ſervit de retraite à Marie de Médicis, reine de France. *Merouée* peut, ſelon M. de Saint-Simon, avoir donné ſon nom à *Meruwe*.

L'île de *Putten*, située au levant de celle de Voorn, est entourée de la Meuse, de la Borniffe & du Spuy : elle appartient à l'abbaye des bénédictins d'*Abdinkhof* à Paderborn. Le baillif de cette île, nommé par le Stathouder, est considéré. *Geervliet*, ville ouverte, rebâtie plus réguliere depuis l'incendie qu'elle souffrit en 1743, en est le lieu principal : on y compte encore plusieurs villages, tels que *Spykenes*, *Hekelingen*, &c.

Le *Beierland* & le *Stryen* font ensemble une île qu'on nomme *Hoeksche-Waard*. L'inondation de 1421 la dévasta ; mais des digues l'en défendent aujourd'hui. Le *Beierland* en fait la partie occidentale. On y remarque 4 villages : celui d'*Alt-Beierland* est semblable à une ville. Le pays de *Stryen* prend son nom d'un village : une écluse y rend la navigation facile : de Moerdyk on passe ici pour se rendre en Brabant, ou dans la Hollande. L'île renferme 3 seigneuries & 8 villages.

Yffelmonde, île entre la vieille & la nouvelle Meuse ; un village, ou bourg partagé en deux parties, & dont les habitans s'occupent à la construction des navires, lui donne son nom. Elle renferme plusieurs villages, la haute seigneurie de *Rhoon*, qui appartient aux comtes de Bintink, & a un vaste château.

Rosenbourg, petite île au milieu de la Meuse, environnée de digues en 1586, & sur laquelle on remarque le village de *Blankenburg*.

Goudswaard est encore une petite île, voisine de celle de Putten, & qui n'a qu'un village.

Il nous reste encore à décrire la partie de la Hollande que les géographes appellent dans un sens plus resserré, le *Sud-Hollande*, du nom d'un bailliage dont les parties sont dispersées. Telle est l'île de *Dortrecht*, petit reste d'une grande île engloutie dans l'inondation de 1421 : avec des digues & des foins, on l'a étendue, mais on n'y voit que le village de *Dubbeldam*. A une demi-lieue de Dortrecht, vers le levant, fur l'île la plus grande & la plus occidentale du Biesbofch, on voit encore quelques reftes de l'ancien château de *Merwede*, dont le fleuve a pris fon nom.

L'*Alblaffer-Waard*, qui prend fon nom de la riviere Alblas qui coule à fon couchant, & fe joint à la Merwe près d'Alblafferdam, ne renferme que des prairies : en quelques endroits il y croît auffi beaucoup de chanvre. Située entre la Merwe & le Leck, elle confine au levant au pays de Gorcum & à celui de Vianen. On y compte 16 villages, & on y remarque la baronnie de *Liefveld*, qui appartient à la maifon d'Orange, & dont le château tombe en ruines.

Le *Krimpener-Waard*, fitué entre le Leck & l'Yffel, eft compofé de plaines couvertes de pâturages & de chanvre : on y remarque la feigneurie d'*Ouderkerk* fur l'Yffel, & huit villages, dont un donne fon nom au pays.

Deux villages du *Lopikker-Waard* appartiennent à la Hollande, & le refte à la province d'Utrecht.

Le pays de *Gorcum* ou d'*Arkel*, eft partagé par la Souwe, qu'on y nomme auffi Bafeldyk. Les petites villes d'*Afperen* & de *Heukelum*, & cinq villages, font dans la partie fupérieure ; *Arkel* & quatre autres villages font dans l'inférieure.

La feigneurie de *Vianen* appartint d'abord à la maifon de Brederode : les Etats de Hollande l'ont achetée d'un comte de Hornpefch, pour environ 900,000 gouldes. *Vianen* eft une petite ville fur le Leck, près de laquelle on voit les ruines du vieux château de *Bateftein* : à côté eft un bois agréable.

dans lequel est une maison de plaisance. Cinq villages sont dispersés dans cette seigneurie : celles qui suivent n'appartiennent point à la province de Hollande, mais sont renfermées dans son enceinte.

Le comté de *Leerdam* appartint aux comtes d'Egmont ; la maison d'Orange le possede aujourd'hui : c'est un pays de prairies. Son chef-lieu est *Leerdam*, petite ville sur la Linge : ses rues sont tirées au cordeau : son vieux château est détruit. On y remarque encore deux villages.

La seigneurie de *Hagestein* est renfermée en partie dans la province d'Utrecht & dans le comté de Kuilenbourg. Ce qu'on appelle le pays des cinq seigneuries la renferme avec Leerdam, Vianen, Gorcum & une partie du Kuilenbourg.

La seigneurie d'*Yssestein* appartient à la maison d'Orange, & renferme la petite ville de ce nom, près de la source de l'Yssel ; un village, & *S' Heerendyk*, vaste édifice près de l'Yssel, élevé par les freres évangéliques en 1736.

Le pays d'*Altena*, à qui un vieux château donna son nom, est situé sur la Meuse, a des champs & de beaux pâturages exposés aux inondations. Il appartint aux comtes de Horn, & les Etats de Hollande l'ont acheté pour 900,000 gouldes, & ils l'ont abandonné à diverses personnes. On y compte dix villages, qui forment un bailliage.

Le pays de *Heusden* forme un bailliage : la ville de *Heusden* lui donne son nom. On y compte 19 villages, parmi lesquels on remarque *Veen*, où l'on perçoit un péage, comme encore au fort de *Crevecœur*. Vers le couchant de ce pays est la seigneurie de *Bokhoven*, qui appartient à l'évèque de Liege, & où demeurent un grand nombre de Catholiques.

Le *Langestraat* est une portion de pays qui s'étend

de Heufden jufqu'au Biesbofch, & reffortit des tribunaux de la Hollande: il eft riche en foin, qui croît fur les bords de la vieille Meufe: une partie de fes habitans font cordonniers, & on y trouve un grand nombre de penfionnats, où les enfans Hollandais font nourris & inftruits à moins de frais que dans aucun lieu de leur province. On y compte fix villages.

Les villages de *Mey* & de *Drimmelen*, au bord occidental de la Dongen, font partie de la feigneurie de Gertruidenberg. Au couchant on voit les feigneuries de *Hoge* & de *Lage-Zwaluwe*, qui appartiennent au Stathouder. Sur les frontieres, près de Klundert, eft la feigneurie & le bourg de *Zevenbergen*, fur un canal qui de la Merk conduit en Hollande: elle appartient à la maifon d'Orange.

UTRECHT.

Cette province eft renfermée entre celles de Hollande & de Gueldres; elle touche auffi vers le nord au Zuiderfée: l'air y eft pur, & la plupart des champs fertiles. Vers le levant, aux frontieres du Veluwe, le fol eft élevé & aride; il ne préfente que de hautes collines de fable, femées de bois & de maigres pâturages. Entre ces collines & le Leck font d'excellentes terres labourables: au couchant on voit des prairies fécondes, & dans quelques endroits des champs de tourbe; tels font fur-tout les lieux qui confinent au Gooiland & à l'Amftel. Le Rhin s'y partage, & forme le Leck & le tortueux Rhin: celui-ci prend fon nom des finuofités de fon cours; il coule lentement vers Utrecht, & fous le nom de vieux Rhin, coule enfuite de Voerden à Leyde. Près de Vianen eft un canal creufé en 1373, qui unit le Leck au vieux Rhin, commence au village de Vreefwyk, & paſſe à Utrecht, où il facilite le commerce en y portant les plus grands navires (le Rhin n'étant pas aſſez profond pour lui rendre le même ſervice), & de-là il les conduit à Amſterdam & ailleurs ; mais ce qui eſt avantageux à Utrecht, eſt préjudiciable à Dordrecht & à Rotterdam. Du vieux Rhin ſe forme le Vecht, qui d'Utrecht ſe rend dans le Zuiderſée. La *Mye* & le tortueux *Mydrecht*, petites rivieres qui ſont la borne commune entre la Hollande & la province dont nous parlons, ſe jettent, l'une près du village de Zwammerdam dans le vieux Rhin, l'autre près de celui de Thamen dans l'Amſtel. L'*Eems*, formé de divers ruiſſeaux qui viennent du Veluwe, & s'uniſſent à Amersfoort, coule vers le nord, & ſe perd dans le Zuiderſée. Enfin la *Grift*, ou *Greb*, qui ſort de la forêt de Véenendal, borne la province au levant, & ſe jette dans le Rhin. On y compte 5 villes & 65 bourgs & villages. Le corps eccléſiaſtique, la nobleſſe, les villes y forment les Etats ; le premier eſt compoſé de huit ſéculiers de la religion Réformée, mais élus par les chapitres des cinq égliſes d'Utrecht ; la ſeconde claſſe eſt formée des nobles à qui leurs poſſeſſions en donnent le droit; la troiſieme eſt compoſée des villes d'Utrecht, d'Amersfoort, de Wyk, de Rhenen & de Monfoort : la premiere y a le plus de pouvoir, & ſa déciſion entraîne ordinairement celle des autres.

Cette province forma autrefois le bas évêché d'Utrecht, qui en était auſſi le ſeigneur temporel. Son premier évêque fut *Willebrord*, qui, ſous le nom de Clément, fut nommé archevêque en Friſe par le pape Sergius I, l'année 695 ; il choiſit Utrecht pour son siege, & il y bâtit un cloître & une église. Les évêques étaient élus par les cinq chapitres de cette ville, qui avaient aussi une partie de l'autorité. Henri de Baviere fut le dernier de ces évêques, homme inquiet, qui força ses sujets à de fréquentes révoltes; il fut réduit enfin à vendre ses droits à l'empereur Charles V, en 1528, qui devint aussi seigneur de la ville d'Utrecht dans la même année: cet évêché devint archevêché en 1559. C'est dans Utrecht que se forma le traité d'union entre les Provinces.

Le college des députés de cette province est formé de douze membres; quatre sont pris dans chaque classe. La chambre des comptes n'est composée que de quatre membres, & la cour de justice provinciale, l'est d'un président, de six conseillers ordinaires, & de trois extraordinaires. La province envoie trois députés aux Etats-généraux, un de chacune de ses classes.

Les communes des Réformés Hollandais y sont partagées en trois classes, celles d'Utrecht, d'Amersfoort, de Rhenen & Wyk. Le synode s'assemble annuellement à Utrecht dans le mois de Septembre, & chaque classe y députe deux prédicateurs & un ancien. Les Catholiques Romains y ont au-delà de 30 églises & de 43 prêtres; les Luthériens deux communes & trois prédicateurs; les Remontrans en ont autant, & les Mennonites deux.

Le plat pays est divisé en quatre quartiers: décrivons d'abord ses cinq villes qui ont voix dans les Etats.

Utrecht, *Ultrajectum*, ville d'environ une heure & demie de tour, située dans des campagnes agréables & riches en bleds, sur le vieux Rhin, qui s'y partage en deux bras, qui en suivent les murs, & le réunissent au-delà : elle est peuplée, & sans fortifications : d'un côté habitent les marchands & les artistes, de l'autre les nobles & les ecclésiastiques : on y voit un grand nombre de maisons magnifiques : on y compte sept églises Réformées Hollandaises, & parmi elles est celle de *S. Martin*, située au centre de la ville, & qui devait être d'une grandeur prodigieuse, puisqu'elle est grande encore, & n'est formée que par son ancien chœur : son clocher est le plus beau, le plus haut des sept Provinces ; au fond, à la place de l'autel, est le tombeau de marbre blanc de l'amiral Gendt : on y remarque encore deux tombeaux, l'un d'une seule pierre, longue de 14 pieds & large de 8, & l'autre très-grand, formé de pierres de touche, & qu'on dit avoir 1100 ans d'antiquité. Sa plus grosse tour fut abattue par un vent violent en 1674, & depuis ce tems, celle qui reste est séparée de l'église. Le chapitre est formé encore, comme autrefois, de quarante chanoines, qui achetent leur place pour 6 ou 7000 gouldes. Les autres chapitres de la ville sont ceux des églises de S. Sauveur, de Ste Marie, de S. Pierre & de S. Jean. Une partie de l'église de Ste Marie sert aux Anglais qui demeurent à Utrecht, pour y faire le service divin : on garde dans le même lieu diverses antiquités & des raretés. L'église de S. Pierre sert aux Réformés Français. Il y a encore une église Luthérienne, une Arminienne, une Mennonite, & les Catholiques y ont divers lieux d'assemblée : le chef des Janséniftes y a son siege, s'appelle encore évêque d'Utrecht, & est choisi par un chapitre composé de huit chanoines & d'un doyen. Les Jésuites ne reconnaissaient ni le chapitre, ni l'évêque son chef. Les Etats de la province s'assemblent dans la chambre des Etats, & ses tribunaux ont aussi leur siege dans cette ville. Son université est illustre, fut fondée en 1636, & ne dépend que des magistrats de la ville : elle a un jardin de plantes médicinales, & dans une de ses salles, un plan extérieur & intérieur du temple de Salomon en relief; ailleurs est un théatre d'anatomie, où l'on conserve un canot d'écorce long & pointu, qui a deux rames, & dans lequel est un petit Esquimau lié à un trou au milieu de son bateau, qui peut se renverser sans que l'eau y pénetre. Le *Mail* est une magnifique promenade au levant de la ville, composée de sept allées de grands tilleuls, longues de 2000 pas.

Utrecht est sur un sol élevé; ses rues sont larges & bien percées; ses édifices ne sont pas égaux en magnificence à ceux de quelques autres villes de Hollande, mais ses dehors sont charmans; c'est un mélange de jardins potagers, de pépinieres, de maisons de campagne, & de promenades. Ses manufactures de drap sont encore florissantes; les noirs sur-tout sont préférés à tous les autres. Il y a des magnifiques manufactures en soie : celle de *Van-Molen* a été admirée par ses ornemens & son utilité : un seul moulin à eau fait mouvoir 1500 dévidoirs, & remplit les bassins d'un jardin superbe qu'on voit à côté. Sa long. est 22. 36, sa lat. 52. 8.

Amersfoort, autrefois *Eemsfort*, ville au pied d'un mont, dans une contrée agréable & fertile en grains & en pâturages, au bord de l'Eems qui lui donna son nom : c'est l'entrepôt des marchandises d'Allemagne, d'où elles vont à Amsterdam par le fleuve. Le tabac & la biere y furent autrefois les objets d'un grand commerce : ses manufactures de bombazin sont aujourd'hui l'appui de sa prospérité. Elle a deux églises pour les Réformés Hollandais.

Rhenen, petite ville sur le penchant d'un mont,

près du Rhin de qui elle a pris son nom. Elle eut des comtes, dont le dernier, devenu évêque d'Utrecht, l'incorpora à l'évêché : on cultive beaucoup de tabac dans ses environs. Vers le levant, à un quart de lieue de ses murs, est le mont de *Heymen*, sur le sommet duquel, entre des arbres, est une table de pierre qu'on appelle *Table du Roi*, & d'où l'on a une vue très-étendue sur le Veluwe : il s'y donna autrefois un combat, ce qui la rend célebre dans les anciennes histoires du pays.

Wyk a le surnom de *Bi-Duurstede* ; elle est près du Rhin, dans le lieu où le Leck s'en sépare : elle déchoit tous les jours, parce qu'elle est sans commerce : on croit que c'est l'ancienne *Batavodurum*. Près d'elle est le château ruiné de Duurstede, & c'est entre lui & la ville que coulait autrefois le Rhin, qui remplissant son lit, allait de-là à Utrecht : il n'y reste qu'une eau lente & faible, qui vient du Leck par une écluse, & qu'on nomme le Rhin tortueux.

Montfoort, petite ville sur la rive de l'Yssel Hollandaise, qui doit son existence à un château fort, bâti en 1175 par un évêque d'Utrecht, pour protéger ses frontieres contre ses voisins. Elle a été long-tems une seigneurie qui a le nom de bourgraviat : les Etats d'Utrecht l'acheterent en 1648. Les Espagnols ont détruit ses anciennes fortifications.

Le plat pays est divisé en quatre quartiers, qui ont chacun leur maréchal particulier : il préside dans les tribunaux, & dépend de la cour provinciale.

Le *Haut Quartier* renferme la partie sud-est de la province : la ville de Wyk y est située : la plus grande partie des habitans sont Catholiques Romains. Les lieux les plus remarquables sont, *Veenendal*, ou *t'Rheensche-Veen*, village très-peuplé, qui appartient en partie à la Gueldres : l'église est dans la province d'Utrecht: ſes habitans peignent & filent la laine; la plupart ſont Réformés. *Amerongen* eſt un beau bourg, qui, avec ſon territoire, forme une ſeigneurie libre. Les Français brûlerent ſon vieux château en 1672, mais il a été rebâti: c'eſt près de là qu'eſt le bien de campagne que Guillaume III érigea en comté ſous le nom d'*Athlone*. *Zeyſt*, village agréable, près duquel eſt un château où s'aſſemblent les freres évangéliques unis: une allée le joint à deux vaſtes cours quarrées où ſont élevés des bâtimens bâtis de briques, où les artiſtes Hernhuthes expoſent en vente de bons ouvrages, & les femmes couturieres, brodeuſes, &c. y étalent auſſi les leurs, qui ſont beaux dans leur genre. Le village renferme auſſi beaucoup de ces bonnes gens. La campagne qui l'environne eſt riante, & on ne peut deſirer des jardins, des promenades & une retraite plus agréables. *Schalkwyk* eſt un village fort long. *Wiltenbourg* eſt une antique maiſon fondée par les évèques. *Wreeſwyk* eſt ſur le Leck; il eſt le chef-lieu d'une ſeigneurie qui appartient à la ville d'Utrecht: là eſt une écluſe où les bâtimens qui vont du haut Rhin à Utrecht paient un péage. *Jutphaas* eſt un village & une écluſe, par le moyen de laquelle l'Yſſel eſt uni au Rhin. *Leerſum*, *Driebergen*, *Ooyk*, *Hageſtein* ſont des ſeigneuries.

Le Bas Quartier.

C'eſt le plus étendu de tous, & un village lui fait donner auſſi le nom d'*Abkoude*. On y remarque *Maarſen*, village, ſeigneurie: un grand nombre de maiſons de campagne le rendent très-agréable: on y voit beaucoup de Juifs qui y ont une ſynagogue. *Abkoude*, village conſidérable ſur la tortueuſe Amſtell tel, qui par un canal est unie au Vecht; une écluse nouvelle y facilite le commerce : là est le passage le plus court d'Utrecht à Amsterdam. L'île, où *Werder* (Waard) de *Lopiker* renferme les villages de *Lopiker* & de *Kapelle*; & est séparée de la province par la baronnie d'Yssetstein. A ce quartier appartient encore un petit pays voisin de Schoonhoven & de Nieuport, arrosé par le Leck ; & où l'on voit les villages de *Willige-Longerak*, & celui de *Longerak sur le Leck*. Zuilen est une seigneurie où l'on voit un beau château.

L'Eemland.

Il renferme la partie septentrionale de la province, & s'étend par une ligne étroite entre le Gooiland & le Veluwe jusqu'au Zuiderzée. Le fleuve qui l'arrose lui donne son nom. On y remarque, *Bunschoten*, très-beau village sur le Zuiderzée, & dont les habitans sont la plupart pêcheurs. *Soestdyk*, maison de chasse près du village de *Soest*; elle appartient à la maison d'Orange, & fut bâtie par Guillaume III : elle n'est pas grande, mais elle est réguliere, a de beaux jardins & une ménagerie. *Woudenberg*, *Renswoude* sont des seigneuries ; *Eemmes-Buiten* & *Binnen-Dyks* deux villages.

Quartier de Montfoort.

La ville de Montfoort y est située, & lui donne son nom : il est peu étendu, ne renferme aucun village, & ne s'étend que sur les seigneuries de *Dykweld* & de *Heeswyk*.

Tome IV. R

ZÉELANDE.

Différentes îles formées par les bras de l'Escaut à son embouchure dans la mer, la composent: elle touche vers le nord à la Hollande, vers le levant au Brabant, vers le sud à la Flandres, vers le couchant à la mer du Nord: son nom exprime sa situation dans la mer & sur ses bords. Les rivages des îles Walcheren & Schouwen sont, vers le couchant, défendus de l'impétuosité de la mer par des dunes & de hautes collines de sable; mais par-tout ailleurs, comme dans les autres îles, elles le sont par de grandes digues très-épaisses & fortes, très-hautes, & cependant, dans les orages, les flots les franchissent encore. Leur entretien est fort coûteux, & rend les taxes pesantes: on assure que le circuit de cette province, défendu par des digues, est de 40 milles, chacune de 1400 verges, & que chaque verge, dans son prix moyen, revient à 10 liv. de Flandres; ce qui produit pour toutes les digues une somme de 34 tonnes de gouldes. Les étrangers trouvent l'air du pays triste & mal-sain; ceux qui y sont nés s'y plaisent: la fertilité du sol y est admirable: parmi les grains qui y prosperent on remarque une espece de froment préférable à celui des pays voisins: la garance qu'on y cultive est connue; on en recueille annuellement 2 millions de livres dans l'île de Schouwen; celle de Zirkzée est la meilleure. On y voit beaucoup d'arbres fruitiers: ses belles prairies y font nourrir beaucoup de bestiaux, & principalement des moutons. Les fleuves qui environnent ses îles sont riches en poissons, en huitres, en écrevisses, en moules: tout ce qui sert à l'entretien de la vie y est en abondance; mais on y manque de bois, & sur-tout de tourbe, qu'on fait venir des autres provinces, après l'y avoir acheté à haut prix : on y brûle aussi beaucoup de charbon de terre qu'on tire d'Angleterre.

On y compte 11 villes, & 110 bourgs ou villages. Ses habitans sont comptés parmi les plus riches des Provinces-Unies : un commerce maritime florissant leur procure toutes les commodités desirables, & accroît leur puissance. Dans la guerre les courses les enrichissent.

Cette province était autrefois un comté, sans avoir de comtés particuliers : les comtes de Hollande l'étaient aussi de la Zéelande, & les deux provinces tomberent ensemble, en 1436, sous la domination de la maison de Bourgogne. L'assemblée des Etats y est composée de sept membres ; celui qui y préside est le premier noble de la province, dignité attachée au margraviat de Vlissengen & de Veere, qui appartient à la maison de Nassau-Orange : elle le fait administrer par un noble, choisi ordinairement dans la province, sans que cette dignité soit attachée à aucune famille, ni à une certaine qualité : les autres membres sont les députés des villes qui ont droit de suffrage ; & ce sont celles de *Middelbourg*, de *Zirkzée*, de *Goes*, de *Tholen*, de *Vlissengen* & de *Veere*. Ils s'assemblent à Middelbourg, ainsi que le *college des députés*, lesquels siégent encore dans celui de l'amirauté qui est dans la province, & prêtent serment aux Etats-généraux. C'est aussi à Middelbourg qu'est la *chambre des comptes* de la province, instituée pour veiller sur ses domaines & ses revenus. La province a 2 tribunaux communs avec celle de Hollande, & nous en avons parlé plus haut : elle envoie 4 députés aux Etats-généraux : cette dignité est à vie : il y a toujours un député de Middelbourg ; les autres sont

R 2

choisis alternativement parmi les magistrats de ville qui ont droit de siéger aux Etats.

L'ordre ecclésiastique y forme quatre classes, qui sont celles de *Walcheren*, de laquelle dépendent quelques églises de Flandres, comme quelques-autres de celle de *Zuid-Beveland*, celles de *Schouwen* & *Duiveland*, & celle de *Tholen*, qui renferme les églises du margraviat de Berg-op-Zoom. Le *Synode* ou l'assemblée n'est point annuel; il ne se tient que lorsque les Etats le jugent nécessaire, & le convoquent. Chaque classe y envoie deux députés, auxquels se joignent deux membres du conseil des députés : il décide avec plein pouvoir de tous les objets dont on appelle à lui, & sur lesquels les classes ont décidé. Le bras droit de l'*Escaut*, ou *Schelde*, partage la province en deux quartiers, qui sont ceux d'*Ooster-Schelde*, & de *Wester-Schelde* : le dernier est le plus considérable.

I. *Quartier à l'ouest de l'Escaut.*

Il est composé de quatre îles.

Isle de Walcheren.

Celle de *S. Joost-Land* lui est jointe : elle n'est pas la plus grande des îles de la Zéelande, mais c'est la plus fertile & la plus peuplée. Le *Sloe* la sépare du Sud-Beveland : elle renferme trois villes qui députent aux Etats, trois qui n'y députent point, & deux forts.

Middelbourg, *Medioburgum*, capitale de toute la province, est située presqu'au centre de l'île, & de là vient son nom. Elle communique au bras de l'Estcaut, qui la sépare de Jootsland, & au West-Schelde par un canal ou havre long de demi-lieue, creusé en

1532 & 1533 : il eſt aſſez large & aſſez profond pour les plus grands vaiſſeaux, qui abordent tout chargés au milieu de la ville : il communique au vieux port qui n'eſt plus fréquenté. La ville eſt une des plus grandes des provinces ; elle eſt ceinte de murs, de treize baſtions, eſt propre & bien bâtie, a de belles places & de beaux édifices publics, parmi leſquels on remarque l'abbaye de S. Nicolas, vaſte, magnifique, ſemblable à une petite ville : c'eſt-là que s'aſſemblent les Etats, la chambre des comptes, le conſeil des députés, celui de l'amirauté, & celui de la monnaie. On y compte ſix égliſes Réformées Hollandaiſes, un gymnaſe illuſtre, une égliſe Luthérienne, une Angloiſe, une Françaiſe, une Mennonite, une communauté de Catholiques, & une école pour les Juifs. Le conſeil de Flandres ſiége auſſi à Middelbourg : il exerce ſa juriſdiction ſur la partie de la Flandres ſoumiſe aux Etats. La maiſon de ville eſt un grand édifice orné de ſtatues & d'emblêmes : ſa tour d'horloge eſt dans une grande place où aboutiſſent pluſieurs rues fort longues : on dit que cette horloge a coûté 150,000 florins. Ses habitans font un grand commerce. Sa long. eſt 21 deg. 18 min. ſa lat. 51 deg. 30 min.

De Middelbourg une longue allée d'arbres conduit à *Vliſſingen*, ou *Fleſſingue*, la cinquieme ville de la province par ſon rang, ſituée à l'embouchure du Hont, ou du Weſter-Schelde : elle eſt forte, dans une ſituation très-commode pour la navigation & le commerce. On y creuſa en 1688, aux frais des Etats, un port qui s'avance dans la ville, & eſt long de 1700 verges du Rhin, large de 200, & peut contenir une flotte de 80 vaiſſeaux de guerre ; mais en 1744, des débris d'écluſes en boucherent l'entrée ; en 1750, le déſordre a été réparé, & les écluſes reconstruites. Presqu'au milieu de ce port, est un emplacement pour radouber les vaisseaux. Au côté droit du nouveau port est un chantier très-vaste, & au couchant, vers l'entrée, est le vieux port partagé en deux golfes; il sert pour les vaisseaux marchands, qui arrivent tous chargés le long des quais bordés de maisons peintes en paysages. La ville a trois églises Réformées Hollandaises, une Françaife, une Angloife, une Mennonite. Elle a une société des sciences. Cette ville est moderne; on n'y voyait que quelques maisons en 1400, & ces maisons forment aujourd'hui le fauxbourg. Elle ne devint florissante qu'en 1532, qu'elle se soumit aux Etats-généraux, & obtint de voter dans ceux de la province : elle est ornée de beaux édifices publics; ses rues sont droites & pavées de briques : une botte de paille à la porte d'une maison y annonce un mort. Nous parlerons plus bas du margraviat auquel la ville donne son nom.

Veere ou *Teer-Veer*, autrefois *Kampveer* & *Campoveria*, ville qui a le dernier rang parmi les villes siégeant aux Etats : elle n'est pas éloignée de l'embouchure du bras oriental de l'Escaut (*Ooster-Schelde*) dont le cours est embarrassé de bancs de sable, sans qu'il cesse d'être navigable; sa profondeur suffit encore pour les vaisseaux pesamment chargés. On passait de ce lieu au village de Kampen dans l'îles de Nord-Beveland, & de-là vint son nom : il est demeuré, mais le passage n'est plus. La ville est plus petite que Vlissingen; un fossé & deux bastions l'environnent : les Hollandais Réformés y ont seuls l'exercice de leur religion, & y ont deux églises. Les habitans font un commerce assez considérable, surtout en Ecosse : plusieurs familles Ecossaises y sont établies, & y ont une églife & un prédicateur particulier.

Ces deux dernieres villes formaient autrefois une feigneurie que Charles V érigea en margraviat : celui qui le poffédait était le premier noble de la province. Guillaume I, prince d'Orange, l'acheta pour lui & fa maifon ; il en paya 146,000 gouldes.

Arnemuyden, ou *Armuijen* a été une ville floriffante, mais le fable qui boucha fon port la fit déchoir, & elle reffemble aujourd'hui plus à un bourg qu'à une ville : elle a cependant le premier rang entre les petites villes de l'île. Elle fut d'abord bâtie à quelque diftance du lieu qu'elle occupe, fur le fleuve ou canal d'Arne, qui lui a donné fon nom. Ses environs jufqu'à Middelbourg ont des fauneries de fel, objet du commerce des habitans.

Weft-Rappel, petite ville fur la côte occidentale de l'île, défendue par des digues coûteufes depuis que fes dunes ont été emportées : la mer même couvre le lieu où elle fut d'abord affife, & a forcé de la placer plus avant dans l'île : elle n'eft point ceinte de murs.

Dombourg, petite ville qui n'a ni murailles, ni portes, & qui eft fituée fur les côtes au nord-oueft de l'île.

Ramekens, *Rametjes*, ou *Zeebourg*, fort à l'embouchure du port de Middelbourg, & bâti par Charles-Quint, pour le protéger.

Haak, fortereffe à une petite lieue au nord-oueft de Veere, & qui en défend le paffage : un fanal allumé pendant la nuit y dirige les vaiffeaux.

On trouve encore dans cette île 15 bourgs & villages affez confidérables ; & on remarque à fon nord-oueft, à une lieue dans la mer, l'îlot de *Dombourg* : on y a trouvé des monumens de la déeffe *Nehellenie*, dont on a diverses statues, les unes assises, les autres debout; elle est jeune, un habit la couvre de la tête aux pieds, a pour symbole une corne d'abondance, des fruits qu'elle tient dans son giron, un panier, un chien, &c. on croit qu'elle était révérée comme président à la navigation & au commerce. Plus vers le couchant, était l'ile de *Schonevelde*, aussi grande que celle de Valckeren, couverte aujourd'hui par la mer: elle avait encore un port dans le dix-septieme siecle, où l'amiral Tromp rassembla ses vaisseaux.

Isle de S. Joostland.

Elle est comptée, comme étant partie de celle de Valkeren, quoiqu'elle en soit séparée par un canal étroit. En 1517 elle fut entiérement inondée; & en 1631 on l'entoura de digues: on n'y voit que le village de *Nieuwland*.

Isle de Zuid-Beveland.

C'est la plus grande & la plus considérable des iles de la Zéelande: elle a été plus grande encore, & s'étendait jusqu'au bras oriental de l'Escaut; mais en 1532, elle fut toute couverte par les vagues, & depuis ce tems elles n'ont point abandonné la partie orientale, où était située *Romerswael: Rembursvalde*, qui exista quelque tems encore après, fut ravagée par les Espagnols en 1574, & disparut insensiblement. Cette ile ne renferme qu'une ville, qui lui donne aussi le nom de pays de Goes.

Goes, ou *Ter-Goes*, est la troisieme ville de la province par son rang; elle est située au nord de l'ile, près d'un bras de l'Escaut nommé la Schenge, avec lequel elle communique par un port ou canal creuſé en 1442, & qu'on nomme le nouveau port, pour le diſtinguer du vieux, que les ſables ont comblé, & ne ſert plus qu'à recevoir les eaux & le ſable accumulés par l'orage dans le nouveau, par le moyen d'une écluſe qui les ſépare, & de-là elles s'écoulent avec le limon dans la Schenge : une forte eſtocade la défend des eaux ; deux petits forts protegent l'entrée de ſon port ; mais d'ailleurs ſes fortifications ſont peu conſidérables & fort irrégulieres : ſon enceinte n'eſt pas grande, mais elle eſt peuplée & opulente. Les Réformés Hollandais, les Français, les Mennonites & les Catholiques y ont chacun une égliſe. Elle a des ſalines dans ſon voiſinage.

Borſelen, ou *Munſter* eſt un village, une baronnie : près d'elle fut autrefois la ville de ce nom, détruite en 1532 par une inondation qui rendit ſes environs inhabitables : ils furent entourés de digues en 1616 par le gouvernement de Goes, & depuis ce tems on les cultive.

Capelle, village près duquel ſont les trois anciens châteaux de *Giſtelles*, de *Brucelis* & de *Maalſtede*. *Kruiningen* eſt un village encore, d'où l'on peut paſſer chaque jour en Flandres par le bateau qui en part. On y compte 26 autres villages.

Iſle de *Wolferſdyk*.

Elle eſt ſituée entre le Zuyd & le Nord-Beveland, eſt petite, couverte de pâturages, & n'a que le village d'*Ooſterland*, mais en eut pluſieurs autrefois, que les eaux ont détruits. Près d'elle eſt la petite île d'*Ooſt-Beveland*, entourée de digues en 1708, & ſur laquelle ſont quelques maiſons diſperſées.

Isle de Nord-Beveland.

Elle est séparée de celle de Wolfersdyk par le Zuidvlict, & fut autrefois la plus agréable, la plus fertile de la province; mais en 1530 & 1532, elle fut tellement inondée qu'on n'en découvrait que quelques tours, & que la plupart de ses habitans périrent avec leurs troupeaux. Environ 100 ans après, son sol élevé par le limon que les eaux y déposaient, redevint habitable, & on l'entoura de digues. On y remarque le bourg de *Kortgene*, ou *Kortjin*, qui a le titre de seigneurie, & appartient à une branche de la maison de Nassau : il est situé près du lieu où fut la ville de ce nom, détruite par les eaux. On y voit encore 3 villages.

L'île d'*Orisant*, située au nord-est de la précédente & qui s'étendait vers Zirksée, fut inondée en 1658 : sa partie orientale est encore sous l'eau ; sa partie occidentale est unie au Nord-Beveland.

Au couchant du Nord-Beveland, est le courant de *Koompot*, qui coule entre les bancs de sable d'*Ourust* & de *Schotsman* : les vaisseaux qui vont de Middelbourg à Amsterdam y passent, & dans les tems orageux, il est dangereux pour les pilotes peu expérimentés.

Quartier à l'est de l'Escaut.

Il renferme quatre îles.

Isle de Schouven.

La *Schelde*, *Scaldia*, ou l'*Escaut* lui donna son nom : elle s'étendait autrefois bien plus loin vers le sud, & le bras oriental de l'Escaut, par lequel elle est séparée du Nord-Beveland, était alors si étroit, qu'on se parlait du rivage des deux îles ; mais le fleuve a insensiblement rongé ses rives, & en quelques endroits il est large d'une lieue. On y remarque deux villes, dont l'une siége aux Etats.

Zirksée est la seconde ville de la province par son rang : elle est dans une situation avantageuse pour le commerce maritime, & communique à l'Escaut par son nouveau port, qui l'a rendue florissante. Elle a ordinairement 70 à 90 vaisseaux sur la mer, chargés pour le Portugal, l'Espagne & autres contrées. Les Hollandais Réformés y ont deux églises, les Français, les Luthériens, les Catholiques, les Mennonites chacun une. Il y a des sauneries, & on y fait beaucoup d'hydromel : elle renferme des fontaines où l'on trouve des huitres. Cette ville est estimée la plus ancienne de la Zéelande.

Brouwershaven est situé sur le Grevelingen ; c'est une petite ville qui a un port commode : ses habitans sont navigateurs & pêcheurs. Le feu, les inondations, la guerre l'ont fait déchoir. A une demi-lieue d'elle, vers le nord-est, était autrefois *Bommene*, ville qui appartint à la Hollande, puis à la Zéelande, & que les eaux ont couverte : on n'en découvre plus rien, mais on a élevé quelques maisons dans le voisinage, qui forment un petit village qui a le nom de *Niew-Bommene*.

Haamstede est le plus grand & le plus beau village de cette île : on y en voit sept à huit autres, dont quelques-uns ont le titre de seigneurie.

Isle Duiweland.

L'étroit Dykwater la sépare de celle Schouwen. Vers le sud est le canal naturel de Reten, vers le levant celui de Wydaars, qui est le passage ordinaire des vaisseaux qui vont de la Hollande en Zéelande.

Les pigeons y étaient autrefois en si grand nombre qu'elle en a reçu son nom. En 1530 elle fut inondée, & les eaux engloutirent une partie de ses habitans & de ses troupeaux : il n'y a pas long-tems qu'elle est défendue par des digues, & cultivée. Elle renferme quatre seigneuries, dont trois reçoivent leur nom des trois villages de *Nieuwerkerk*, d'*Ouderkerk* & de *Capelle*, & qui appartenaient à la ville de Zirksée; mais depuis 1723 elles sont devenues libres. On y en voit trois autres encore, parmi lesquelles nous remarquons celle de *Bruinisse* ou d'*Oost-Duiveland*, du nom du plus grand village de cette île : près de celui de *Vianen* étaient autrefois des salines.

Isle de Tholen.

Elle est située sur les côtes du Brabant, & renferme deux villes.

Tholen, ou *Ter-Tholen*, est par son rang la quatrieme ville de la province : elle est située sur l'Eendracht, & a sur la rive opposée un ouvrage à cornes qui la défend : son enceinte est dans ses autres parties environnée d'un rempart & de sept bastions. Elle a une église Hollandaise & une Française, toutes les deux Réformées : on y paie un péage en arrivant & en sortant, & ce péage lui donna son nom.

S. Martindyk, ville ouverte, qui a le titre de seigneurie, & appartient à la maison d'Orange. L'inondation de 1530 & de 1532 en fit une île particuliere, séparée de Tholen par le Pluimpot, qui a été ensuite desséché.

Stavenisse, village célebre par un combat contre les Espagnols en 1631. *Scherpenisse*, grand & beau village, seigneurie, qui appartient à la maison d'Orange : on en compte encore cinq autres dans cette île. Au-delà de l'Eendracht est une lisiere étroite qui touche aux Etats de Brabant, mais qui est regardée comme faisant partie de l'île de Tholen: on y voit le village de *Nieuw-Vosmar*: tous ses habitans sont Catholiques Romains.

Isle de S. Philips-Land.

Elle est petite, & ne renferme qu'un village qui porte son nom: à son couchant est le *Zype*, banc de sable connu des navigateurs.

Le bourg de *Sommelsdyke*, ou *Zomerdyk*, qui a le titre de seigneurie, appartient encore à la Zéelande, quoique située dans l'île Hollandaise d'Over-Flacque.

PAYS DE CONQUÊTE, OU DE GÉNÉRALITÉ.

Ils ont été conquis par les armes réunies des sept Provinces, & cédés par divers traités: c'est parce qu'ils appartiennent en commun aux Provinces-Unies qu'on les nomme *Pays de Généralité*. Les nobles & les villes de ce pays ont désiré autrefois d'être déclarés membres des Etats, & d'avoir une voix particuliere dans les Etats-généraux, comme une des sept Provinces, ou du moins de jouir des mêmes privileges que la seigneurie de Drenthe; mais on s'y est toujours refusé. Ils conservent cependant les droits & les privileges dont ils jouissaient avant que d'être soumis à la domination de la République. Le Stathouder en est aussi le gouverneur général; mais il n'y a pas de gouverneurs particuliers, probablement pour épargner les frais qu'ils occasioneraient. Il y a des gouverneurs dans les forteresses, dont le pouvoir ne s'étend que sur le militaire. Les Etats-généraux & le Conseil d'Etat y envoient tous les ans des députés choisis dans leur sein, qui y terminent les affaires importantes, & viennent ensuite en rendre compte. Les procès y sont décidés par différens tribunaux, tels que la *Cour de Brabant*, pour la partie des Etats de Limbourg, ou le pays sur la Meuse, & dont le siege est à la Haye; le *Conseil de Flandres*, qui s'assemble à Middelbourg; la *Cour du Haut Quartier de Gueldres*, qui se tient à Venlo. La religion Réformée y est la dominante, mais le nombre des Catholiques y excéde celui des Protestans: les premiers y ont l'exercice public de leur religion, sans cependant qu'ils osent y faire des processions & autres solemnités.

Nous allons en parcourir les différens districts.

I. *District du Brabant.*

Il renferme tout le quartier de Bois-le-Duc, & une petite partie de celui d'Antwezpen; il confine au nord à la Gueldres & à la Hollande, au levant au duché de Cléves, au sud à l'évêché de Liege, au couchant à la Flandres & à la Zéelande. Le conseil de Brabant, qui en est le premier tribunal, fut établi en 1586, & confirmé par les Etats-généraux en 1591: un président, huit conseillers le composent: dans certains cas, comme dans ce qui intéresse les veuves & les orphelins, il exerce un pouvoir illimité, distribue les lettres-patentes, les octrois, les graces, reçoit l'hommage des vassaux & le serment des sujets, ordonne sur les fiefs, donne des lettres de naturalisation, &c.

Quartier de Bois-le-Duc.

La mairie de Bois-le-Duc en fait la plus grande

partie : un maire la gouvernait autrefois, & de-là vient le titre qu'elle conferve : aujourd'hui fon premier magiftrat a celui de *Hoog-Schout*, ou *Ober-Schulzen*. Son fol eft fablonneux, condamné en partie à la ftérilité par la nature, mais fi bien cultivé par les foins infatigables de fes habitans, qu'il produit abondamment des légumes, du feigle, du bled noir, un peu de froment & d'orge, beaucoup de fruits, de chanvre & de lin : le gibier, la volaille y font communs ; les bruyeres & les marais difparaiffent. Les habitans font bons chaffeurs, & c'eft parmi eux que les princes d'Europe trouvent les meilleurs fauconniers. On y pêche le faumon.

Bois-le-Duc, ou *Bol-Duc* eft la capitale du quartier de fon nom : elle eft fituée au confluent de la Dommel & de l'Aa, qui, réunies, prennent le nom de Dieft, & fe jette à une lieue de là, près du fort de Crevecœur, dans la Meufe : on peut mettre la ville & le pays voifin fous l'eau par le moyen d'une éclufe, & c'eft ce qui fait la principale fureté de cette ville forte : autrefois elle la tirait des marais qui l'environnaient, & qu'on a defféchés en partie. Au nord-oueft de la ville eft la citadelle *Papenbrill*; vers le fud, les deux forts d'*Antoine* & d'*Ifabelle*, l'un grand, l'autre petit : vers le nord eft encore un fort. Le fort Ifabelle défend le chemin de pierre, qui, pendant la plus forte inondation, entretient la communication de la ville avec les lieux voifins. La ville eft d'une grandeur médiocre ; divers canaux l'arrofent, la navigation & le commerce la font fleurir. On y compte trois églifes Hollandaifes Réformées, une Françaife, une Luthérienne, dix chapelles pour les Catholiques, qui forment le plus grand nombre de fes habitans, & un gymnafe illuftre pour les Réformés. Gottfried III, duc de Brabant, la bâtit en 1184 : un bois qui couvrait fon fol lui donna foi nom ; Paul V y érigea un évêché, & encore aujourd'hui un vicaire apoftolique y fait les fonctions d'un évêque. Son territoire ne renferme qu'un village.

On divife la mairie de fon nom en quatre quartiers

Quartier d'Oofterwyk.

Ses habitans s'occupent aux manufactures de drap: le bourg d'*Oofterwyk* en eft le chef-lieu ; le ruiffeau de Nemer l'arrofe, & fon territoire s'étend fur fix villages. *Tilborg*, feigneurie qui prend fon nom d'un bourg fort grand & très-peuplé. *Waalwyk*, bourg peuplé, chef-lieu d'une feigneurie. *Boxtel*, bourg qui donne fon nom à une feigneurie qui renferme encore neuf villages. *Hilvarenbeek*, ou *Beek*, grand village feigneurial. On trouve encore quatre feigneuries dans ce quartier.

Quartier de Rempenland.

On y voit *Eindhoven*, ville ouverte fur la Dommel, qui y reçoit le ruiffeau de Gender, ou Dender: elle a été fortifiée : fes habitans s'occupent à travailler des toiles. C'eft une feigneurie qui donne fon nom à une forêt longue de quatre lieues, qui s'étend jufqu'aux frontieres de Liége. *Oirfchot*, grand bourg dans lequel fe font les affemblées du quartier. *Poftel*, monaftere de Prémontrés, fitué au milieu d'une forêt. Six feigneuries qu'il renferme encore, n'offrent rien de remarquable.

Quartier de Peelland.

Le marais de *Peel* qui l'entoure au levant & au nord,

nord, lui donne son nom : c'était autrefois un comté, fief de l'évêché d'Utrecht. On y remarque *Helmond*, petite ville sur l'Aa ; c'est une seigneurie dont le château est détruit. *Saint-Udenroy*, village où se font les assemblées du quartier. *Kranendonk*, baronnie qui renferme quatre villages & les ruines d'un château. *Gemert*, seigneurie libre qui fait une commanderie de l'ordre Teutonique, & treize autres seigneuries peu étendues.

Quartier de Maasland.

Il renferme le pays entre la Meuse & l'Aa : on n'y remarque que *Os*, grand bourg qui est son chef-lieu, & neuf seigneuries.

II. La baronnie de Kuik, avec la ville de Grave.

Elle est située sur la Meuse, est très-fertile en grains, mais ne produit pas de froment ; a de belles prairies sur les rives du fleuve, & des bruyeres, des bois, des marais de tourbe dans ses autres parties. Presque tous ses habitans sont Catholiques Romains. Elle fut autrefois un comté, titre que l'empereur Lothaire lui ôta : ses possesseurs prirent cependant toujours le titre de comte. Pendant quelque tems, elle fut une baronnie immédiate de l'Empire, puis des ducs de Brabant : Charles le Hardi, duc de Bourgogne, l'acheta ; le roi Philippe II en donna l'investiture à Guillaume I, prince d'Orange ; & de lui elle est parvenue au Stathouder des provinces-Unies. Les Etats-généraux en font le seigneur territorial, & le baron rend son hommage au conseil de Brabant. Le Stathouder en retire annuellement environ 80,000 gouldes. Elle se divise en haut & bas bailliage.

Bas Bailliage.

Il renferme dix-sept villages & six justices inférieures. On y remarque *Kuik*, beau village sur l Meuse, chef-lieu de la baronnie, siege d'un tribunal où l'on appelle des justices de la seigneurie, mai le conseil de Brabant peut réformer ses arrêts. L' Stathouder y a une maison de péage, qui se perçoi sur les bâtimens qui vont décharger à *Mook* sur l'au tre côté de la Meuse ; mais ceux qui vont à Nimegu le paient à Grave : l'amirauté d'Amsterdam y a u receveur qui y perçoit des droits sur les marchandise qui y passent. *Katwyk*, village sur la Meuse, pas sage fréquenté pour se rendre dans la Gueldres & l pays de Cleves. *S. Agate*, monastere des freres d Ste Croix, qui paient annuellement 2000 gouldes la chambre des comptes de la Haye, pour jouir paisi blement de leurs anciens revenus.

Haut Bailliage.

On y compte dix-sept villages, six justices & deux seigneuries libres ; l'une est celle d'*Oplo*, l'autre cell de *Boxmeer*.

Ville & seigneurie de Grave.

Sans dépendre de la baronnie de Kuik, elle a le même possesseur.

Grave est une petite ville, une forteresse réguliere sur la Meuse, & qui est défendue par un ouvrage à cornes de l'autre côté du fleuve. Elle est très forte par sa situation & par les ouvrages qu l'environnent. Elle ne renferme que 400 maisons la plupart vieilles & mal bâties, des casernes & en viron 3000 habitans : le droit de bourgeoisie y a été conservé. Elle appartint aux barons de Kuik, aux ducs de Brabant & devint un fief de ces derniers, & eut ensuite le même sort & les mêmes possesseurs que le pays de Kuik. L'amirauté de Rotterdam y perçoit un péage. Son territoire est petit & ne renferme que quelques maisons éparses.

III. La Seigneurie de Ravenstein.

La Meuse l'arrose; elle fut un fief du Brabant & devint un héritage des ducs de Cleves & de Juliers; la guerre la joignit au domaine des 7 Provinces, puis elle passa à l'électeur Palatin. Regardée comme un fief de l'Empire, il en jouit comme d'un fief des Etats-Généraux qui ont le droit d'y mettre garnison en tems de guerre; mais n'en tirent aucuns revenus, & n'y ont aucun pouvoir. Elle rapporte annuellement à l'électeur Palatin 40 à 50 mille rixdalers. On y trouve la ville de *Ravenstein*, sur la Meuse, autrefois fortifiée, d'une petite étendue, & où les réformés n'ont point d'églises. Près d'elle est le vieux château où demeuraient ses anciens seigneurs. Le pays renferme 14 villages tous habités par des catholiques romains.

Le *comté de Megen*, arrosé par la Meuse, situé entre le Maasland & Ravenstein, n'est point soumis aux Etats-Généraux : ses possesseurs sont les princes de Croy; ils en reçoivent l'investiture de la cour de Bruxelle, comme un fief qui en dépend. Il contient la petite ville de *Megen* sur la Meuse & trois villages.

II. Une partie du quartier d'Antwerpen.

I. La baronie de Breda.

Elle a des champs fertiles, des prairies riantes beaucoup de bois & de marais, est arrosée par l Merk ou la Mark qui sort des Pays-Bas Autrichiens, se forme de divers ruisseaux, prend le non de *Dinkel* & se jette dans le Volkerak; la baronnie fit partie du comté de *Strye* dont elle fut séparée en 1100 par le duc de Brabant qui s'en mit en possession : elle était alors plus étendue qu'elle n'est quoiqu'elle ait encore environ 9 lieues de long su 4 de large : le Stathouder en est le baron actuel il y nomme les magistrats, les officiers, les minis tres, a le droit de chasse, possède divers domaine particuliers, tous les moulins, les biens ecclésiastiques des catholiques & beaucoup de censes. Les Etats-Généraux en font le seigneur territorial, & le conseil de Brabant en est le tribunal supérieur On y compte 25 communautés réformées, & leur prédicateurs forment la 11e. classe du synode du Sud-Hollande.

Breda, sa capitale est située sur la Merk qui y reçoit l'Aa, se jette dans la Meuse, & par là ouvr la communication de cette ville avec la mer du nord Elle a 15 bastions, & leur enceinte a une lieue d circuit : ils sont bordés d'une rangée d'arbres qu en fait une promenade : les eaux & les marais en défendent les approches : ses environs peuvent être inondés. On y compte 1500 maisons très propres en général, elle est belle, bien percée, a 4 belles places dont l'une ornée d'arbres, forme l'entrée d'un château régulier, entouré d'un fossé. La grande rue est tirée au cordeau : quelques unes sont arrosées par des canaux couverts de barques; le poisson de mer & des rivieres y abonde, l'air y est sain; on vante les chapons qu'on éleve dans ses environs. Les Réformés y ont 3 églises, deux pour les Hollandais, une pour les Français : les Luthériens y en ont une aussi, & les Catholiques plus nombreux n'y ont que 3 chapelles. Le commerce & les manufactures de drap y sont florissans encore, mais moins qu'autrefois. Elle est le siege des tribunaux de la baronnie; elle eut le titre de ville en 1252. Vers le nord est une ligne tirée du tems des Espagnols, faible défense réparée en 1746. Le canal qui vient du pays de Ryen jusqu'à l'Aa, où elle reçoit le Byloop est long d'environ 5 lieues; 30 écluses le rendent propre à transporter la tourbe & diverses marchandises à Breda. Le pays qui environne cette ville est agréable & on y voit 3 bois éloignés d'elle d'environ demi lieue : celui de *Liesbosch* est le plus beau, & il est coupé d'allées larges & droites. La baronie renferme encore dix-huit bourgs & villages, soumis à six justices inférieures. On y remarque, *Hage* ou *Haagje*, beau village entre deux des bois dont nous avons parlé. *Ter-Heide*, village considérable sur la Merk. *Osterhout*, bourg qui forme une seigneurie particuliere & renferme un couvent de filles. *Rosendaal*, bourg, château, seigneurie, qui appartient au Stathouder. *Dongen Nispen*, sont de grands villages.

II. Seigneurie de Willemstadt.

Elle appartient au Stathouder & renferme la ville de ce nom, fortifiée avec soin, ayant une centaine de maisons; elle est située sur le Holland-Diep, fut bâtie par le prince d'Orange Guillaume I, dans un

marais defféché. Elle a un port dont l'entrée eft pro
tégée par deux digues & une redoute. Les Etat
Généraux y placent une garnifon, y nomment u
gouverneur & un major. Le Stathouder place de
commandans dans le fort de *Blaak* fitué dans le Wi
kel où la Merk & la Nier fe réuniffent.

III. *Seigneurie de Princeland.*

Elle eft au fud de la précédente, a le même po
feffeur, eft bornée d'un côté par le fleuve Dunkel
de l'autre par le Uliet. Des marais changés en pra
ries, le village de *Dinkeloord* & l'île de *Ruige*
Plaat à l'embouchure de la Dunkel, font tout c
qu'elle préfente.

IV. *Seigneurie de Steenbergen.*

Elle fit autrefois partie du comté de Stryen, e
fituée fur la rive méridionale du Uliet, appartien
au Stathouder, renferme la ville de ce nom, q
a 150 maifons, eft très forte, eft jointe au Uli
par un canal & divers *polders*.

V. *Le marquifat de Bergen-op-Zoom.*

Le bras oriental de l'Efcaut & l'Eendragt le fép
rent de la Zéelande; il fit partie de la baronnie o
Breda, & appartient à l'électeur Palatin : après l'e
tinction de cette maifon, il doit paffer dans cell
d'Auvergne. Les Etats-Généraux en font le feigneu
territorial, & fon poffeffeur en rend hommage a
confeil de Brabant. Ses revenus vont de 80 à 10
mille florins par an : fans les dettes dont il a é
chargé ils feraient bien plus grands. Il renferme

ville de son nom, & un territoire divisé en quatre quartiers.

Bergen-op-Zoom, est arrosée par la riviere ou canal de *Zoom* (*) qui se joint au bras oriental de l'Escaut où elle a un bon port : vers le sud, elle s'éleve en partie sur une haute colline : depuis long-tems elle est une forteresse importante ; le rempart qui l'environne a une lieue de circuit ; 10 bastions, 5 ouvrages à cornes la défendent : vers le nord, elle a une ligne fortifiée & protégée par trois forts, & à l'embouchure du vieux & du nouveau port, est encore un fort pentagone, qu'on nomme *Fort d'eau*. Ses environs peuvent être inondés, & aussi long-tems que la Zéelande n'est pas subjuguée, elle peut recevoir des secours par l'Escaut. Koehorn y avait dit-on épuisé son art, mais les Français ont détruit son ouvrage en partie : elle a été rebâtie ; on y compte 1100 feux, un château antique où residaient les anciens possesseurs, & où s'assemblent encore les tribunaux du marquisat. Elle renferme une église pour les Hollandais réformés, une autre partagée entre les Luthériens & les Réformés Français, une chapelle pour les Catholiques. Les Etats-généraux y tiennent une forte garnison, & y nomment un gouverneur.

Les quatre quartiers.

Celui du couchant renferme 6 villages dont l'un est une seigneurie qui a sa justice particuliere.

Celui du midi renferme deux seigneuries & 7 à 8 villages.

Celui du levant est formé de champs très fertiles,

(*) Selon la Martiniere, son nom signifie *montagne sur le bord*, & ne vient point du canal de Zoom, creusé pour transporter les tourbes.

S 4

de riantes prairies, de petits bois, renferme le bourg d'*Oudenbofch*, environné pendant quelques années d'un rempart qui a été détruit, le grand village d'*Oud-Gaftel*, & trois ou quatre autres villages.

Celui du nord ne renferme que 3 villages & plufieurs marais defféchés.

VI. Entre la feigneurie de Santvliet & le pays de Ryen qui font partie du quartier d'Antwerpen, eft un diftrict long & large d'une lieue, qui appartient aux Etats-Généraux. Il renferme trois forts : celui de *Lillo*, a cinq baftions, eft fur l'Efcaut, renferme diverfes maifons & une églife. C'eft une feigneurie & les Etats-généraux y perçoivent un péage fur les bâtimens qui navigent fur le fleuve. Les deux autres forts font auffi fur l'Efcaut : on les nomme *Kruifchanz* & *Friedrich-Heinrich*.

III. *Ville de Maftricht & comté de Vroenhove.*

Ils font partie du Brabant Hollandais; mais les affaires civiles ne fe portent point à la cour de Brabant qui fiege à la Haye.

Maaftricht, *Trajectum ad Mofam*, eft la plus ancienne ville des Pays-Bas, une forterefle importante, fituée fur la Meufe, qui la partage en deux parties jointes par un pont de pierres, long de 500 pieds, & dont celle qui eft du côté du Limbourg s'appelle *Wyck*. Elle eft la clef de la république du côté de la Meufe. Le Jeker ou Jair coule au midi & s'y jette dans la Meufe. Un fimple mur l'environnait quand les Hollandais s'en emparerent; & ils la rendirent une des plus fortes places de l'Europe; fes remparts ont une lieue de circuit : un ancien mur, flanqué de petites tours & de baftions à l'antique les forment; mais fes baftions détachés, ses ouvrages à corne & à couronne, son double & triple chemin couvert, font sa plus grande force : ses fortifications sont minées, & une partie de ses environs peut être inondée. *Wyck* qui est sous la même jurisdiction que l'autre partie de la ville, a un rempart d'un quart de lieue, flanqué de trois grands bastions ; une seconde enceinte terrassée, fortifiée de bastions & de ravelins, entourés d'un bon chemin couvert. Au dessus du pont est une île fortifiée par des redoutes, & plus bas une autre, près de la Meuse-Poost, environnée de bonnes murailles de pierres bleues de Namur : celle-ci a été formée au commencement de ce siecle par des décombres & des terres accumulées. Sur la croupe d'un mont, à quelque distance de la ville, est le fort *St. Pierre*, formé d'un grand bastion casematé, avec sa contrescarpe & son chemin couvert : des lignes & des retranchemens à droite & à gauche aboutissent au terrain qui peut être inondé par le Jair entre le fort & la ville. On trouve çà & là des chemins souterrains où l'on a trouvé des antiquités Romaines, & où les cultivateurs trouvent leur sûreté pendant un siege : 40000 hommes peuvent s'y loger.

On compte à Mastricht 3000 maisons ; elle a de belles & grandes rues, dont l'une est ornée d'une rangée d'arbres, deux autres d'un beau canal, & toutes éclairées par des lanternes. Elle est divisée en 14 quartiers, sur chacun desquels un doyen veille pour maintenir l'ordre, prévenir ou arrêter les incendies. En arrivant à la ville, le Jair se sépare en deux branches que deux écluses font serpenter par les rues, mettre en mouvement plusieurs moulins, & qui se réunissent près des remparts avant de se jetter dans la Meuse. On remarque deux grandes places dans la ville, l'une est le *Vrythoof*, d'une forme quarrée & qu'ornent plusieurs allées d'arbres : l'autre est le *Grand marché*, au milieu duquel s'élève la maison de ville, grand édifice quarré, construit de pierres bleues & dans le goût moderne, où l'on trouve, au rez-de-chauffée, des appartemens pour les prisonniers, des cachots pour les criminels, & un corps de garde : un double escalier conduit plus haut dans un vestibule orné d'un plafond peint avec magnificence; les magistrats Liegeois montent par une des marches, les Hollandais par l'autre & se réunissent dans ce vestibule. Plus haut est la bibliothéque publique, riche en livres de théologie, de jurisprudence & de litterature. Du milieu de l'édifice s'élève une tour quarrée qui repose sur quatre piliers, & d'où sort une flèche octogone qui renferme une belle horloge & un carillon estimé. La maison des députés des Etats est belle & moderne. Les Réformés y ont trois églises, une école latine, & un gymnase. Les Luthériens y ont une église, les Catholiques deux collégiales, 4 paroissiales, 8 couvens d'hommes, 11 de femmes, un collége, & une commanderie de l'ordre Teutonique; ils ont l'exercice public de leur religion, mais ils ne peuvent faire que deux processions annuelles autour des deux collégiales. Elle eut des manufactures de drap très florissantes qui ont déchu ; dans Wyck est une verrerie. Sa situation y appelle un commerce le plus vaste, & le plus varié; mais on en a fait une ville de guerre, ses avenues sont assiegées par les bureaux de dix puissances, & elle demeure languissante.

La Souveraineté de Maltricht appartient en commun aux Etats-généraux & à l'évêque de Liege. Le conseil de ville est formé la moitié de catholiques Liegeois, l'autre de protestans Brabançons. Tous les deux ans, ce conseil députe quatre commissaires pour rendre compte de ſa geſtion aux deux ſouverains. Les Etats-généraux y envoyent auſſi tous les deux ans des inſpecteurs pour viſiter tout ce qui intéreſſe la ſûreté & la défenſe du pays; c'eſt à eux à pourvoir la ville & ſa garniſon; ils ſont ſeuls ſeigneurs des cloîtres, du clergé, & des poſſeſſions territoriales de la ville; ſeuls ils aſſurent la propriété des privileges. Le fort de *St. Pierre* eſt ſur le territoire de Liege: la montagne ſur laquelle il eſt ſitué eſt fertile en grains. Le territoire de la ville s'étend au levant de la Meuſe, renferme quelques maiſons & environ 150 arpens.

Le comté de Vroenhove.

Il appartient aux Etats-généraux comme ſeigneurs du Brabant, eſt ſitué au couchant de Maſtricht, & eſt preſque environné par l'évêché de Liege: une partie de Maſtricht y eſt ſituée. On y voit *Wilre*, village où ne demeure aucun réformé quoiqu'ils y ayent une égliſe; elle ſert aux catholiques qui n'y en ont point; on y voit encore deux autres villages. Sa juſtice compoſée de ſept juges, ſiege à Maſtricht.

La juriſdiction de ce comté s'étend ſur les villages de *Redemptie*, ſitués dans l'évêché de Liege, mais ſujets aux Etats-généraux, & reſſortiſſans de la juſtice de Vroenhove: ils ſont au nombre de huit, & forment 5 ſeigneuries. Elle s'étend encore ſur les 11 villages & ſeigneuries ſur leſquels le prieuré de *St. Gervais* à Maſtricht a droit de haute & baſſe juſtice: ils ſont ſitués ſur les deux rives de la Meuſe; celui de *Tweebergen* eſt renfermé en partie dans les murs de la ville; les autres n'en ſont pas éloignés.

Partie du duché de Limbourg, ou pays au-delà de la Meuse.

La paix de Munster la donna aux Provinces-Unies : il y a des communautés réformées dans presque tous les lieux ; mais les catholiques y sont bien plus nombreux : les deux cultes se servent des mêmes églises.

I. *Une partie du comté de Valkenbourg.*

C'est une ancienne seigneurie qui eut autrefois ses seigneurs particuliers, & qui d'eux parvint aux ducs de Brabant. Les Etats-généraux la gouvernent par un drossard & un baillif.

Falkenbourg ou *Fauquemont*, (Falconis mons), en est le chef-lieu : c'est une ville de 110 maisons, située dans une vallée sur le Geul. L'antique château des comtes, placé sur une montagne, & les fortifications de la ville sont démolies. Elle a ses magistrats & sa jurisdiction particuliere ; mais fort peu étendue.

On y remarque encore quatre villages : celui de *Meersen* a 150 maisons, & un ancien prévôt qui est seigneur des quatre villages, & a 4000 rixdalers de revenus par an. La seigneurie d'*Ebsloe* sur la Meuse, est encore un fief dépendant des Etats-généraux, quoique l'électeur Palatin, comme duc de Juliers en prenne les armes.

II. *Partie du comté de Dalem.*

C'était un fief du Brabant : les Etats-généraux y possèdent *Dalem*, ou *Daalhem*, *St. Gravendal*, petite ville, chef-lieu du comté, sur le ruisseau de Berwine, dont les habitans sont exempts d'impôts, & 6 villages.

III. Partie du pays de Hertogenrade ou Rolduc.

Ce fut une seigneurie particuliere qui fut jointe au duché de Limbourg. Les Etats y possédent *Gulpen*, village sur le ruisseau de ce nom qui s'unit à la Geul. *Mergenraede*, paroisse, & trois autres villages séparés des premiers par le comté de Wittem, où l'on trouve une église réformée Allemande, une Française, une Luthérienne, une Catholique, & une Mennonite.

Partie de la haute Gueldres.

Les Etats-généraux l'obtinrent par le traité des Barrieres en 1715; mais il fut stipulé que les habitans catholiques Romains conserveraient leurs églises, leurs cloitres, la liberté de leur culte comme par le passé. On y remarque les lieux suivans.

Venlo, ou *Vendelo*, ville forte sur un sol bas, au bord de la Meuse: elle a environ 900 maisons, peu ornées dans l'intérieur. La plupart de ses habitans sont bateliers, charretiers, porte-faix &c., qu'occupent le transport des marchandises qui viennent du pays de Juliers pour être dispersées dans les 7 Provinces: un pont volant sur la Meuse y facilite ce genre de commerce. Ils sont presque tous catholiques Romains, ont une église, deux couvens d'hommes, 3 de femmes. Les réformés y forment une petite communauté. Elle est le siege du tribunal supérieur Hollandais pour cette partie de la haute Gueldres: ses membres, leur président excepté, sont comme les magistrats de la ville, de la religion Romaine. On y perçoit un péage sur la Meuse. Le canal que les Espagnols firent creuser du Rhin à Venlo sur la Meuse pour détruire le commerce que les

Hollandais faisaient par le Rhin avec l'Allemagne, & qu'on appellait le nouveau Rhin, ou le canal d'Eugene, devient tous les jours moins navigable. Près de la ville, dans la Meuse est une île fortifiée qui défend la ville de ce côté, & sur le bord opposé de la Meuse est le fort *St. Michel*, éloigné de la ville de deux portées de mousquets. Le territoire de Venlo qui est sous la dépendance des Etats-généraux, n'a que trois lieues de circuit, & est environné presque de toutes parts par les terres de la domination Prussienne.

Stvens-Waard, fort assez grand, bâti dans l'île de ce nom, formée par la Meuse, & qui a une lieue de long sur un quart de large. Le fort est presque au milieu, vers le bras principal de la Meuse sur laquelle en cet endroit est un pont défendu par une redoute. Sur l'autre bras sont situés aussi trois forts. Ce lieu était autrefois un village que les Espagnols fortifierent; sa commune s'étend de Venlo à Maastricht. L'empereur s'est obligé à n'élever de fortification qu'à une demi lieue de là. Cette île est une seigneurie vendue à des comtes de Hompesch.

La *seigneurie & le bailliage de Montfort* ont, du couchant au levant, trois lieues de long, & du nord au midi, deux lieues de large : ses habitans sont catholiques Romains : ils appartiennent au Stathouder & on y remarque le bourg qui leur donne son nom, environné d'un grand marais ; les petites villes d'*Echt*, presque détruites par la guerre, & ouvertes ; le couvent d'*Oelenberg* sur la Roer, & dix villages.

Partie de la Flandres.

C'est la partie septentrionale de cette province;

elle touche à la mer du Nord, au Hond, à l'Escaut & à la Flandres Autrichienne. La paix de Munster la fit passer sous la domination des Etats-généraux, & elle a été agrandie par le traité des Barrieres en 1715. Le conseil de Flandres siege à Middelbourg; il décide les procès qui s'élevent dans cette partie de la Flandres, c'est à lui qu'on en appelle, & souvent il juge aussi en premiere instance: tout ce qui intéresse l'autorité publique, le droit, le domaine, est encore de son ressort.

I. *Le pays de Sluis.*

Il faisait autrefois partie du pays libre de Bruges: sa cour siege à Sluis, où l'Ecluse, & un grand baillif, un bourguemaître & huit échevins la composent. On y compte 3 villes, qui ont chacune leur tribunaux particuliers.

Sluis ou *l'Ecluse*, est la principale ville de la Flandres Hollandaise: située sur un golfe de la mer du Nord qu'on nomme *Zwin*, & son embouchure *Pferdemarkt*, parce que les eaux agitées par l'orage y font un bruit semblable à celui d'un marché à chevaux. La ville est d'une vaste étendue; mais une partie est couverte de jardins & de blanchisseries. Elle est bien fortifiée, & du midi au couchant on peut la mettre sous l'eau: vers le nord où le pays s'éleve, elle a un double rempart. Au levant, la mer & un marais qu'elle couvre dans le tems du flux, la défendent; & on ne peut lui ôter la communication avec la mer qui peut lui amener des convois & des secours. L'air n'y est pas sain, & il ne l'est pour aucune des villes de ce district; il faut en changer les garnisons toutes les années, ou elles y périssent. Le gouverneur de Sluis commande aussi à toute cette partie de la Flandres. Le port est si embarrassé de sable que les petits vaisseaux peuvent à peine y pénétrer, & c'est ce qui rend la ville moins florissante. Ses habitans s'appliquent à la navigation, & s'exercent à la pêche. Le vieux château qui est sur le rivage du port & qui servait à le défendre, sert aujourd'hui de demeure au gouverneur & à divers officiers militaires.

Aardenborg, autrefois *Rodenborg*, petite ville sur un canal qui se joint au golfe de *'tZwin*, c'était autrefois une forteresse; mais ses ouvrages ont été détruits. Elle a un bailliage qui s'étend sur 4 ou 5 villages.

Oofsbourg, petite ville placée sur un canal qui se rend au même golfe que celui d'Aardenborg: elle fut forte comme elle, & est ouverte aujourd'hui. La plus grande partie de son bailliage appartient aux Hollandais; quelques marais changés en prairies, deux villages de l'île de *Katzand*, quelques maisons dispersées, c'est tout ce qu'il renferme.

Partie du comté de Middelbourg.

Elle est peu considérable; la petite ville qui lui donne son nom appartient à l'Autriche.

Le fort de *St. Danaas*, près de Sluis, & du fort détruit de *St. Hiob*, & le bourg de *St. Anna ter Muiden*.

L'île de *Katzand* ou *Kazand*, était autrefois plus grande: la mer en a rongé plus de la moitié. Des digues élevées, construites à grands frais, la sauvent des inondations, sans cependant la mettre hors de danger.

danger lorsque le vent du nord-ouest fait mugir les ondes contr'elle : ses prairies sont riantes ; on y fait de bons fromages : les champs y sont agréables & très fertiles ; l'on y recueille du froment excellent & le meilleur des Provinces-Unies. Un grand nombre de Français & de Salzbourgeois y sont venus chercher la paix & la tolérance, & ils y en jouissent. On la divise en parties du levant & du couchant : la premiere appartient au bailliage d'Oosbourg ; la seconde forme proprement le pays de Katzand, renferme trois villages & quelques hameaux. *Cassandria* ou le *Retranchement*, est le plus considérable des villages de l'île, & fut autrefois défendu par un fort aujourd'hui détruit. Celui de *Nieuvliet* est une seigneurie qui a sa propre cour de justice.

Ville & bailliage d'Ysendyk.

Ysendyk, petite ville forte sur le golfe de Blik formé par le bras occidental de l'Escaut. Elle est située dans un lieu bas, & ses environs peuvent être inondés. Elle peut avoir 150 maisons. Vers le midi un fort la défend encore. Le bailliage renferme plusieurs *Polders* & quelques villages, l'*Eiland* qui fait une partie du pays nommé *De Générale Vrien*, & une partie de la jurisdiction de la seigneurie de *Watervliet*.

La ville de Biervliet.

Elle est petite ; située sur le bras occidental de l'Escaut. Elle a été considérable ; mais de fréquentes inondations l'ont presque détruite. Ses fortifications ont été rasées. *Guillaume Beukelszoon* qui apprit aux

Hollandais à éventrer & faler le hareng, y était né & y mourut. Le territoire de la ville renferme 11 marais defféchés.

II. *Le bailliage de Hulster.*

Il forma autrefois les quatre bailliages de *Hulst*, *d'Axel*, *d'Affenede* & de *Bouchoute*; ou plutôt, il renferma les deux premiers, & une partie des deux derniers.

Hulst, ville de 400 maifons, & bonne fortereffe qui donne fon nom au pays & à un bailliage particulier. Elle eft dans une contrée mal faine, mais féconde en grains. La plupart de fes habitans font catholiques. Par fon port, elle communique avec le *Helle-Gat*, large enfoncement dans les terres, formé par l'Efcaut occidental. Elle fut entourée de murs & de foffés en 1426. Sa fûreté ne vient pas feulement des eaux dont elle peut s'environner; mais encore d'une ligne fortifiée qui s'étend au nord-eft, & couvre tout le bailliage, & de deux bons forts. Le bailliage eft encore protégé par 2 redoutes auxquelles on ne peut parvenir que par une digue étroite: auffi long-tems que l'ennemi n'eft pas maître de la digue, elle peut recevoir des fecours de la Zéelande par l'Efcaut occidental. Elle a un bel hôtel de ville: on y commerce en grains. Le bailliage renferme 4 villages, & la feigneurie de *St. Jans-Steen* qui n'en dépend pas.

Le bailliage d'Axel.

Axel eft une ville forte, mais petite, dans une

île, sur un canal qui vient de l'Escaut occidental. On y compte 160 maisons. *Ter-Neuse* est encore une petite ville ouverte sur l'Escaut & dont les anciennes fortifications ont été détruites : 5 villages sont dispersés autour de ces deux villes.

Le bailliage d'Assenede.

Dans la partie Hollandaise est le *Sas-de-Gand*, petite ville, forteresse importante, située sur le golfe de *Sasse-Gat*, formé par l'Escaut. Une écluse lui donna son nom, & cette écluse fut construite par les Gantois pour retenir les eaux du canal de *Liese* qui passe entre Gand & Sas de Gand, & qui est aujourd'hui inutile : ces mêmes habitans y éleverent un fort pour leur servir de barrieres, & ce fort est devenu une ville de deux cens maisons, défendue encore par le fort *St. Antoine* qui en est à un quart de lieue. Elle a un arsenal assez bien fourni.

Le bailliage de Bouchoute.

Dans ce que les Etats-généraux en possédent, on remarque *Philippine*, ville de 70 maisons, fortifiée avec soin, & située sur le Brakman, espece de golfe. Philippe II roi d'Espagne la fit construire & lui donna son nom. Auprès sont quelques maisons, un petit village sur l'Escaut, un château & le fort de *Liefkenshoek*.

Par le traité des Barrieres les Provinces-Unies mettent garnison dans les villes fortes de *Namur*, de *Doornik*, de *Meenen*, de *Feurnes*, de *Warneton*, d'*Ypres* & dans le fort de *Knoque*. Ces troupes doivent être Hollandaises, ou du moins n'être point

T 2

suspectes à l'empereur. Les garnisons de *Dundermonde*, & de *Roermonde*, sont moitié Hollandaises, moitié impériales. Les Etats-généraux & l'Empereur doivent toujours entretenir 30 ou 35000 hommes pour la sûreté des Pays-Bas Autrichiens; l'Empereur en fournit les trois cinquiemes & les Hollandais le reste : cette armée doit être augmentée en tems de guerre, placée dans les villes dont nous avons parlé & entretenue aux frais des Etats-généraux; les autres frais sont fournis en commun par les deux puissances. Les Etats nomment les commandans & l'état major; & c'est à eux que ces officiers rendent compte de leur gestion, ils sont leurs sujets, leurs soldats; cependant ils jurent à l'empereur de conserver ces villes pour lui : ils changent de garnison au gré des Etats, & ils y ont l'exercice public de leur religion. L'entretien des ouvrages de fortification regarde les Etats; mais ils n'y en peuvent faire de nouveaux sans le consentement du gouverneur des Pays-Bas pour la maison d'Autriche. Pour l'entretien de cette garnison, pour fournir aux provisions de guerre & de bouche, les Etats doivent déposer annuellement dans la ville d'Ypres 1250000 gouldes, qui ne peuvent être employées, ni aux frais qu'exige la garde du haut quartier de Gueldres, ni à ceux qu'exige le logement des troupes. Ce traité plus onéreux qu'utile aux sept Provinces, tombe en désuétude. Les fortifications de ces villes de barrieres dépérissent, & la république n'y entretient plus que neuf bataillons & deux escadrons. Les fréquentes contestations que ces villes de Barrieres ont fait naître entre la cour de Vienne & les Etats en ont encore dégoûté, & bientôt ce traité fait avec tant d'éclat sera oublié.

Les Hollandais possédent encore une grande étendue de pays dans les 3 autres parties du monde.

En Asie
- Une partie de *Java*, où est *Batavia*, capitale de leurs possessions asiatiques.
- Plusieurs forts dans l'île de *Sumatra*.
- Une grande partie des *Iles Moluques*.
- *Malaca* dans la presqu'île de ce nom.
- *Paliacate* &c. sur la côte de Coromandel.
- *Cochin* &c. sur la côte de Malabar.
- Toutes les côtes de l'île de *Ceylan*; & divers comptoirs en d'autres lieux.

En Afrique
- La *Mina* &c. sur la côte de Guinée.
- Le vaste & utile établissement du *Cap de Bonne-Espérance*, à la pointe méridionale de l'Afrique.

En Amérique
- L'île *St. Eustache*.
- L'île de *Curaçao* & quelques autres.
- Le territoire de *Surinam* dans le continent méridional.

DE LA
GRANDE-BRETAGNE.

LA Grande-Bretagne renferme l'Angleterre & l'Ecosse qui lui fut unie comme partie d'un même corps, ayant le même gouvernement, formant ensemble un seul parlement, dans l'année 1706 ; Jacques I, avait renouvellé ce titre, quoique les deux royaumes fussent encore alors séparés : l'épithéte de Grande, la fait distinguer de la Bretagne Française. C'est une grande île environnée par les mers Atlantique & d'Allemagne, séparée de la France par le canal de la Manche ou Pas-de-Calais, & de l'Irlande par l'étroite mer qui porte son nom. Sa surface est d'environ 12544 lieues quarrées, dont l'Ecosse renferme 4444. L'Irlande soumise au même pouvoir que la Grande-Bretagne, environnée de la mer Atlantique, en contient un peu moins que l'Ecosse. L'histoire de ces trois pays est liée l'une à l'autre dans les siecles voisins du nôtre : c'est celle de l'Angleterre que nous donnons principalement ici.

 La Bretagne dut son nom à ses habitans qu'on nomma *Bretons* ou *Brittens*, à ce que l'on croit, parce qu'ils se peignaient le corps d'une couleur bleue, tirant sur le noir. Ils étaient divisés en différens peuples, à qui l'on donne une origine diverse : les *Caledoniens* étaient de grande taille & portaient des cheveux roux qui annonçaient des peuples Germains : des cheveux crépus & un teint olivâtre semblaient indiquer que les Silures descendaient des Iberes ; le rapport entre les langues, les supersti-

GRANDE-BRETAGNE.

tions, le caractère, fait croire que ceux qui habitaient les rivages voisins des Gaules, avaient une origine commune avec les Gaulois. Des auteurs les ont cru originaires du pays même qu'ils habitaient. Leurs mœurs étaient simples & grossieres, ils avaient du lait & ne savaient point en faire des fromages: peu de ces différens peuples avaient quelque connoissance de l'agriculture, le lait, leurs bestiaux, le gibier, fournissaient à leurs besoins: la superstition leur interdisait de manger du lievre, des poules & des oies: leurs habits étaient des peaux de bête; leurs villes des enclos sur des collines fermés de haies, environnés de fossés, & couverts de cabanes où ils se retiraient durant la guerre pêle-mêle avec leurs troupeaux; leurs habitations ordinaires, semées dans les campagnes, étaient semblables à ceux des Gaulois: dix ou douze y vivaient en commun avec autant de femmes, & chacune d'elles appartenait à celui qui l'avait épousée & servait à tous: leur langue était celle des Celtes: ils commerçaient avec les Pheniciens qui y portaient de la vaisselle de terre, des instrumens de cuivre, du sel, & y recevaient en échange, des peaux, de l'étain, & probablement de l'or, de l'argent & du fer. Les mines d'étain étaient leurs principales richesses: on les y trouvait en grand nombre; elles étaient abondantes & faciles à exploiter. Ils formaient un grand nombre de principautés; chacune avait son chef, mais dans les grands dangers, tout le peuple assemblé choisissait parmi ces princes celui qui devait commander à tous. Leur religion avait quelque ressemblance avec celle des anciens Grecs; leur Dieu du tonnerre était *Taramis*, c'était lui qui règlait les saisons, & rendait la terre féconde. Le Dieu qui présidait sur les voyages & le commerce est connu sous le nom de *Teutates*. *Esus* était leur Bacchus, *Belinus* leur Apollon, *Ardéna* leur Diane. Les Druides étaient leurs prêtres : ces hommes fondaient leur pouvoir sur l'Astrologie ; ils immolaient à leurs Dieux des animaux & souvent des victimes humaines : ils brulaient les criminels dans un colosse d'osier à l'honneur de leurs idoles : des malheureux fanatiques venaient s'offrir eux-mêmes pour être les victimes dans ces sacrifices barbares, qui se faisaient sur une large pierre soutenue par trois autres mises sur le côté. Ces Druides formaient une classe d'hommes séparée, & la premiere de l'état : réunis sous un même chef, ils dirigeaient les affaires politiques, civiles, criminelles & religieuses ; tout se faisait avec eux ; rien ne se faisait sans eux ; les rois leur étaient soumis.

Les Bretons étaient guerriers ; leur force consistait dans leur infanterie & dans leurs chars trainés par quatre chevaux, qu'ils gouvernaient avec adresse, & d'où souvent ils s'élançaient pour combattre à pié ; ils approchaient de l'ennemi les bras croisés ; mais leur longue chevelure, leur habillement, leurs cris, le son de leurs trompettes, pouvaient quelquefois effrayer l'ennemi ; ils n'avaient d'armes offensives qu'un bouclier d'osier, & de retraite dans leurs défaites que l'épaisseur de leurs forêts. Tels étaient les Bretons lorsqu'ils furent attaqués par Jules-César : ils lui résisterent avec vigueur, mais enfin, ils se soumirent à payer un tribut aux Romains, & ils tinrent leur promesse quand ils les craignirent. Dès lors, il y eut cependant quelque liaison entre ces deux peuples, les Bretons prirent des mœurs plus douces. Soumis sous l'empire de Claude, les Romains n'eurent de peine qu'à en défendre les frontieres vers le nord contre les Pictes & les Caledoniens qu'ils n'avaient pu foumettre. Ils dépeuplerent le pays par les recrues qu'ils en tiraient, ils efféminerent les hommes qu'ils y laiffaient pour n'avoir pas à les redouter, & lors qu'attaqués par divers peuples barbares, ils furent forcés d'abandonner cette île, ils la laifferent fans défenfe. Les hommes indomptés qui habitaient la partie du nord, forcerent ceux du midi à recourir à des étrangers pour repouffer leurs invafions : ils appellerent les Saxons, peuple à demi civilifé, dont le gouvernement était électif; ils s'habillaient avec plus d'élégance que leurs voifins, leurs femmes avaient des robes bordées de pourpre, leurs cheveux formaient une couronne fur leurs têtes, ou tombaient en boucles fur leurs épaules; leurs bras étaient nuds, leur gorge découverte; telle eft encore en partie la mode parmi les dames anglaifes : on leur doit auffi la coutume des jugemens par jurés : ils déteftaient l'efclavage, étaient chaftes, courageux, bons guerriers, trop fouvent cruels. Ils forcerent les Pictes & les Ecoffais à fe renfermer dans le pays fauvage & montueux, refferré entre deux mers qu'ils habitent encore. Mais bientôt les défenfeurs des Bretons devinrent leurs maîtres : ils les foumirent après de longues guerres, forcerent une partie d'entr'eux de paffer dans cette Peninfule des Gaules, à laquelle ils donnerent leur nom, une autre dans les montagnes incultes de Galles & de Cornouailles où il était difficile de pénétrer par terre, & que la mer défendait par tout ailleurs : le refte devint efclave, & fe vendit avec les terres, comme des animaux qui fervent à la culture.

 Les Saxons formerent alors fept royaumes, qui furent ceux de *Kent*, de *Suffex*, d'*Oftangeln*, de *Weftfex*, d'*Effex*, de *Northumberland*, & de *Mercie*;

c'est ce qu'on appelle l'*Eptarchie* : elle fit éclore pendant 200 ans tous les crimes de l'ambition & de la perfidie. *Ecbert*, par sa naissance & ses armes, réunit ces différens états sous sa domination, donna au pays le nom d'Angleterre, du nom originaire de son peuple, pour les distinguer de celui qu'habitaient encore les anciens Bretons, & du nord de l'île, dont les Pictes & les Scots étaient les maîtres.

Les Bretons étaient Chrétiens quand ils furent soumis par les Saxons ; ceux-ci le devinrent après leur victoire, mais déja la prospérité les avaient corrompus, & en devenant des Chrétiens dévots à la voix de S. Augustin, ils n'en furent que plus cruels : on les voit immoler près de Caerleen 1200 moines Bretons, pour n'avoir pas voulu reconnoître leur apôtre pour un saint : l'ignorance unie à la dévotion en est, pour ainsi dire, pervertie, & le fanatisme féroce naît de leur union.

A peine Ecbert fut roi d'Angleterre, qu'il lui fallut la défendre contre ses anciens compatriotes, les Normands & les Danois : ces peuples qui avaient les mêmes mœurs, la même maniere de combattre, se firent long-tems une guerre cruelle : dans l'espace d'une année ils se donnerent douze batailles : les Danois, le plus souvent vainqueurs, s'étendaient dans le pays, & pour les empêcher de le subjuguer alors, il fallut un grand homme, & tel fut *Alfred* : il vainquit ses ennemis, en fit ses sujets, les policia, fit fleurir le commerce & les arts, & rendit sa nation heureuse & redoutable : il vécut trop peu pour elle. Cependant son fils & son petit-fils ne régnerent pas sans gloire ; on cultiva les arts sous leur regne, & pour la premiere fois on traduisit la Bible en langue Saxone. *Edmond I* ordonna que dans une bande de voleurs, le plus vieux serait pendu, & cette loi pa-

GRANDE-BRETAGNE.

rut alors très-sévere. Ses succeseurs devinrent les esclaves des moines, qui, à force de miracles, vainquirent les prêtres séculiers qui possédaient presque toutes les richesses de la nation, mais ne purent arrêter les progrès des Danois : en vain on détruisit ceux qui vivaient dans le royaume par une S. Barthelemi, on ne fit que les irriter davantage, ils conquirent une partie de l'Angleterre ; Canut en devint l'unique possesseur ; il s'y maintint par des vertus, ses successeurs se firent détester par leurs vices, & la race Saxone remonta en 1042 sur le trône, mais ce ne fut pas pour long-tems ; bientôt elle s'éteignit, & *Guillaume*, duc de Normandie, surnommé d'abord *le bâtard*, puis *le conquérant*, devint roi d'Angleterre, après une bataille sanglante où le chef des Anglais fut tué : c'était en 1066. Il réunit auprès de lui les prêtres qui se soumirent à un étendard béni par le Pape, & le peuple vaincu, qui ne pouvant mieux faire, l'élut pour son roi. Ce prince, tour-à-tour indulgent & cruel, fit une espece de révolution dans la politique des rois Européens, & dans les loix d'Angleterre ; il les corrigea, y joignit quelques loix Normandes, borna l'influence du clergé aux affaires ecclésiastiques, abolit les combats en champ-clos, les jugemens par épreuve, & rétablit ceux par jurés : il fut un roi intrépide & sage, un pere malheureux : une plaisanterie du roi de France le mit en fureur ; il lui déclara la guerre, & mourut dans la premiere campagne. Il laissa à l'Angleterre de plus grandes forces, & aussi plus de sujets de guerres ; plus de lumieres, de meilleures loix, & beaucoup de forêts. Son fils, *Guillaume le Roux*, lui fut bien inférieur : une fleche lancée au hasard, le fit périr dans une forêt que son pere avait acquise par la violence. Son frere *Henri* rendit au clergé ses anciennes immunités ; il régna cependant avec sagesse. Sous lui les barons devinrent puissans, & après sa mort ils s'unirent au clergé pour avoir un roi qui leur dût la couronne, & les ménageât : leur choix tomba sur *Etienne*, neveu de Henri I; le gouvernement devint alors presque aristocratique : les grands & le clergé avaient des troupes, des châteaux fortifiés, & le peuple devint plus asservi & plus malheureux. Des divisions cruelles le firent descendre du trône, & l'y firent remonter : il lui fut permis d'y mourir en paix, en reconnaissant *Henri*, qui lui avait disputé la couronne, pour son successeur.

Henri II, tige de la famille des *Plantagenet*, affaiblit les barons & le clergé, démolit les châteaux qui servaient d'asyle à des hommes qui ne devaient point en avoir, renvoya les soldats étrangers, recouvra ses domaines, rendit le peuple indépendant d'une foule de tyrans qui le dévoraient, donna des privileges & la liberté aux villes : il posa enfin la base de la liberté Anglaise. Il voulut aussi abattre le pouvoir du clergé : il n'était soumis qu'à ses propres tribunaux, & il y trouvait l'impunité : plus de cent meurtres furent commis par ses membres, & les coupables n'étaient pas même dégradés de leur ministere : les évêques les soutenaient. Le roi, pour remédier à ces abus intolérables, veut que les prêtres soient soumis aux magistrats ordinaires ; le pape condamne cette disposition, & Thomas Becket, archevêque de Cantorbéri, devint le champion de son ordre, combattit pour lui, suscita des troubles dans l'état, & fut assassiné. Le roi lui avait résisté avec fermeté durant sa vie, mais ayant été la cause involontaire de sa mort, il devint odieux : Becket mort ressuscitait, disait-on, des vaches, des chiens, s'élevait de sa biere pour allumer des flambeaux, & pour bénir le peuple ; il était donc un saint, & le roi un tyran : il fallut que ce dernier cédât aux prêtres, confirmât leurs privileges, & il s'avilît jusqu'à recevoir la discipline de leurs mains, pour obtenir de mourir sur le trône. Il fut duc d'Anjou, du Maine, de la Tourraine, duc de Guienne & de Normandie; il soumit l'Irlande. Son fils *Richard*, surnommé Cœur de Lion, étonna l'Europe & la Terre-Sainte par des actions de courage & de grandeur. Son successeur *Jean*, homme méchant, roi sans vertus, perdit par avidité ses domaines en France, & par sa bassesse il se fit haïr des Anglais : il se rendit vassal du pape, & les barons indignés appellerent *Louis*, fils de Philippe Auguste, roi de France, pour régner sur eux. La mort de *Jean* ramena ses sujets; ils élurent son fils Henri III, qui fut heureux aussi long-tems qu'il eut un tuteur, & devint méprisable quand il voulut régner par lui-même : homme avide, lâche, esclave de ses favoris, livré au pape, méprisé des princes voisins, il ne lui manquait que la haine de ses sujets, pour cesser d'être roi, & il y parvint. Fait prisonnier par ses barons, on convoqua un parlement où chaque comté fut représenté par quatre chevaliers, & telle fut l'origine de la chambre des communes. Les barons se diviserent, le fils de Henri le remit sur le trône : il n'avait point appris à s'y faire estimer, & il y vécut sans gloire. *Edouard I* eut de la capacité, du courage, des vertus guerrieres & politiques ; il était sévere, mais équitable ; il augmenta la puissance de la nation en soumettant la province de Galles ; il fut même sur le point de réunir l'Ecosse à l'Angleterre : la mort mit un terme à ses projets & à la tranquillité de l'Angleterre. La peine de mort devint plus fréquente sous son regne, les barons furent affaiblis, & le pouvoir du roi presqu'abfolu. Les fautes de fon fucceffeur *Edouard II* rendirent aux grands leur audace & le pouvoir d'opprimer le peuple : fes favoris, fa femme lafcive & cruelle, firent couler le fang à grands flots; lui-même dépofé, avili, traîné de prifons en prifons, & d'infultes en infultes, périt d'une mort cruelle par l'ordre de la reine. Son fils Edouard III fit revivre l'ancienne puiffance des Anglais, & accrut le pouvoir des communes : les barons étaient toujours dans leurs domaines des maîtres defpotiques, mais la monnaie devenue plus commune, & fubftituée aux échanges, donna aux rois la facilité de lever des troupes fans eux; & les manufactures qui commencerent à fleurir, firent peupler les villes. Edouard afpira à la couronne de France, il remporta des victoires fur les Français, il fe fit céder une partie de ce royaume : la fin de fa vie détruifit la gloire qu'il avait acquife par la fageffe de fon gouvernement, & en mourant il vit le fruit de fes victoires lui échapper, & fes fujets même s'éloigner de lui. *Richard II* voulut régner en defpote, & manquait de talens & de vertus; il fe fit détrôner. *Henri IV*, duc de Lancaftre, fe fit fon fucceffeur; il vécut au milieu des féditions, & parvint enfin à mourir paifible fur le trône, plus eftimé qu'aimé. *Henri V*, fon fils, fut un héros, non un roi fage : il mourut jeune, avec le nom de roi de France, dont il avait conquis la plus grande partie. *Henri VI* perdit tout ce qu'avait acquis fon pere, incapable de gouverner, indolent & malade; fa femme était ambitieufe, active, courageufe; elle le mit en danger par fes hauteurs, mais fut le défendre. Ce regne fut fouillé par des batailles fanglantes que fe donnerent les factions de la rofe blanche & de la rofe rouge, par lefquelles fe diftinguaient la maifon d'York & celle de Lancaſtre. Henri mourut dans les fers. Les regnes qui le ſuivirent ne furent célebres que par des crimes; le peuple fut malheureux, & devint féroce; les arts & le commerce languirent; on ne connut de vertus que le courage; les mœurs furent diſſolues; les gibets & le fer ſervirent la vengeance, & preſque jamais la juſtice. *Henri VII* fit renaitre des jours plus heureux: s'il ne fut pas le plus grand roi qu'ait eu l'Angleterre, il en fut le plus utile; il abolit des loix cruelles, & ſut pardonner: il n'enrichit plus les favoris par des confiſcations, fut économe envers ſes courtiſans, libéral pour les pauvres; il abaiſſa la nobleſſe & le clergé, & éleva le peuple en l'éclairant: il enleva aux grands leurs corteges nombreux, aux moines l'aſyle que leurs retraites offraient aux criminels, & fit revivre le commerce. Ses ſujets, heureux par lui, ne connurent pas tout ſon mérite. Son fils *Henri VIII* était ſavant, d'une figure agréable; mais il n'était ni ſage, ni vertueux; tyran comme roi, comme pere, comme époux, il n'eut point de principes fixes, ne chercha point le bien de l'état, & ne crut pas même devoir le chercher: il ne conſulta que ſes paſſions & ſes caprices, fit divorce avec trois de ſes femmes, en fit périr deux ſur l'échafaud, & ce ne fut qu'à force de prudence & de douceur que la ſixieme vécut avec lui juſqu'à ſa mort. Il opprima ſes ſujets, les avilit, s'avilit & ſe tourmenta lui-même: le ſeul bien qu'il fit à l'Angleterre, fut d'y introduire la réformation, & il ne le fit pas dans la vue du bien. Un livre qu'il fit contre *Luther*, lui fit donner par le pape le nom de *défenſeur de la foi*: ſes ſucceſſeurs le prennent encore. Son fils *Edouard VI* ne fit que paraître pour être regretté. *Marie* eût été une reine aimée, & peut-être digne de l'être, ſi elle n'eût été bigotte: la dévotion la rendit cruelle;

elle voulut étouffer la réformation dans les buchers, dans les tortures; elle se fit détester, & son regne n'eut d'heureux que sa courte durée. Sous sa sœur *Elizabeth*, la réformation renâquit, & s'établit sur de fermes fondemens: instruite, elle fut tolérante; elle chercha à se faire aimer du peuple, qui fait la force du trône, & craindre des courtisans qui prosperent de sa faiblesse: elle fut économe, impartiale, populaire, & par-là elle devint presque absolue. Son regne fut glorieux & utile; la nation reprit sous elle son ancienne puissance, & étendit au loin son commerce: elle vainquit l'Espagne, & se fit rechercher de tous les rois de l'Europe: trop d'orgueil & de sévérité ternirent la fin de sa vie. *Jacques I* son successeur, ne fut un prince illustre ni par des conquêtes, ni par des acquisitions; il ignora l'art des négociations; il fut juste, clément, mais faible: il manqua d'étendue d'esprit, il prépara sans le vouloir les malheurs de son fils, en opposant sans cesse ses prérogatives aux droits des peuples. Sa gloire est d'avoir aimé la paix, d'en avoir fait jouir ses sujets, de les avoir rendu heureux. Son fils *Charles I* commença son regne sous des auspices favorables; mais ses principes sur le pouvoir absolu des rois comme venant de la divinité, son imprudence & sa faiblesse, quelques vexations qu'il commit, ses entreprises malheureuses, firent naître les guerres civiles: le parlement & le peuple avaient alors tout le fanatisme de la liberté, enflammé par celui de la religion; ils en montrerent les vertus & les fureurs; Charles en fut la victime, & l'Europe Chrétienne vit pour la premiere fois une nation juger & faire exécuter son roi. L'administration de *Cromwel* fut heureuse & éclatante par des succès: il soumit l'île de la Jamaïque, & se fit céder *Dunkerque* par la France. Cet homme

d'abord

GRANDE-BRETAGNE.

d'abord fanatique, mais que la grandeur rendit politique, & peut-être hypocrite, étonna par ses talens & par ce qu'il osa tenter. L'Angleterre fut redoutable quand il la gouverna; elle cessa de l'être sous *Charles II*, qui, avec des talens aimables, n'eut pas les vertus de son pere, & cependant fut heureux, & régna paisiblement. Le commerce redevint florissant, le peuple perdit de son austérité & de son fanatisme; les ministres s'avilirent, les courtisans colorerent les vices de ce vernis brillant qui le fait presque pardonner; la nation fut plus riche, & eut moins de mœurs. Charles soutint des guerres, & les entreprit la plupart sans raison; celles qu'il soutint avec la Hollande furent honteuses. Son frere *Jacques II* voulut faire renaître le papisme, & le fit avec tant de maladresse & de rigueur, qu'il ne réussit qu'à se faire expulser. Son gendre *Guillaume III* lui succéda; homme plus habile qu'aimable, & plus estimé qu'aimé, il ne sut pas être populaire, & ne parut en Angleterre que le Stathouder des Provinces-Unies. Général malheureux & toujours redoutable, sa haine pour la France lui fit entreprendre une guerre qu'il eût pu épargner à l'Europe; elle fut glorieuse à l'Angleterre, & prépara la faiblesse de la Hollande, à la prospérité de laquelle ce roi s'intéressa toujours. Le gouvernement d'Angleterre fut fixé sous son regne sur une base déterminée. *Anne* lui succéda; elle eut les vertus d'un particulier estimable, sans aucun des talens qu'exige le trône : le commencement de son regne fut une suite de celui de Guillaume III; elle eût détruit ensuite son ouvrage, si sa vie eût été plus longue. L'Electeur de Brunswick lui succéda en 1714, sous le nom de Georges I, prince qui joignait à des talens médiocres une application & une perséverance qui assuraient le succès de ses desseins.

Tome IV. V

Il eut des principes sages, & si ses sujets eurent à s'en plaindre, ce fut l'ouvrage de ses ministres : ses guerres, ses traités furent utiles & glorieux à l'Angleterre, & elle prospéra sous son regne. En 1727 il laissa le trône à son fils *Georges II*: moins éclairé, moins sage que son pere, il laissa gouverner l'Angleterre par ses ministres, & s'occupa de ses possessions Allemandes. Sous lui les Anglais acquirent de grandes possessions en Asie & en Amérique; mais celles qu'ils possédaient dans ce dernier continent, échappent à son fils. Son regne fut long, & en général il fut heureux : cependant la dette de la nation devint immense, & cette dette appesantie par la guerre contre ses colonies, sous Georges III, guerre ruineuse, entreprise avec légéreté, & peut-être par orgueil, accable le peuple sous la multitude des impôts nécessaires pour soutenir les dépenses annuelles, & payer les intérêts. Tel est l'état actuel de l'Angleterre : une apparente grandeur lui présage, ce semble, des désastres & une révolution.

Le climat de l'Angleterre est tempéré; l'air y est humide & épais, le ciel variable & nébuleux; pendant l'hiver, les pluies & d'épais brouillards y sont fréquens; la neige n'y couvre la terre que peu de jours : en divers lieux & en diverses années, on peut laisser en tout tems les bestiaux paître dans les campagnes; cependant, lorsque le tems est mauvais, les vaches se soignent dans les étables; les brebis seules demeurent de nuit & de jour, l'hiver comme l'été, errantes dans de vastes pâturages. Le sol y est si peu resserré par le gel, qu'on peut le labourer pendant tout l'hiver, & que presque dans chaque mois on peut y semer une sorte de grains : il ne présente que de vastes plaines, variées de collines & de vallées. On y compte 32 millions d'acres, chacun de

43,560 pieds quarrés d'Angleterre, ou 38,435 pieds de roi (*); & un cinquieme de cette surface demeure inculte & desert. L'agriculture y est perfectionnée, & l'acte du parlement qui donne 8 schellings par *quarter* de froment, à celui qui l'exporte sur des batimens Anglais; lorsque son prix est inférieur à 48 schell. l'y a rendue florissante. Une bonne récolte y peut nourrir ses habitans pendant 18 mois: un auteur compte qu'on n'en transporte que la trente-huitieme partie; Busching dit la seizieme: l'un dit trop peu, l'autre trop. La recompense accordée à l'exportation est montée en 1750 à 325,405 liv. st. mais elle ne monte pas ordinairement aussi haut. On comptait en 1750, que dans les 5 années précédentes, il était sorti des 57 ports de l'Angleterre, pour 7,405,786 liv. st. de froment, seigle, orge, gruau, &c. Cette exportation rapporte à la nation un profit annuel de 651,000 liv. st. & par la récompense accordée à celui qui exporte, il peut soutenir la concurrence avec les autres nations; & donner ses grains au même prix. Lorsque le prix du quarter excede 48 schell. l'exportation est défendue; mais cette défense n'a eu son effet que depuis quelques années, où il a fallu même, pour prévenir la disette, recourir aux grains étrangers: des fermes trop étendues, & la multitude des chevaux qu'on y éleve, en sont peut-être les causes. On a dit qu'en 1588 on ne comptait que 1700 chevaux dans Londres, & 20,000 dans le royaume, & qu'aujourd'hui on en compte plus de 100,000 à Londres, & dans l'Angleterre entiere plus de 500,000: si le fait est vrai,

---

(*) Le chevalier *Petti* y en compte plus de 39 millions; d'autres prétendent qu'elle en a 4500000, dont 2500000 sont en non-valeur. L'acre Anglais est à l'arpent Français à-peu-près comme 9 à 4.

il est facile de concevoir combien cette augmentation doit consumer de grains & nuire à l'agriculture : l'avide fermier préfere ses prairies à ses champs ; car l'acre de ceux-ci ne lui rapporte que 10 à 12 schell. & une prairie abondante lui vaut jusqu'à 3 liv. st. La multitude des chevaux diminue, encore celle des brebis & des porcs, & cause du déchet dans les engrais.

Les productions des jardins & des vergers sont multipliées, & d'une grande beauté en Angleterre ; on y fait beaucoup de bonne biere & de cidre : le safran croit abondamment sur les frontieres de Cambridge & d'Essex, dans une étendue de 10 à 12 milles : la réglisse, la garance s'y trouvent ; le chanvre & le lin s'y cultivent ; il y a peu de bois à brûler, presque point pour bâtir ; les plus grands chênes sont conservés avec soin pour les chantiers : l'avantage du royaume serait de planter d'arbres de diverses sortes les lieux deserts & incultes, & de rendre les fleuves navigables, pour en faciliter le transport. Il renferme d'inépuisables mines de charbon de pierre, principalement à Newcastle & à Whitehaven : il s'en vend annuellement pour environ 30 millions d'écus. L'entretien du bétail y est un grand objet de richesse ; le fourage y est abondant & plein de suc ; les chevaux y sont d'une vîtesse extrême, & les plus estimés sont originaires d'Arabie & de Barbarie. On y entretient beaucoup de bêtes à cornes, & on y fait d'excellens fromages ; le commerce le plus considérable s'en fait à Chester. Les brebis y sont en grand nombre & d'un grand rapport ; leur belle laine, estimée la meilleure, après celles d'Espagne & de Portugal, fait, avec les manufactures qu'elles font prospérer, le tiers des revenus de tout le pays, & il s'en exporte environ un quart : on y conferve encore la race des 3000 brebis que le roi Édouard IV fit venir d'Efpagne. La meilleure laine du royaume croît dans le comté de Glocefter & dans l'île de Wight ; la plus longue dans le comté de Leicefter. Il eft des mines de fer dans la province de Suffex, des mines de cuivre dans celles de Cumberland & de Sommerfet ; mais elles font peu abondantes : il en eft de riches dans le Cornouaille; celles d'étain & de plomb font très-riches dans le Cornouaille & le Devonshire, & on n'en trouve pas qui furpaffent en bonté les métaux qu'elles donnent ; celles d'étain font fur-tout les plus anciennes & les premieres de l'Europe. On a trouvé du minerais d'or dans le Cornouaille. La terre à foulon des Anglais eft recherchée dans les manufactures de drap ; c'eft la meilleure pour cet ufage ; mais la fortie en eft défendue. Les montagnes y renferment du marbre, de l'albâtre, du cryftal, de l'alun, du vitriol. Les eaux minérales n'y font pas rares, & celles de Bath font célebres. Il y a des fources d'eaux falées ; les plus légeres donnent un dixieme de fel ; celles de *Droitwich*, d'*Upwich*, &c. rendent le quart de leur poids ; celles de *Barton* & de *Northwich*, plus du tiers ; mais toutes enfemble ne fuffifent pas aux befoins du pays. Les rivages de la mer & les rivieres y font riches en poiffons : les fardines abondent fur les côtes de Cornouaille & du Devonshire, les huîtres fur celles de Dorfet & d'Effex, les harengs fur celles de Norfolk & dans les environs d'Yarmouth ; la pêche qui fe fait près de Crowland, dans le Lincolnshire, eft connue. Les rivieres les plus confidérables font, la *Thamife* ou *Themfe*, la *Severn* ou *Saverne*, la *Trent* ou l'*Humber*, le *Medway*, l'*Youre* & l'*Oufe*. La premiere naît dans le Glocestershire, coule quelque tems fous le nom d'*Ife*, reçoit la *Tham* à Dorcester, passe à Londres, & se jette dans la mer du Nord : elle est large & profonde ; la marée en suspend le cours jusqu'à Kingston, & les plus grands vaisseaux arrivent par elle jusqu'à Londres. La *Saverne* prend sa source dans le Montgommerishire, arrose Shrowesbury, Worcester, Glocester, & se perd dans le canal de S. Georges. L'*Humber* est moins une riviere qu'un golfe étroit & profond qui reçoit la *Trent*, qui vient du Staffortshire, & divise l'Angleterre en méridionale & septentrionale, l'*Are* & l'*Youre*, qui sortent du duché d'York. La *Medway* arrose la province de Kent, passe à Rochester, à Chatham, & se jette dans la Thamise ; son lit est profond, & on y met en sûreté, pendant l'hiver, les plus grands vaisseaux de guerre. L'*Ouse* sort du Buckinghamshire, & se jette dans le golfe de Boston.

L'Ecosse est moins tempérée que l'Angleterre, mais elle jouit d'un air plus pur & plus sain ; elle est montueuse, très-élevée, & deserte en quelques-unes de ses parties : l'agriculture s'y perfectionne, & les grains, le chanvre, le lin y sont cultivés avec succès. On y nourrit des bêtes à cornes, des brebis, des petits chevaux : le bois, le charbon de pierre y sont abondans ; les monts recelent de l'or, de l'argent, du plomb noirâtre, d'autres métaux encore & du marbre. La pêche est abondante sur les côtes ; celle du hareng se fait entre les îles qui la ceignent. Sa principale riviere est le *Tay* : voyez ce que nous dirons encore de l'Ecosse dans son article particulier.

L'Irlande est remplie de lacs & de marais ; l'air y est humide & pesant, les pluies fréquentes. Ses habitans ont négligé l'entretien des bestiaux ; on cherche à y rendre l'agriculture florissante. Le lin & le chanvre y viennent bien ; la pêche y est très-abondante

& très-utile : les monts y renferment divers métaux, qui sont peu recherchés : on y trouve du marbre, des améthistes, du charbon de pierre, du ciment liquide. Sa plus grande riviere est le *Shannon*.

On compte 28 grandes villes dans l'Angleterre, & au-delà de 650 petites villes & bourgs à marché. Le nombre des habitans de la Grande-Bretagne & de l'Irlande monte vraisemblablement à 8 millions : l'impôt sur les fenêtres a fait connaître qu'en Angleterre il y avait 6,90,000 maisons, sans compter les chaumieres, qui peuvent y être au nombre de 200,000 : en comptant 6 personnes pour chaque maison ou chaumiere, on trouve 5,340,000 hommes dans l'Angleterre seule. Un auteur y compte 7000000 d'hommes : c'est trop, sans doute; mais ces calculs sont toujours un peu incertains. L'Ecosse ne renferme pas au-delà de 1,500,000 ames, ni l'Irlande plus de 134,000 ; on ne s'écartera point en ne supposant dans l'une & l'autre ensemble que 2 millions & demi d'habitans. On compte 100,000 Juifs en Angleterre : un acte du parlement, en 1753, les y naturalisa, c'est-à-dire, qu'il les déclara capables d'acheter des terres, & de commercer, sans payer des droits comme étrangers ; on avait pour but d'enrichir le pays en y attirant les riches Juifs Portugais : mais le peuple a vu cet acte avec chagrin, & il a été révoqué. La langue Anglaise est un mélange de l'ancien Breton, du Latin, du Saxon, du Danois, du Norwégien, de l'Italien & du Français.

La nation y est partagée en diverses classes ; mais de l'une, on passe facilement dans l'autre : le manœuvre & l'artisan forment la plus basse : celui qui posséde un bien franc-aleu est distingué par le titre de *yeomer* ou de *freeholders* ; la petite noblesse ou *gentry*, se distingue par les titres de *gentlemann*, d'*esquire*, de *knight* ou de *baronet*, & à ces deux derniers, on attache l'épithéte d'*honorable*. *Lord* ou *seigneur*, est le titre commun de la haute noblesse, & lorsqu'il est accompagné d'un sur-nom, ou d'un nom de famille, sans désignation d'une dignité, celui qui le porte est *baron*. En 1753, on comptait en Angleterre 59 barons, 12 vicomtes, 95 *earls* ou *comtes*, 3 marquis, & 24 ducs : les trois premieres classes ont le titre de *très-honorables* ; les 2 dernieres de *très-nobles* ; toutes ensemble forment les *pairs* : le baron s'appelle pair, ou lord, le vicomte est baron, le comte, vicomte & baron, le marquis a les trois titres inférieurs & le duc tous les quatre. Le fils ainé d'un duc, ou d'un marquis est *comte*, le second est *lord*, le troisieme est *esquire*, le quatrieme est *master* ou *monsieur*. Le fils ainé d'un comte est *lord* ; tous ses autres fils, & tous les fils des vicomtes & des barons appartiennent à la petite noblesse sous le titre d'*esquire*. Le fils ainé hérite par la mort de son pere de tous ses titres, comme de toutes ses terres & fonds. Les titres ne sont point attachés à de certains lieux ou terres, mais au sang de celui que le roi en honora : on y donne des châteaux, des seigneuries, jamais de baronnies, de comtés, de marquisats, de duchés : le seul comté d'Arundel est excepté de cette règle. Lorsque le roi veut décorer quelqu'un de ces titres, il les joint au nom d'une ville, ou d'un bourg, ou d'une seigneurie, ou d'un château qui n'ait point appartenu à un particulier ; on préfere ceux qui ont été portés par une famille illustre, mais éteinte ; car deux pairs ne peuvent porter à la fois le même nom : souvent on conserve le sien. Lorsqu'on a un titre, & qu'on en obtient un plus élevé, on peut ou conserver l'ancien, ou préférer le nouveau : chaque famille a ses armes ; & un tribunal établi par Richard III, conserve le régistre de celles de toutes les familles, & de tous les noms que leurs diverses branches ont porté.

Nous avons dit en quel tems la réformation s'introduisit en Angleterre. Elle y fut affermie sous Elizabeth ; mais elle ne s'éloigna de l'église romaine que dans les objets essentiels, & voulut conserver dans la liturgie, dans le culte, dans la constitution de l'église, un grand nombre de cérémonies & de règles suivies par les catholiques Romains ; on les y conserve encore. On y a retenus les évèques, & de là vient qu'on nomme l'église Anglicane, l'*église Episcopale* ou la *haute église*. Calvin s'efforça d'y introduire la simplicité du culte de Geneve ; mais les évèques ne purent l'adopter : plusieurs Anglais cependant l'adopterent, & ce sont ceux qu'on nomme aujourd'hui *Puritains*, parce qu'ils ont prétendu ramener le culte à sa premiere pureté, ou *nonconformistes*, parce qu'ils ne forment pas l'église dominante, & encore *presbytériens*, parce qu'ils ne voulaient que des presbyteres & point d'évêchés. Ils differaient entr'eux par leurs opinions ; & parmi les sectes qu'ils formerent on remarque surtout celle des *indépendans* qui pensaient que tout chrétien devait être entiérement libre, & n'être pas plus soumis à des ordonnances de synodes qu'à celles des évêques : ils sont aujourd'hui réunis à la masse des presbytériens ; ceux-ci sont avec les *épiscopaux*, les principaux partis qui divisent la religion ; & ils different entre eux sur plusieurs points de la liturgie, de la croyance, du culte, & du gouvernement de l'église. Les presbytériens dominent en Ecosse ; les autres en Angleterre & en Irlande : parmi ceux qui se distinguent d'eux, nous ne ferons mention que des *ana-*

batiftes, qui se donnent le nom de *baptifts*, & ne bâtisent les enfans que par immersion & dans l'adolescence, & des *quakers* ou *trembleurs*. Il y a encore beaucoup de catholiques en Irlande & en Angleterre, on voit encore à Winchester un couvent de bénédictins. La liberté de penser a produit ces divisions dans le milieu du 17e. siecle; elle n'en produit point aujourd'hui qu'elle est plus répandue encore parce qu'on est plus éclairé.

Dans l'état actuel de l'église anglicane, elle a pour chefs deux archevêques & 25 évêques, soumis au roi comme juge souverain de tout ce qui intéresse le service divin; & de ceux qui l'aministrent. L'*Archevêque de Cantorbéry* ou *Canterbury* est le premier pair du royaume; il siege immédiatement après la famille royale, & précede les grands officiers de la couronne: il a le titre de *primat* & de *métropolitain* de toute l'Angleterre, & lorsqu'on lui parle, on lui donne celui de *votre grace*. Il couronne le roi, a un grand pouvoir, accorde des dispenses, a sous lui 21 évêques, préside à diverses cours de justice ecclésiastique & administre son diocèse. On estime que ses revenus montent à une demi tonne de gouldes. L'archévêque d'*York* a le titre de *primat* & de *métropolitain* dans son diocese, prend son rang devant les ducs qui ne sont pas de la famille royale, précéde les ministres d'Etat, excepté le chancelier qui le précede & suit immédiatement l'archévêque de Cantorbery; il couronne la reine, & est son chapelain, a sous lui quatre évêques, a le droit de comte Palatin dans le Northumberland & y peut exercer le droit du glaive.

Les 25 évêques ont le titre de *très-réverens*, ou de *votre seigneurie*; ils suivent les vicomtes & précédent les barons (*), celui de *Londres* est le plus considérable d'entr'eux; celui de *Durham* le suit, & a le droit de chasse dans sa banlieue; après lui vient l'évêque de Winchester: l'ancienneté règle le rang des autres: celui de *Sodor & Man* siege le dernier; le roi les nomme, mais le chapitre peut donner ses raisons pour ne pas les admettre, & souvent on y a égard: leur dévouement à la cour nuit à la considération qu'on leur doit. Ils sont soumis à la jurisdiction de l'archévêque dont ils sont suffragans, & qui peut les déposer pour des causes justes, quand le roi y consent. Ils ont une sorte de jurisdiction dans leur évêché, ou un consistoire présidé dans le diocèse par son chancelier, mais on peut appeller de ses sentences aux cours de justice ordinaire, & il ne peut ordonner des peines afflictives. Ils ont des revenus considérables, & ceux qui en ont le moins peuvent aspirer à succéder à ceux qui en ont le plus.

Les *doyens* & les *chanoines* des cathédrales suivent les évêques par leur rang: les doyens précédent les archidiacres, & chaque évêché en a plus ou moins. Le doyen est le chef du chapitre: tous rassemblés ont 576 chanoines, & les archidiacres sont au nombre de 60. Ils visitent annuellement deux ou trois fois leurs églises, veillent à leur réparation & rendent compte à l'évêque de ce qu'ils ont observé dans son diocèse. Les *doyens ruraux*, nommés autrefois archiprêtres, ont inspection sur un certain nombre de prêtres, les convoquent, leur signifient les ordres de l'évêque. Les diacres, vicaires, recteurs, & curés forment la plus basse classe de l'ordre ecclé-

---

(*) Busching en excepte l'évêque de Man, parce qu'il n'était point nommé par le roi: il l'est aujourd'hui & siege au parlement.

fiaftique. Le *recteur* eft le fur-intendant de la paroiſſe, le *curé* eſt ſon ſubſtitut ; le *vicaire* eſt celui qui deſſert une cure dépendante d'un laïque qui le nomme : le *diacre* n'a aucune de ces charges ; mais ils y aſpirent. On compte 5567 paroiſſes en Angleterre & 3236 vicariats.

L'Ecoſſe eſt diviſée en 13 ſynodes provinciaux, & chacun a 68 presbyteres ou paroiſſes. L'Irlande a 4 archevêques & 19 évêchés.

La *Societé pour l'avancement de la foi Chrétienne*, fut établie en 1698. Elle eſt formée en partie d'un certain nombre de membres qui fourniſſent aux dépenſes, & en partie de pluſieurs autres chargés de correſpondre au dedans ou au dehors du pays, de donner un précis de l'état de la religion dans leur voiſinage, d'indiquer les moyens de fonder un établiſſement utile, ou d'exercer la bienfaiſance. Elever, inſtruire les enfans pauvres, étendre la doctrine chrétienne dans les colonies Angloiſes & chez les autres peuples, ſoutenir les miſſionnaires proteſtans envoyés à la côte de Coromandel, faire imprimer le nouveau teſtament & les pſaumes en langue arabe, & la bible avec des livres de prieres en italien pour répandre dans les lieux où ils peuvent être utile, ſont ſon principal but. Les écoles de charité ſont ſoutenues avec la même bienfaiſance. En 1749 on en comptait 149 à Londres dans leſquelles 3406 garçons & 2172 filles étaient entretenues ; on en comptait encore 1329 dans le reſte de l'Angleterre où étaient inſtruits 19506 garçons & 3915 filles.

La *Societé pour la propagation de l'Evangile dans les pays étrangers*, entretient plus de 80 miſſionnaires, catechiſtes & maîtres d'écoles pour les colonies angloiſes de l'Amérique.

Il y a aussi en Ecosse une societé pour l'avancement de la foi chrétienne, fondée en 1709, qui a pour but l'instruction des agrestes habitans qui habitent ses montagnes. En 1738 on y comptait 134 écoles où s'instruisaient 5187 garçons & 2618 filles: il est aussi environ 200 de ces écoles en Irlande. Toutes celles du royaume réunies instruisent 100 mille enfans, & les societés y ont déja distribué plus de 1000 bibles & autres livres de piété.

L'Angleterre a eu un grand nombre de savans illustres, & les sciences y sont cultivées avec soin & avec succès : on les étudie dans les deux universités d'*Oxford* & de *Cambridge*, consacrées à ceux qui sont de l'église Anglicane, & où l'on a perfectionné l'ancienne méthode scholastique On n'y étudie pas plusieurs sciences à la fois; mais on parvient de l'une à l'autre, & c'est ainsi qu'on réussit à se les rendre propres. La langue & l'éruditon grecque, y sont particulierement estimées & cultivées; les langues orientales le sont un peu moins, l'histoire romaine y est plus connue encore que la langue latine; il est rare d'y trouver dans cette langue un homme qui ait le style pur & orné, & des savans qui le parlent avec facilité. On s'y applique peu aux langues étrangeres, telles que l'allemand, le français, &c. Les poetes Anglais se distinguent par des pensées profondes : les mathématiques y sont cultivées avec beaucoup de soin, les philosophes y ont beaucoup ajouté à l'étendue des connoissances humaines; mais la théologie y est trop enveloppée d'une croute scholastique. La jurisprudence y est distinguée, la médecine & l'histoire naturelle y ont été étendues & perfectionnées. Les Anglais ont eu moins de succès dans la géographie,

& l'histoire litteraire, eccléfiaftique & politique. Les presbyteriens ont auffi érigé de petites académies.

Pour être bachelier des arts, felon les règlemens des univerfités, il faut étudier quatre ans, 7 pour l'être en philofophie, 14 pour la théologie, & 18 pour parvenir au doctorat. A Oxford on ne reçoit point un docteur en droit qu'il n'ait étudié 12 ans dans l'univerfité, pour l'être en médecine, il faut y avoir étudié 10 ans. A Cambridge on obtient ce titre après 11 ans d'étude pour ces deux fciences.

La *Societé royale des fciences de Londres*, fondée en 1645, & qui obtint fes privileges de Charles II en 1662, eft la premiere de toutes celles qui font en Europe, & fe foutient avec gloire.

Il y a quatre univerfités en Écoffe; ce font celles d'*Edimbourg*, de *Glasgaw*, de *St. Andrew*, & d'*Aberdeen*, & c'eft là qu'étudient les presbyteriens; celle de *Dublin* eft la feule qui foit en Irlande; elle eft deftinée aux membres de l'églife Anglicane; elles n'ont pas une grande célébrité.

Les Anglais ne fe font jamais diftingués dans la peinture & la fculpture : ils cultivent cette derniere comme un ornement funebre ; ils confervent auffi les têtes de leurs grands hommes dans des médailles en yvoire, arrangées fous une glace, fur un fond de velour noir : cette maniere eft eftimée. Ils gravent fur le cuivre en maniere noire ; & ils y ont eu de grands fuccès. Ils ont des artiftes diftingués pour la gravure en payfage. L'architecture civile y eft exercée avec gloire, & la navale avec plus de gloire encore. Le roi George III a érigé à Londres en 1768 une académie de deffein, de peinture & de fculpture. Dans d'autres arts, ou utiles, ou agréables, ils ont des artiftes eftimés, & leurs fabriques & métiers font dans le meilleur genre : ils font les premiers Européens qui ayent eu des manufactures de tapisseries en haute lisse, où la laine & la soie fussent travaillées avec tant d'art, que leur union semble être l'ouvrage de la nature.

Leurs manufactures de verre où l'on coule de grandes glaces sont considérables: on y réussit encore dans les ouvrages façon de cristal. Les Hollandais & les refugiés Français qui s'y sont établis, ont multiplié & amélioré les manufactures, & chaque jour elles deviennent plus florissantes: celles de laine sont sur-tout dans un état de perfection, & la valeur des draps qu'on en exporte annuellement monte à deux millions de livres sterlings: cette vente a beaucoup diminué parce que les Français donnent les leurs à meilleur prix, & que quoiqu'inférieurs en qualité, ils savent leur donner plus d'éclat: celles de soie y furent introduites sous le règne de Jaques I, & y ont fait de grands progrès; mais elles ne sont pas encore ce qu'elles peuvent y être. L'Ecosse & l'Irlande ont des manufactures de lin florissantes, sur-tout la derniere, qui a une chambre de fabriques de drap à *Dundalk*, & une de très belles tapisseries à *Dublin*. C'est en Angleterre qu'on fait les meilleurs outils en acier, les meilleures serrures, les instrumens de chirurgie les mieux exécutés: plus de deux cents mille ouvriers y travaillent en fer. On y fait des basins, des futaines, des rubans, plusieurs autres étoffes de lin & de coton, un grand nombre de toiles peintes & beaucoup de dentelles. Les fabriques de porcelaine produisent des ouvrages recherchés dans toute l'Europe: il en est dont les ouvrages sont peints en camayeu. Le papier d'Angleterre & d'Ecosse est très beau; il surpasse celui de Hollande par sa blancheur. Les chapeaux & les bas en sont estimés. Les cuirs travaillés, le tabac préparé, la pêche rapportent de grandes sommes dans le royaume. Le commerce y est dans une situation florissante; il a beaucoup de ports sûrs, d'un abord facile, des chantiers commodes, des matelots exercés, & beaucoup de productions naturelles. Le commerce qui se fait d'un port à l'autre, occupe au moins 100000 matelots. Le nombre des bâtimens qui transportent de lieu en lieu le charbon de terre, les grains, le beurre, le fromage, le sel, la terre à foulon, est très grand. Le premier objet seul en occupe 2000. On estime que la valeur annuelle des manufactures & des productions naturelles de l'Angleterre va à 42 millions de livres sterlings, (d'autres la fixent à 38 millions,) & les possessions de la nation entière à 600 millions.

Les Anglais commercent dans tout le monde : ils envoyent principalement en Turquie des draps, de l'étain, du plomb & du fer : ils y portent encore souvent du sucre qu'ils achetent ou échangent contre diverses marchandises, en France & en Portugal, & des piastres qu'ils reçoivent à Cadix. Ils y envoyent 14 à 15000 pieces d'étoffes, & en rapportent des soies, des poils de chevres filés, du coton, des drogues, &c. Leur commerce avec l'Italie consiste en draps, en diverses étoffes, cuirs, étain, plomb, poivre & autres marchandises des Indes; ils en rapportent de la soie, du vin, de l'huile, du savon, des olives, des couleurs, des anchois; en Espagne ils portent des draps, des étoffes diverses, des cuirs, des poissons, de l'étain, du plomb & des grains : ils en retirent du vin, de l'huile, des fruits, de la laine, de l'indigo, de la cochenille, &c. Selon Busching ce commerce n'est pas fort avantageux; d'autres ne sont pas de son avis, & font monter le bénéfice qu'ils en retirerent en

GRANDE-BRETAGNE.

en 1758 à 1200 mille livres sterlings. Ils portent en Portugal les mêmes marchandises qu'en Espagne, & même des habits & des souliers tous faits; ils en tirent des vins, de l'huile, du sel, des fruits, de la soie, des drogues, des pierreries, de l'or: l'avantage de ce commerce est assez grand pour l'Angleterre. La France reçoit des Anglais beaucoup de tabac, de la corne, de l'étain, un peu de plomb, de la flanelle, quelquefois des grains : elle leur fournit des vins : des eaux-de-vie, des toiles, des batistes, des dentelles, des linons, brocards, velours & autres étoffes de soie, du chanvre, du lin, de la potasse, du fer, des bois de charpente, &c. Selon les uns ce commerce est d'un avantage égal aux deux nations; il est désavantageux à l'Angleterre selon d'autres, qui font monter sa perte annuelle à 500000 livres sterlings. La Flandres fournit aux Anglais des dentelles, des batistes, des linons, des toiles, & diverses autres marchandises : ils lui donnent en échange de la flanelle, du sucre, du tabac, de l'étain, du plomb, beaucoup d'argent comptant, &c. L'Allemagne reçoit des Anglais des draps, diverses étoffes, du tabac, du sucre, du plomb, de l'étain, du gingembre, des marchandises du Levant : ils en tirent beaucoup de toiles, du fil, des peaux de chévre, du fer étamé, diverses marchandises, & de l'argent comptant : la balance de ce commerce est en faveur de l'Angleterre. Il vient de Norwege en Angleterre des planches, des bois de construction, du fer en barre; on lui rend de l'argent, un peu de tabac, quelques étoffes de laine. La Suède fournit beaucoup de fer, de bois de construction, des planches & autres objets; elle reçoit le l'argent, & quelques productions naturelles ou les manufactures Anglaises : la Russie reçoit de l'An-

Tome IV. X

gleterre des draps grossiers & autres moindres étoffes, de l'étain, du plomb, du tabac, & quelques autres marchandises : la derniere en retire du lin & du chanvre, des toiles, du fil, du cuivre, du suif, du fer, de la potasse, des pelleteries, du goudron, du salpêtre : la balance est en faveur de la Russie, dont le bénéfice fut en 1759 de 883,000 livres sterlings. Les Anglais envoyent en Hollande des draps ; des étoffes diverses, des cuirs, des grains, du charbon de terre, d'autres marchandises du pays, des Indes, & de la Turquie, comme sucre, tabac, gingembre, du goudron, du ris, & autres productions des colonies Américaines ; ils y achetent des toiles, des côtes de baleines, des ustenciles de cuivre, de la garance, des objets de mode &c. La balance est ici en faveur des Anglais, mais la contrebande dédommage en partie les Hollandais. L'Angleterre fournit à l'Irlande tout le produit de ses manufactures & n'en reçoit que des toiles, quelques étoffes de laine, & des vivres : elle a envoyé à ses colonies d'Amérique, année commune, de 1761 à 1765 pour 2072165 livres sterlings en diverses marchandises ; elle n'en a retiré que pour 1081130 livres sterl. en divers objets : c'est le commerce le plus avantageux qu'ait fait l'Angleterre ; mais elle est menacée de le perdre : elle en tirait du ris, du sucre, du tabac, des bois de construction, beaucoup d'argent, &c. elle leur fournissait des étoffes de soie & de lin, des outils d'acier, des navires, des souliers & autres objets d'industrie & de nécessité. Le commerce avec l'Afrique est encore très profitable à l'Angleterre : on en tire des esclaves pour les colonies qui en ont environ 150,000 ; de l'or en poudre, du bois rouge, &c. Avec l'Asie, le commerce se fait par la *compa-*

gnie *des Indes Orientales*, établie en 1600, renouvellée en 1698. On compte que dans les provinces de Bengale, de Bahar & d'Orixa, de la côte de Coromandel, la somme de ses revenus monte à la valeur d'un million & demi, sur lesquels elle gagne le 40 pour cent. Elle a donné dans quelques années jusqu'à 400 000 livres sterl. par an à la couronne. Les autres sociétés privilegiées, sont la *compagnie du Sud*, celle du *Levant*, celle de la *baye d'Hudson*: la plus ancienne & aujourd'hui la moins considérable est celle de Hambourg. La banque de Londres est très considérable, son crédit est solide; mais il a chancelé quelquefois: elle a le privilege exclusif d'escompter les billets & les lettres de change qui ont un terme moindre de six mois à courir. Elle fait le commerce de l'or & de l'argent. Il fut prouvé en 1764 que le 24 Novembre de cette année, la banque, les compagnies du Sud & des Indes, possédaient ensemble un capital de 120,674,553 livres sterl. & que les rentes qu'elles payaient montaient à 4,825,738. En 1768, on mit sous les yeux du parlement un état du commerce Anglais qui fait monter l'exportation annuelle à 14 millions de liv. sterl. & l'importation à 10 millions. Londres en fait environ les six neuviemes, il s'en fait un neuvieme du midi de l'ile au nord de la France, & les deux autres ou par les ports situés sur la mer du nord, ou par ceux qui sont au couchant.

Les Anglais font encore la plus grande partie du commerce particulier de l'Ecosse & de l'Irlande. Ce qu'on exporte, ou importe dans la premiere fait environ la 8e. partie du commerce de l'Angleterre. Outre ce que l'Irlande reçoit des manufactures d'Angleterre, elle commerce encore immédiatement avec la France, la Flandres, la Hollande, le Portugal,

& l'Espagne : elle y porte ses cuirs, son suif, ses bœufs, son beurre, sa viande salée, ses toiles, & en reçoit l'argent avec lequel elle paye les manufacturiers Anglais. Les Irlandais portent aussi en Hollande & en Espagne des étoffes de laine, achetées en Angleterre ; mais ce commerce de la seconde main, ne peut être bien lucratif ; l'évalution de ce commerce est très incertaine ; on le fait monter quelquefois à un tiers de celui de l'Angleterre. Les Irlandais cherchent à encourager les manufactures de toiles de leur pays, & il leur est permis de les transporter en Angleterre. On estime que le nombre des vaisseaux marchands est de sept à huit mille ; sans y comprendre 2000 vaisseaux occupés au transport du charbon de terre, ou ceux qui sont employés à celui des marchandises de port à port.

On compte en Angleterre par *livres sterlings*, par *chillings*, & *peny*. Un *peny* ou un denier vaut environ deux sols de France : deux pences valent un schilling, vingt schillings valent une livre sterl., qui est une monnaie imaginaire : les monnaies de cuivre sont le *farthing*, qui est le quart d'un *peny*, & le *demi farthing*. Les monnaies d'argent sont des pieces d'un *peny*, de deux, de trois, de quatre pences, le demi *schilling*, le *schilling*, la *couronne* qui vaut cinq schillings, & la demi couronne. Les monnaies d'or sont la *Guinée* qui vaut 21 schil. & la demi guinée. Le titre de ces monnaies fut fixé sous Guillaume III, & la sortie en est défendue. La somme de l'argent circulant dans le commerce est estimé à 18 millions de livres sterl. Mr. *Hume* le fait monter à 38 millions. Nous remarquons ces différences pour qu'on apprenne à se défier de ces calculs politiques dont les resultats sont si différens.

Les loix politiques de la Grande-Bretagne ont pour

fondemens, la *Grande-Charte*, les actes que le parlement d'Angleterre sanctionna lorsque Guillaume & Marie furent élevés sur le trône en 1689, qui établirent les droits & les libertés du peuple Anglais & exclurent les catholiques Romains du trône; l'adresse du parlement au roi Guillaume III, qui étend les actes précédens, nomme pour successeurs à la ligne qui était alors sur le trône, les électeurs de Brunswick, descendans de la fille de Jaques I, & règle quelques autres articles; l'acte de succession de 1705, le traité d'Union de l'Angleterre avec l'Ecosse fait en 1706.

La Grande-Bretagne est un état héréditaire, même dans la ligne féminine. Par un acte du parlement, il faut que le roi soit de l'église Anglicane; en 1751, la majorité des rois fut fixée au commencement de leur 18e. année: le couronnement se fait dans l'abbaye de Westminster. Les loix y bornent leur pouvoir, & dans les affaires les plus importantes, principalement lorsqu'il s'agit de nouvelles loix, & des impôts, ils doivent avoir le consentement de l'Etat.

Le gouvernement est formé par le roi, les grands & le peuple, rassemblés dans le parlement. C'est à ce tribunal respectable que sont confiés l'honneur de la couronne, les privileges du peuple, la forme du gouvernement; c'est lui qui accorde les sommes nécessaires, propose les loix, examine les plaintes de la Nation. Tous les sept ans, le parlement doit être renouvellé. Le roi le convoque par un écrit latin qui s'envoye aux pairs, & aux shérifs, afin que ces derniers préparent l'élection des députés qui se fait par les communes. Il est divisé en *chambre haute & basse*, ou en *chambre des lords*, & *chambre des communes*. La premiere est formée par les deux archévèques, les 25 évêques, par la haute noblesse d'Angleterre, & seize pairs Ecossais. Ils sont vêtus d'une robe rouge, bordée d'hermines. La seconde est formée par les députés de la petite noblesse, des villes & des bourgs de chaque comté du royaume, qui font ensemble 513 personnes, auxquels se joignent 45 députés Ecossais. Ils s'assemblent dans le palais de Westminster, où chaque chambre a sa salle particuliere : toutes les deux sont peu ornées : dans la *chambre haute* est élevé le trône ; sur les côtés, le long des murs sont des bancs d'égale hauteur, revêtus de drap rouge, où les lords se placent dans leur rang : quatre sacs de laine disposés en quarré & couverts de drap rouge, servent de siege au chancelier, au grand trésorier, aux douze juges du royaume, aux gens du roi, au secretaire de la couronne & à celui du parlement : le reste du parquet est rempli par les personnes d'un rang inférieur, & à la barre, les députés de la chambre des communes qui viennent entendre le discours du roi se tiennent debout. La *chambre basse* est élevée en amphitéatre, & ne reçoit du jour que d'un grand vitrage qui est au fond, & au bas duquel est la place de l'orateur : ses membres se placent comme ils arrivent, sans distinction de rang. Le premier jour de l'assemblée du parlement le roi parait dans la chambre haute, la couronne sur la tête, & couvert du manteau royal ; & quand une partie des députés de la chambre basse sont arrivés, le roi fait lire son discours par le grand chancelier, ou le prononce lui-même : on l'imprime toujours. Les arrêtés sur lesquels les chambres sont d'accord, & que le roi approuve, ont seuls force de loi : lorsqu'il est seulement en délibération, on l'appelle un *bill*, il faut qu'il soit proposé trois fois & dans trois jours différens dans les deux chambres, avant d'être approuvé, & d'être présenté au roi. Une supplique au roi, ou au parlement, porte le nom d'*adresse*; & une résolution du parlement s'appelle un *acte*. Dès que la chambre basse a élu son orateur, elle forme des *comités*: le premier veille sur les privileges de la chambre, le second s'occupe des élections contestées, le troisieme des griefs du peuple, le 4e. du commerce de la nation, & le 5e. de la religion. Chaque comité fait une adresse ou un remerciment au roi sur le discours qu'il a fait au parlement.

Les grands officiers de la couronne sont: le *grand-sénéchal*, ou *grand-juge* (the lord high Steward), nommé par le roi, lorsqu'un lord est accusé d'un crime capital; l'office cesse avec le procès qui le fit naître: le *grand-chancelier* (the lord high chancellor) qui est regardé comme le premier ministre d'état, & est, par sa charge, membre du conseil secret: le roi le nomme, & il le dépose quand il lui plaît: le *grand-trésorier* (the lord high theasurer) a inspection sur tous les revenus du royaume, sur les officiers de la chambre du trésor, & sur les préposés à la perception des impôts: la durée de son emploi dépend de la volonté du roi: le *président du conseil privé* (the lord president of the privy-council) propose dans le conseil les objets dont on doit traiter, & lorsque le roi est absent, il lui fait le rapport de ce qui s'y est passé: par une patente il dispose du grand sceau: le *garde du sceau privé* (the lord privy seal) expédie tous les octrois, les pardons, & autres choses de moindre importance, qui n'exigent pas le grand sceau: il est membre du conseil d'état, & son emploi dure aussi long-tems qu'il plaît au roi: le *grand-chambellan* (the lord high chamberlain) est un office héréditaire dans la maison de Lancastre: le *grand-*

connétable (the lord high constable) n'est créé que pour assister au couronnement : le *grand-maréchal* (the lord earl marshal) est dans des cas particuliers le juge des affaires militaires, a inspection sur les cérémonies dans les solemnités, & préside au tribunal des armes : cet emploi est devenu par une longue succession de tems, héréditaire dans la maison de Norfolk, qui devenue catholique, le faisait exercer par procureur : le *grand-amiral* (the lord high admiral) préside sur les affaires de la marine : cet emploi est si considérable qu'il ne peut être exercé que par un prince de la maison royale, ou au moins par un des premiers officiers de la couronne. Le roi suspend quelquefois les offices de garde des sceaux, de chancelier, de trésorier, de grand-amiral, & les fait exercer par des commissaires.

Il y a trois ordres de chevalerie dans la Grande-Bretagne : celui de *la Jarretiere*, ou de *S. George*, fut institué en 1350 par le roi Edouard III, & a 26 chevaliers, y compris le roi qui en est le chef ; sa marque distinctive est l'effigie de S. George à cheval, avec un dragon d'or émaillé, & la devise, *Honni soit qui mal y pense*, suspendue à un ruban bleu : les chevaliers ont encore à la jambe gauche une jarretiere bleue, avec la même devise brodée en or. L'ordre du *Bain*, fondé par Henri IV, fut renouvellé par George I, reçut son nom d'une ancienne coutume qui consacrait les chevaliers par le bain, ou comme d'autres le prétendent, & entr'autres Camden, de ce que Henri IV sortit du bain pour écouter deux veuves qui lui demandaient justice. Le roi & 35 chevaliers le forment ; trois couronnes en champ d'or avec cette devise, *Tria juncta in uno*, en sont la marque distinctive : elle est suspendue à un ruban rouge. L'ordre *du Chardon*, ou de *S. André* fut fondé en

Ecosse; on a dit qu'il fut créé par les Pictes, mais il est difficile de le prouver. Il fut renouvellé par la reine Anne, & ses statuts augmentés par George I : le roi & 12 chevaliers le composent : ils portent l'image de S. André suspendue à un ruban verd, avec ce symbole: *Nemo me impunè lacescet* : la chaîne est formée d'un chardon & d'un sarment de vigne liés ensemble. Nul particulier ne peut posséder deux de ces ordres.

Le *conseil privé* est le premier des tribunaux de l'état ; le choix & le nombre de ses membres dépendent du roi : les objets du gouvernement sont ceux qui l'intéressent : trois secrétaires d'état y siégent, & veillent sur les affaires d'état extérieures : l'un veille sur les intérêts de l'Angleterre dans les Pays-Bas, l'Allemagne, le Dannemark, la Suede, la Russie & la Pologne : un autre dans la France, la Suisse, l'Italie, l'Espagne, le Portugal, la Turquie, &c. le troisieme, institué en 1763, a inspection sur l'Amérique. Chacun a 3000 liv. sterl. par an ; deux secrétaires & six écrivains sont à leurs ordres ; ils ont leur sceau & leurs archives.

Les premiers tribunaux siégent tous dans le palais de Westminster, où ils s'assemblent 4 fois dans l'année, & y demeurent quelquefois durant 80 jours. La *cour des plaids communs* (the court of commun pleas) examine tous les procès particuliers, & en tient le protocole : elle est composée de quatre membres, un président & trois assesseurs, tous nommés par le roi. On y porte en divers tems, les procès en premiere & en derniere instance ; cependant on peut appeller de ses arrêts au tribunal du banc du roi. Le *tribunal de chancellerie* est formé par le chancelier, ou le garde du grand sceau, de douze assesseurs, la plupart docteurs en droit civil, de six secrétaires, nommés *clercs*, parce qu'ils l'étaient autrefois : les usurpations faites sur les sujets par le roi, les procès où un membre de ce tribunal est partie, le partage des successions, sont de son ressort. Lorsqu'une circonstance du rapport de la procédure est contestée par une des parties, il faut que le chancelier en soumette tous les actes au banc du roi. Le chancelier a encore une cour de justice qui vient au secours des loix de diverses manieres, & des arrêts de laquelle on ne peut appeller qu'à la chambre haute du parlement, qui décide en dernier ressort. Le *tribunal du banc du roi* fut nommé ainsi parce que le roi y assistait sur un banc élevé ; il accompagne par-tout le roi, & est la premiere cour de justice pour les procès civils & criminels : il décide en derniere instance ; mais ceux qui se croient lézés par ses sentences peuvent porter leurs plaintes à la chambre haute, ou à la chambre du trésor. Il est formé par quatre juges, dont le premier a le nom de *lord-chef de justice* de l'Angleterre, & a 4000 liv. st. par an : les trois autres n'ont que la moitié de cette somme. La *chambre du trésor*, ou de l'*échiquier* s'occupe de l'administration des revenus du roi, lorsque le lord trésorier, le chancelier & quatre autres juges viennent y siéger ; & des questions de droit, lorsqu'elle se forme en cour de justice, ou de droit commun : elle est alors formée de quatre barons : d'elle on ne peut en appeller qu'à la chambre haute, & encore il faut joindre de nouveaux faits à ceux qu'on a exposés en premiere instance, ainsi que dans les deux cours précédentes. La *cour de justice du duché de Lancastre* fut instituée pour administrer les revenus de ce duché, qui depuis long-tems est réuni à la couronne : le juge de cette cour est appellé le *chancelier de Lancastre*.

Pour la commodité des sujets, les douze juges

royaux voyagent deux fois par tout le pays, que, pour cette raison, on a divisé en douze cercles, dans chacun desquels deux de ces juges doivent se rendre. Mais dans le pays de Galles, partagé en deux cercles, on envoie quatre avocats des plus considérés, & ils y ont le pouvoir de juges : ces juges ambulans sont reçus par les shérifs, & tiennent leurs *assises*, ou cour de justice, dans la principale ville du cercle. Dans chaque comté, il se tient quatre fois par an une *session* composée de tous les *juges de paix*, chargés de poursuivre tout ce qui tend à altérer le repos public ; ceux qu'on nomme *coroner*, ont particuliérement pour objets les meurtres : 24 jurés paraissent devant ce tribunal, pour y donner leur avis sur les accusations qui y ont été portées.

Chaque comté a son *shérif*, qui exécute les sentences des juges, choisit les jurés, est répondant des débiteurs qui s'échappent de leur prison, &c. Leur tribunal se forme de deux manieres ; l'une s'appelle *the county court*, composé des francs-tenanciers du comté, de ses juges particuliers, que préside le shérif, & il décide des procès civils dont l'objet est moindre que quarante schellings : la seconde s'appelle, *the sherif turn*, & juge de tous les procès criminels qui peuvent l'être par le droit commun, excepté certains cas qui doivent être portés au parlement. Les magistrats des *cités* consistent en un maire & douze aldermans ; un *baillif* tient la place d'un maire en quelques-unes. Le *court piepoudre*, nommé ainsi des pieds-poudreux, des colporteurs & des merciers, prend connaissance de tous les débats qui naissent dans les marchés, & est présidé par celui qui perçoit les droits qui s'y paient : on appelle de ses décisions à la cour de la salle de Westminster. Le *court baron* se tient dans chaque seigneurie; tantôt il examine les dons & les permissions qui concernent le fief, & les affaires qui y sont liées, & il a alors le nom de *copy-holders*: tantôt il attire à lui & décide les querelles des francs-tenanciers de la seigneurie; mais la décision peut être portée ensuite à la cour de la salle de Westminster. Le *hundred-court* est encore un tribunal dont l'inspection s'étend sur la plus grande partie des seigneuries & des biens de terre. Nous avons dit ailleurs que chaque évêque avait une cour de justice particuliere. La torture n'est point en Angleterre un moyen employé par la justice; on doit en louer les Anglais, mais on doit aussi regretter que les procès y soient si nombreux & si onéreux.

On divise les revenus de l'Angleterre en ordinaires & en extraordinaires : les premiers consistent dans les anciens domaines de la couronne; mais ils ont été insensiblement tous aliénés, & leurs revenus ne peuvent plus être comptés pour quelque chose. Les revenus extraordinaires, ou les nouveaux revenus, nommés ordinairement les *subsides*, sont ceux qu'accorde la chambre des communes : dès qu'elle en a déterminé l'étendue, elle se forme en grand comité, pour délibérer sur les moyens de les lever : le chancelier de la chambre du trésor les imagine & les propose aux députés ; mais ordinairement on n'attend pas la résolution de la chambre basse, le ministere s'en occupe, & prépare des emprunts. Les sommes nécessaires pour le service d'une année s'appellent *subsides*; ils consistent en une taxe sur le pays, en excédent des impôts ordinaires & constans, & en emprunts.

La taxe fut établie pour suppléer à diverses autres fort anciennes, auxquelles on avait recours lorsque les nécessités de l'état demandaient des secours ex-

extraordinaires. Depuis 1693, cette taxe a été de deux, trois ou quatre *pences* pour chaque liv. sterl. de revenu : en 1732, elle fut d'un schell. ; de 1765 en 1767, elle monta jusqu'à trois schell. par livre, & alors elle produisit une somme d'un million & demi de liv. sterl. Quant à l'Ecosse, il est dit dans le neuvieme article du traité d'union, qu'elle doit fournir une taxe de 48,000 liv. quand l'Angleterre en donne une de 1,997,763, & cette proportion a toujours été observée : mais pour les autres impôts, l'Ecosse les paie dans une proportion moindre encore : elle a cependant donné quelquefois plus que son contingent. Cette taxe se distribue sur chaque comté, selon l'estimation faite en 1692.

La taxe sur le malz, ou drèche, est encore annuelle ; elle est de 6 *pences* par boisseau de malz ; elle s'étend encore sur d'autres grains, sur le cidre & le poiré : depuis 1697 le parlement en a constamment permis la levée, & par les officiers de l'accise.

Les impôts perpétuels sont, 1°. le droit de douane, que paient les marchandises qui entrent ou sortent du royaume : il était établi sous Edouard le confesseur, & déja on l'appellait alors une coutume antique : il rapporta en 1768 2,192,000 livres sterl. 2°. les accises, ne se perçoivent pas seulement sur les denrées, sur la boisson, mais encore sur divers objets qui se fabriquent dans le pays : sa perception arbitraire, les vexations auxquelles il expose, ne semblent pas devoir en faire une ressource d'un peuple libre : il rapporte jusqu'à 4 millions de livres sterl. 3°. l'impôt sur le sel est de 3 schellings & 3 pences sur chaque boisseau : il ne devint perpétuel que la 26e. année du regne de George II : 4°. celui des ports de lettres fut établi en 1643 avec les postes : les membres du parlement ont le port franc quand les paquets ne pefent pas plus de deux onces: 5°. le papier timbré : 6°. l'impôt fur les maifons : il ne fut d'abord que de 2 fchel. par maifons ; il eft aujourd'hui de 3 & s'étend fur toutes celles qui ont plus de 6 fenêtres. 7°. l'impôt fur les octrois, les fiacres, les porteurs de chaife de Londres & de Weftmunfter & leur diftrict : les fiacres font au nombre de 800, les chaifes de 400 : cet impôt en renferme différens autres. 8°. l'impôt d'un penny par liv. fterl. du revenu des charges & des penfions que donne la couronne : il rapporte au-delà de 100 mille liv. & eft fort agréable à la nation. Les 6 derniers articles produifent annuellement environ un million de liv. & tous montent à fept millions, ou felon *Blackftone* à 7500000 liv. ft. quelques auteurs le font monter à un million de plus. Cette fomme fert d'abord à payer les intérêts de la dette nationale qui dans l'année 1767 montait à 132,340,412 livres fterl. ces intérêts, la plupart fur le pied de 3 pour 100, confument une fomme de 5 millions. Cette dette accable le peuple, nuit aux manufactures, au commerce, à la navigation, enleve annuellement à la nation une forte fomme qu'on paye aux étrangers ; car les Anglais n'ont fourni que la moitié du capital qui forme cette dette immenfe : ceux qui ont placé ainfi leur bien font eftimés riches, mais leur capital ne confifte qu'en papier : leur fureté eft fondée fur l'honneur & le zele de la nation, fur fon commerce, qui peuvent être affaiffés par l'accroiffement de la dette.

Tous ces impôts perpétuels font renfermés dans les 4 fonds divers dont nous ne pouvons donner une idée affez jufte ici. En 1716, on établit une caiffe d'amortiffement, formée de l'excedent de ces impôts fur les dépenfes publiques ; on penfe bien que ces dépenfes ayant augmenté par la guerre contre les colonies, & diverses ressources ayant tari par cette guerre même, la dette nationale n'a pu diminuer.

C'est sur le produit de ces impôts perpétuels qu'on paie au roi la *liste civile*, ou la somme qui lui est assurée dès le commencement de son regne pour toute sa durée : l'entretien de sa cour, de celle de la reine, de ses enfans, les frais qu'il faut faire pour les ambassadeurs, l'entretien des ministres, des juges, les pensions &c. se prennent sur cette liste qui était de 800000 liv. sterl. & qu'on a augmentée sous le roi actuel. Ses freres ont reçu des pensions particulieres du parlement. Tous les revenus de l'Etat sont confiés aux soins de la chambre royale du trésor, ou de l'échiquier, formée d'un chancelier & de divers commissaires. Nous avons dit dans quelle proportion l'Ecosse payait la taxe territoriale : le droit de douane y a rendu en 1767, 200,000 liv. sterl. & celui d'accise 98,000 liv. En 1756 le parlement d'Irlande accorda 216018 liv. sterl. pour le service du roi; en 1765, il accorda 192736 liv. la dette nationale de ce royaume était alors de 508874 liv. sterl.

L'armée de la Grande-Bretagne est formée de 1052 gardes du roi à cheval, de 3276 dragons, parmi lesquels on compte 3 régimens des gardes, de 20706 fantassins, de 1815 invalides auxquels sont jointes 25 compagnies indépendantes. En tout 26849 hommes dont l'entretien coûte 730293 liv. sterl. 7 schel.

A Gibraltar, dans l'île de Minorque, en Amérique & en Asie elle entretient 17637 hommes, qui coûtent 365296 liv. sterl. Ce nombre a augmenté aujourd'hui en Amérique, & on y emploie environ 40000 hommes. L'Irlande entretenait en 1768 4 régimens de cavalerie qui forment 664 hommes ; six régimens de dragons qui font ensemble 1149 hommes, deux régimens de cavalerie legere qui ont

354 hommes, & 21 régimens de fantassins qui ont 10164 hommes. En tout 12331 hommes.

Le ministere britannique dans la même année exposa que l'armée en tems de paix consistait en 63 escadrons & 78 bataillons qui formaient ensemble 46047 hommes.

On a établi en Angleterre depuis 1757 une milice reguliere : tout homme de 20 à 50 ans est obligé de tirer au sort pour former le nombre d'hommes que chaque comté doit entretenir, sous l'inspection d'un gouverneur : le tems du service est de 5 ans : un acte du parlement établit deux ans après une semblable milice en Irlande. Le roi entretient à ses propres frais 2 compagnies des gardes du corps qu'on nomme *gentlemen pensioners*, & 40 officiers qui servent l'Etat quand il s'agit de donner plus d'appareil aux solemnités : ceux qu'on appelle *yeomen-of-the-guard*, composés de 170 hommes doivent accompagner le roi sur terre & sur mer, & mangent à sa table.

La Grande-Brétagne n'a point de forteresses, & celles qui sont en Irlande sont peu importantes : les ports de mer y sont bien munis. La France a depuis long-tems pour maxime d'Etat, que les Anglais ne sont nulle part plus faibles & plus faciles à vaincre que dans leur propre pays, & c'est pourquoi la Grande-Brétagne cherche à éloigner toute attaque de ses côtes.

Les forces navales de l'Angleterre sont plus grandes que celles d'aucune autre puissance de l'Europe. Sa flotte est formée de 160 à 200 vaisseaux de ligne, de 50 canons & au dessus, & de plus de 300 frégates. Elle a entretenu 80 à 90 mille matelots dans la derniere guerre. En 1765, qui fut une année de paix, le parlement accorda 16000 matelots, & 7600 soldats pour faire le service dans les ports de mer. Dans les sept années de la derniere guerre, elle enrôla 184892 matelots & soldats : 1512 périrent dans les combats, 49673 demeurerent, le reste périt par les maladies, ou fut perdu. Lorsque la flotte royale est complette, elle se divise ordinairement en 3 escadres qui se distinguent par les couleurs, blanche, rouge & bleue de ses pavillons. Chaque escadre a son amiral ; celui de l'escadre rouge l'est de toute la flotte : sous chaque amiral il y a un vice & un contre-amiral : le grand-amiral, quand cette place est remplie, commande à tous ; mais son office est aujourd'hui exercé par les *commissaires de l'amirauté*, qui président au tribunal de l'amirauté, institué pour décider tous les procès qui s'élevent dans cette partie de l'administration entre les Anglais ; mais ceux qui le sont entre des Anglais & des étrangers, sont portés au conseil du roi. Les principaux chantiers sont à *Chatham*, à *Deptford*, à *Woolwich*, à *Scheerness*, à *Portsmouth* & *Plimouth*, où sont les magasins de construction. A *Greenwich*, éloigné de Londres d'une lieue & demie, est un hôpital pour 1500 matelots invalides, dont l'entretien annuel est de 10,000 liv. sterl. : il y en a un encore à Chelsea. En 1768, qui fut une année de paix, la marine consuma 4 millions de liv. sterl.

Nous allons entrer dans la description particuliere de la Grande-Bretagne & de l'Irlande. La premiere fut, dit-on, d'abord nommée *Albion* par les Grecs, de la blancheur de ses côtes, ou d'*Albion*, fils de Neptune. On trouve dans *Blaeuw* un grand nombre d'éthymologies du mot Bretagne ; toutes celles qu'il apporte sont fabuleuses ou ridicules ; la sienne seule paraît fondée, & c'est après lui qu'on dérive le nom de Bretagne du mot *brit*, peint, d'où les Romains

Tome IV. Y

ont fait celui de *pictes*, & de *tain*, pays. On remarquera encore que l'Irlande fut aussi appellée *la Petite-Bretagne*. Nous avons dit aussi que ce nom s'était renouvellé par l'union de l'Angleterre & de l'Ecosse, faite en 1706, par un traité qui regle que les 2 royaumes n'en feront plus qu'un sous ce nom, & n'auront qu'un même parlement ; que leurs habitans jouiront d'une liberté entiere pour le commerce & la navigation dans tous les ports & places de ces royaumes unis, des pays & colonies qui en dépendent, auront les mêmes droits, les mêmes privileges, les mêmes avantages, excepté dans quelques points qu'on détermine ; seront sujets aux mêmes impôts, aux mêmes réglemens & restrictions : les uns se levent, & les autres s'exécutent dans les deux royaumes de la même maniere ; les monnaies, les mesures, les poids de l'un sont ceux de l'autre. Les colleges de justice de l'Ecosse y sont perpétuels & sédentaires ; ils conservent leurs prérogatives, mais sont soumis au parlement de la Grande-Bretagne, comme la cour de justice de l'amirauté l'est au grand-amiral & aux commissaires qui remplissent son office.

I. ANGLETERRE.

Elle est séparée de l'Ecosse, en partie par les rivieres de *Tweed* & d'*Esk*, en partie par le mont *Teviol* : on la divise en 40 shires ou comtés.

I. Cornwallshire.

Il forme une presqu'île, a 70 milles (*) d'Angle-

(*) Nous ne réduisons pas les milles d'Angleterre en lieues Françaises, parce qu'il est facile de le faire, le mille Anglais étant le tiers de la lieue Française : nous dirons encore pour ceux qui demandent une grande exactitude, qu'elles sont entr'elles dans le rapport de 59 à 163.

terre de long, 25 dans sa plus grande largeur, & 960,000 arpens de surface : on y compte 27 villes ou bourgs à marché, 161 paroisses, 27,620 maisons, & 167,000 habitans. Le cap *Lands-End* (extrémité du pays) appellé autrefois *Bolerium promontorium*, & le cap *Lizard*, nommé par les Anciens *Ocrinum*, ou *Danmoniorum promontorium*, forment deux cornes attachées au bout de cette province, & quelques-uns en ont dérivé son nom, que d'autres prétendent signifier *corne des Gaules*. Ce pays fut la retraite des anciens Bretons, & l'on parle encore leur langue dans quelques paroisses. Son sol montueux & pierreux demande des soins pour produire, & ses habitans aussi industrieux que laborieux, le fertilisent; ils se servent des roseaux marins, & des sables engraissés des rives de la mer, pour vaincre la stérilité naturelle du sol, qui produit des grains & des pâturages, sur-tout dans les valées. Sa plus grande richesse sont ses mines d'étain, le meilleur qu'il y ait au monde, exploitées depuis plus de 2000 ans, & qui rapportent annuellement 100,000 liv. sterl. : les lieux où elles sont jouissent de diverses franchises & immunités ; quelques-uns de ces bourgs ont le droit exclusif de mettre le timbre sur l'étain. Ses mines de cuivre rapportent aussi 60,000 liv. chaque année. Il a encore des mines d'or, mais peu importantes. On pêche sur ses côtes les *pelamydes*, espece de chiens de mer dont la peau est fort recherchée, & des sardines. Entre les deux caps dont nous avons parlé plus haut, on remarque *Mounts-Bay*, baie où l'on assure qu'il se trouve un grand rocher, soutenu par de plus petits rangés symétriquement, qu'on peut mouvoir, sans cependant le faire changer de place. On tire encore de l'intérieur du pays des ardoises, des diamans & des pierres précieuses qui n'ont pas la dureté de celles d'Orient. Cette province eut autrefois ses comtes particuliers; mais elle fut réunie à la couronne en 809, & depuis Edouard III, l'héritier du trône porte le titre de duc de Cornwall. Elle envoie 44 députés au parlement.

S. Joes est un bourg à marché, & un port sur un golfe auquel il donne son nom : la pêche a fait sa prospérité : il envoie deux députés au parlement.

Penfance, ou *Penzance*, ville bien bâtie & très-peuplée : on y compte 600 maisons, & une église qui est à quelque distance de ses murs : elle fait un bon commerce. Le port de *Market-Jew* est dans son voisinage, & l'une & l'autre sont situés sur la baie de *Mount*, dont nous avons parlé : là s'éleve la montagne de S. Michel, qui lui donne son nom ; c'est un roc nud, escarpé, où l'on bâtit une cellule pour deux moines, & un fort : on a trouvé des antiquités à son pied : sur les rocs voisins, des corneilles à pieds rouges font leurs nids ; les habitans les accusaient autrefois de mettre le feu à leur maison, & de voler leur argent.

Helfton & *Penryn* sont deux bourgs, qui chacun députent deux membres au parlement : le premier a 400 maisons, est arrosé par le Low, & a des foires fréquentées : le dernier a un bon port que forme le Cober.

Falmouth, que Ptolomée nomme *Ostium Cenionis*, est le meilleur port du pays, & 100 vaisseaux peuvent y être à la fois sans danger & sans gêne ; tous peuvent aborder au quai qui le borde : il est défendu par les deux châteaux de *S. Maudit* & de *Pendennis*. C'est de là que partent les paquebots pour l'Espagne & le Portugal. La ville est moderne, & n'existait pas il y a deux cents ans ; c'est par cette raison qu'elle ne députe pas au parlement : on y compte 300 maisons.

Truro, bourg qui fait un bon commerce sur mer : il donne à la famille de Boscawen le titre de vicomte.

Tregone, *Grampound*, bourgs qui députent chacun deux membres au parlement. *Redouth* est aussi un bourg.

S. Michel, ou *Modishole* était une ville sous les rois Saxons ; elle n'est plus qu'un village qui envoie encore deux députés au parlement.

Padstow, ville sur le Camel ou Camal, qui lui fait un bon port, d'où l'on peut arriver en Irlande dans 24 heures, lorsque le vent favorise : elle a des foires, des marchés, & commerce en draps & en gros bétail.

Wadbridge, petite ville qui a un pont de pierre sur le Camel. *S. Colomb's* est un bourg.

Lestwithiel, *Bodmyn*, *Foy*, ou *Fowey*, sont trois bourgs qui députent au parlement : le second a un mille Anglais d'étendue, le dernier a un bon port. *Maw's*, ou *S. Mary's* est encore un bourg.

Westlow & *East-Low* sont deux bourgs qui députent au parlement : ils ne sont séparés que par la rivière étroite de Low, & joints par un pont de pierres de 16 arches. Leurs habitans sont riches, & ne sont que pêcheurs.

Leskard, jolie ville sur une colline ; les ducs de Cornwall l'habiterent : elle envoie deux députés au parlement, a une école gratuite, & des manufactures de fil, de cuir, & trafique en bestiaux & en denrées.

Camelford, très-ancienne ville à la source du Camel : elle a 100 maisons, députe deux membres au parlement, jouit du droit de marché, & n'a jamais eu ni temple, ni chapelle, ni aucun lieu de dévotion publique ; ses habitans vont à une église située à demi-lieue de là. On y fait & vend beaucoup de fil.

Launceston, ou *Lanstuphon* (église de S. Etienne) est la principale ville de la province : située dans un lieu élevé & agréable, elle est ancienne, & tombe en ruines dans une de ses parties : elle députe deux membres au parlement. Près d'elle est le mont *Kengistone*, riche en diamans.

Boscastle, *Stratton*, sont deux petites villes : *Bossiney*, autrefois *Tregvena*, est un bourg à marché : il députe au parlement, & on y remarque encore une vaste tour du château fort qu'on y éleva sur un rocher.

Newport, *Kennington*, *S. Germains*, sont trois bourgs qui députent au parlement.

Saltash est une petite ville qu'arrose le Tamar : elle députe aussi au parlement.

A quinze ou seize lieues au couchant du cap élevé de *Land's-End*, sont situées les îles de *Scilly* connues autrefois sous le nom de *Sillinæ*, de *Sigdeles*, de *Silhures*, & qu'on croit être les *Cassitérides* des Anciens. On dit qu'un orage & une inondation effrayante forma ces îles, que les Français nomment *Sorlingues* : les uns y en comptent 145, d'autres seulement 140. L'une d'elles leur donna son nom ; mais elle n'est plus aujourd'hui la plus considérable ; c'est celle de *Ste Marie*, longue d'une lieue, sur presque autant de large : elle a un bon port défendu par un château, est fertile en bleds, abondante en gibier, & riche en mines d'étain : on y trouve un petit bourg & trois villages. Les plus grandes après celle-là, sont *S. Martin*, *Tresco*, *Byer* & *Ste Agnès* : celle-ci a un phare construit sur une hauteur, formé en colonne partagée en trois étages, marqués par trois astragales ; sa lanterne est pavée de briques ; à son centre est une grille de fer où l'on allume du charbon de terre, pour guider les vaisseaux durant la nuit ; la blancheur de la tour les conduit durant le jour : la lanterne est entourée d'une gallerie avec des garde-fous. Toutes sont abondantes en pâturages : on y trouve des temples de Druides, & des tombeaux de prétendus géans, que la superstition révere encore: l'une de ces antiquités est le château *du Géant*, placé sur un promontoire, qui vers la mer présente un amas immense de rochers entassés les uns sur les autres : les côtes de Cornwall sont aussi bordées de pareils châteaux, qu'on croit l'ouvrage des pirates.

II. *Devonshire.*

Cette province a 61 milles de long, & 54 de large : on y compte 38 villes, ou bourgs à marché, 1,920,000 arpens de terre, 394 paroisses, 56,300 maisons, & environ 300,000 ames. Elle envoie 26 députés au parlement. L'air y est sain, les hommes forts & robustes. Parsemée de collines & de vallons, arrosée par le *Tamar* & l'*Ex*, par une multitude de ruisseaux, on y voit 150 ponts : le froid y est pénétrant sur les hauteurs, mais les vallées & les plaines y jouissent d'une douce température : le sol est bon dans les lieux bas, aride sur les monts, & cultivé par-tout avec soin où il peut l'être. C'est de-là qu'est venue la maniere de décroûter la terre, & de la fertiliser avec des cendres. Elle produit diverses sortes de grains & du bétail ; elle est riche en laines, en poissons de mer, en gibier & en mines d'étain : on y en trouve encore quelques-unes d'argent. On y fabrique des serges, d'autres étoffes & des dentelles ; on y débite beaucoup de cidre, qui, dit-on, se conserve mieux que la biere, & donne aux habitans la goutte, maladie dont peu font exempts.

Cette province a le titre de duché: les *Danmonii* l'habitaient quand les Romains y paſſerent; ils étaient les plus braves & les plus civils des Bretons: les Saxons ne les foumirent qu'après 400 ans de guerre.

Exeter, ou *Excefter* eſt la capitale de cette province, & a elle-même le titre de comté: elle eſt ſituée fur l'Ex, ou l'Iſca, qui, par le moyen de quelques écluſes, amene dans ſes murs des vaiſſeaux de 150 tonneaux, & favoriſe l'exportation de ſes étoffes de laine, dont on fait monter la valeur à 600,000 l. ſt. chaque année. Ses ſerges ſont très-fines, & ſes draps les plus beaux de l'Angleterre. Elle eſt à trois lieues de la mer: on croit qu'elle eſt l'*Augufta Britannica* des Romains, & elle renferma jadis un ſi grand nombre de monaſteres, qu'on l'appellait *Monkton*. On y compte encore 22 égliſes, 15 paroiſſes, pluſieurs chapelles, & 5 maiſons où les non-conformiſtes s'aſſemblent. Sa cathedrale eſt d'une ſtructure magnifique; on dit qu'on employa 400 ans à l'élever; ſans doute qu'on ne prétend pas qu'on y ait travaillé pendant tout cet eſpace de tems: ſes orgues paſſent pour les plus belles du royaume: on remarque les tourelles & les murs qui l'environnent, parce qu'ils furent élevés dans le dixieme ſiecle ſous le roi Athelſtart: les Saxons y bâtirent un vaſte château, qu'on nomme *Rougemont*, de la couleur du ſol ſur lequel il eſt aſſis. Exeter a ſix portes, & un grand pont chargé de maiſons des deux côtés: un maire & des aldermans la gouvernent; elle a eu le droit de battre monnaie: ſon évêque, ſuffragant de Cantorbéry, jouit de 608 liv. ſterl. de revenu annuel. Le cours de la riviere fut embarraſſé par Edouard de Courtenai, comte de Devon, qui voulut nuire à la ville, parce qu'il n'y trouva pas les poissons qu'il y cherchait; sa vengeance subsiste en partie. Exeter député deux membres au parlement. Sa longit. est de 13 d. 55 m. sa latit. 50 d. 44 m.

Plimouth, autrefois *Tamara Ostium*, petite ville qui a un port défendu par trois châteaux & une citadelle : il est le meilleur & un des plus célèbres de tous les ports de l'Angleterre : la ville est assez mal bâtie; les rues en sont sales : sa situation à l'embouchure de la Plim, appellée Tamar avant qu'elle ait reçu la Tawi, ou Teawe, lui donna son nom: elle a d'utiles & magnifiques chantiers, un fanal, deux églises, quatre écoles de charité, un hôpital, environ 1400 maisons, & le titre de comté.

Plimpton, petite ville assez peuplée près de la Plime : dans son voisinage était un antique château.

Darmouth, ou *Dertmouth*, est une ville à l'embouchure du Dart, ou Dert, sur le penchant d'une colline qui rend ses rues très-rapides : elle est commerçante, riche & peuplée: son port est un des plus larges & des plus profonds de l'Angleterre ; l'entrée en est étroite, & peut être fermée d'une chaîne ; les vaisseaux y passent sans danger, & ils peuvent s'y rassembler au nombre de 500: deux châteaux le défendent. La ville a le titre de comté. A quelques milles vers le nord, est la baie de *Torbay*, golfe qui sert d'asyle à la flotte royale quand elle est sur ces côtes.

Tavistok, ou *Tawistok*, petite ville qui a des eaux minérales, & dont les habitans sont aisés : la pêche leur procure cette aisance. Elle est située sur la rive du Taw, & doit son origine à un ancien monastere : des bois sont près d'elle, & des canaux remplis par la riviere en nettaient les rues.

Barnstaple, ville peuplée & bien bâtie, qu'un bon port rend florissante : son commerce est assez considérable : la Taw l'arrose, & elle y a un pont de pierres.

Torrington, ou *Tow-Ridge-Town*, *Chepan-Torrington*, ville peuplée, assez grande & riche, qui a diverses manufactures d'étoffes de laine, & fait un grand commerce avec l'Irlande.

Tiverton, autrefois *Twyford*, ville qui a trois fois été réduite en cendres : l'incendie de 1731 y causa une perte estimée à plus de 150,000 liv. sterl. : elle a été rebâtie plus régulière & plus belle ; a un grand nombre de riches habitans, & des manufactures d'étoffes de laine. Toutes ces villes députent au parlement.

Modbury, jolie petite ville entre deux collines : ses foires & ses marchés y amenent l'abondance. *Kingsbridge*, *Dodbrook*, *Howlworthy*, *Hartland* sont encore de petites villes : près de la derniere est le promontoire d'*Hercule*, que les matelots Anglais nomment *Hartland-Point*.

Biddiford, ville qu'arrose le Towridge, sur lequel est un beau pont de pierres. Cette ville a un port, & fait un bon commerce.

Ilfordcomb, ville qui a près de 900 toises de long, mais n'a qu'une rue, qui s'étend jusqu'à la mer, où est un port sûr & commode qui y facilite le commerce. Elle est remplie de comptoirs de marchands qui n'y résident pas.

South-Moulton, ville agréable qu'arrose la petite riviere de Taw, & qui a des manufactures de serges & de chapeaux.

Chimleigh, *Hatherleigh*, *Crediton* ou *Kerton*, *Bowe*, sont de petites villes : la derniere est très jolie.

GRANDE-BRETAGNE.

Arminster, ville ancienne, connue par les tombeaux des princes Saxons qui livrerent près de là un combat sanglant aux Danois.

Beeralston, *Newtonbushel*, *Chudleigh*, *Morton*, *Chagford*, *Ashburton*, bourgs à marché qui députent au parlement : le premier y envoie deux membres ; le dernier a des manufactures d'étoffes de laine.

Totnes, bourg à marché, qui n'est presque formé que d'une longue rue, & députe deux membres au parlement. *Okehampton* ou *Ockington* a le même privilege : c'est un grand bourg & une ancienne baronnie : l'Ocke l'arrose, & on y commerce en serges. *Honiton*, grand & beau bourg qu'arrose l'Otter : il renferme 400 maisons ; elles sont bien bâties, bien alignées, & forment une seule rue droite & large, pavée & entretenue avec propreté : son église est sur une colline à quelque distance de ses murs. Il fournit à Londres une quantité immense de dentelles & de fil blanc : il députe au parlement, prérogative dont ne jouissent pas les bourgs dont nous allons parler.

Comb-Martin, ou *Martin's-Comb*, petit endroit où coule la Severn : il croît dans ses environs beaucoup de chanvre estimé ; il y a une mine d'argent qu'on n'exploite plus. *Bampton* a un marché considérable. *Columpton*, sur la riviere de Colomp, est florissant par ses fabriques & ses manufactures de laine. *Bradninch*, autrefois *Bradneysham*, est une ancienne baronnie. *Sidmouth* n'est presque habité que par des pêcheurs.

L'île de *Lundy*, ou de *Lundey* fait partie de cette province, quoiqu'elle en soit éloignée de 50 milles vers le nord-ouest : elle est située dans le canal de Bristol, a 5 milles de long & 2 de large, & est environnée de rochers escarpés, qui n'y laissent d'entrée que par un défilé où à peine deux hommes peuvent marcher de front. On y trouve plusieurs sources d'eaux douces.

III. *Dorsetshire.*

Cette province est située sur la Manche ; elle a 50 milles de long, 30 de large, 150 de circuit, & renferme 7,72,000 arpens, 248 paroisses, 22 villes, ou bourgs à marché, 21,900 maisons, & 109,700 habitans. C'est un des pays les plus favorisés de la nature ; l'air y est sain & constamment agréable ; le sol y est fertile, sur-tout en grains ; ses pâturages sont excellens. Une chaîne de collines le partage du couchant au levant : elles furent autrefois couvertes de forêts & de broussailles, & abondaient en gibier ; elles sont aujourd'hui défrichées & cultivées avec soin : les plaines y sont couvertes de nombreux troupeaux de brebis, très-grandes, & couvertes d'une laine très-fine. On y trouve des oies, des canards, des cygnes plus qu'en aucun autre lieu d'Angleterre : il y croît du lin, du chanvre, du fenouil marin & du panicot ; elle est enfin, ce qu'on l'appelle, le *jardin de l'Angleterre.* L'île de *Portland* donne du beau marbre ; la presqu'île de *Purback,* de la terre de pipes : ses côtes sont abondantes en poissons : l'on y brasse une des meilleures bieres du royaume, & elle a plusieurs manufactures de laine estimée. La *Stoure* & la *Frôme* l'arrosent, & vingt membres la représentent au parlement. Ses anciens habitans furent les *Durotriges.*

Dorchester est une des plus anciennes villes du royaume ; c'est le *Durnium* de Ptolomée, le *Durnavaria* d'Antonin : elle est sur une hauteur ; la Frôme en baigne les murs, dont l'enceinte est moins grande qu'elle n'a été. Elle a plusieurs manufactures de droguets, de serges & d'autres étoffes de laine.

GRANDE-BRETAGNE. 349

On y compte 3 églises & 600 maisons: elle est entourée de prairies riantes, où paissent au loin plus de 500,000 brebis. On voit près d'elle un camp Romain, & un grand chemin de l'empire, nommé *Fossvai* : on y a trouvé d'anciennes médailles. Un maire, des aldermans, un conseil commun la gouvernent. La biere qu'on y brasse est excellente. Sa long. est 15 d. 15 m. sa lat. 50 d. 40 m.

Warebam, ou *Warham* était autrefois une grande ville maritime, défendue par un château fortifié, où l'on battait monnaie, & qu'un bon port rendait commerçante; mais ce port a été comblé par des sables, & la ville est devenue un petit bourg, qui cependant députe au parlement. Il est entre la Frôme, la Trente & la mer.

Wimburn, ou *Wimburnminster*, ville ancienne & bien peuplée, dans une grande vallée fertile, entre deux rivieres poissonneuses : on y fabrique des aiguilles.

Schireburn, ou *Sherburn*, grande ville qui a une église collégiale admirée par sa structure, environ 1300 maisons, & 10,000 habitans. On y fabrique encore des étoffes de laine, mais son commerce le plus actif est la quincaillerie. La Parret la divise en deux parties, dont la plus petite a le nom de *Castle-Towne*. Sa situation sur une colline est très-agréable.

Lyme-Regis, bourg sur une hauteur dont la mer baigne le pied : il a un port, mais peu fréquenté, & ses habitans sont presque tous ou matelots, ou pêcheurs: une petite riviere lui donne son nom. *Frampton* est un bourg agréable où la pêche est abondante. *Bere* a encore le nom de ville. *Pendleton* n'est qu'un bourg. *Blandfort* est un bourg à marché sur la Stour, dans une contrée agréable : il est bien bâti, & on y fait des dentelles fines les plus estimées de l'Angleterre : cependant son plus grand commerce est le malz & les draps. *Stourbridge* & ses environs sont célebres par des manufactures d'aiguilles. Tous ces lieux ne députent point au parlement.

Bridport, bourg à marché, fut autrefois plus considérable, & a un port : ses environs sont fertiles en chanvre, & l'on y fait les meilleurs cordages pour les vaisseaux. Il députe au parlement.

Weymouth & *Welcombe-Regis* sont deux grands bourgs bien bâtis, situés sur les deux rives de la petite riviere de Wey, & joints par un pont : ils ont de riches habitans, un port assez bon, & un commerce considérable sur mer. Chacun d'eux députe deux membres au parlement. Non loin de là sont le château fort de *Sandfoot*, & l'île, ou presqu'île de *Portland*; car la mer ne l'environne plus que dans les hautes marées : elle est peu étendue; des pointes de rochers la rendent inaccessible de toutes parts : on y trouve des carrieres de pierres de taille recherchées, qu'on emploie à élever de superbes édifices; c'est la meilleure de l'Angleterre : elle a aussi du marbre blanc. On y voit le château de son nom, qui, joint à un autre, commande à la rade qu'elle forme, & qui est dangereuse. Cette presqu'île a le titre de duché; elle est peu fertile d'ailleurs, quoiqu'elle soit agréable : on n'y trouve point de bois; la fiente desséchée des bestiaux en tient lieu quelquefois.

L'île, ou presqu'île de *Purback*, ou *Purbeck*, formée par la mer, un golfe & deux rivieres, est longue de 10 milles Anglais, & large de 6; elle est plus habitée que le reste du pays baigné par la mer : on y trouve une pierre semblable au marbre, & on y fait des pipes. *Corf-Castle* en est le lieu le plus considérable; c'est un bourg qui a un château fort, & qui envoie deux députés au parlement.

Poole, bourg à marché qui a le meilleur port de la province, sur la baie de Luxford, où la marée monte quatre fois en 24 heures : il est considérable, commerçant, & sur-tout riche par sa pêche : de-là viennent les plus grandes & les meilleures huitres de l'Angleterre, qui donnent aussi des perles : ces huitres, les poissons font son commerce : on y équipe des vaisseaux pour Terre-Neuve ; on y en frete pour le transport des grains. Son territoire presqu'environné de la mer, ne tient au continent que vers le nord, où il est coupé par un fossé. Il envoie deux députés au parlement : son conseil présidé par un maire, juge des crimes commis dans sa jurisdiction.

Shaftsbury, bourg sur une haute colline, où l'eau manque quelquefois, & qui est environné de toutes parts d'une vaste plaine : il est bien bâti, fort peuplé, & connu par ses manufactures de drap. Il nomme deux membres pour le parlement. On croit que le roi Alfred fut son fondateur : il eut un évêque, dix églises & un couvent sous le catholicisme.

On remarque encore dans le Dorsetshire une piece de terre qu'un vent souterrain avait, dit-on, soulevée & transportée plus loin, sans déraciner ses arbres : elle est dans la paroisse de l'*Hermitage*.

IV. *Sommersetshire*.

Située sur le canal de Bristol, elle a 55 milles de long, 40 de large, & 204 de circuit ; sa surface est d'environ 1,075,000 arpens : elle renferme 385 paroisses, 30 villes, ou bourgs à marché, 2000 maisons, & 1,50,000 hommes. Elle députe dix-huit membres au parlement, est fertile en bleds, nourrit beaucoup de bétail, a des mines de cuivre & de plomb, de la pierre calaminaire, du cryſtal de Briſtol, ſemblable au diamant. On y cultive la guedde pour les teinturiers : ſes principales manufactures ſont celles des draps, des ſerges & des droguets. Les fromages qu'on y fait ſont eſtimés; ceux de Chadder ſont les meilleurs de l'Angleterre, & on les égale au Parmeſan. Diverſes petites rivieres l'arroſent, & elle a des fontaines minérales eſtimées. Le plomb qu'on tire de la montagne de *Mendip* eſt un des meilleurs du royaume, & il s'en fait un grand commerce : elle a pluſieurs mines de charbon de terre. Les *Belges* habitaient cette province. De belles maiſons de campagne y ſont répandues.

Briſtol, autrefois *Venta Silurum*, en eſt la capitale : elle eſt ſituée en partie dans le Gloceſtershire, ſur l'Avon, qui ſe jette dans le golfe de Briſtol, & s'étend du levant au couchant. C'eſt, après Londres, la plus grande & la plus riche des villes de l'Angleterre : on y compte 9000 maiſons, & 70,000 habitans : quelques auteurs font monter le nombre des premieres à 13,000, & des ſeconds à 100,000. On y compte encore 17 paroiſſes, outre ſa belle égliſe cathédrale dédiée à la Vierge, & celle de Ste Marie de Radgliff. Son évêque eſt ſuffragant de Cantorbéry, & c'eſt un des moins riches : ſes revenus ſont de 250 liv. ſterl. Ses rues ſont étroites, droites & propres; ſes maiſons reſſerrées, mais bien bâties : on ne s'y ſert pas de chariots; les marchandiſes, les denrées s'y tranſportent ſur des traîneaux, pour conſerver les caves. Sa bourſe, élevée en 1740, eſt un bel édifice : ſon pont ſur l'Avon eſt bâti en pierres, & il porte des maiſons ſur chacun de ſes côtés. Elle a un beau & grand quai ſur l'embouchure de la Frôme dans l'Avon, & les vaiſſeaux s'y déchargent très-promptement par le moyen d'une grue ingénieuſement

GRANDE-BRETAGNE. 353

[...]ent construite. Plus de 2000 navires en partent [c]haque année; un grand nombre de manufactures y [p]rosperent; le verre qu'on y fait est très-beau, & [l']on y compte 15 verreries : les vases, les flacons [q]ui y sont fabriqués, sont recherchés pour le trans[p]ort des liqueurs, parce qu'elles s'y évaporent moins [q]ue dans d'autres verres. La plus grande incommo[di]té qu'on y éprouve vient du sol bas sur lequel elle [es]t bâtie, & qui l'expose aux inondations. Elle ne [dé]pend d'aucune des deux provinces où elle est si[tu]ée, mais de son propre gouvernement, composé [d']un maire, d'un shérif, & d'une cour des alder[m]ans. Sa long. est de 15 d. sa lat. de 51 d. 27 m. [E]lle envoie deux députés au parlement.

La source de *S. Vincent's-Rock*, qui sort d'un ro[ch]er à 2 milles de l'Avon, est célebre par la salubrité [de] ses eaux; on les envoie au loin, & parmi les [ve]rtus qu'on leur attribue, est celle de guérir la [ph]tisie. C'est sur le même rocher d'où elle sort, [qu']l'on trouve le beau crystal de roche dont nous [av]ons parlé.

Bath, *Aquæ Solis*, selon Antonin, est une ville [ag]réable, bien bâtie, mais peu étendue; l'Avon [l']nvironne de toutes parts, & coule dans une gran[de] vallée, que dominent diverses collines élevées les [un]es au-dessus des autres en forme d'amphithéatre : [de] ces collines sortent des sources chaudes, aux[qu]elles cette ville doit sa célébrité & son opulence. [Si] l'on en croit une inscription placée sous la figure [de] *Bladud*, ancien roi du pays, les malades buvaient [de] ces eaux 300 ans avant Jésus-Christ. Elles sont [ch]audes, imprégnées de fer & de soufre, & sont [bo]nnes pour le relâchement, l'épuisement, la para[ly]sie, &c. C'est le lieu où les femmes s'aiment le [plu]s, où elles se portent le mieux, & où elles tirent

Tome IV.   Z

le meilleur parti de leur santé. Pendant 2 ou 3 mois elle est le séjour d'une multitude de malades, de désœuvrés & de libertins; les habitans s'enrichissent de leurs dépouilles; mais ils en prennent le goût du luxe, la corruption des mœurs, & bientôt reviennent pauvres. Sa richesse la plus constante vient de sa manufacture de beaux draps. Bath était déja renommée sous les Romains, & Ptolomée en parle dans sa Géographie. Elle a des marchés, des foires, le titre de comté, & députe deux membres au parlement. Son évêque est suffragant de Cantorbéry, & il est aussi évêque de Wells; c'est un des plus riches de l'Angleterre, car ses revenus sont de 1233 liv. sterl. L'hôpital-général pour les pauvres qui viennent y prendre les bains, est un vaste bâtiment, fondé en 1738, & qui peut recevoir plus de 150 personnes. Une grande place quarrée, un jardin, une maison d'assemblée y servent au plaisir de ceux qui viennent y chercher la santé, & qui souvent perdent celle qui leur reste, avec leur bourse. Cette ville a encore d'autres agrémens & des promenades agréables. Elle envoie deux députés au parlement.

Wells, *Theodorodunum*, ville bien bâtie, agréable & bien peuplée, qui doit son nom à des sources salutaires qui y sortent. Elle fut le siege d'un évêché qui fut uni à celui de Bath: sa cathédrale a une belle façade & un grand nombre de statues. Elle est située au pied de la montagne de *Mendip-Hills*, qui l'entoure au levant & au nord, & où des sources sortent d'une grotte profonde & vaste. C'est sur ce mont que sont les mines de plomb de la province. On y voit aussi la caverne de *Wokey*, d'où suinte & coule une eau imprégnée de sucs pierreux qui y forme diverses figures, & la source de la Frôme. Wells députe deux membres au parlement.

GRANDE-BRETAGNE.

Glastonbury, ville bien bâtie, sur le Tor qui l'environne en partie, près d'un mont qui aide aux navigateurs à se diriger. Là fut autrefois la plus grande & la plus riche abbaye de l'Angleterre ; ses revenus passaient ceux de l'archevêché de Cantorbéry : les moines prétendaient y posséder le corps de Joseph d'Arimathie, & s'attiraient par ce moyen la vénération des anciens Bretons. Le roi Arthur, fils d'Uther Pendragon, qui régna de 516 à 542, y fut enseveli (*), & divers princes Bretons l'y furent après. Elle était l'asyle des rois dans leurs malheurs, comme elle le fut des anciens habitans du pays, chassés par les Saxons. Henri VIII fit pendre l'abbé, qui ne voulut pas reconnaître sa suprématie & se saisit des revenus du couvent qu'il détruisit. Près de ses ruines, on découvrit des sources médicinales en 1750.

Purlock, ou *Porlock* est une petite ville qui a un port. *Dunster*, *Watchet* sont deux petites villes au bord de la mer : la dernière a un bon port. *Somerset* est petite, jolie & bien bâtie. *Yeovil*, ou *Ivil*, ville assez riche, qu'arrose l'Ivel : elle a diverses manufactures ; on remarque sur-tout celle des gands. *Minehead*, beau bourg à marché : il a un port, une pêche abondante en harengs, & un passage fréquenté pour l'Irlande. *Bridgewater* a de belles maisons, est bien peuplé, a un bon port sur le fleuve Paret, & fait un bon commerce. *Taunton*, beau bourg à marché, comme le précédent, sur le Ton, ou Thone : il est long d'un mille, est très-peuplé, & a des manufactures florissantes de serges, de droguets

---

(*) Henri II y fit chercher son corps ; on en trouva les restes dans un cercueil fait d'un chêne creusé, recouvert d'une croix de plomb gravée : les lettres en sont gothiques, & quelques-unes de forme singulière : c'est l'épitaphe du prince.

Z 2

& autres étoffes de laine. Ses environs offrent d[e] charmantes prairies, de beaux jardins, & de joli[es] maisons de campagne. *Milborne-Port* est un ancie[n] petit bourg : *Ilchester* ou *Ivelchester*, situé sur l'Ive[l] y a un beau pont. Tous les bourgs dont nous veno[ns] de parler députent deux membres au parlement [:] ceux qui suivent ne jouissent point de cette prér[o]gative.

Langport, bourg à marché : le Parr, qui est nav[i]gable pour les barques, le rend commerçant : *Sout[h]-Petherton* est sur la même riviere. *Camualet*, o[u] *Cadbury-Castle*, parce qu'il est voisin du village [de] *North-Cadbury*, est un fort des anciens Romain[s.] *Heynsham*, ou *Canesham*, bourg sur un roc, au bo[rd] d'une petite riviere qui se jette dans l'Avon : u[ne] abbaye le rendit célebre. *Chadder*, ou *Chedder*, j[o]li village sur le mont *Mendip*, environné de pât[u]rages, & où l'on fait des fromages recherchés. L[es] bourgs de *Wincaunton*, de *Castle-Carey*, de *Shepto[n]-Mallet*, de *Bruton*, de *Philip's-Norton*, de *Pe[ns]ford* & de *Frome* ont des manufactures de drap. [Ce] dernier sur-tout est riche & célebre : on le nomm[e] aussi *Frome-Selwood*. On y compte 13000 habitan[s,] la plupart non-conformistes. Il a une église, u[ne] école gratuite, une maison de charité. La rivi[ere] qui l'arrose lui donne son nom.

V. *Viltshire*

Cette province a 52 milles de long ; sa largeur [du] levant au couchant est de 38 milles : sa surface [est] d'environ 87600 arpens, & elle renferme 304 [pa]roisses, 24 villes, ou bourgs à marché, 950 vil[la]ges, 27100 maisons, 108170 habitans, & dép[ute] 34 membres au parlement. La *Willy* l'arrose &

onne son nom : d'autres rivieres encore la fertili‑
nt ; telles sont, l'*Isis*, le *Kennet*, l'*Avon*, le *Nad‑
er*. L'air y est doux & sain ; son sol est varié en
ollines, vallons & plaines, couvertes de prairies &
e bois ; il est fertile en grains, & présente un aspect
iant : vers le nord on y voit quelques districts arides,
& des montagnes : au centre est la plaine de Salis‑
bury, où paissent une multitude de brebis. La *sangui‑
aire*, ou *bec de grue sanguin* y croit à 20 pieds de
haut ; elle sert à nourrir les porcs, & les fleurs en
ont très-belles. On y trouve des carrieres de gran‑
des pierres de taille, & parmi elles il en est qui ont
16 pieds de long, & 8 de haut : c'est avec elles
qu'on construisit le temple des Druides, dont on va
admirer les ruines à trois lieues au nord de Salisbu‑
ry : on l'appelle *Stone-Henge*, & est placé sur une
colline : les pierres en sont brutes & inégales ; elles
forment deux enceintes circulaires, & sont rangées
trois à trois, à égale distance, ayant l'apparence
de portes de maisons : l'enceinte intérieure est for‑
mée par des masses de 20 à 28 pieds de haut, larges
de 7, épaisses de 3 & demi, ayant des gonds vers
le haut ; celles qui sont posées en travers sur elles,
ont 12 à 16 pieds de long, & des mortaises qui
s'emboîtent dans les gonds : l'enceinte extérieure est
formée de pierres moins grandes, mais leur arran‑
gement est aussi singulier. Ces masses prodigieuses
ont-elles pu être transportées dans ce lieu ? Par
quel moyen, & d'où vinrent-elles ? qui les arran‑
gea ? Ces questions sont plus importantes pour les
savans qu'utiles aux peuples. On peut croire que ces
pierres sont faites sur les lieux, de sable & de quelque
matiere onctueuse. Cette province renferme un grand
nombre de manufactures de draps.

Salisbury, ou *New-Sarum* est la capitale du Wilt‑

shire : elle est grande, bien bâtie, située dans une belle plaine, au confluent de l'Avon, du Willy & du Nadder, dont les eaux divisées par des canaux courent par ses rues, qui sont droites & larges. Son évêque, suffragant de Cantorbéry, a 900 liv. lt de revenu. Sa cathédrale est un bel édifice, vaste & gothique, fait en lanterne, ayant le clocher le plus haut du royaume : sa tour élevée de 410 pieds n'étant pas assez forte pour les cloches qui y étaient suspendues, on en a bâti une près de l'église. On dit que l'église a autant de portes qu'il y a de mois dans l'année, autant de piliers que de semaines, autant de fenêtres que de jours. On employa quarante ans à la bâtir. La ville fleurit par diverses manufactures ; les principales sont celles des flanelles fines, & des longs draps qu'on nomme *Salisbury-Whites* : la plupart sont transportés en Turquie. Son hôtel de ville est d'une belle architecture : elle a trois grandes écoles gratuites, le titre de comté, & n'existe que depuis Henri III ; c'est pour cette raison qu'elle ne député point au parlement. La long. de Salisbury est 15 d. 55 m. sa lat. 51 d. 2 séc.

Old-Sarum, ou *Old-Salisbury*, autrefois *Sorbiodunum*, était regardée, au tems de Jules-César, comme une place très-forte ; elle fut ensuite une cité, & n'est plus qu'une petite ville, ou plutôt qu'un village : elle est située sur une colline élevée ; mais ses habitans manquant d'eau, & desirant un air plus doux, ont insensiblement abandonné la hauteur, pour bâtir dans la vallée où est Salisbury : il lui reste une dixaine de citoyens, qui ont le droit d'élire deux membres du parlement, tandis que la ville opulente, qui en est voisine, n'en élit point.

Wilton fut la capitale de la province, & lui a donné son nom ; elle avait celui d'*Ellandunum* sous s Romains. Une grande route qui la traversait, son évêché, ses trente-deux temples lui donnerent de la considération : il ne lui reste que des privileges, des manufactures de draps florissantes, & le beau château de Pembroket.

Downton, petite & ancienne ville sur l'Avon. Ces quatre villes envoient deux députés au parlement.

Hindon, bourg à marché, qu'un incendie dévasta en 1754. *Westbury*, petit bourg qui a des manufactures de draps. *Hyghbury*, ou *Heightsbury* est un bourg peu riche, mais ancien. *The-Devizes* est très-étendu, placé sur une colline où les eaux manquent, & que des campagnes fertiles environnent : il a des écoles gratuites, des manufactures de draps & de roguets, & il fait un grand commerce de dreche & de bétail. Un maire, des aldermans, un conseil commun le gouvernent. Il avait un château antique & fort. En 1714, on trouva sous les ruines d'une maison diverses pieces antiques dans une urne; ce qui semble prouver qu'il existait sous les Romains. *Calne*, grand bourg fort peuplé, orné d'une église & d'une école gratuite pour 40 jeunes gens : il y a une grande manufacture de draps. Les rois de West-sex y avaient un palais dont on voit encore les ruines; & il s'y tint en 997 un synode, pour terminer les querelles des moines & des prêtres sur le célibat. *Chippenham* est commerçant en draps, dont il renferme de belles manufactures, & en grains produits par les campagnes fertiles qui l'environnent. Sa situation sur le chemin de Bristol à Londres, & ses foires de bétail très-fréquentées, aident à sa prospérité. Il a une bonne école gratuite, un pont de 16 arches sur l'Avon qui l'arrose, & est gouverné par 12 magistrats. Le roi Alfred y séjourna quelquefois. *Malmesbury*, *Malmesburia*, ou *Cœnobium Maldunense*, est un bourg ancien & beau, situé sur le penchant d'une hauteur au bord de l'Avon, qui l'environne presque tout entier, & sur lequel il a six ponts : ses manufactures de draps, ses foires, ses marchés font ses richesses. *Crekelade*, ou *Cricklade*, & *Wotton-Basset* sont deux bourgs voisins du lieu où la Tamise devient navigable : le premier a 1400 maisons, une école gratuite, des foires, des marchés pour le gros bétail, pour les brebis & les denrées. *Marlborough*, qu'on croit être l'ancienne *Cunetia*, est arrosé par le Kennet. Jean-Sans-Terre y résida : il a 500 maisons, la plupart bien bâties, 2 églises, & doit son nom au sol marneux sur lequel il est assis ; *Marl* signifie marne. *Great-Bedwin* & *Luggershal* sont deux bourgs, qui, ainsi que tous les précédens, députent deux membres au parlement. Les endroits qui suivent n'ont pas la même prérogative.

Warminster, très-ancien bourg, qui a divers priviléges, & est remarquable par la quantité de grains qui se vendent dans ses marchés hebdomadaires. Près de lui est la vallée de *Selwood*, autrefois *Coldmaur*, ou grande vallée : elle est longue de 15 milles. *Tro'bridge*, ou *Trow'bridge*, ancienne ville, où se tient chaque année la cour de justice du duché de Lancastre : on y fabrique des draps fins. *Bradford*, petite ville sur l'Avon, qu'on y passe sur un pont. *Amersbury*, ou *Ambresbury* est aussi sur l'Avon : elle est antique & pauvre. *Clarendon*, petite ville sur une éminence voisine d'un camp des Romains, dont on voit encore les traces : elle fut fondée par Constance Chlore, qui lui donna son nom : elle le donne à un vaste parc, dans l'enceinte duquel on voit plusieurs maisons de plaisance. Elle a le titre de comté.

GRANDE-BRETAGNE. 361

VI. Hampshire, ou *Hantshire*.

Elle avait autrefois le nom de *Southampton* : sa longueur est de 40 milles, sa largeur est de 35 : les îles de *Wight*, de *Guernsay*, d'*Alderney*, de *Jarsey* & de *Sark*, ou *Serk*, ou encore *Sars* en dépendent. On y compte 18 villes ou bourgs à marché, 1062 villages, 253 paroisses, 26,850 maisons, & 134,200 habitans. Sa surface est de 1,312,500 arpens. L'air y est sain, & le sol très-fertile : elle a quelques collines, & point de montagnes : l'*Avon*, la *Test*, la *Stow* & l'*Itching* l'arrosent. Elle produit & exporte beaucoup de grains, de bois, de fer, de miel & de bétail, sur-tout des moutons & des porcs, estimés les meilleurs de l'Angleterre : ses laines sont employées dans ses manufactures : ses jambons sont recherchés. Les Belges l'habiterent, & c'est là que Guillaume le Conquérant fit le parc nommé la *Nouvelle-Forêt*, en dévastant 36 villages. Vers le nord on y découvre les ruines de *Silchester*, ville fondée par Constantin le jeune, appellée autrefois *Vindonum* : elle occupait 80 acres de terrein : y on a déterré des médailles, des ruines, un chemin pavé, &c.

Winchester en est la capitale : cette ville eut autrefois le nom de *Venta Belgarum*, & de *Caer-Gwent* (ville blanche); son nom actuel est dérivé du premier, *Vent-Chester* : *Chester*, nom commun à plusieurs villes, vient du mot latin *castrum*, dont les Anglo-Saxons firent *ceaster*, & que l'usage a changé en *cester* ou *chester*. On la croit bâtie 900 ans avant la naissance de Christ. Elle est située dans une vallée au confluent de l'Itching avec une petite riviere : elle a été plus considérable ; mais les anciennes guerres l'ont fait déchoir : un grand nombre de nobles y demeurent, & elle est le siege d'un évêque très-riche ; ſes revenus annuels ſont de 3500 livres ſterl. : il eſt ſuffragant de Cantorbury, & eſt prélat de l'ordre des chevaliers de la Jarretiere. La ville a demi-lieue de circuit, cinq égliſes paroiſſiales, & la cathédrale où ſont les tombeaux de divers rois Saxons, de deux Danois & deux Normands. Elle a un beau college, & une école publique, fondée par l'évèque William de Wickham, où 70 jeunes gens ſont nourris & inſtruits gratis ; de là, ils vont au nouveau college d'Oxford : on y trouve encore un vieux monaſtere de bénédictins, qui fut une école illuſtre ſous les rois catholiques Romains, & on le nommait *Hide-houſe*. Sur la place où était le château, réſidence des anciens rois Saxons, le roi Charles II voulut faire bâtir un palais, mais il n'a été que commencé : il y aurait eu un parc de 10 milles d'enceinte. Dans la ſalle où ſe tiennent les *ſeſſions*, on voit la table du roi Arthur ſi célebre dans les romans de chevalerie.

La long. de cette ville eſt de 16 deg. 22 m. ſa latitude de 51 deg. 1 m.

Southampton, ou *South-Hampton*, ville autrefois grande & floriſſante, ſituée entre le Teſe ou Teſt qui coûle au couchant, & l'Alre ou Anton qui l'arroſe au levant. Elle a le titre de duché : brûlée par les Français, relevée par Edouard III qui lui donna une enceinte moins vaſte ; il la fortifia, & Richard II pour encourager les habitans à étendre leur commerce dans l'étranger, fit élever le château de *Talshof* ſur une hauteur, à l'entrée d'un golfe qui s'avance dans le pays, a le nom de Hampton, & forme à la ville un port commode : ce port, & ſes privileges la rendirent conſidérable ; mais de nos jours elle a perdu une partie de ſes habitans

& de son commerce. Ces deux villes députent chacune deux membres au parlement.

Whitchurch est une fort petite ville, *Petersfield* est peu considérable ; mais leur ancienneté fait que l'une & l'autre députent au parlement. La derniere se soutient par sa situation sur le chemin de Londres à Portsmouth. *Rumsey* est ancienne aussi & n'y députe pas.

Christ-Churt, autrefois *Twinam*, ou *Twynelshambourne* est un grand bourg très peuplé. Près d'elle la Stowr se jette dans l'Avon. Son église collégiale, son château n'existent plus ; mais il a des marchés & députe deux membres au parlement, ainsi que *Stokbridge* & *Andover* : ce dernier est beau, peuplé, bien bâti, florissant par son commerce intérieur : ses manufactures, les foires de *Wey-hill* qui se tiennent à ses portes, & qui sont les plus grandes de l'Angleterre en brebis, fromages, houblons, &c. l'ont fait prospérer.

Lemington ou *Lymington*, ville qui a un port vis-à-vis l'île de Wight : elle députe au parlement & est commerçante : on fait cas du sel qu'on y prépare. Le château de *Hulst* n'en est pas loin, & est placé sur une langue de terre qui s'avance près de l'île : Charles I y a été prisonnier : l'air y est mal sain, & la fievre oblige d'en changer souvent la garnison.

Portsmouth, *Portus magnus*, qu'on croit aussi être le port *Peris* des Romains, le port le plus célèbre de l'Angleterre, est dans l'île de *Portsey* formée par les bras d'un golfe de mer qui s'avance dans les terres. Il est environné de dunes & de collines qui le mettent à l'abri des vents : formé par une petite riviere, il est profond d'une lieue. Il peut renfermer 1000 vaisseaux. L'entrée de ce vaste bassin est défendue par un double banc de sable qui ne permet l'entrée aux grands bâtimens qu'en rasant un rocher hérissé de batteries redoutables, dont l'une de 50 pieces de 48 fut placée, sous Elizabeth, pour recevoir la flotte invincible : des balises montrent le passage du port en tems de paix. Le promontoire que la ville occupe est envelopé de fortifications. Un de ses côtés est défendu par le château *South-Sea*, l'autre par les forts de *Charles-James-Borough* & de *Blokhouse*. Elle est une ville de commerce très peuplée ; on y compte 2000 maisons & 12000 habitans ; elle a de magnifiques chantiers, & des magasins qui renferment tout ce qui est nécessaire pour équiper un grand nombre de vaisseaux ; c'est un des quatre arsenaux du royaume : son hôpital pour les marins renferme 3000 lits pour autant de malades : ils y sont tenus proprement & y jouissent d'une vue agréable sur Spitead, l'île de *Wight*, &c. L'île de *Portsey* qui la renferme, est jointe au continent par un pont ; l'air n'y est pas sain, & on y manque d'eaux douces : elle a quatorze milles de circuit.

Près de là est *Spithead*, canal long de sept lieues, formé par l'île de *Wight* & le continent, où la flotte royale s'assemble : sur ce canal qui lui donne un abri contre les coups de mer, les vents & l'ennemi, est *Gosport*, bourg qui fait un grand commerce : de l'autre côté est Ste. Helène dans l'île de Wight.

Wight, *Vectis* & *Victesis*, île voisine de la terre ferme, dont il parait qu'elle a fait partie, & ce qu'en dit Deodore de Sicile semble confirmer cette idée ; elle a sept lieues de long, quatre de large, & 20 de tour. Elle est presqu'inaccessible de toutes parts, bordée par des rocs en aiguilles au couchant, par des écueils vers le midi, par des côtes élevées & rapides par tout ailleurs; sa forme est ovale. On y compte (*) 52 paroisses, quatre bourgs à marché, six châteaux forts, & environ 27000 habitans. On n'y trouve qu'une forêt peu étendue, & les bois qui lui manquent se tirent de la province de Hant; le climat y est doux, l'air sain, le sol fertile: on y recueille beaucoup de grains; des nombreux troupeaux s'engraissent dans ses pâturages excellens, & la laine qu'on en retire est plus fine, plus douce que celle d'Angleterre. Elle a beaucoup de lievres & de lapins, & elle abonde en poissons. Elle a eu le titre de royaume pendant deux ans sous Henri VI. Ses habitans sont bons pilotes, & courageux. *Cowes* est le principal de ses bourgs, par son port, qui est le plus considérable de l'île & le rendez-vous des vaisseaux marchands qui vont y attendre les convois de Portsmouth & des autres stations voisines. Il y avait deux châteaux élevés par Henri VIII; un seul était utile & subsiste. *Cowes* est divisé en deux parties situées sur les deux rives de la riviere qui lui donne son nom. On y voit encore le bourg de *Newton* ou *Newtown* qui député deux membres au parlement; celui de *Newport*, grand, peuplé, arrosé par le Cowes, & dont le gouverneur réside à un mille de là dans le château de *Carisbroock* ou *Vlingaresbourg* où Charles I fut prisonnier, & *South-Yarmouth* qui a le nom de ville & député comme Newport deux membres au parlement. *Sandon* est un château qui défend l'entré d'un petit golfe, & *Ste. Helene* une rade & un village.

Jersey, autrefois *Cesarea*, est la plus grande des quatre îles que l'Angleterre possède sur les côtes de

---

(*) D'autres ne lui en donnent que 36.

Normandie; elle a 12 milles de long, six à sept de large, & renferme 12 paroisses & 20000 habitans. Un espace de quinze milles la sépare de la France. Vers le nord, elle est escarpée & presque inaccessible; vers le midi son sol est presque de niveau à la mer. Les lieux élevés y sont mêlés de champs pierreux, & de champs gras & fertiles: tels endroits sont couverts de sable; tels autres de rochers; là où le pays s'abaisse, il devient riant & fécond: toute espece d'arbre y prospere; le froment y est bon; mais les pâturages y sont plus abondans, ils nourrissent des brebis dont la laine est d'une finesse extrême; & on s'en sert pour faire les meilleurs bas de laine qu'on connaisse: les herbes potageres, les fruits, les légumes, les pommes dont on fait du cidre y réussissent. On y pêche toutes sortes de poisson. Elle a peu de bois; on y brule le *varech* ou jonc marin, ou *fucus marinus* de Pline, & le commerce qui y est fort actif, y supplée à ce que la nature n'y donne pas. La navigation, la pêche, les manufactures occupent ses habitans qui parlent un vieux français; on y suit le droit normand, & y chérit la domination Anglaise: un grand nombre de refugiés s'y retirerent, & la plupart sortaient de la Normandie. Les côtes sont d'un accès difficile; des rocs & des bancs de sable en défendent l'abord; on n'y arrive sans danger qu'avec le secours des gens du pays. On y voit des traces d'un camp Romain & on y trouve des médailles antiques. La ville de *St. Helier* ou *St. Hilaire*, nom d'un évêque de Poitiers que l'empereur Constance y rélegua, est son chef-lieu: elle forme une des paroisses, est formée d'environ 400 maisons, & a un port défendu par un château. *St. Aubin* est encore une petite ville; c'est le meilleur port de l'île; un château fut élevé pour le défendre : elle fait partie de la paroisse de *St. Brelade*. *Mont-orgueil* est le château où réside le gouverneur, dans la paroisse de Gronville.

Guernesey ou *Gernesey*, a une figure approchante d'un jambon : sa longueur est de 13 milles, sa largeur est très-inégale & ne s'étend pas au-delà de douze milles : l'air y est pur, le sol bon, & le commerce y est plus grand qu'à *Jersey* ; c'est la *Sarnia* d'Antonin. On dit qu'il n'y a point de bêtes venimeuses & qu'elle n'y peuvent vivre. Elle produit des grains, des légumes, du fourage, des fruits assez pour nourrir les habitans & fournir plusieurs vaisseaux ; des fleurs très variées : les lis sur-tout y sont très beaux : le poisson y abonde, le bois y est rare, & on brûle le varech ; sa laine sert à faire des bas estimés. Défendue par des côtes escarpées & des écueils, elle est basse vers le nord, élevée au midi. Entre les rochers qui la bordent on trouve le *Smyris* ou *Emeril*, dont on se sert pour couper le verre, & les lapidaires pour tailler les crystaux, &c. On la divise en 10 paroisses, & selon Busching en 12 : ses habitans forment cinq régimens comme ceux de l'île précédente ; l'on y parle la même langue, y suit les mêmes loix, & cultive le même culte. Les Normands que la religion força de s'y retirer y ont établis diverses manufactures. Le bourg ou ville de *St. Pierre* en est le chef-lieu : situé au levant de l'île, son port y fait fleurir le commerce : il est fréquenté, sur-tout en tems de guerre, parce que les armateurs y trouvent de la sûreté & des commodités : le château *Cornet* le défend à droite, un autre château, mais plus ancien le protege à gauche. Le gouverneur réside dans la ville.

Alderney ou *Aurigni*, *Arica*, *Ebodia*, a environ

huit milles anglaises de circuit ; c'est une île élevée qui vers le midi a un port pour les petits vaisseaux. On y voit une petite ville d'environ 200 maisons : le canal qui la sépare de la France est appellé le *Ras de Blanchart* par les Français, & *the Race-of-Alderney* par les Anglais : ce passage est dangereux dans les orages, mais ouvert aux plus grands vaisseaux. Son gouverneur l'est aussi de l'île de *Sark*, ou *Serk* ou *Cers*, *Sargia*, située entre les îles de Guernsey & de Jersey, longue de deux milles, élevée, fertile en beaux fromens : on n'y compte que 300 habitans qui y forment une commune : près d'elle est l'île inhabitée de *Jethow* sur laquelle le gouverneur de Guernsey a formé un parc.

Bark ou Berkshire.

Elle a 45 milles de long, 30 de large, renferme 527000 arpens, 140 paroisses, 12 villes ou bourgs, environ 14000 maisons & 120000 habitans. Neuf députés la représentent dans le parlement, dont elle nomme deux par elle-même. Le climat y est doux & sain, le sol fertile, l'aspect agréable : il y a beaucoup de bois de chêne, sur-tout au levant. La *Tamise* la borde au nord, le *Kennet*, la *Loddon* qui s'y jettent l'arrosent. Elle porte le titre de comté.

Redding ou *Reading* en est la capitale : elle est bien bâtie, annonce l'aisance de ceux qui l'habitent, est sur les bords du Kennet, non loin de la Tamise. Elle renferme trois églises, deux maisons d'assemblées pour les quackers, & environ 8 à 9000 ames. On y fait des étoffes de laine, & un grand commerce de farine & de malz pour Londres ; le Kennet y rend l'anguille, le brochet, & une truite particuliere assez commune. Elle est ancienne & fut le
siege

siege d'une des plus grandes abbayes du royaume. Un maire & 24 conseillers la gouvernent. Dans son voisinage, à 17 pieds de profondeur, on a découvert, en 1753, un lit d'écailles d'huitres si étendu qu'il aurait pu couvrir un espace de cinq à six acres de terrein : sur ce lit était une argille rouge & dure, du sable fin, de la terre à foulon & de la marne bleue. La longitude de Reading est de 16 deg. 35 m. sa lat. 51 d. 25 m.

Windsor, bourg à marché sur la Tamise; il est agréable, situé sur une colline, & célebre par son château; qui fut d'abord une maison de chasse de Guillaume le Conquerant : Edouard III en fit un palais & y fonda l'ordre de la Jarretiere. C'est un bel édifice gothique : la structure en est hardie, & point symétrique: il est sur la hauteur, & forme deux grandes cours quarrées, au milieu desquelles s'éleve une tour ronde où demeure le gouverneur : au milieu de la cour la plus élevée est la statue équestre de Charles II. L'autre cour est plus grande; à un de ses côtés est la chapelle de St. Georges; elle est belle & gothique, & les chevaliers de la Jarretiere y sont armés. Le palais est richement meublé; mais il n'a ni fontaines, ni jardins, ni avenues, c'est une masse brute au dehors. Charles II l'orna au dedans de sculptures & de peintures des meilleurs maîtres; & y ajouta une terrasse étendue d'où l'on suit le cours de la Tamise au travers d'une plaine féconde de 15 à 16 milles de circuit. Une chapelle qui borde la cour la plus élevée renferme les tombeaux de divers rois d'Angleterre.

Wallingford, en Breton, *Gwal-hen* ou *Altfort*, fut autrefois une ville considérable; mais elle a beaucoup déchu. Elle avait douze paroisses, & n'en a plus qu'une.

Tome IV. A a

Abingdon, bourg à marché, où s'assemblent les cours de justice de la province. On y fait beaucoup de malz, que des barques transportent à Londres par la Tamise sur les bords duquel il est bâti. Sa situation est agréable, & on y trouve deux églises, une école gratuite, & une de charité. Il y eut un monastere célèbre & riche. Ces quatre villes ou bourgs députent seuls au parlement : les trois premiers y envoyent deux membres & le dernier un seulement.

Faringdon, petite ville, située sur une colline : on y fabrique & commerce en draps. *Wantage* ancienne ville illustre par la naissance du roi Alfred.

Upper & Lower-Lambourn, deux bourgs voisins l'un de l'autre : le dernier est le plus grand. *Hungerford*, bourg à marché, situé sur un sol marécageux : on y pêche beaucoup de truites & prend des écrevisses.

Newbury, petite ville sur le Kennet ; elle a une école de charité ; ses environs sont fertiles. Elle avait des manufactures de draps recherchés ; elle n'en a plus que de droguets & de quelques autres étoffes. On la croit élevée sur les ruines de *Spinæ*, connue des Romains.

Ockingham, petite ville qui a des foires, des marchés, une école gratuite, un hôpital & quelques manufactures ; on y fait beaucoup de bas de soie.

Maidenhead, petite ville sur la Tamise qu'on y passe sur un grand pont de bois, entretenu par le péage que payent les passans. Cette ville n'est pas ancienne, & son pont l'a fait naître.

VIII. *Surrey* ou *Surryshire*.

Elle s'appelle plus particulierement *Suth-rey*, &

GRANDE-BRETAGNE. 371

sa situation au midi de la Tamise lui donna ce nom. Les *Regni* l'habiterent : du couchant au levant elle a 34 milles; du nord au midi elle en a 24, & forme un parallelograme assez régulier. On y respire un air doux & très sain; elle est semée de maisons de campagnes; mais le sol n'y est pas également bon dans toutes ses parties; fertile dans ses extrèmités, elle est presque stérile au centre : c'est un drap grossier, dit-on, dont les lisieres sont fines. Son territoire aride est changé en parc & en garennes; ses bords sont embellis par des champs cultivés avec soin & par d'abondantes prairies. On en exporte des grains, du buis, des bois de noyer, de la terre à foulon. Ses habitans ont de la ressemblance avec les Picards; ils ont le teint pâle, & sont opiniâtres; le poil des bestiaux même a la couleur de ceux de Picardie. La *Tamise*, la *Moulsey*, le *Wandle*, le *Wey* l'arrosent, & cette derniere surtout qu'on descend & remonte avec facilité, qui s'unit à la Tamise, facilite & augmente le commerce de la province. Elle contient 592000 arpens de terre, 11 villes ou bourgs, 140 paroisses, 34220 maisons, & 170000 habitans. Elle est représentée par quatorze membres dans le parlement, dont deux sont élus par elle. L'évêque de Winchester en est le diocesain. *Guilfort* est regardée comme sa capitale, quoiqu'on puisse le lui disputer, parce que les assises ne s'y tiennent pas. C'est une ville bien bâtie, d'une grandeur médiocre, placée sur le Wey qui y rend considérable le commerce du bois de construction. On y compte trois églises, trois écoles de charité, un hôpital : ses foires & ses marchés sont célèbres par la bonté des grains qu'on y trouve, & par la facilité des transports sur la riviere qui l'arrose. On y fait aussi des draps. Quelques rois de Sussex

Aa 3

y résiderent & on croit y voir encore les ruines d'un palais d'Alfred le Grand. Sa long. est 16, 53. sa lat. 51, 6.

Southwark, ville qui prétend aussi au titre de capitale du Surrey. Edouard VI l'avait donné à la ville de Londres, & elle en est regardée comme un des fauxbourgs, lié à elle par un beau pont sur la Tamise. Elle est très peuplée, renferme 11 églises, s'étend de Depfort-bridge jusqu'à Vaux-hall, par une rue longue d'environ 7 milles, & de Londres à St. Georges Church, ou église de St. Georges dans l'espace d'un mille. On y remarque le palais de *Lambeth*, résidence ordinaire de l'archevêque de Cantorbury, où se fait le plus beau verre de l'Europe ; où l'on voit de grands bâtimens, des promenades sur la Tamise, une église bien bâtie, une chapelle, une vaste bibliothéque, un hôpital de St. Thomas. Quoiqu'il soit une partie de Londres, & sous le gouvernement du lord maire, il a sa cour de justice & ses prisons particulieres.

Haslemere, bourg à marché, florissant par diverses manufactures.

Rigate ou *Riegate*, grand bourg dans la vallée de Holmsdal ; il est agréable, & bien situé : au dessous des ruines de son antique château est un souterrain profond, à l'extrémité duquel est une grande place où 500 personnes peuvent se ranger commodement, & c'est là que les barons s'assemblerent pour déliberer entr'eux sur les moyens de s'opposer au roi Jean. On trouve dans ses environs une terre à foulon supérieure à toute autre, pour servir dans les manufactures de draps.

Gatton, *Blechingly*, sont de petits bourgs, mais leur ancienneté fait qu'ils députent chacun deux membres au parlement, ainsi que les villes & bourgs dont nous venons de parler.

Farnham, petite ville assez jolie & fort peuplée : elle a un château où résident les évêques de Winchester, est sur la rive du Loddon, a de très grands marchés de grains. Le péage seul en rapporte 200 liv. sterl. par an.

Godalming, ville sur le Loddon, connu par les brochets qu'on y pêche & les rouages qu'il fait mouvoir avant de se jetter dans la Wye, qu'on a rendue navigable jusqu'en cet endroit. Cette ville est ancienne & eut un évêché avant l'invasion des Normands. Les manufactures la rendent très florissante ; on remarque sur-tout celles d'étamines de laine, nommées *kerseys*. On trouve dans ses environs de la reglisse, & d'excellens légumes ; on y nourrit beaucoup de brebis.

Kingston sur la Tamise, ville ancienne, fort peuplée, qui a de jolies maisons, une belle église, deux écoles gratuites, un hôpital, & est le siege des assises. Ses rues sont fort propres. Elle a un grand pont sur le fleuve. C'est ici qu'on couronnait les anciens rois : Henri VI & Edouard IV, sont les derniers qui l'ayant été. On y voit un grand parc entouré de hautes murailles par Charles I : les eaux d'Hamptoncourt y ont leurs sources.

Richmond, ville sur le bord de la Tamise, & qui fut le siege de divers rois : ils y ont encore une maison de plaisance & un beau parc. D'ici à Londres, les rivages du fleuve sont ornés de villages, de maisons riantes, & de jardins magnifiques.

Croydon, jolie ville qu'arrose la Wandle, voisine de forêts où l'on fait beaucoup de charbon, & de champs où l'on recueille beaucoup d'avoine ; c'est ce qui fait le principal objet de ses foires & de ſes marchés. L'archévêque de Cantorbury y a un fort antique palais; les pauvres y ont un bel hôpital, & les jeunes gens une école gratuite, qui avec l'égliſe, font un des plus beaux bâtimens de la ville.

Darking, ville ſur la Mole, près de Boxhill, colline fameuſe par le buis qui la couvre & les beaux point de vue qu'elle donne. C'eſt l'air le plus ſain de l'Angleterre. On y voit un grand chemin pavé & cimenté par les Romains, & on le nomme *Stony-Streed*. Ses environs ſont rians, fertiles & bien cultivés: l'on y commerce en denrées; ſes marchés hebdomadaires ſont fréquentés & c'eſt dans ſes foires que ſe vendent le plus d'agneaux. Non loin d'elle eſt l'inculte contrée de *Cottmann Dean*, où l'on a élevé pluſieurs hôpitaux.

Woking, bourg à marché, ſitué près du Wey. *Chertſey*, bourg à marché encore, près duquel eſt un pont ſur la Tamiſe. Le malz qu'on y fait eſt ſon principal moyen de ſubſiſtance. *Weybridge* & *Walton* ſont les ſieges des comtes de Portmore & de Lincoln. On y voit un pont remarquable d'une ſeule arche, ſur la Tamiſe. *Roehampton*, village riant, qui n'eſt preſque formé que par des maiſons de négocians. *Epſom*, lieu agréable, où l'air eſt pur, & la perſpective riante: il n'eſt qu'un village & a des marchés, tous les jours pendant l'été, pour la commodité des nobles & des riches marchands de Londres qui ont des maiſons de plaiſance dans ſes environs. On connait les eaux minérales qui y ont leurs ſources: elles ſont célebres depuis 1618, mais n'ont plus autant de réputation. *Banſtead*, Downs ſont des plaines connues de ceux qui aiment la chaſſe, & où l'on fait des courſes de chevaux toutes les pentecôtes.

IX Sussex, ou Suth-Sexshire.

C'est un comté situé le long de la Manche ou canal, sur lequel elle s'éleve & présente des collines verdoyantes, formées par une terre marneuse & très fertile. L'air n'y est pas égal par tout : au centre sont des prairies, des champs, quelques bois, des brouillards épais les couvrent, & la fievre y saisit ceux qui ne sont pas nés dans ce pays. Vers les dunes, la hauteur du sol & les vents y rendent l'air sain : au nord, il y a de grandes forêts, mais bien éclaircies par les forges & les verreries qui en sont voisines. Elle a des mines de fer exploitées avec activité, & qui occupent par la fonte & le travail un grand nombre de ses habitans ; la flotte & les arsenaux s'y fournissent, & on y fait beaucoup d'ustenciles. C'est là encore qu'on fait la meilleure poudre à canon. Les *Regni* habiterent ce comté ; il a 53 milles de long, 16 de large, 172 de circonférence. Il renferme 1,140,000 arpens, 312 paroisses, 18 villes ou bourgs, 1060 villages, 25530 maisons, & 120,000 habitans. L'*Arun*, l'*Adur*, l'*Ouse*, le *Rother* l'arrosent ; toutes se rendent à la mer, & sont poissonneuses ; mais les sables qu'y jettent les vents fréquens du sud-ouest ne permettent qu'aux petits bâtimens d'y entrer. On exporte du pays, des grains, de la drèche, du bétail, des laines fines, des craies, du verre, du poisson, du gibier. Il députe 28 membres au parlement.

Chichester est la capitale du comté : on dit qu'elle fut fondée par Cissa, second des rois saxons qui règnerent sur le pays, & fut la résidence de ses successeurs ; le pavé fait par les Romains & qu'on y voit encore, prouve qu'elle est plus ancienne. Elle est sur la Lavant, où l'on pêche d'excellentes écrevilles, & qui favoriferait fon commerce fi le fable n'engorgeait fon embouchure, ou fi l'on prenait foin de l'en garantir. Un haut mur de pierres, percé par quatre portes, l'entoure aujourd'hui. Elle n'eft pas peuplée, mais elle eft agréable : fes rues aboutiffent en rayons à la place du marché ; fa cathédrale eft belle, & on y compte cinq autres églifes. On y fabrique des aiguilles à coudre, & on y commerce en grains qu'on tranfporte fur mer. Son évêque jouit de 750 liv. fterl. de rentes. Sa long. eft 16 deg. 55 m. fa lat. 50, 50.

Arundel, ville ancienne qui fait un grand commerce de bois de charpente, amené par l'Arun qui l'arrofe : elle eft remarquable par fon château, & les marbres qui portent fon nom : celui-là donne à fon poffeffeur, par un privilege unique, le titre de comte & de pair du royaume, fans que le roi le crée : ceux-ci furent découverts par Perefc dans l'ile de Paros & tomberent dans les mains du comte d'Arundel ; une partie s'en égara pendant les troubles du règne de Charles I, & ce qui en refte eft dépofé dans la bibliothéque d'Oxfort. Selden à qui le comte d'Arundel les confia d'abord, publia fur eux les remarques les plus utiles : ils font le plus beau monument de chronologie qui exifte. *Arundel* eft fitué fur le penchant d'une colline, près de l'embouchure du fleuve où elle eut autrefois un bon port ; mais il eft dégradé aujourd'hui.

Haftings, ancienne ville, formée par deux longues rues pavées de cailloux, fituée entre des collines & les dunes. On y compte 500 maifons, & c'eft la premiere des villes dont les députés ont dans le parlement le titre de *barons des cinq ports* : le fien n'eft plus gueres fréquenté que par des barques de pêcheurs. Elle a deux écoles de charité où l'on éleve 2 à 300 enfans.

Midhurſt, autrefois *Midæ*, grand bourg à marché, ſitué ſur une colline d'où coule l'Arun, & près d'un beau parc.

Shoreham. ou *New-Shoreham*, petit bourg ſur le rivage de la mer, où l'on conſtruit de petits vaiſſeaux. Il était plus conſidérable autrefois ; c'eſt le *Portus Aduri* des Romains, & il eſt à l'embouchure de l'Adur : la mer en a reſſerré l'enceinte ; cependant il lui reſte encore un aſſez bon port, & ſes habitans, la plupart gens de mer, vivent dans l'aiſance.

Horſham, ancien bourg aſſez grand, bâti lors de l'invaſion des Saxons, & qu'on croit avoir reçu ſon nom de *Horſa* frere de Henghiſt. Son égliſe paroiſſiale eſt belle, ſon école gratuite bien entretenue, ſon commerce en denrées conſidérable : on y tient quelquefois les aſſiſes du comté.

Bramber, bourg ſans commerce, ſans foires, ſans marchés, mais il eſt ancien.

Eaſt-Grinſtead, beau bourg où ſe tiennent ordinairement les aſſiſes & autres aſſemblées du comté : il eſt remarquable par ſes foires, ſes marchés, ſurtout par le bel hôpital qu'y fit conſtruire *Robert Sackville*, comte de Dorſet, pour 31 pauvres : un revenu annuel de 330 liv. ſterl. y eſt attaché.

Steyning ou *Stening*, eſt un bourg peu connu, & ſans commerce.

Lewes, bourg bien bâti, fortifié, & ancien : ſa ſituation ſur les dunes lui donne des points de vue admirables. Son enceinte eſt grande, ſon château eſt fort élevé ; on y compte 1500 maiſons, 6 égliſes paroiſſiales, & deux beaux fauxbourgs : il a des foires, des marchés où tout abonde. Au dedans, au dehors de ſes murs demeurent un grand nombre de nobles & d'hommes riches. Il eſt à une lieue de la mer fur une petite riviere, le long de laquelle font placées des fonderies & des forges de fer. Son port, nommé *Newhaven* eft en partie bouché par les fables.

Seaford, bourg ou petite ville au bord de la mer, avec un port qu'un fort protege; fes habitans s'occupent de la pêche: on la regarde comme une dépendance des 5 ports.

Winchelfea, n'eft plus qu'un chétif bourg, mais il fut une ville confidérable. Elle fut bâtie fous Edouard I, qui l'éleva dans un angle formé par la mer, entre Kent & Suffex, à deux ou trois milles d'une ville ancienne de ce nom, où l'on comptait 18 églifes, & qui fut engloutie par la mer. Elle fut environnée d'un fort rempart, mais défolée par les Français & les Efpagnols, abandonnée par la mer, & enfuite par le commerce, fes habitans fe difperferent en grande partie, & il croît aujourd'hui tant d'herbe dans fon enceinte qu'on en vend dans quelques années pour quatre livres fterl. Elle a encore trois églifes, dont une feule lui fert : fon port était une dépendance des 5 ports.

Rye, petit bourg à marché, au bord d'un golfe formé par la mer, fur une colline environnée de rochers; elle a un port qui eft comme une dépendance de celui de Haftings & appartient aux cinq ports; mais dans l'intérieur, ce bourg eft laid & miférable: fes habitans font la plupart pêcheurs, & ils prennent beaucoup de harengs. Située vis-à-vis de Dieppe, les étrangers y abordent fouvent en tems de paix, & plufieurs réfugiés Français s'y font établis. Toutes les villes & bourgs dont nous venons de parler envoyent deux députés au parlement.

Pethworth, bourg à marché, grand, peuplé, bien bâti, fitué fur une hauteur, où demeurent plusieurs familles considerées, que la pureté de l'air y attire.

Battel ou *Battle*, ville où l'on fabrique de la poudre à canon : le combat entre le roi Harald & Guillaume duc de Normandie, qui se donna près d'elle dans la plaine de *Heath-field* lui donna son nom. Guillaume vainqueur fonda une abbaye de bénédictins dans le lieu où le corps de son rival fut trouvé, il l'appella *Battle-Abbey* : cette abbaye fut un asyle respecté ; la présence de son abbé donnait la vie au criminel qu'on allait exécuter : elle donna naissance à la ville. *Haylsham* & *East-Bourn* sont des villages : dans les environs du dernier on trouve beaucoup de *Whitears*, oiseaux semblables à l'ortolan. *Bakely* & *Breed* sont de petits lieux connus par les ouvrages en fer qu'on y fabrique.

X. *Kent*.

Il a le titre de duché, & est situé à l'entrée du canal. Sa longueur est de 60 milles de l'orient au couchant, 36 de large du sud au nord, & 170 de circuit. Sa surface est de 1,248,000 arpens; on y compte 408 paroisses, 32 villes ou bourgs, 1170 villages, 39240 maisons, & environ 200,000 habitans. La Medway l'arrose : le sol y est fertile en grains, foins, fruits, houblons, & lin. Les pommes, les cerises qui y furent transplantées l'an 48 de nôtre ére, y sont très abondantes. Vers la mer, les fievres sont communes, & l'on y a richesses sans santé ; c'est ce qu'on appelle le *Rumney-Marsch* : dans les dunes, l'air est sain, mais le pays pauvre : au centre la terre est fertile & l'air bon. Le gibier, le poisson y sont abondans : on vante les cerises & les pommes renettes qu'on y recueille, le saumon qu'on pêche dans la Medway, & les truites du Fordwich qui font d'une grandeur extraordinaire. Il y a des eaux minérales; ses anciens peuples étaient braves & prirent leur nom du pays nommé *Cantium* : ses habitans jouissent aujourd'hui du *Gavelkind*, privilege par lequel les terres se partagent en portions égales au héritiers mâles, qui peuvent les aliener dès l'âge de quinze ans; le fils y conserve ses titres malgré les crimes de son pere. Quatre des *5 ports* y sont situés, & 18 membres du parlement sont nommés par elle ou ses villes. C'est par ce pays que l'Angleterre paraît avoir été liée autrefois au continent. La ressemblance des mœurs, des habillemens, des loix, de la religion des Gaulois & des Bretons; le peu de profondeur du canal dans l'endroit le plus étroit; la profondeur qui augmente à mesure qu'on s'éloigne de cet endroit d'un côté ou de l'autre, semble annoncer que l'isthme était une montagne; les rivages opposés exactement semblables par leur forme, la nature de leur terrein, leur étendue & leur hauteur, donnent du poids à cette opinion : d'autres encore l'appuyent. Du côté opposé au duché de *Kent* est le pays de *Quent* en France, & la Conche qui l'arrose se nommait *Quantia*. On voit des *Icenes* dans la Bretagne; on en remarque aussi sur les rives de la Gaule aux environs du port *Itius* : la direction des montagnes des deux côtés, les mêmes fossiles qu'on y trouve, 3 grandes bandes schisteuses, marneuses, sablonneuses qui partagent la France & l'Angleterre dans la même direction; le parallelisme des couches, les bancs de sable, les petites îles répandues sur les côtes & qui sont les sommets de hautes montagnes, les efforts actuels de la mer, diverses preuves répandues dans l'histoire ancienne, tout semble con-

GRANDE-BRETAGNE. 381

sourir à le persuader. On croit que l'isthme a été rongé insensiblement par un fleuve qui paraît y avoir coulé, & qui a été ensuite détruit par le refoulement des deux mers opposées.

Canterbury est la capitale du pays de Kent. *Canter* est le nom du pays, & *Bury* désigne une ville en Anglo-Saxon. Son ancien nom était *Durovernum*. Elle est le siege d'un archevêque qui est le primat, le métropolitain de toute l'Angleterre, & le premier pair du royaume ; mais c'est au palais de *Lambeth* qu'il reside : ses revenus sont de 4000 liv. sterl. par an. Elle est bâtie en croix, dans une situation agréable, & n'est ni grande, ni belle ; la Stoure l'arrose. La cathédrale est gothique mais belle encore, grande, assez ornée : on y voit quelques bas-reliefs assez obscènes, placés dans un lieu obscur. Elles était la sépulture des anciens rois de Kent. St. Augustin en fut le premier évêque dans le 6e. siecle. La ville est assez peuplée, & l'on y fait un grand commerce d'étoffes de laine & de soie dont des réfugiés Français ont établi des manufactures. On y compte quatorze paroisses, une école royale & plusieurs hôpitaux. Elle a sur-tout été florissante lorsqu'on y revérait la châsse de St. Thomas Becquet : sa longitude est 18, 38. sa lat. 51, 17.

Hithe, c'est un bourg compté parmi les 8 qui forment les 5 ports : il est ruiné parce que la mer s'en est éloignée : il avait cinq églises & n'en a plus qu'une dont le clocher est abbattu ; une de ses voûtes est le dépôt d'un tas d'ossemens arrangés avec symétrie & qu'on croit être les restes d'une bataille contre les Danois : quelques uns sont d'une grandeur prodigieuse. Le bourg n'a plus que 150 maisons ; mais il lui reste deux hôpitaux riches.

Douvres ou *Dover*, appellé sous les Romains

Portus Dubris, ville ouverte, sur un sol bas, dans une vallée auprès de la mer, & qui n'a qu'une longue rue pavée & bien bâtie, fondée par Jules-César, ou par Arviragus sous l'empire de Claude : des sept églises qu'elle eut, il ne lui en reste que deux, dont une est collégiale. Un château élevé la commande ; elle a un port qu'on n'a pu rendre abordable aux grands vaisseaux, & les petits n'y arrivent que dans la haute mer. Elle était le principal des 5 ports, & l'est encore ; des murs épais l'environnaient, & l'on y entrait par 10 portes. Sa grandeur, ses murs n'existent plus : elle n'a que trois portes, & que 500 maisons. Son château construit sur un rocher haut & escarpé, est vaste, on y peut loger 500 hommes, mais il est inutile & délabré : son puits a 300 pieds de profondeur. Sa partie la plus haute est l'ouvrage des Romains. De là on voit une partie de la France, de l'Angleterre & du canal de la Manche. On voit dans son arsenal un canon long de 22 pieds, appellé le *pistolet de poche de la reine Elizabeth* ; c'est un présent des Hollandais. Son port est à présent fort petit ; il en part deux fois par semaine un paquebot pour la France.

Sandwich paraît avoir été bâtie sur les ruines de *Rutupia* (*), vers la pointe méridionale de l'île Tanetos ou Tanet, port le plus fréquenté des Romains. Elle n'est ni commerçante, ni forte ; l'embouchure de la Stoure qui l'arrose formait son port, qu'une inondation combla de sables sous le règne de Marie : la ville même a été souvent ravagée par le feu : on a travaillé à réparer son port pour le rendre capable de recevoir des vaisseaux. C'est un des 5 ports.

(*) Il est vraisemblable aussi qu'elle était où est aujourd'hui *Stener* petit lieu voisin de Sandwich.

GRANDE-BRETAGNE. 381

Queenborough, petite ville située dans l'île de *Shepey* qui a 20 milles de tour, est formée par la Medway, & dont le sol est fertile & abondant en pâturages. Outre cette ville qu'on croit la *Toliapis* de Ptolémée, elle renferme trois grands villages. A l'embouchure de la Swale, on voit encore le fort de *Scherness*, construit pour la sûreté de la Medway ; c'est une place réguliere & bien fournie, qui a une artillerie nombreuse & de gros calibre, commandant un passage difficile, formé par un canal dont les eaux calmes & profondes offrent un asyle sûr aux vaisseaux : elle a plusieurs rues & un chantier.

Rochester ou *Rof-chester*, autrefois *Duro-brivis*, très ancienne ville que partage la Medway ; elle est réguliere & propre ; son enceinte a 7 à 800 maisons, une église cathédrale, trois paroisses, deux écoles gratuites, & une maison d'aumônes pour les pauvres voyageurs. Elle est sans fabrique & sans manufactures : la pêche, & sur-tout celle des huitres est sa principale ressource. Son évêque a 400 livres sterl. La Medway y forme un demi cercle & renferme un magasin de vaisseaux & de provisions pour les armer. Son pont sur cette riviere est de pierres, il fut bâti sous Henri IV, & après celui de Londres, c'est le plus haut, le plus long & le plus solide de l'Angleterre ; il joint Rochester à la petite ville de *Stroud* qu'on regarde comme un des fauxbourg de cette ville ; l'autre est *Chatham* situé sur la rive orientale de la Medway. Charles II le fonda ; mais Elizabeth en avait commencé les chantiers. C'est la premiere station de la flotte royale d'Angleterre. L'on y trouve en une quantité immense tout ce qui sert à la construction des vaisseaux : on y admire également & la multitude des matériaux & l'exécution des ouvrages : Chatham a 500 maisons, 6000 habitans, n'est presque peuplée que d'artisans & de marins, qui y vivent & y travaillent sous une police sévere. Il y a une église, une chapelle, un arsenal, un hôpital, un bureau de vivres. Les maisons des officiers, des directeurs, des inspecteurs, & des manœuvres y sont bien bâties. Stroud & Chatham joints à Rochester forment une rue longue d'environ 3 milles.

Maidstone, ville d'une grandeur médiocre, mais elle est belle, bien peuplée, arrosée par la Medway, qui en lave les rues, & égaye les prairies qui l'environnent : on l'y passe sur un beau pont. On commerce à Maidstone en houblons, en fruits, & sur-tout en bétail : elle a quatre écoles gratuites, un palais de l'archevêque de Canterbury à qui appartient l'église paroissiale. On y tient les assises du duché & on y commerce en houblons & en fil qu'on y fait : dans ses environs on trouve de la terre à foulon.

Rumney ou *Romney*, ville située dans un terrein marécageux qui lui donna son nom, divisée en vieille & nouvelle ; elle est un des 5 ports. Toutes les villes députent deux membres au parlement : celles qui suivent n'ont pas ce privilege.

Limne, qu'on croit être l'ancien *Lemanis*, & le lieu où César débarqua pour la premiere fois en Angleterre ; mais la mer s'en est éloignée de deux milles : près de là est le village de *West-Hithe*.

Folkstone fut une ville considérable, & n'est plus qu'un village au bord de la mer, & dont le sol parait s'être affaissé. On y compte 350 maisons de briques, formant des rues étroites & pavées, habitées par des pêcheurs. Il a eu cinq églises, un château, un tour cotiere, un couvent : on n'y voit plus qu'une chétive église ;

&

GRANDE-BRETAGNE.

& un grand nombre de bateaux de pêcheurs occupés à prendre des maquereaux qu'ils portent à Londres.

Eltam, ou *Eltham*, bourg bien bâti, peuplé, où les négocians de Londres viennent se délasser de leurs affaires dans les jolies maisons qu'ils y font bâtir. Le prince de Galles en porte le titre.

Déal, nommée par César *Dola*, petite ville bien bâtie devant la rade des Dunes (*) : elle n'a qu'une rue longue & étroite, formée de 1000 maisons sur le bord de la mer. Près de là, vers le couchant, est une vieille tour, reste d'un château antique. Les côtes y sont basses, & il n'y a point de jettées. On y compte 4000 habitans. Elle a une église, une chapelle, deux châteaux bâtis par Henri VIII, est sans foires, sans marchés, sans fabriques ; mais c'est un des lieux les plus fréquentés de l'Angleterre, & tant de marins y abordent qu'aucun commerce de détail n'y languit.

Ramsgate, petite ville qui a un petit port assez commode, située dans l'île de Thanet, que la mer n'environne que de trois côtés : ses habitans sont actifs, & la mer comme la terre leur présente des objets d'occupation. Cette île qui a 8 milles de long sur 6 de large, est fertile en bleds, & a encore les deux petits ports de *Broadsteer* & de *Margate* : dans ce dernier on fait de grands transports de bleds pour Londres.

Feversham, ville qui communique à la Tamise par la Swale, vis-à-vis de l'île de Shepey. Elle a 1100

(*) On nomme *les Dunes*, le pays situé entre le *South* & le *North-Foreland*, devant lequel est le banc de sable de *Goodwins* : les vagues de la mer s'y brisent, & les vaisseaux peuvent en sûreté jetter l'ancre entre lui & la terre-ferme : c'est ce qu'on appelle la rade des Dunes, défendue par les trois châteaux de *Déal*, de *Walmar* & de *Sandown*.

maisons, & 6000 habitans : la navigation & la pêche y tiennent lieu de manufactures ; ses rues sont larges & bien pavées, ses maisons sont de briques, sa grande église est ancienne, & renferme le tombeau du roi Etienne, qui s'y plaisait à cause de sa situation & de la fertilité de son terroir : il y fonda une abbaye long-tems célebre, éteinte depuis deux siecles. On pêche ici des huitres, & on en transporte beaucoup en Hollande.

Milton, ou *Middleton*, ancienne ville connue par ses huitres. *Gravesand*, petite ville sur la Tamise, incorporée à celle de Milton, & les deux ensemble ont 700 maisons : la derniere est située vis-à-vis le fort de *Tilbury*, dans une position agréable & commode. C'est un des lieux où la Tamise amene le plus de monde ; la plupart des vaisseaux qui vont de Londres à la mer, s'y pourvoient de mâts, de cordages & de vivres : c'est là que les passagers descendent quand ils vont de la mer à Londres. Ses jardins sont connus par la grandeur & le bon goût de ses asperges, ainsi que par les légumes qui y croissent.

Sittinghourn, bourg, lieu d'un grand passage, & dont on vante les auberges. On remarque qu'en 1420 Henri V y donna un repas splendide qui ne coûta que 9 schell.

Dertford, petite ville très-agréable & bien bâtie, arrosée par la Darent, qui près de là tombe dans la Tamise : elle a un grand moulin à poudre que le feu a détruit quatrefois de l'année 1730 à 1738.

Woolwich, petite ville sur le rivage de la Tamise, où l'on construit des vaisseaux de guerre, & où est un vaste magasin d'artillerie. Elle s'accroît tous les jours.

Tunbridge, ou *the-Thown-of-Bridges*, petite ville située sur le fleuve Tun, qui se perd dans la Medl way, laquelle s'y divise en cinq bras, sur lesquels on a construit beaucoup de ponts. Ses maisons sont médiocres, & ses rues mal pavées: ce qui la rend célebre sont les sources d'eaux minérales qui en sont à quatre milles, nommées *Tunbridge-Wells*, près desquelles s'est formé un bourg qui a son église particuliere: elles sont entre les deux collines du *Mont de Sion* & du *Mont Ephraïm*, couvertes de belles maisons, de jardins magnifiques, & de promenades. Autour des sources sont des maisons commodes, & une salle d'assemblée pour ceux qui boivent les eaux, qui operent par la transpiration & les urines. C'est le rendez-vous des élégans des deux sexes, durant l'été; & il y a alors comédie.

Bromley, bourg à marché, où est un hôpital fondé par *John-Warner*, évêque de Rochester, pour les veuves des prédicateurs pauvres: elles jouissent d'un revenu annuel de 20 liv. sterl. *Westerham*, beau bourg à marché. *Sevenoak* en est un aussi, & doit son nom à sept grands chênes qui en sont voisins.

Tenterden, *Cranbrook*, *Goudhurst*, bourgs à marché où l'on fabrique des draps: le second est dans un beau pays, mais éloigné de la mer & des rivieres: il ne commerce qu'en denrées. On dit que ses habitans ont fabriqué les premiers draps d'Angleterre. *Lenham*, *Wye*, *Ashford*, sont des bourgs: le dernier est sur la Stoure. *Wrotham*, ou *Rootham*, *Malling* ont des marchés.

Deptford, ville ou bourgade très-agréable sur la Tamise: c'est un des lieux du royaume où l'on voit le plus de matelots & d'ouvriers pour la navigation: on y fait & défait les vaisseaux du roi. Elle a deux églises, & une école qui a le nom de *Trinity-House*.

Greenwich (Golfe verd), ville, petite, mais belle & peuplée, qu'arrose la Tamise, qu'orne un ancien palais des rois, changé par Guillaume III en hôpital pour les mariniers invalides : il est situé sur le penchant d'une colline que le fleuve côtoie, & d'où l'on voit descendre & monter tous les vaisseaux qui vont à Londres, ou en reviennent : il est formé de deux grandes ailes, qui se prolongent perpendiculairement au fleuve, séparées par une cour fermée d'une grille de fer : au milieu des deux ailes sont logés les officiers de la maison ; de longs corridors s'étendent dans leur longueur, bordés d'un double rang de chambres uniformes, où il y a trois lits de chaque côté ; l'air s'y renouvelle avec facilité, & la propreté y est extrème : les invalides y ont du linge blanc deux fois par semaine, sont servis sur de grandes tables de marbre, & ont chacun une petite armoire, où ils serrent leur couvert & ce qu'ils réservent pour le goûté & le déjeûné : leurs alimens sont sains, assez abondans : tous sont habillés de bleu, & ils reçoivent encore des gratifications pour leurs petits besoins. Une pleine liberté de religion y regne : on y compte 1200 à 1500 pensionnaires, & à chaque centaine on admet six veuves de matelots, qui en prennent soin, & sont nourries & payées. Cent orphelins, dont les peres sont morts au service sur mer, y sont admis dès l'âge de dix ans : ils y apprennent l'hydrographie, & de-là ils sont envoyés à Portsmouth pour y être exercés : ceux qui promettent le plus sont envoyés à l'école de marine. Au milieu de la cour est la statue en marbre blanc de Georges II ; sur la grande porte, au-dessus des pilastres qui la forment, sont deux globes, l'un céleste, l'autre maritime : sur celui-ci, une ligne d'or trace la route de l'amiral Anson autour du monde. L'intérieur des appartemens est orné des triomphes de la Grande-Bretagne : on y voit Guillaume III & son épouse ; la Concorde est assise entr'eux, l'Amour tient le sceptre ; le roi présente la Paix & la Liberté à l'Europe, & foule aux pieds la Tyrannie : là est le Tems, qui découvre la Vérité, & Pallas qui terrasse l'Envie ; ici sont les douze signes du zodiaque, surmontés des quatre saisons ; les Heures voltigent autour du char du Soleil ; les rosées tombent devant lui : de ce côté on voit la Victoire remplir un vaisseau du butin & des trophées pris sur l'ennemi ; au-dessous est Londres assise au bord de la Tamise, qui reçoit les trésors que lui apportent plusieurs Rivieres : de l'autre sont Ticho-Brahé, Copernic & leurs systèmes ; Flamsted y tient l'image de l'éclipse du soleil de 1715. Ailleurs on voit la reine Anne & son époux, le prince d'Orange qui débarque en Angleterre, l'arrivée de Georges I, &c. L'aile orientale a une belle chapelle : près de l'hôpital est un grand parc peuplé de cerfs : sur le haut de la colline est l'observatoire, d'où l'on jouit du point de vue le plus magnifique, dont Londres occupe le centre, & diversifié par la Tamise, des campagnes, des palais & des habitations rustiques. Il n'en est pas en Europe de mieux assorti, soit pour le nombre, soit pour le choix des instrumens : Flamsted, Halley & Bradley l'ont rendu célebre. Les frais ordinaires de l'hôpital montent à 10,000 livres sterl. par an. La ville a une église élevée par la reine Anne, un college, & deux écoles gratuites. La long. y est de 17 d. 28 m. 3 sec., la lat. de 51 d. 27 m. 3 sec.

Appledore est une petite ville sur la Rother. *Saaltwood-Castle*, un beau château de l'archevêque de Cantorbéry. *Sandgate-Castle* est située entre deux collines sur le rivage de la mer, & a 16 canons.

pour protéger les barques de pêcheurs pendant la guerre.

XI. *Middlesex.*

Sa situation entre les royaumes Saxons lui donna son nom. Cette petite province a 24 milles de long, 18 de large, & 95 de tour : elle contient 247,000 arpens, 4 ou 5 villes, ou bourgs à marché, 73 paroisses, sans y comprendre celles de la ville de Lon- L'air y est doux & sain, le sol fertile ; elle est une vaste prairie où paissent d'innombrables troupeaux ; les jardins potagers y sont nombreux & cultivés avec soin ; les engrais abondans y hâtent les progrès de la végétation. Les manufactures s'y sont multipliées. C'est là qu'habiterent les Trinobantes ; mais ce qu'elle renferme de plus remarquable, c'est la capitale de la Grande-Bretagne. Huit députés la représentent dans le parlement.

Londres, *London*, *Londinium*, est située sur les deux rives de la Tamise, & par conséquent est en partie dans le comté de Surrey. Par sa grandeur, sa population, ses richesses & son commerce, elle est une des villes les plus considérables de l'univers. La Tamise y forme un croissant, & la marée, qui remonte à 20 milles plus loin qu'elle, y amene les plus grands vaisseaux : telle est leur multitude que le lit du fleuve y ressemble à une vaste forêt. De *Limehouse* à l'extrémité de *Tothill-Street*, elle a plus de 6 milles ; de *Blackmore-Street* à *Shoredith*, elle a 2 milles & demi : elle s'agrandit tous les jours, & se joint à *Chelsea* & à *Kensington*. Nul fossé, nulle muraille n'en terminent l'enceinte ; celles qu'elle eut sont tombées en ruines : les maisons y sont de briques, jolies, commodes, ont des escaliers éclairés, &

leurs chambres boisées, lambrissées & peintes. On compte dans cette ville, ou dans ses environs, 100 *alm-houses*, ou maisons de charité, qui servent de retraite aux pauvres honteux, lesquels y sont logés, nourris, & y reçoivent une petite pension pécuniaire; 20 hôpitaux, dont plusieurs sont destinés à recevoir les femmes indigentes prêtes à accoucher, & les enfans trouvés; 147 paroisses Anglicanes, 5 Luthériennes, une Danoise, une Suédoise, &c. 8 séminaires, 3 colleges, 10 prisons, 30 marchés pour les différentes denrées, 15 colleges pour les avocats & procureurs, 27 quarrés, ou places publiques, 49 hôtels apppartenans à des communautés, ou corps de métiers, qui s'y assemblent pour y traiter de leurs intérêts respectifs; 131 écoles de charité, où 5054 enfans indigens sont instruits; 207 auberges, 447 tavernes, 551 cafés, 5975 cabarets à bierre, 1000 fiacres, 400 chaises à porteurs, 7000 rues, ruelles & cours fermées, ou passages; 130,000 maisons, qui renferment près d'un million d'habitans. Busching fixe ce nombre à 600,000, & Lenglet à 960,000. Jettons un coup-d'œil rapide sur les principaux objets qu'elle nous présente.

Entre ses places, la plus spacieuse est celle de *Lincoln-Inn-Fields*; la plus belle est celle de *Soho*: mais les édifices publics, au lieu de les décorer, sont la plupart relégués en des lieux écartés. Les rues nouvelles sont les plus belles & les plus propres; elles sont pavées des deux côtés de grandes pierres unies: parmi les anciennes il en est peu qui ne soient tortueuses: celle de *Holbourn* a un mille de long. Plusieurs des quartiers de Londres feraient une jolie ville: tels sont, *Albemarle-Buildings*, le *Temple*, *Spittle-Fields*, &c.: celui des *Sept Rues* est un carrefour qui conduit à sept rues, & dont les maisons font face à une pyramide de pierre dans le centre, surmontée de plusieurs cadrans. L'eau vient dans les maisons par des tuyaux de plomb ou de bois qui remplissent des citernes : la Tamise & la nouvelle riviere les remplissent : la derniere prend sa double source près de Ware, dans le comté d'Hartford; & le chevalier *Hugh-Middleton* la conduisit par divers détours, & un cours de 60 milles à la capitale. Ce canal, étroit & profond, porte 800 ponts; quelquefois il passe au-dessus des vallées dans des conduits de bois. Londres, pour reconnaitre le service que le chevalier lui avait rendu, éleva à ce patriote une statue de bronze.

Parmi les promenades de Londres, on remarque le *Parc Saint-James*, & *Hyde-Park* : le premier a 3 milles de tour, est partagé en allées couvertes, sablées, spacieuses, & arrosées par un canal qui communique à la Tamise; elle est pour les gens de pied : des daims y paissent, & le palais Saint-James le termine. *Hyde-Park*, séparé du premier par un grand-chemin, est plus élevé, plus spacieux encore; il est ceint de murs, a un grand-chemin sablé pour les carosses, qui conduit à Kensington : l'air y est pur, & vers le soir d'un beau jour d'été, on voit quelquefois plus de 500 carosses s'y mouvoir en cercle : c'est là qu'on peut se reposer des fatigues que cause le pavé raboteux & sale de la ville, & qu'on s'y délivre de la vapeur épaisse du charbon de terre qu'on y respire.

Parmi les églises, on remarque celle de *S. Paul*, & l'église collégiale de Westminster : la premiere est placée sur le sol le plus élevé de la Cité, & fut bâtie au lieu où fut, dit-on, un temple de Diane : elle fut brûlée dans le grand incendie de 1666, & reconstruite aux dépens du public ; elle est la seconde des églises Chrétiennes par sa grandeur & la noblesse de son architecture : celle de S. Pierre de Rome est la premiere, & fut le modele de la seconde, qui a 570 pieds du levant au couchant, & 311 de large : le dôme a 338 pieds de haut, & de-là, au matin d'un jour d'été, on peut voir tout Londres réuni sous ses yeux. Sa coupole a 100 pieds de haut ; elle a 145 pieds de diametre. Son beau chœur, orné d'excellentes sculptures, & tout pavé de marbre, a des portes de fer, qui y forment cent figures agréables : tout l'édifice est de pierres de Portland : plusieurs endroits en sont embellis par le marbre le plus fin, travaillé avec un art presque inimitable. C'est le chevalier *Wren* qui présida à sa construction. L'église de *S. Pierre de Westminster* a pris la place d'un temple d'Apollon : il fut d'abord une abbaye, puis une cathédrale : la reine Elisabeth, qui la changea en collégiale, où sont établis un doyen & douze grands chanoines, laissa à la ville le nom de cité, & son gouvernement particulier, qu'elle conserve, malgré son union avec Londres. L'église repose sur un sol fort bas, mais elle est fort haute : Edouard le Confesseur la fonda ; Henri III la rebâtit ; Henri VII y ajouta une chapelle vers le levant, qui est un chef-d'œuvre de l'art ; & là est son tombeau d'airain massif très-bien travaillé. L'église est d'une architecture gothique, mais hardie : c'est là qu'on couronne les rois. Le cloître renferme la belle bibliotheque du chevalier *Cotton*, ouverte le matin & le soir pendant les séances des cours de justice : elle a été endommagée par un incendie en 1731.

Parmi les autres églises, il en est plusieurs de belles encore : on remarque celles de *Bow-Church* & de *S. Bride*, par l'élévation de leurs clochers beaux & solides ; celle de *S. Paul de Coven-Garden* l'est par son portique, son toit plat, qu'aucune colonne ne soutient, & qui ne l'est que par la coupe de ses pierres: celles de *S. Martin in the Fields*, de *Neue-Georgen* en Blonsbury, celle de *George* dans Hannover-Squaar, sont les plus belles. Dans ses nombreuses églises on n'en trouve point qui se ressemblent. Les Non-Conformistes y ont 80 lieux d'assemblée, & les Protestans étrangers près de 40 : les Juifs y ont une belle synagogue.

Le palais *S. James* est un assemblage de divers bâtimens élevés en différens tems : la reine Anne qui y était née, l'augmenta & l'embellit. Celui de *Witehall*, brûlé sous Guillaume III, relevé avec magnificence par Georges I, est dans une belle situation ; il fait face d'un côté à la Tamise, & de l'autre à S. James. Diverses statues ornent la ville : celle de Charles I le représente à cheval: elle est belle & simple ; le pied-d'estal est de marbre, la statue de bronze : c'est celle que conserva, sous la terre de son jardin un coutelier qui l'acheta sous Cromwel. On voit une statue de Charles II à *Stocks-Market*, qui est équestre & de marbre blanc, élevée sur une belle fontaine de marbre, aux frais de l'échevin Viner : on en voit une dans la place de *Soho*, au milieu d'une fontaine, ayant à ses pieds la Tamise, la Saverne, la Trente & l'Humber. Jacques II en a une à Witehall ; elle est couronnée de lauriers, & ce roi fut toujours malheureux.

La *Tour* est une forteresse & un arsenal d'armes & d'artillerie : on y fabrique la monnaie au moulinet ; on y garde les joyaux de la couronne, les archives du royaume, & les prisonniers d'état : elle est à l'orient de la ville, près de la Tamise, ceinte d'un vieux mur & d'un fossé profond & large : elle a un mille de tour : une tour blanche & quarrée qui s'élève au centre, lui donna son nom. Sa garnison est de 8 compagnies d'infanterie, & les quartiers voisins lui doivent fournir une milice de 3 à 4000 hommes. Elle a une artillerie nombreuse : les vaisseaux qui arrivent la saluent, & pour trois coups de canon elle en rend un. Parmi les joyaux de la couronne, on remarque le bâton de S. Édouard, qui est tout d'or battu ; l'épée de miséricorde, qui est sans pointe, & qu'on porte entre l'épée temporelle & la spirituelle ; la couronne du roi, où est une émeraude d'une grandeur extraordinaire, une des plus belles perles qu'on connaisse, & un rubis d'un prix inestimable. La tour renferme une église paroissiale exempte de la juridiction de l'évêque : son gouverneur reçoit 1000 l. st. par an. La maison de la *douane* est placée entre la tour & le pont ; c'est un bâtiment magnifique, vaste, commode, uniforme & peuplé d'un grand nombre d'officiers : Charles II le fit élever, & il lui coûta 10,000 liv. sterl. Le *vieux pont* de la Tamise repose sur 19 grandes arcades, est long de 800 pieds, large de 30, & s'élève de 60 sur le lit du fleuve : un pont-levis est au milieu ; des deux côtés est un rang de boutiques : de-là on voit la foule des vaisseaux qui remplit le port, & une multitude de bateaux peuplés & toujours en mouvement. Le *nouveau pont* est près de Westminster : il est plus beau que l'ancien, & la vue n'y est pas gênée par des boutiques : le fleuve y est large de 1223 pieds, & le pont en a 44 de large : il repose sur 13 grandes arcades, & 2 petites. La *pyramide*, élevée pour conserver la mémoire du funeste incendie de 1666, qui consuma 13200 maisons, & causa aux habitans une perte de 9 millions de liv. sterl. est une colonne ronde, bâtie de pierres de Portland, ayant 200 pieds de haut, & 15 de diametre ; son pied-d'estal a 40 pieds de haut,

& est orné d'emblêmes : au-dedans est un bel escalier à vis, formé de 345 marches de marbre noir, & tout autour du sommet est un très-beau balcon de fer, d'où l'on a une vue admirable sur la ville. Cette pyramide est d'une construction dont la hardiesse étonne. Sur deux côtés du pied-d'estal, une inscription latine & anglaise retrace le malheur qui la fit élever, & les moyens & le tems employés à le réparer.

La *bourse* est un des plus beaux édifices de Londres ; elle est dans Cornhill, & fut d'abord fondée par le chevalier *Gresham*, riche marchand sous le regne d'Elisabeth ; brûlée dans le grand incendie, elle fut relevée plus magnifique encore, & toute en pierres de Portland. Elle est vaste, élevée, mais mal placée : la façade en est noble & auguste ; son portique est soutenu par de grandes colonnes ; la voûte passe pour un chef-d'œuvre ; une tour haute & massive semble faire craindre qu'elle n'écrase le bâtiment sous son poids : au-dedans est une cour pavée, entourée de galeries voûtées, soutenues par des colonnes, & pavées elles-mêmes de très-belles pierres : l'intérieur est décoré avec goût ; on y voit cependant les statues d'albâtre des rois & reines d'Angleterre, qui déparent les autres ornemens, parce qu'elles sont mal faites ; on n'y remarque que celle de Charles II, qui est dans la cour, vêtu en empereur Romain : celles des chevaliers *Gresham* & *Barnard* sont faites avec art. Au bas, le long des portiques, il y a des boutiques & des celliers voûtés sous terre ; dans le haut, on compte encore 200 boutiques le long des galeries. Ce bâtiment coûta 50,000 l. st., & en rend 4000 tous les ans : c'est là que s'assemblent les commerçans pendant deux heures tous les jours. Le *nouveau change* est encore un beau bâtiment ; il consiste en deux longues allées le long de la rue, surmontées de deux autres, toutes pavées de pierres de taille, & percées de chaque côté de boutiques richement garnies.

Londres offre un grand nombre de salles publiques très-vastes ; telle est celle de *Westminster*, où se fait le festin du couronnement, & où s'assemblent diverses cours de justice : elle a 270 pieds de long, 47 de large, & son toit élevé se soutient sans colonnes. *Guidhall*, ou la maison de ville, en a une assez vaste ; elle touche au *Blackwel-Hall*, le plus grand magasin de draperies qu'il y ait en Europe. Chacun des 62 corps de métiers a aussi des salles d'assemblée, & plusieurs de leurs hôtels ressemblent à des palais : ils ont de beaux frontispices, des cours spacieuses, des chambres lambrissées, quelques-unes avec le cedre, & presque toutes sont ornées de sculptures & de dorures. On remarque surtout l'hôtel des drapiers, par son beau jardin ; celle des merciers, par sa chapelle ; des marchands tailleurs, par les repas qu'on y donne ; des épiciers, par la banque qui y est placée.

Les colleges de justice y sont nombreux, & il seroit long de les raporter. Dans chaque cour de justice, les gens de loi ont leurs chambres à part, où ils peuvent travailler en paix. On dit qu'on trouve à Londres plus de 40,000 personnes qui vivent du produit des procès. Les colleges *Inns-of-Court* sont remarquables par leur beauté, leur étendue & le nombre de leurs belles chambres : chacun a une vaste salle commune, une église, un jardin, des promenades. Le *Temple* est divisé en deux, situés sur la Tamise, & qui furent autrefois aux Templiers. L'*Inner-Temple* a un beau jardin sur la Tamise, une bibliotheque & une salle magnifique : l'église est commune au deux temples. Le *Temple-Churets* est un beau monument gothique. On remarque encore les colleges de *Lincoln's-Inn* & de *Grays-Inn*, plus élevés que ceux du temple; l'air y est plus fain: le premier a 2 jardins & une terrasse qui touche à la plus grande place de la ville, celle de Lincoln's-inn-Fields: il est embelli d'une cour vaste, ornée au centre d'une belle fontaine surmontée d'une colonne, qui au sommet indique les heures de trois côtés; & a encore une jolie chapelle entourée d'un péristile. *Grays-Inn* est remarquable par sa belle place, son jardin magnifique, sa terrasse & la vue dont on y jouit. Ces quatre colleges renferment 600 étudians en droit. On compte encore huit colleges, qu'on nomme de *Chancellerie*, remplis de procureurs, de solliciteurs, de clercs, qui vivent ensemble, mais ne forment point de communauté; ils se soumettent à des regles approuvées de tous; celui qui les enfreint est exclu, selon le cas, ou de la table commune, ou pour toujours de l'assemblée. Il est d'autres colleges, mais nous ne parlerons plus que de celui des médecins: il est dans *Warwick-Lane*: on y entre par un pavillon magnifique, puis on trouve une cour spacieuse; le reste du bâtiment n'a rien de frappant; dans le haut est une belle bibliotheque: 80 médecins le forment: il a reçu de grands privileges du parlement; nul médecin ne peut exercer à Londres sans son consentement; & celui qui n'a pas pris ses degrés, ne le peut nulle part en Angleterre: il peut condamner à l'amende & à la prison ceux qui bravent ses prérogatives: il visite les boutiques des apothicaires, & juge de leurs drogues. Ces moyens d'empêcher l'abus des charlatans sont insuffisans encore, parce qu'ils se font moins payer que les médecins. Une association de la moitié des membres de ce college l'honore: au lieu de se faire payer des pauvres, ils les

GRANDE-BRETAGNE. 399

foulagent gratis, & leur fourniffent des médecines au prix le plus modique. Ce college a une forte de gouvernement : un préfident qui fe choifit tous les ans, en eft le chef; fous lui fiegent 4 cenfeurs & 12 électeurs.

Nous ne dirons qu'un mot de la *Société Royale* : elle eft formée de 200 membres Anglais, ou Etrangers : un confeil de 21 de fes membres la gouverne, & tous les ans dix d'entr'eux font renouvellés : leur préfident convoque l'affemblée, propofe les matieres, admet les membres élus, fait des difcours d'entrée. Chaque membre, qu'on élit à la pluralité de 21 voix, s'engage à travailler aux progrès des fciences : elle s'affemble une fois par femaine. Le roi en eft le patron, & il en eft auffi membre. Elle a une bibliotheque formée des meilleurs livres de philofophie : le duc de Norfolk l'a beaucoup augmentée : une de fes chambres eft remplie de curiofités naturelles ; mais quoiqu'il y en ait un grand nombre, & de très-variées, il eft dans Londres deux cabinets plus riches encore ; ce font ceux du chevalier *Sloane* & de M. *Dupui* : l'un eft en *Bloomsbourg*, l'autre en *Longaker*.

Parmi les écoles publiques, on remarque celle de *Weftminfter*, fondée par la reine Elifabeth, & où 40 écoliers font entretenus & inftruits gratis : il en eft deux de femblables au-dehors de la ville : celle de *S. Paul*, où font inftruits gratis 153 jeunes gens : le bâtiment en eft magnifique. Celle des *marchands tailleurs* a une belle bibliotheque, & renferme 300 écoliers, dont cent paient 5 fchell. par quartier, cent donnent la moitié moins, & les autres font inftruits gratis.

On compte 8 grands hôpitaux à Londres : celui de *Chrift* éleve un grand nombre de jeunes gens ; les uns font placés dans les univerſités, les autres dans des corps de métiers : ce fut autrefois un couvent ; Edouard VI le fonda, & on y a compté plus de 1000 enfans des deux ſexes. Celui de *S. Barthelemi* fut fondé par Ray, ſous le regne de Henri I ; les eſtropiés & les bleſſés y ſont traités & entretenus : deux autres hôpitaux ſont une dépendance de celui-là : celui de *S. Thomas* en eſt indépendant, & a comme eux le même objet : le bâtiment en eſt uniforme & magnifique. *Bedlam* eſt l'hôpital le plus grand & le plus beau de l'Europe ; il eſt deſtiné pour les inſenſés, & fut bâti 10 ans après l'incendie de Londres. Celui de *Sutton* fut autrefois une chartreuſe : le bâtiment antique, mais commode & vaſte, fut acheté par M. Sutton, qui en fit un hôpital, & lui aſſura 6000 liv. ſt. de rente : 80 gentilshommes, ou marchands ruinés, âgés de plus de 50 ans, y ſont entretenus libéralement : il renferme encore une école pour 40 jeunes gens : il a 16 adminiſtrateurs, & la plupart ſont des pairs du royaume : ils éliſent ceux qui doivent y être admis. Dans la chapelle on voit le tombeau de marbre du fondateur, dont on fait l'éloge chaque année. L'hôpital d'*Hoxton* reſſemble à un palais ; il fut fondé par l'échevin *Ask*, du corps des chapeliers, pour 20 pauvres vieillards, & 20 enfans de ce corps. Les deux autres hôpitaux ſont ceux de *Chelſey* & de *Greenwyck* : nous avons parlé de celui-ci : celui de *Chelſey*, ou *Chelſea*, eſt à un mille de Weſtminſter ; l'air y eſt ſain, le bâtiment ſuperbe, près de la Tamiſe. Sa façade eſt formée d'un beau pavillon, qui a d'un côté, une ſalle ſuperbe, & de l'autre une chapelle : elle eſt ornée d'une belle galerie pavée de pierres de taille, ſoutenue par des colonnes. Les côtés ont quatre étages de haut ; chaque étage a deux galeries ; chaque galerie 26 chambres à

lit.

lit. Les coins du bâtiment sont ornés de pavillons où habitent le gouverneur, le conseil, les officiers de la maison. Au milieu de la place est la statue de bronze de Charles II, qui le fonda : on y desire celle de Guillaume III, qui l'acheva & le perfectionna. Il y a encore quatre grandes aîles destinées aux malades invalides, ou serviteurs de la maison : 500 vieux soldats (*) y sont logés, nourris, entretenus, & un plus grand nombre encore en reçoit des pensions. Les apothicaires de Londres y ont un jardin vaste & des mieux fournis en plantes médicinales, en arbres américains, & en productions exotiques. C'est là que le chevalier *Hans-Sloane* avait formé son riche & grand cabinet d'histoire naturelle. Le village est très-beau, & c'est là encore qu'on voit la belle rotonde, la belle verdure, les riantes allées du jardin de *Ranelagh*, promenade charmante où l'on entend les plus beaux concerts. Il y a encore d'autres hôpitaux assez considérables : tel est celui de *Findlinge*, pour les enfans, celui des femmes de marchands, &c. On remarque à Londres deux maisons de correction & de travail : l'une est *Bridewell*, dans le *Fletstreet*, grande maison batie pour recevoir Charles-Quint, destinée peu de tems après à entretenir 140 pauvres enfans, qu'on instruit dans quelque art mécanique sous 22 maitres : les domestiques insolens, les filous, les femmes publiques y sont forcés à un travail constant, y reçoivent la discipline, & n'y sont nourris que de pain & d'eau, jusqu'à ce qu'ils paraissent ou plus laborieux, ou plus sages. L'autre maison est dans le *Bischops-gate-Street*; son institution est moderne : les jeunes gens pauvres, les mendians robustes, les fainéans s'y habi-

---

(*) Longlet ne dit que 336.

Tome IV.   C c

tuent à se rendre utiles : les enfans y sont logés, nourris, vêtus ; on y enseigne aux filles à coudre, à tricoter, & à tous à lire, à écrire, les principes de leur religion : les vagabonds y frappent le chanvre, rapent le bois de Brésil, &c. : ils ne vivent que du produit de leur travail.

Disons un mot du gouvernement de Londres : il est presque républicain : son chef a le titre de Lord, & est élu tous les ans, depuis le quinzieme siecle ; car auparavant le tems de cette charge n'était pas limité, & le premier maire le fut 24 ans. Des membres choisis dans tous les corps de métiers, proposent 4 échevins ; ils en choisissent deux, & sur ceux-ci les échevins choisissent le lord-maire. Son autorité s'étend du pont de Stanes à l'embouchure de la Tamise ; il peut citer, emprisonner, tient table ouverte, a différens officiers, parmi lesquels est le *porte-épée*, qui a 1000 liv. sterl. d'appointemens : il paraît en public avec éclat, à cheval, en robe de pourpre ou d'écarlate, avec une chaîne d'or : le jour qu'il est installé, il traverse la Tamise avec les échevins, en habits de cérémonie, suivi des douze principaux corps de métiers, chacun dans sa barque ornée d'armes, de banderolles, de drapeaux ; les coups de canons se font entendre sur le fleuve & ses rivages : il met pied à terre à Westminster ; on porte devant lui la masse & l'épée ; une troupe de haut-bois l'accompagne, il va prêter serment de fidélité à la cour de l'échiquier, puis la nombreuse procession repasse le fleuve, va à l'hôtel de ville, suivie de soldats vêtus de juste-au-corps de bufle, & de casques d'argent : le lord-maire & les échevins la suivent, montés sur des chevaux parés de riches harnois ; des chars de triomphe marchent après eux : tout finit par un grand repas, où les ministres d'état, & le roi même assistent quelquefois.

La ville est divisée en 26 quartiers, & sur chaque quartier préside un *échevin* : il est élu par les bourgeois de son quartier, le lord-maire & les échevins : ils ont sous eux les membres du conseil commun, le *recorder*, qui sert de conseil au lord, & prononce les sentences : les deux *shérifs* de Londres & de Middlesex sont encore des hommes considérés ; ils choisissent les jurés dans les jugemens, sont élus par les corps de métiers, ont sous eux un *sous-shérif*, 6 clercs & des sergens. Le *chamberlain* veille sur le trésor de la ville & la caisse des orphelins : son autorité s'étend sur les apprentifs ; il en est le juge, & nul d'entr'eux ne peut ensuite s'établir sans avoir prêté serment dans ses mains : il peut l'envoyer à Bridwell s'il se conduit mal, & lui donner la bourgeoisie s'il se conduit bien.

Tels sont les principaux magistrats de Londres. Ses principales cours de justice sont, le conseil de la ville, espece de parlement, dont le maire & les échevins forment la chambre haute, & le conseil commun la chambre basse. Ce dernier conseil est formé de 231 membres choisis dans tous les quartiers de la ville. Là se font les loix municipales, se reçoivent les bourgeois, & se nomment des comités pour examiner & décider les affaires particulieres. La cour du lord-maire décide à peu de frais les procès civils : la cour des échevins, celle des deux shérifs, les assises, &c. sont des cours inférieures : celle d'*Orphans-Cour*, ou des orphelins, se tient devant le le lord-maire & les échevins, qui en sont les tuteurs.

Londres forme six régimens de milice ; en cas de nécessité elle en forme le double : à ces régimens il faut ajouter les régimens qui dépendent de la tour, & celui de Southwarck : les officiers s'en prennent dans une compagnie de 600 hommes choisis. Le lord-maire en est le chef, & les échevins après lui.

L'évêque de Londres y est le chef du clergé : ses revenus sont de 2000 liv. sterl.

Cette ville est d'un cinquieme plus grande qu'elle n'était sous Elisabeth : elle est éclairée la nuit par un grand nombre de lanternes. Sa long. est de 17 d. 34 m. 45 sec. ; sa lat. de 51 d. 31 m.

Kensington est un grand bourg qui doit son origine au palais qu'y ont les rois : il ne fut d'abord que la maison d'un particulier ; Guillaume III l'acheta, & y fit faire un chemin éclairé de lanternes jusqu'à Londres. Ce palais est irrégulier & bâti de briques ; les appartemens en sont grands & ornés ; des tableaux du Bassan & du Tintoret enrichissent une de ses galeries ; dans une autre on voit les portraits des rois d'Angleterre depuis Henri VIII ; au-dehors sont de grandes pieces d'eau plates, des boulingrins du plus beau gazon, un mont artificiel entouré de pins, un bois d'ifs & de cyprès formant des portiques, ou taillés de différentes manieres.

Hampton-court, bourgade à onze milles de Londres : on y voit un château bâti par le cardinal Wolsey, agrandi & décoré par Guillaume III, s'il était achevé, ce serait un des plus beaux palais de l'Europe. De vastes bâtimens y environnent quatre grandes cours, & contiennent 1500 chambres magnifiquement meublées. Là se voyent les cinq ou sept cartons que Raphael fit à la priere de François I, représentant les actes des Apôtres, & que Louis XIV voulut racheter pour cent mille guinées : on y jouit d'un des plus beaux paysages de l'Angleterre : l'avenue qui y mène est magnifique : un grand canal bordé d'arbres, traverse les jardins plantés d'ifs : ces jardins, les avenues, les parcs ont quatre milles de circuit. La Tamise en baigne les bords de trois côtés & *Kingston* est sur la rive opposée.

Les rivages de la Tamise sont des deux côtés embellis par un grand nombre de bourgs, ornés de belles maisons & de palais : on y remarque *Battersea*, *Wandsworth*, *Putney*, *Barnes*, *Rowhampton*, *Hammersmith* &c. *Brentford*, bourg peuplé sur la Trent, près de la Tamise. *Richmont* où est une maison royale bâtie par Henri VII & où il mourut ainsi que sa petite fille Elisabeth : une vaste terrasse le long de la riviere en fait le plus grand ornement : ce qu'on y appelle la *Forêt*, présente un grand nombre de bosquets, & l'art y a planté, comme sans ordre, de grands arbres droits ou courbés, y a divisé le parc en prairies, en champs, en étangs, en monticules, y a formé deux grottes, l'une brute au dehors, voûtée en dedans & ornée de sculpture ; l'autre formée en labyrinthe, où sont des allées étroites, tortueuses, obscures, où l'on croit voir des voyageurs qui marchent en tremblant vers la caverne, siege de l'enchanteur Merlin : une porte basse & gothique, chargée de caractères, y conduit par un chemin de rocailles & couvert de mousse. On y voit le magicien Merlin ayant devant lui un trepied chargé de livres & de spheres armillaires. Près de là sont le parc & les jardins de *Kiow* : ornés de bosquets qui montrent, celui-ci une chapelle antique, celui-là un temple grec ; l'un un portail antique appuyé sur des ruines, l'autre une tour à la chinoise. Au centre est une esplanade immense, où l'on voit une prairie, une riviere, un pont, des troupeaux errans : on y montre une collection nombreufe de plantes étrangeres : mais en général, les bâtimens répondent peu à la beauté de ces parcs.

On doit remarquer encore dans le Middlefex le beau bourg de *Fulham*, près de la Tamife où font deux manufactures de drap ; *Acton* où font des eaux minérales, purgatives, & qui caufent des douleurs dans les inteftins en chaffant du corps les fels dont elles fe chargent. *Stains*, & *Uxbridge*, bourg à marché, dont les environs font ornés de belles maifons de campagne. *Edgware*, *Hackney* (celui-ci eft très étendu), enfin *Hampfteadt* où font des eaux minérales.

XII. *Effex-Shire*.

Ce comté eft à l'orient du Middlefex, & eft baigné par la mer du nord. Il a 47 milles du levant au couchant, & 43 du midi au feptentrion ; les *Trinobantes* l'habiterent, & les Saxons l'appellaient *Eaft-Seexa* (Saxe orientale). Il renferme 1,240,000 arpens, 415 paroiffes, 21 villes ou bourgs à marchés, 34800 maifons, & 170,000 habitans. Elle eft du diocèfe de Londres, & 8 députés la repréfentent dans le parlement ; deux pour le comté, deux pour chacune de fes trois principales villes. Sur les bords de la Tamife & vers la mer, il y a de vaftes prairies, des marécages, & l'air n'y eft pas fain. Son fol eft très fertile & fur-tout en blés ; vers le nord on recueille le meilleur fafran du monde. On trouve fur fes côtes de fort belles huitres, & fur-tout à l'embouchure de la Coln. Près du bourg de *Walden*, le fafran couvre les champs pendant trois ans de fuite ; l'orge lui fuccéde pendant 15 ou 18 ans fans avoir befoin d'engrais. De nombreux troupeaux paiffent dans fes vaftes prairies : on y fabrique des étoffes de laine. Le gibier & le poisson y sont abondans. La *Tamise*, la *Stour*, la *Lea*, la *Chelmer*, & la *Blackwader* l'arrosent. Le peuple dit que dans les quartiers marécageux on cherche des femmes dans les lieux élevés afin d'y être plutôt veuf, & qu'on y a vu des hommes veufs de 10 à 12 femmes.

Colchester, capitale du comté, fut fondée, dit-on, par *Coilus*, prince Breton, plus d'un siecle avant l'ère chrétienne, & on prétend qu'Helène, mere de Constantin y nâquit. Elle est sur le penchant d'un côteau qui s'élève sur les rives de la Coln : quelques uns de ses édifices & des médailles attestent son antiquité. Son ancienne enceinte avait 3 milles de tour, était percée de six portes & de 3 poternes munies de tours rondes. Ce mur est tombé en ruines. Elle renferme neuf églises, & 5 lieux d'assemblées pour les non-conformistes, dont deux pour les Quakers. L'une de ces églises est encore un monument des troubles du règne de Charles I. On y compte 3000 maisons, ses rues sont étroites, assez bien pavées; mais elle n'est pas bien peuplée. On y fabrique des étoffes de laine & elle en a fourni jusqu'à un million de livres par an : elle est fort commerçante ; & les plus grands vaisseaux remontent sur la Coln jusqu'à trois milles de ses portes ; on recherche beaucoup les huitres qui s'y vendent : on recueille dans ses environs le chardon-rolland, ou *Eryngium*. Elle a une bibliothéque, deux écoles publiques, deux écoles de charité, trois hôpitaux, une maison de correction, ou de travail. Sa long. est de 18, 22. sa lat. de 51, 52.

Harwich, petite ville au bord de la mer, à l'embouchure de la Stour, qui jointe à la mer l'environne de trois côtés : l'art & la nature l'ont fortifiée & son port est un des plus grands & des plus sûrs de l'Angleterre ; protégé par le fort *Landguard* sous le canon duquel les vaisseaux doivent passer : il peut contenir 400 vaisseaux. Elle a huit à neuf cents maisons, 4000 habitans & de bons chantiers. Des paquebots en partent pour la Hollande : près d'elle est la promenade agréable de *Beacon*, & sur une hauteur, près du fleuve, est une fontaine vitriolique.

Malden, ville au confluent de la Chelmer & de la Blackwater : elle a presque un mille de long, & n'a qu'une longue rue coupée de quelques autres plus petites : elle commerce en grains & charbon de terre, est très ancienne, & fut une colonie Romaine, mais il n'est pas certain qu'elle soit l'ancienne *Camalodunum* des Romains. Elle était forte & importante sous les Danois, & a encore ses propres magistrats, deux églises, une école gratuite & environ 1000 maisons. Ces trois villes sont les seules du comté qui députent au parlement.

Chelmsford, petite ville où les assises du comté se tiennent souvent, & où sont les prisons de ses tribunaux : elle est placée au confluent du Chelmer avec la Cann, dans une belle plaine. Elle a une école libre & un grand marché de chevaux.

Waltham-Abbey, bourg sur la Lée qui y forme plusieurs îles : une ancienne abbaye lui donna son nom ; elle est aujourd'hui le siege de l'ordre de St. Jean. *Epping*, *Broad-Oak* sont des bourgs connus par la fertilité de leurs champs & le malz qu'on y prépare. *Barking* est situé près de la Tamise & habité par des pêcheurs. *Rumfort*, *Brentwood*, *Ingastone*, & *Billericay* sont des bourgs à marché dont les habitans sont aisés. *Horndon*, *Rayley* sont dans des marécages. *Tilbury* est un fort régulier près de l'embouchure de la Tamife. *Fobbing, Carringham, Thundersly, Beyfleet, Prittlewel, Wakering, Dangey,* &c. font des bourgs dans la partie mal-faine de la province.

Chipping-Ongar, bourg qui a deux bonnes écoles de charité, & renferme les ruines d'un château bâti par Henri II. Dans fes murs & autour font les agriculteurs les plus riches du royaume.

Rochfort eft dans des prairies marécageufes : il a des foires pour les draperies, les pelleteries, la quincaillerie, & a le titre de comté.

Schoeberry-nefs, langue de terre fablonneufe à l'embouchure de la Tamife : un bourg qui y a été bâti lui donne fon nom. *Ofey* ou *Ofyth* eft une île connue par la multitude de canards fauvages qui s'y trouvent dans un certain tems de l'année. *Boreham* ou *Beaulieu*, vafte bâtiment qu'habita fouvent Henri VIII. *Witham*, beau bourg, dont la fituation eft riante & dont les habitans font la plupart des nobles ou des riches. *Maningtrée-Water*, bourg à marché à l'embouchure de la Stour. *Thaxted* & *Coggeshal* ont des manufactures de drap.

Halftead, bourg ou ville que la Coln traverfe : on y compte 600 maifons & 4000 habitans, elle a plufieurs manufactures de bayettes & autres étoffes qui y profperent, une bonne école gratuite & une maifon de correction.

Braintrée, grand bourg fur une colline, où il fe fabrique beaucoup d'étoffes de laine, & où il fe tient des marchés fréquens en grains, bétail & denrées. Il y a un églife anglicane & deux maifons où s'affemblent les anabatiftes & les quakers.

Dunmow, petite ville fituée agréablement fur une colline environnée de champs & de prairies fertiles, & qui exiftait fous les Romains. Elle avait un prieuré, où toute personne qui pouvait jurer de ne s'être repenti ni de jour, ni de nuit d'avoir pris femme, & de ne s'être jamais disputé avec la sienne après un an & un jour, avait le droit de demeurer & de recevoir du seigneur du lieu une flèche de lard. On dit que les chroniques de la ville nomment trois hommes qui dans l'espace de 500 ans oserent faire ce serment, & ce n'est pas un éloge pour les mœurs des habitans de *Dunmow*.

Walden, nommée aussi *Safran-Walden*, parce qu'on y en recueille de très-estimé. Nous en avons parlé. Il n'était pas connu avant Edouard III.

XIII. *Suffolkshire*.

Son nom est proprement *South-Folk*, par opposition à *Nord-Folk*. Il est au nord d'Essex & est borné comme lui par la mer. C'est un comté : les *Icenes* l'habiterent : leur dernier prince *Prasutagus*, légua en mourant son pays à l'empereur Neron, & ses sujets irrités se revolterent. Il a 48 milles de long, 24 de large, 156 de circuit : sa surface renferme 995000 arpens. On y compte 570 paroisses, trente à trente-deux villes ou bourgs, 1500 villages, 34420 maisons, & plus de 170000 habitans. Le sol n'en est pas montueux & quoiqu'au bord de la mer, l'air n'y est pas épais ni mal-sain : le terrain est graveleux, & ses dunes sont d'un sable pur où l'eau ne croupit point, & n'éleve aucune vapeur incommode, où la fange ne peut se former : la *Waveney*, le *Deben*, la *Blyth*, le *Breton*, l'*Orwell*, la *Stour* l'arrosent. On y cultive le seigle, les pois, le chanvre, & on y nourrit de grands troupeaux de brebis : à l'orient & vers le nord, sont des champs fertiles & des bruyeres, par-tout ailleurs des pâturages excellens. On y compte 40 parcs. Son beurre est reputé le meilleur du royaume; la quantité qui s'en exporte est immense ainsi que de ses fromages maigres, dont les gens de mer achetent le plus grand nombre. C'est là que se sont d'abord cultivés les *turnips* ou *navets*, pâturage recherché pour le bétail. On y fait des étoffes & des toiles. Aux environs de *St. Edmonsbury*, le pays est beau, fertile en toutes sortes de grains. *Suffolk* députe 16 membres au parlement.

Ipswich en est la capitale; le Gippen ou Orwel l'arrose: elle est bâtie en demi cercle & longue d'un mille, ses rues sont larges, ses maisons antiques & solides, son port est bon, son chantier commode; mais il lui manque des habitans; elle n'a plus que douze églises des 21 qu'elle eut autrefois: elle a encore deux chapelles, une école gratuite, une bibliothéque publique, un grand hôpital: son commerce maritime a déchu, mais il existe encore. A l'aide de la Marée, les plus grands vaisseaux parviennent dans son port sur le Gippen, & au delà, la riviere est à peine navigable pour les chaloupes. Son commerce consiste en denrées & en bois de construction, car elle n'a ni manufactures ni fabriques. Elle est ancienne; ses magistrats ont de grands priviléges, & on y vit à peu de frais. Ses campagnes sont riches en forêts. Sa long. est 18 d. 4 m. sa lat. 52 d. 10 m.

St. Edmundsbury ou *Bury*, *Villa Faustina*, ville placée sur une hauteur très-agréable, dont la *Lach* baigne le pied: elle est bien bâtie, sur-tout depuis l'incendie qui la mit en cendres en 1608; & doit son nom à Edmund roi d'Ostanglie. Elle eut une magnifique abbaye de bénédictins dans ses murs; elle y a aujourd'hui deux grandes églises, une école latine & divers bâtimens considérables : le parlement s'y est assemblé quelquefois : l'air doux & sain qu'on y respire l'a fait appeler le Montpellier de l'Angleterre. Près d'elle est une grande & belle plaine nommée *Angel-Hill*, embellie par de belles maisons de campagne. Il s'y tient une foire de quatorze jours qui commence à la St. Matthieu, qui y rassemble une foule de gens, la plupart riches & conduits par l'amour du plaisir.

Sudbury, ville sur la Stour qui l'environne en grande partie, & qu'on y a rendu navigable pour les barques : les maisons y sont bien bâties, mais les rues mal pavées. Edouard III y établit des manufactures d'étoffes de laine qui y fleurissent encore : elle a droit de marché & a trois paroisses : ceux qui la croyent l'ancienne *Colonia* se trompent : la *Colonia* d'Antonin est Colchester.

Eye ou *Aye*, bourg ou petite île qu'un fleuve environne : elle a une belle église : ses environs sont couverts de bois, sa situation est champêtre & agréable.

Orford, ville qui a le titre de comté, & fut autrefois peuplée & commerçante : la mer y favorisait la navigation & la pêche ; on y comptait douze églises & un couvent de bénédictins ; mais l'Océan s'en est éloigné, des sables en ont comblé le port & éloigné l'abordage : les navigateurs, les pêcheurs demeurés sans ressources se sont retirés, la ville s'est dépeuplée, & elle n'a plus qu'une église. Autrefois elle en avait une pour les femmes qui avaient des vœux à faire pour leurs maris embarqués. Cette ville est sur la rive d'Ore, près du promontoire d'*Orfordness*, utile aux vaisseaux par le fanal qu'on y entretient & l'abri qu'on y trouve contre les vents de nord-est.

Aldborough, petite ville bien bâtie, fort peuplée, située au bord de la mer : des batteries en défendent l'approche : un grand nombre de mariniers l'habitent.

Dunwich, ville très ancienne, très pauvre, fur le rivage de la mer; les vagues l'ont fucceffivement dévastée. Les Romains l'habiterent, les premiers chrétiens d'Angleterre y eurent un évêque, & l'on y compta enfuite 50 églifes ou couvens. Guillaume I transféra l'évêché à Thetford ; c'est aujourd'hui celui de Norwich. Sous ce roi Guillaume, elle avait encore 130 bourgeois chefs de maifon ; aujourd'hui elle n'en a pas 20. Ils ont une églife & vivent de la pêche. Toutes ces villes députent au parlement.

Hadley, petite ville peuplée fur le Breton : elle a des manufactures de drap & une grande & belle églife.

Brandon, ville affez bien bâtie, dans un fite agréable, au bord de l'Owfe fur lequel elle a un pont. Elle appartient à l'évêque d'Ely.

Southwould, joli bourg fur une colline près de la mer, à l'embouchure de la Blyth : il fait un commerce confidérable en fel, vieille bierre, harengs, fardines, &c. Son port est prefque comblé par les fables.

Neyland, bourg à marché : il est grand & fitué à l'embouchure de la Stour. *Melfort* beau village long d'un mille. *Lavenham* ou *Lanham*, bourg agréablement fitué, fur une colline au pié de laquelle paffe un bras du Breton. Il a une belle églife, une école gratuite, des manufactures de drap & autres étoffes de laine : on en eftime fur-tout les draps bleus. Ses habitans jouiffent de plufieurs privileges

& suivent la coutume appellée *borough-english*, par laquelle le fils cadet hérite.

Bildeston ou *Bilston*, bourg à marché où l'on fabrique des draps.

Newmarket, bourg agréable & bien bâti : il n'a qu'une rue, dont une partie est dans la province de Cambridge ; il y a une école gratuite, une école de charité, deux églises, une belle plaine où l'on fait des courses de chevaux dans les mois d'Avril & d'Octobre : le roi & les principaux de la nation y ont des maisons. C'est un rendez-vous bisarre par la varieté des conditions, & étonnant par la multitude. Ces courses enrichissent quelques hommes & en appauvrissent plusieurs.

Mildenhall, jolie ville : elle est peuplée, ses environs sont charmans ; la Larke l'arrose.

Ixworth, *Wulpit*, *Stow-market*, *Needham*, *Mendlesham*, *Debenham*, &c. sont des bourgs.

Framlingham, bourg ou petite ville à la source de l'Ore qui rend sa situation agréable. Elle a 600 maisons & renferme un ancien château, ceint de murs, hauts, épais, garnis de tournelles, & converti en maison de travail, deux maisons de charité, & une école publique. Son église est vaste, & son clocher élevé, est bâti en pierre noire.

Woodbridge, bourg à marché sur le Deben qui peut y porter les bâtimens pesamment chargés. On y fait un bon commerce avec la Hollande, Newcastle & Londres. La contrée de *High-Suffolk* qui l'environne est célebre par son beurre estimé le meilleur de l'Angleterre, & qu'on envoye jusqu'en Amérique.

Sarmundham, petit bourg à marché. *Halesworth* est sur la Blyth ; il est peuplé, commerçant, a 500 maisons, une belle & grande église, & une école

GRANDE-BRETAGNE. 415

gratuite. On y travaille en toiles; ses environs sont fertiles, sur-tout en chanvre, ce qui est assez rare en Angleterre. Il a deux foires de bétail qui durent chacune trois semaines. *Bungey* est bien bâti, situé sur la riviere navigable de Waveney : il a trois églises, une école latine, & dix écoles qui dépendent de l'université de Cambridge. *Bechles* est commerçant en denrées & en divers autres objets. Il a une belle église & un haut clocher dont la tour séparée de l'édifice est sur une éminence voisine. Les assises du comté s'y tiennent quelquefois : on y trouve deux écoles publiques : la Waveney y passe. *Leestof*, bourg considérable près de la mer : son principal commerce consiste en harengs & en maquereaux. *Burgh-Casle*, situé à l'embouchure de la Waveney, fut florissant sous les Romains : vers le nord & l'est, il a des fossés; la riviere le défend ailleurs.

XIV. Norfolk-Shire.

Les Icenes l'habiterent, & son nom signifie *gens du Nord*. L'air y est âpre, froid & y rend les saisons plus tardives que dans les provinces voisines; mais il y est sain : son sol rassemble en petit toutes les diversités qu'on trouve dans celui de l'Angleterre entiere, & ses productions sont comme lui, très variées : vers la mer il est uni & riche en grains : ailleurs, il y a des bois, des bruyeres, des prairies, &c. On en exporte des grains, de la laine, du miel, du safran, des bêtes à cornes, des lapins : on pêche du hareng sur ses côtes, & la mer y jette de l'ambre & du jayet; on y fait des étoffes & on y tricote des bas. L'*Ouse*, la *Yare*, la *Waveney* l'arrosent. De l'orient au couchant, il a 50 milles; il en a 35 du sud au nord : il est au nord de Suffolk, contient 1,148,000 arpens, 660 paroisses, 33 villes ou bourgs, 1500 villages, 47000 maisons, & plus de 230000 habitans. Il députe douze membres au parlement.

Norwich en est la capitale, & comme le centre de tout le commerce de la province. Elle est située au confluent de la Winsder & de l'Yare : on la croit élevée sur les ruines de l'ancienne *Venta Icenorum* : les rois d'Estanglie y siegeaient ; la peste l'a souvent ravagée. Elle a trois milles de circuit, 32 églises paroissiales, plusieurs chapelles pour les non-conformistes, une pour les catholiques, diverses écoles & hôpitaux, dont l'un est pour 100 pauvres hommes & femmes, environ 8000 maisons. On y fait des étoffes de soie & de laine, plus de 120,000 y travaillent, ou dans son enceinte, ou dans ses environs, & son débit annuel monte à plus de 100,000 liv. sterl. C'est sous Elisabeth que ses manufactures furent établies, & le duc d'Albe, en persécutant les Flamans, en donna les premiers ouvriers. Le vieux mur qui est au nord du Bridewel est long de 114 pieds, haut de 30, & remarquable sur-tout parce qu'il est un monument d'un art qu'on ne connait plus ; il est formé de pierres à fusil sciées, & ayant trois pouces en quarré : elles sont si plattes, si unies, si bien jointes que le tranchant d'un couteau ne peut se loger entr'elles quoiqu'assemblées sans chaux : ce mur a déja plus de 350 ans, & parait tout neuf encore. On trouve d'autres exemples de cette maniere de bâtir ; mais celui-ci est le plus considérable. Son église cathédrale est belle : son évêque jouit de 1000 liv. sterl. de rentes. La longitude de Norwich est de 19, 45, sa lat. 52, 44.

Yarmouth

GRANDE-BRETAGNE. 417

Yarmouth, ville grande, bien bâtie, située dans une presqu'île formée par l'Yare & la mer, & qui a quelques fortifications : son port est bon ; elle s'est accrue des ruines de l'ancienne *Garianonum* : l'Yare qui l'arrose & lui donne son nom, s'appellait alors *Gariam*. Elle a une ancienne & une nouvelle église ; la tour de la premiere est si haute qu'elle dirige les vaisseaux sur la mer. Sa maison de ville, celle du péage sont de beaux bâtimens. Elle a le privilege de pouvoir condamner sans appel les hommes les plus respectés. La pêche du hareng est sa principale ressource ; elle y emploie 150 bâtimens, depuis le jour de la S. Michel jusqu'à la fin d'Octobre, & 40 à 50 à en transporter le produit à Genes, à Livourne, Naples, Messine, Venise, en Espagne, en Portugal & ailleurs, avec des étoffes diverses, fabriquées à Norwich & autres lieux. Elle commerce avec la Hollande en manufactures de laines, & dans la mer Baltique, en chanvre, lin, bois de construction, goudron, poix, &c. Sa long. est 18. 56, lat. 52. 52. ou, selon *Strest*, la premiere est 19. 6, & la seconde 52. 55.

Lynn, ou *Lynn-Regis*, & autrefois *Lynn-Episcopi*, parce que l'évêque de Norwich en était seigneur, ville peuplée, riche, belle, située à l'embouchure de l'Ouse, où elle a un port : son commerce maritime est assez considérable : deux canaux coulent dans ses rues, & quinze ponts sont bâtis sur eux : un rempart & des bastions réguliers la défendent du côté de la terre, & le fort *S. André* du côté de la mer. On y compte 2400 maisons, 2 églises, une chapelle, une école publique, une maison de correction, 2 hôpitaux, une bibliotheque publique. Sur la grande place du marché est la statue de Jacques II,

Tome IV. D d

que quelques personnes croient être celle de Guillaume III.

Castle-Rising, bourg presque détruit au bord de la mer : il subsistait du tems des Romains, & fut fortifié sous les Normands ; mais aujourd'hui on y compte à peine douze familles : il n'a ni foires, ni marchés, & son port est rempli de sable.

Thetford, ville ancienne & déchue, dont une partie est dans le comté de Suffolk. Les assemblées du pays s'y tiennent au printems. Elle fut épiscopale, & élevée sur les ruines de *Sitomagus* : elle a encore 4 églises dont l'une est grande & belle. Ces 5 villes députent au parlement.

Hickling, *North-Walsham*, *Alsham*, *Worsted*, *Cawton*, *Kéépham*, *Holt*, *Fakenham*, *S. Faith's*, sont des bourgs connus par les manufactures de draps qui y sont établies.

Cromer, ou *Cromar*, petite ville sur une baie redoutable aux mariniers, qui l'appellent *Gosier du Diable* : ses habitans sont pêcheurs. Elle fut plus considérable sous les Saxons, était ceinte de murs, avait deux églises : la mer aujourd'hui a submergé ses murs, une de ses églises, & la plupart de ses maisons : la baie s'est agrandie sur ses ruines.

Clye, bourg au bord de la mer : il a de riches salines, qui font un des objets de son commerce avec la Hollande.

Marham & *Wells*, *The seven Burnhams*, ou les sept Burnhams, sont des bourgs maritimes qui commercent en grains avec la Hollande.

Walsingham, bourg assez grand, dont les environs sont fertiles en safran. *Snetham*, bourg à marché. *Downham* est connu par le beurre qu'on y charge pour Londres, & que les rouliers de Cambridge viennent y prendre : il est ancien & sur l'Ouse.

GRANDE-BRETAGNE. 419

Cette province a encore un grand nombre de bourgs, tels que *Herling*, *Bucknam*, *Windham*, *Watton*, *Loddon*, &c. & des villages qui feraient des bourgs dans d'autres pays.

XV. *Cambridgeshire.*

Cette province est au couchant de celles de Norfolk & de Suffolk, & s'étend vers le nord jusqu'à la mer, où elle est fort marécageuse & exposée aux inondations de l'Ouse & de quelques autres rivieres qui l'arrosent. Elle a 45 milles de long, 18 de large, & 57000 arpens de surface ; renferme 10 villes ou bourgs à marché, 163 paroisses, environ 350 villages, 16000 maisons, & 97000 habitans. Vers le nord elle est peu fertile, & les marais y rendent l'air mal-sain ; mais elle y a de beaux pâturages, & beaucoup de troupeaux, de poissons & de gibier. Par-tout ailleurs elle est fertile en grains, a des prairies fécondes, du safran, des ruisseaux poissonneux, des bois peuplés de bêtes sauves : on y nourrit beaucoup de volailles. Le safran qui croit autour de Cambridge est fort estimé, & on l'achete fort cher. Ce comté n'envoie que 6 membres au parlement.

Cambridge en est la capitale, & lui donne son nom : elle est située dans une plaine vaste, agréable & fertile, arrosée par le fleuve *Cam*, qui la partage en deux parties : son voisinage des marais en corrompt l'air assez souvent : son enceinte est étendue, ses rues bien pavées, mais malgré son bel aqueduc pour l'écoulement des immondices & qu'elle doit à la générosité d'un roulier, elle n'est ni propre, ni belle, ni peuplée. On y voit les ruines d'un château qu'y fit élever Guillaume I : on dit que l'Espagnol Cantaber en jeta les fondemens 375 ans avant l'ere chrétienne; mais il y a plus d'apparence que le fils du grand Alfred fut son fondateur. Son antique université l'a rendue célebre. Un maire, des Aldermans, un conseil commun la gouvernent. Elle a 44 paroisses, & l'une d'elles est affectée à l'université, dont le maire jure de maintenir les privileges & coutumes: elle est divisée en 16 colleges; ses maîtres, ses agrégés, ses étudians, ses stipendiaires, montent à 1500 personnes. Chaque college a ses bâtimens, ses jardins & sa bibliotheque particuliere: celui de *S. Bennet's* est remarquable par son recueil d'anciens livres; celui de *la Trinité* est le plus considérable, le plus grand: sa vaste bibliotheque est tous les jours ouverte. Diverses personnes ont fondé ces colleges: Balsham, évêque d'Ely, fonda le premier; des seigneurs imiterent cet exemple; un des principaux doit son établissement à une comtesse de Pembrok, dont l'époux ayant été tué dans un tournois, quitta le monde, & éleva ce monument à son époux & à son zele pour les progrès des sciences. On n'y apprend gueres que les langues anciennes, étude plus fatiguante qu'utile. On y voit encore un *muséum* pour toute l'université, & il renferme la statue de Georges I, qui l'orna de 30,000 volumes, qu'il acheta, pour 6000 guinées, des héritiers de *Moor*, évêque d'Ely. L'université a son sénat, & le lieu où il s'assemble est un vaste bâtiment moderne au centre de la ville: il élit tous les ans son vice-chancelier, tous les trois ans son chancelier, qui ordinairement l'est pour sa vie par un consentement tacite. Elle a encore son grand-juge, son orateur, son greffier, son archiviste, &c. C'est une république littéraire: ses différens membres ont des habits différens; les uns portent des robes violettes, les autres d'écarlate, le plus grand nombre en por-

GRANDE-BRETAGNE. 421

te de noires avec des fourrures. Cette université favorise les Wighs. La longit. de la ville est de 17 d. 58 m., sa latit. de 52. 16. Dans un champ voisin se tient une foire célebre tous les mois de Septembre : près de là le Cam tombe dans la Stour, & cette derniere y a un beau pont.

Ely, ville dans une île formée par l'Ouse & quelques ruisseaux : l'air en est mal-sain, mais les environs très-fertiles, quoique marécageux : on n'y cultive que des légumes & du jardinage, & il n'y croit d'arbres que des saules & des osiers. On y compte 600 maisons ; sa cathédrale est vaste & riche ; son évêque est le mieux renté de tous les prélats de la Grande-Bretagne, car on fait monter ses revenus à 15000 liv. sterl. : il avait les droits de souveraineté attachés à la dignité de comte palatin, mais il ne les exerce plus. Cette ville & Cambridge sont les seules villes de la province qui députent au parlement.

Wisbich, bourg à marché, bien bâti : la beauté de sa situation, la facilité que lui donnent les rivieres qui coulent dans ses environs, y font fleurir le commerce : on y envoie beaucoup d'huiles, de beurre & d'avoine à Londres. *Thorney* & *Marsch* sont des bourgs situés dans des marais. *Soham*, *Rech*, *Linton* sont de petits bourgs à marché.

Au couchant de la vallée de *Gog*, ou *Hogmagog*, sur laquelle on remarque encore les restes d'une antique forteresse, est une vallée riante, couverte de champs, de prairies, de villages & de belles maisons de campagne.

XVI. *Huntingtonshire.*

Ce comté a 24 milles du sud au nord, & 18 milles du couchant au levant : il est au midi de Cambridge, arrosé par l'*Ouse* & la *Nen*, autrefois couvert de forêts, aujourd'hui marécageux, abondant en pâturages vers le nord, fertile en grains, riche en bestiaux, & très-agréable vers le midi. Il contient 240,000 arpens, 79 paroisses, 6 villes ou bourgs à marché, 229 villages, 8220 maisons, & 41000 habitans. Les *Icenes* furent ses anciens habitans : il est du diocèse de Lincoln : quatre membres le représentent dans le parlement, deux pour lui, deux pour sa capitale. Les noms de dignité y servent de noms & de surnoms aux bourgeois ; ce qui y rend les noms de princes, de comtes, de barons, de pape, de cardinaux, &c. très-communs. A *Sommershem* on trouve une source d'eau aigre, dont le goût est âpre & astringent, & dans laquelle on a trouvé du fer, du gravier, du vitriol, de la terre calcaire, de l'ochre, de la sélénite, du sel & de l'alun.

Huntington, capitale de ce comté, s'appellait autrefois *Hunterfdown* : l'Ouse en baigne les murs, & en fit une ville de commerce : les prêtres & les églises s'y multiplierent ensuite : sous Henri II on y comptait quinze paroissiales ; il n'y en a plus que trois : elle a une école publique. Des sables ont gêné le cours de la riviere, & il n'y a plus de commerce, de navigation, ni de richesses. Elle a un pont de pierres sur le fleuve, qui l'unit à *Godmanchester* situé sur la rive opposée. Les assises s'y tiennent encore. Sa long. est 17. 20., sa lat. 52. 10.

S. Ives, bourg ancien, beau & étendu. *S. Neots* est sur l'Ouse. Ces deux bourgs ont des eaux minérales. *Erith*, *Yarley* & *Ramsey* sont encore des bourgs : ce dernier eut une abbaye célebre.

Kimbolton, autrefois *Kinnibantum*, a de grandes foires, des marchés fréquentés, est orné d'un château embelli par les ducs de Manchester qui le posfedent. *Stilton* eſt un bourg, connu par les fromages excellens qu'on y trouve.

XVII. *Bedfortshire.*

Il a le titre de duché : on lui donne 16 milles de long, 12 de large : ſa ſituation eſt au midi d'Huntington. Le ſol y eſt bon, & ſes habitans induſtrieux & actifs. Il contient 26000 arpens, 116 paroiſſes, 9 villes ou bourgs à marché, 12170 maiſons, 67350 habitans. Le laboureur s'y enrichit des beſtiaux qu'il éleve, & des grains qu'il vend aux Hollandais. Il y a quelques fabriques ; on y fait des dentelles & des ouvrages en paille. Quatre députés le repréſentent au parlement, & deux ſont nommés par lui.

Bedfort, ſa capitale, nommée *Leſwidur* par les anciens Bretons, eſt ſur l'Ouſe, qui la partage : elle eſt aſſez grande, bien bâtie, peuplée, riante, a 5 égliſes paroiſſiales, 2 hôpitaux, une école publique, une autre pour 40 pauvres jeunes gens. Son principal commerce eſt le bled qui croît dans ſes environs : elle a 7 foires annuelles, & deux marchés par ſemaine. Seule elle députe au parlement. Sa long. eſt 17. 10., ſa lat. 52. 9.

Dunſtable, petite ville ſituée ſur une colline où les eaux vives manquent, & où l'on y amene avec beaucoup de ſoin & d'induſtrie les eaux de pluie : c'eſt le *Magio-Vinium* d'Antonin, & le lieu où ſe croiſent deux des grands chemins appellés *Watling-Street* & *Ikening-Street*, conſtruits par les Romains : l'on a ſouvent trouvé aux environs des inſcriptions & des médailles, des reſtes d'antiquités & de retranchemens.

Shefford, petite ville au milieu de pluſieurs ruiſſeaux, qui ſe réuniſſent ſous ſes murs, & vont ſe jeter dans l'Ouse: sa situation est agréable; ses environs bien arrosés sont fertiles, & elle a des foires & des marchés.

Wooburn, bourg bien bâti, qui appartient en partie au duc de Bedfort, qui y a une belle maison de campagne: l'abbaye de son nom, & diverses autres maisons de campagne sont situées sur les bords d'un canal large & profond.

Ampthill, bourg où l'on voit un hôpital & une école pour les pauvres. *Houghton-Park*, ou *Houghton-Conquest* a une école publique nommée ainsi d'une ancienne famille. *Potton*, *Biglefwad*, *Luton*, *Leighton*, &c. sont des bourgs.

XVIII. Hertford, ou Hartfortshire.

Cette province est au sud de Cambridge; c'est un pays agréable; l'air y est sain, la terre abondante en bleds; le froment, l'orge, le malz sont les principaux objets de son commerce: des bois & des pâturages en rendent l'aspect riant: la *Lie*, le *Ver*, la *Colne* la fertilisent. Sa longueur est de 28 milles, sa largeur de 18: elle contient 451,020 arpens, 120 paroisses, 18 villes ou bourgs à marché, 17050 maisons, & environ 90,000 habitans. Six députés la représentent au parlement; deux sont nommés par elle, & les autres par les villes d'Hertford & de S. Albans.

Hertford, ville bâtie en cœur: elle a un château, une école latine, & est la capitale du comté: la *Lée* l'arrose; elle est ancienne, mais déchue, surtout depuis qu'on en a détourné le grand chemin à Ware. Sa long. est 17. 39., sa lat. 51. 45.

S. Albans, ville qui doit son nom au premier martyr qu'ait eu la Grande-Bretagne, sous Dioclétien: elle fut considérable autrefois, & ses antiquités, comme ses masures, l'annoncent : on croit qu'elle est la *Verulamium* des Romains : les uns la disent bâtie sous Néron ; d'autres la croient plus ancienne, & l'on y trouve des médailles frappées avant Jules-César. Elle a de grands droits civils & ecclésiastiques. La Coln l'arrose, des campagnes riantes l'environnent, & cependant elle n'est pas peuplée : son commerce consiste en bétail & en denrées : l'*abbaye* de son nom fut fondée dans le huitieme siecle, & son abbé précédait tous les autres abbés Anglais.

Ware, bourg sur la Lée : il est commerçant en grains & en malz : un canal y commence, & conduit à Londres une eau pure ; une avenue charmante le borde, & forme une belle promenade de ce bourg à la capitale.

Royston, beau bourg à marché, qui est en partie dans la province de Cambridge : il a une maison de pauvres, une école publique, & il commerce en malz.

Hitchin, bourg étendu, voisin de la forêt d'*Hitchin-Wood* : ses marchés sont connus par le fromage & la dreche qu'on y débite : elle a une école publique bien instituée : on a trouvé plusieurs monumens curieux dans son église, l'une des plus anciennes du pays.

Baldok, *Stevenage*, *Butingford*, *Standon*, *Hodsdon*, *Hatfield*, sont des bourgs : le dernier est remarquable par l'hôtel magnifique des comtes de Salisbury : c'est le siege du meilleur bénéfice du royaume.

Bishop-Stortford, bourg fort grand, bâti en forme de croix : il a un college considérable, avec une bibliotheque.

Barnec, bourg remarquable par des sources d'eaux minérales. *Watford* est sur la Coln, a une école publique, & une maison de pauvres. *Great-Barkham-sted* fut l'ancienne *Durobrivæ*: ce bourg a un ancien château, siege des anciens ducs de Mercie: il a une école latine. *Fring* est peu considérable. *Rickmansworth*, bourg, ou petite ville, assise dans des marais entourés de hauteurs: l'air qu'on y respire est le seul qui soit mal-sain dans la province: elle est cependant assez peuplée, a de grands marchés, une église, une école de charité & deux hôpitaux : on y fait une pêche abondante d'anguilles, & il y a dans ses environs une colline qui répond douze fois en écho au son de la trompette.

Hempsted, bourg ou ville, dans un vallon arrosé par le Gade, qui y fait tourner plusieurs moulins : ses marchés sont les plus grands de la province, & ses moulins y permettent de transporter quelquefois pour 20,000 liv. st. de farine par semaine.

XIX. *Buckinghamshire.*

Située au couchant de Harfort, sa longueur est de 31 milles, sa largeur de 15, son circuit de 138 : sa surface contient 441,000 arpens, 185 paroisses, 15 bourgs à marché, 18390 maisons, & environ 92000 habitans. Elle est fertile en bleds, en pâturages : la *Tamise* la borne au midi, l'Ouse l'arrose. C'est là qu'est la belle vallée d'Aylesbury, couverte de nombreux troupeaux de brebis, qui donnent une laine estimée. Quatorze députés la représentent dans le parlement.

Buckingham, *Neomagus*, est la capitale : ce n'est qu'un bourg à marché, sur les bords de l'Ouse, qui y fait mouvoir plusieurs papeteries : un vieux château sur un mont élevé le partage: dans la partie qui est au nord, on remarque la maison de ville ; dans celle du midi, ou du couchant, est l'église. Les prisons de la province s'y trouvent. Sa long. est 16. 40, sa lat. 51. 57.

Alesbury, ou *Aylesbury*, est le plus grand & le plus riche bourg à marché du Buckingham : les assises s'y tiennent, les sessions s'y assemblent; on y fait de belles dentelles : la vallée dans laquelle elle est située est riante; ses habitans sont riches : elle s'étend de la province d'Oxford, & des bords de la Tamise, jusqu'à Leighton, dans celle de Bedford : les bestiaux sont sa principale richesse & son commerce.

Wendover, bourg à marché assez considérable.

Amersham, ou *Agmondesham*, a des marchés & de grandes foires de moutons : on a remarqué qu'il vendait son suffrage pour l'élection au parlement; mais ce n'est plus un trait auquel on puisse le distinguer.

Chipping-Wicomb, ou *High-Wickam*, grand bourg qu'arrose un ruisseau qui se jette dans la Tamise, situé au milieu de plusieurs collines agréables, parsemées de champs, de prés & de bosquets. Il est ancien, & a plus de 400 maisons : son temple est vaste, son école latine, fondée sous Elisabeth des ruines d'un couvent, ses maisons de charité, le font remarquer : on y a découvert en 1724 un pavé à la mosaïque très-curieux. On fabrique du papier dans ses environs.

Great-Marlow est sur la Tamise : il a diverses fabriques & manufactures. Ses environs sont marneux, fertiles en grains & en fourages. Tous ces bourgs députent au parlement.

Oulney, *Newport-Pagnell*, *Stony-Stratford*, sont des bourgs où l'on fait beaucoup de dentelle : le second est sur l'Ouse, & il y a deux ponts; le dernier est grand, bien bâti, & a 2 églises.

Winslow, *Ivingo*, *Colnbrook*, *Beaconsfied*, sont

des bourgs à marché : le dernier eſt fort peuplé.

Eton, ou *Eaton*, bourg que la Tamiſe ſépare de Windſor, fameux par ſon magnifique college, où l'on inſtruit 4 à 500 étudians : il fut fondé par Henri VI, & 70 jeunes gens y ſont élevés gratis : tout, dit-on, eſt admirable dans ce lieu ; l'air, la ſituation, le logement, l'inſtruction, les promenades. Ce college eſt diviſé en inférieur & en ſupérieur ; chacun d'eux l'eſt encore en trois claſſes : de-là les jeunes gens ſe rendent à Cambridge.

Stow, village connu par les beaux jardins des comtes de Temple.

XX. *Oxfordshire.*

Cette province eſt longue de 41 milles, large de 16 à 6 : les *Dobuni* l'habiterent : ſon air eſt pur & ſain, nulle eau n'y croupit, pluſieurs rivieres & un grand nombre de ruiſſeaux l'arroſent : parmi les premieres, on compte le *Cherwel*, l'*Iſe*, ou *Iſis*, & la *Tame* : ces deux dernieres forment la Tamiſe (*). Le ſol y produit des grains, des fourages variés par leur qualité ; quelques-uns ont beaucoup d'herbes aromatiques : les fruits y ont un goût fin ; le poiſſon y eſt abondant. On en exporte des bleds, de la dreche, du bétail, des pierres, diverſes eſpeces de pierres à l'uſage de la chymie, de la teinture & du lavage. On y fait des couvertures de lit eſti-

---

(*) Près de l'Iſe ſont les reſtes d'un ancien monument, qu'on nomme *Rollerich-Stones* ; ce ſont de grands rochers rangés circulairement, rongés de vieilleſſe, & ſans forme : le peuple croit que des hommes impies furent ainſi métamorphoſés ; il diſtingue parmi eux celui qui en était le roi, au milieu de ſes cinq chevaliers : c'eſt peut-être le monument d'une victoire remportée près de là par Rollon, duc de Normandie.

GRANDE-BRETAGNE. 429

mées, & on y trouve un grand nombre d'antiquités Romaines, des pavés, des urnes, des pieces de monnaie des anciens Bretons. On y remarque les eaux pétrifiantes d'*Afton* & de *Somerton*, des pyrites d'or & d'argent, &c. Sa surface contient 534,000 arpens, 280 paroisses, 15 villes ou bourgs, 450 villages, 19,000 maisons, & 95,000 habitans. Elle est au couchant du Buckingham. Neuf députés la représentent dans le parlement.

Oxford, *Oxonia*, en est la capitale : sa situation est charmante sur une petite hauteur ; l'Isis & le Cherwel s'y joignent, & de trois côtés elle touche à des prairies : ses rues sont larges, propres (*), la plupart tirées au cordeau : elle n'a d'eau que celle que des canaux y conduisent de la riviere. Elle a une belle église cathédrale, & 13 paroisses. Son ancienneté remonte au-delà du tems des Saxons ; mais son université sur-tout la rend célebre ; elle reconnait *Alfred* pour fondateur : il y fit venir des savans étrangers, y fit instruire la jeunesse, & assistait aux examens qu'on lui faisait subir ; il mettait ceux qui se distinguaient à sa droite, les paresseux à sa gauche, promettait des faveurs aux premiers, & censurait les autres, qui ordinairement étaient des nobles.

On a compté jusqu'à 30,000 étudians dans cette université ; mais aujourd'hui on n'en compte que la dixieme partie de ce nombre. Elle élit son chancelier & ses principaux officiers, dans les mains desquels les maires, les aldermans, le shérif même de la province viennent prêter serment de maintenir ses privileges. Plusieurs de ses colleges ont de très-grands revenus, & on y en compte 20, outre ceux où

(*) Busching dit au contraire qu'elles sont sales.

les écoliers paient leurs maîtres. Sa bibliotheque, appellée *Bodleyenne*, de Thomas Bodley qui la fonda, renferme tous les principaux ouvrages anciens & modernes, & un grand nombre de manuscrits rares : les livres sont retenus dans leurs rayons avec une chaîne. Près d'elle est une galerie de peintures, un cabinet de monnaies, & une partie des marbres d'Arundel. Le théatre où l'on faisait les exercices, & dont on ne se sert plus que pour les cérémonies solemnelles, fut élevé par le docteur *Gilbert Sheldon*, archevêque de Cantorbéry ; c'est un vaste bâtiment circulaire, qui peut renfermer 4000 personnes, & se soutient sans arcades & sans colonnes : à côté est la belle imprimerie de Clarendon, & les livres qu'on y imprime ont au-dessous du titre le dessin du théatre de Sheldon. Vers le couchant est le *Museum* ; il doit son nom à *Elias Ashmole*, qui l'orna d'une collection considérable d'antiquités & de curiosités naturelles : on y voit aussi des livres de physique, & un laboratoire. De beaux & vastes bâtimens, des bibliotheques, un jardin botanique qu'arrose le Cherwel, & qui renferme 150 acres ; des librairies, des docteurs en bonnet quarré, des écoliers en robe & en bonnet noirs, c'est ce qu'elle offre encore aux curieux. Parmi les colleges, on remarque celui de la *Reine* par l'étendue de ses bâtimens, celui de la *Magdeleine* par sa beauté, celui de *Christ-Church*, ou de l'Eglise de Christ, parce qu'il est le plus grand & le plus riche, qu'il a une bibliotheque considérable, & un cabinet de monnaies très-bien rangé. Tous sont de grands & antiques bâtimens de pierres avec des tours ; mais ils se rebâtissent insensiblement à la moderne. L'université députe, comme la ville, deux membres dans le parlement. La longitude d'Oxford est de 16. 15., sa latitude, 50. 45. Son évêque jouit de 500 liv. ſt. de rentes.

Bambury, bourg à marché, étendu, peuplé, agréable, ſitué ſur la rive du Cherwel, riche par ſon commerce, qui conſiſte ſur-tout en fromages eſtimés. Il députe un membre au parlement.

Woodſtock, ou *New-Woodſtock*, bourg où l'on fait avec l'acier des chaînes de montres, & d'autres ouvrages recherchés par la délicateſſe & le poli qui les diſtinguent: il fut un domaine de la couronne, aliéné en faveur du fameux duc de Marlborough: la reine Anne & le parlement y firent élever à ſon honneur le palais de *Blenheim*, édifice magnifique, mais peſant, où la main des meilleurs peintres fait admirer encore les exploits de ce grand capitaine: ſon tombeau eſt dans la chapelle, & il eſt ſuperbe. Sur un ruiſſeau qui coule dans la plaine qui le touche, le parlement fit bâtir un grand & beau pont d'une arche, qui coûta 20,000 liv. ſterl.; & au milieu de la plaine, la ducheſſe de Marlborough fit élever un obéliſque, au-deſſus duquel eſt la ſtatue de ſon époux; ſur les côtés ſont des inſcriptions qui retracent ſes principales actions. Ce bourg députe 2 membres au parlement. Dans le parc de Woodstock eſt un écho qui répete 18 à 20 ſyllabes de ſuite.

Henley, grand & antique bourg au bord de la Tamiſe: il a une maiſon de pauvres, diverſes écoles bien inſtituées, & il fournit Londres de bois de charpente, & de grains de toutes eſpeces.

Biceſter, petit bourg connu par la biere qu'on y fait. *Chipping-Norton* eſt bâti ſur le penchant d'un côteau peu fertile: on y trafique en bétail & en denrées: ſes magiſtrats décident ſouverainement de toutes cauſes dont la valeur n'excede pas 4 liv. ſterl.

Des ruines & des médailles prouvent son antiquité : près de lui sont les restes d'un vieux temple des Bretons, appellé *Rollrich-Stone*. *Burford* est connu par les selles qu'on y fait ; *Bampton* par son commerce de pelleteries ; *Witney* par ses garnitures de lit, les pelleteries qu'on y trouve : il a une école publique & une bibliotheque. *Deddington* est grand. *Wathington* & *Tame* sont peu considérables.

XXI. *Glocestershire.*

Province agréable, fertile & riche, au couchant de la précédente : elle a 56 milles de long, & 23 de large, fut autrefois habitée par les *Dobuni* & les *Cattivelans*, est arrosée de plusieurs rivieres, dont la *Saverne* est la principale, & qui lui fournissent d'excellens poissons. Elle est bornée au levant par une chaîne de montagnes qu'on nomme *Cotiswould*, où paissent une multitude des plus belles brebis du royaume : ses laines ne cedent en finesse qu'à celles de l'Espagne. Au centre est une suite de la belle vallée d'*Evesham* dans le Worcestershire, riche en grains, en pâturages excellens, en fromages recherchés : au couchant est la forêt de *Dean*, remarquable par ses bois, ses mines de fer & de charbon ; aujourd'hui découverte & riante, elle est semée d'habitations, & a de vastes prairies. L'agriculture fleurit dans cette province : il y a eu des vignes, qui ont cédé leur place à des pomiers qui donnent d'excellens cidres ; celles-là ne donnaient que du mauvais vin : ses fabriques & manufactures de laines lui rapportent chaque année 500,000 liv. sterl. On y a déterré des médailles. Sa surface est de 800,000 arpens : on y compte 27 villes ou bourgs, 400 villages,

GRANDE-BRETAGNE. 433

lages, 280 paroisses, 25760 maisons, & plus de 130,000 habitans. Huit membres la représentent dans le parlement.

Glocester, capitale de la province, connue des Romains sous le nom de *Glevum*, des Bretons sous celui de *Caer-Glow*, est une ville située sur la Saverne, d'une grandeur médiocre, mais peuplée, & autrefois fortifiée. Elle a onze paroisses, & seulement six églises : on vante les beautés de sa cathédrale, où reposent les cendres de Guillaume le Conquérant, & d'Edouard II : on y voit encore divers hôpitaux & écoles gratuites : elle a le titre de duché : un prince de la maison royale porte son nom. Vis-à-vis d'elle est l'île d'*Alney*, formée par la Saverne, petite, agréable, & connue par un duel entre Edmond Côte de Fer, & Canut, prince Danois. La long. de Glocester est de 15, 27; sa lat. de 51, 54.

Cirencester, ou *Cicester*, autrefois *Corinnium* & *Durocornovium*, ville dont l'ancienne enceinte fut quatre fois plus grande qu'elle n'est : les ruines de ses antiques murs s'y voient encore, & ils ont plus de deux milles de tour. On y trouve des médailles, des voûtes & autres bâtimens ; près d'elle, sur un mont appellé *Tour de Grismund*, on a découvert des vases qui renfermaient des cendres & des os d'une grandeur prodigieuse : deux chemins Romains s'y croisaient. Elle a eu une abbaye, quatre églises, un château ; aujourd'hui, elle a demi mille de circuit ; une église, une école publique, deux écoles de charité, & quelques hôpitaux : elle est commerçante en laines crues, en draps & étoffes qu'elle fabrique ; a deux grands marchés par semaine, & trois foires par an. Deux hauts connétables municipaux, & quatorze maîtres de quartier la gouvernent.

Tewksbury, ville au milieu de quatre rivieres, sur

Tome IV.   E e

trois desquelles elle a un pont : ce sont la Saverne, l'Avon, la Swillgate & le Carron : elles servent à son commerce, qui consiste en draps & autres étoffes de laine, en bas, en moutarde recherchée. On y trouve un hôpital, une école gratuite, une église qu'on dit être la plus grande de toutes celles qui ne sont que paroissiales. Ces villes sont celles qui députent au parlement.

Lechlade, bourg peuplé, au confluent du Lech avec la Tamise, qui y devient navigable, & y favorise son commerce de denrées.

Stow on the Would, communément *Stow St. Edouard*, bourg qui fait un grand commerce en houblon, fromage & brebis : on y trouve un hôpital, une maison de travail pour les pauvres, & un collège.

Campden, bourg, dont les magistrats décident souverainement dans les causes qui n'excedent pas la valeur de 6 liv. sterl. 13 schell. 4 penys : il a deux écoles publiques, l'une latine, l'autre pour 30 filles, & une maison de pauvres.

Cheltenham, bourg qui doit son nom à la riviere qui l'arrose : il a 200 maisons toutes assez bien bâties, & fait un grand commerce de dreche. Il a une belle église, une bonne école, un hôpital bien entretenu, des sources d'eaux minérales, purgatives comme celles de Spa, découvertes, dit-on, par les pigeons qui volaient sans cesse autour d'elles.

Newnham, ancien bourg que la Saverne arrose : dans ses environs on trouve une forêt & des forges de fer. C'est le premier endroit du royaume où l'on ait eu des serres & des orangeries par le moyen du verre.

Stroud est sur une riviere qui porte son nom, dont les eaux sont excellentes pour la teinture, sur-tout pour l'écarlate. *Stanley*, *Minchinhampton*, sont peu connus : *Paynswick* l'est par les draps qu'on y fabrique, ainsi que *Dursley*, qu'un bras de la Saverne arrose, au pied d'un château qui tombe en ruines : ses foires sont considérables.

Tetbury, ville à la source de l'Avon, assez bien bâtie, très-peuplée & commerçante : elle a une église paroissiale, une école gratuite, une maison des pauvres, deux hôtels marchands : son commerce consiste en laines filées, en fromages, viande de porcs, & autres denrées. *Wood-Chester*, village où on a découvert un pavé à la mosaïque, orné de devises représentant des oiseaux & autres animaux dans leur couleur naturelle, très-bien conservés. *Berkley*, ou *Barkley*, bourg qui a un château & le titre de comté. *Wotton under edge*, qui a une école publique & de belles manufactures de draps. *Tornbury* a quatre maisons de pauvres. *Chippen-sodbury*, où est le plus grand marché de fromages qu'il y ait en Angleterre, après ceux d'Atherton dans le Warwickshire : il a une école publique, plusieurs fondations pieuses, une grande église qui cependant n'est qu'une annexe : ses environs sont très-fertiles en grains. *Marshfield*, *Wickwar*, *Winchcomb*, *North-Leche*, sont des bourgs à marché : ce dernier a une école latine, & est sur la Leche. *Fairford* est sur la Coln, dans une plaine où l'on trouve des médailles : des vitres peintes par Albert *Durer*, y sont l'admiration des curieux ; elles ornent son église. *Moretonhenmarsh*, petit bourg où est une voie Romaine qui s'étend dans la province de Warwick.

XXII. *Monmouthshire*.

Cette petite province a 29 milles du sud au nord,

20 du couchant au levant, & 84 de circuit. Les *Silures* l'habiterent, & elle fit partie de la province de Galles: le gouvernement féodal yopprima long-tems le peuple. Son air est tempéré, son sol bon & semé de bois, partagé en collines, monts & vallées couvertes d'un beau tapis verd: l'*Yske*, le *Rumpney*, le *Minow*, la *Wye* & l'*Avon* l'arrosent: la Saverne la baigne au midi, & aide à son commerce: elle nourrit beaucoup de bêtes à cornes, & des brebis; abonde en poisson & en gibier: on y fabrique des flanelles estimées, & y trouve çà & là des restes d'antiquités Romaines. Elle contient 340,000 arpens, 127 paroisses, 6 villes ou bourgs à marché, 6500 maisons, & 45000 habitans. Trois députés la représentent dans le parlement. Elle est au couchant du Glocestershire.

Monmouth, ville ou bourg, dans une situation agréable, au confluent de trois ruisseaux qui forment la Wye, qui tombe dans la Saverne, & fait communiquer Monmouth avec Bristol. Elle est bien bâtie, peuplée, commerçante; elle a été forte, mais ses remparts sont aujourd'hui renversés, ses fossés comblés, & les tours de son château abbatues. Elle a deux églises paroissiales, dont l'une est fort belle, & envoye un député au parlement, qui joint aux deux que nomme la province, forment tous ses représentans. Sa longitude est 14, 55; sa lat. 51, 47.

Caer-Lheion ou *Leon*, ville sur l'Usk qu'on y passe sur un pont de bois: elle a encore un port pour les barques, mais elle a déchu de son ancienne grandeur. Les Romains qui l'avaient ceint d'un mur de briques, ornée de beaux édifices & de bains qui ne sont plus, l'appelaient *Isca-legio*. Elle a eu un archevêché, une université, & c'était là qu'était la table ronde du roi *Arthur*.

Newport, beau bourg, qui a un port sur l'Usk, & est commerçant.

Pontypool, bourg au pié de deux collines, remarquable par les ouvrages en fer, & de terre cuite qu'on y fabrique à la maniere du Japon.

Chepstow, bourg sur le penchant d'un côteau que baigne la Wye avant de se jetter dans la Saverne: ses rues sont larges & bien pavées. Son commerce de denrées avec Bristol est considérable; il a 200 maisons, est fermé de murs, a un pont élevé & un port commode à cause du reflux: la marée y monte quelquefois à 50 pieds de haut à ce qu'on assure; les vents produisent peut-être cet effet singulier.

Burrium ou *Usk*, bourg à marché.

Abergavenni, grand, beau, peuplé, arrosé par le Gawenny: on y commerce en flanelles, & autres laines travaillées: il a de grandes foires de bétail & des rues très propres.

XXIII. Herefort-Shire.

(*) C'est un pays abondant en tout ce qui est nécessaire à la vie, long de 35 milles du sud au nord, large de 30; les Bretons l'appellaient *Ereinac*, & il fit partie de la principauté de Galles. Il fut habité par les Silures: l'air y est sain, la terre fertile, & on y devient vieux. On y fit danser devant Jacques I, six hommes & cinq femmes, dont les âges réunis faisaient 1000 ans. On dit en pro-

---

(*) Le Dictionnaire de Vosgien, ou de l'Avocat confond cette province avec celle d'Herfort.

verbe, *pain de Leimpster*, *biere de Weobly*, & *cidre de Hereford*; les pommes dont on le fait ne sont pas bonnes à manger : ce cidre, les grains, une laine très estimée, le bois, le saumon, d'autres poissons encore sont les objets de son commerce : la *Wye*, la *Frome*, le *Mannow*, le *Lug* l'arrosent, toutes sont poissonneuses. On y trouve une carriere de beau marbre, des retranchemens romains, des morceaux d'antiquités, des tuyaux de plomb, des urnes sépulcrales. Située au nord de Monmouth, sa surface renferme 660000 arpens : on y compte 176 paroisses, huit villes ou bourgs à marché, 391 villages, 15000 maisons, près de 80,000 habitans : huit membres la représentent dans le parlement, deux pour elle, deux pour chacune des trois villes qui suivent.

Hereford, ville capitale située sur la Wye, à trois milles de *Kinchester* qui parait devoir être l'*Ariconium* des anciens : son enceinte est assez vaste, mais elle n'est pas peuplée; elle n'a que deux églises; la cathédrale est belle, les maisons le sont peu; ses rues sont mal-propres; le commerce y languit; celui des gands de peaux seul s'y soutient; les guerres & sa fidélité pour Charles I causerent sa décadence : sa long. est 14, 56; sa lat. 55, 6.

Lemster ou *Leominster*, ville de 400 maisons que le Lug arrose, dont les foires & les marchés sont considérables, qui fleurit par ses manufactures, & dont les environs fournissent peut-être le plus beau froment & la plus belle laine de l'Angleterre.

Weobly n'a que le nom de bourg, mais il est connu par la biere qu'on y fait, & par son commerce en drap.

Lidoury ou *Lidbury*, bourg à marché, bien bâti, sur la Liden, au milieu de campagnes fertiles où se trouvent les restes d'un camp romain : un grand nombre de ses habitans sont drapiers. *Ross*, bourg sur la Wye, connu par son cidre & son commerce en fer. *Kyneton*, bourg placé par quelques auteurs dans le comté de Warwick. Pembridge est petit, mais il commerce en drap, & a des foires de bétail.

Dans cette province on trouve encore ce mont connu sous le nom de *Marslei-Hill* ou *Marclei-hill* d'où en 1574 un tremblement de terre détacha 26 arpens de terre qui changerent de place pendant 3 jours.

XXIV. *Worcestershire*.

Il a 30 milles de long, 22 de large, est fertile en blés, abondant en pâturages, en fruits, en bestiaux, en poissons. La vallée d'*Evesham* en est une de ses parties les plus riantes & les plus riches : on y trouve aussi des sources de sel : l'*Avon*, la *Saverne*, le *Salwarpt*, la *Stoure* & un grand nombre de ruisseaux l'arrosent. Les *Cornavii* paraissent en avoir été les premiers habitans connus : il est situé au levant de Hereford. Sa surface est de 540,000 arpens. Elle renferme 152 paroisses, 12 villes ou bourgs à marché, 340 villages, 14906 maisons, & 750000 habitans. Neuf députés la représentent dans le parlement.

Worcester, ville située sur le penchant d'une colline, au bord de la Saverne qui y a un pont de pierre, dans un pays très agréable. Bâtie par les Romains, c'est la *Branonium* d'Antonin, le *Bronogenium* de Ptolomée : les Bretons la nommaient *Caer-Wrangon*, & les Saxons *Wogar* ou *Wire-aster*. Elle est bien bâtie, fermée de murs percés par sept portes : on y commerce en beaux draps qu'elle fabrique : on y remarque une tour élevée par les Romains, douze églises, trois écoles latines, sept maisons des pauvres, une maison de travail, un hôpital. Sa cathédrale est vaste ; son évêque suffragant de Canterbury, n'a que 300 livres sterl. de rente : Sa long. est 15, 4 ; sa lat. 52, 7.

Evesham, ville ou bourg sur les rives de l'Avon qui lui forme un port où entrent de grandes barques ; elle a eu une abbaye considérable de bénédictins, & a encore deux églises paroissiales, deux écoles gratuites, des fabriques de bas florissantes, & des environs fertiles en grains & en pâturages.

Droitwich, bourg au bord du Salwarp ; ses maisons sont assez propres : ses trois sources d'où l'on tire du sel excellent, font son aisance & sa célébrité.

Bewdley, (lieu agréable) bourg sur la Saverne : il députe un membre au parlement, qui joint aux six qu'élisent les trois villes précédentes & aux deux que nomme la province, forment le nombre de ses représentans.

Pershore, bourg à marché sur l'Avon qui embellit ses environs : il a deux églises & renferme plusieurs fabriques de bas.

Kidderminster, bourg sur la Stoure dans un air mal-sain : on y voit une belle église, & une école gratuite ; il est connu sur-tout par ses manufactures d'étoffes de fil & de laine : on y comptait, il y a peu de tems, mille métiers montés.

Upton, bourg à marché sur la Saverne : vers son couchant on voit la haute montagne de *Malvern-hill* sur laquelle sont situés deux villages qui en prennent leur nom ; chacun eut une abbaye de bénédictins : de cette montagne sortent encore deux sources d'eaux minérales.

Broomsgrove, bourg sur la Salwack : on y fabrique des draps. *Stourbridge*, bourg sur la riviere de Stour qu'on y passe sur un pont : on y travaille le fer, & y fait le verre. *Tenbury* est peu étendu.

Dudley est une petite ville. Son château est situé dans la province de Staffort.

XXV. *Warwickshire.*

Au midi, il est fertile ; vers le nord des forêts le couvrent : ces forêts en rendaient l'air froid & humide autrefois, mais elles ont été éclaircies par les fabriques de *Birmingham* & autres ; il a fallu du bois & du charbon pour les forges & les atteliers, & le climat s'est adouci comme l'agriculture s'est étendue. Il est abondant en blés & en pâturages ; on en exporte de la drèche, du fromage, du bois, des laines, & des ouvrages de fer & d'acier. Les *Cativelans* ou *Cornabiers* l'habiterent ; les Romains y éleverent plusieurs places fortes : l'*Avon*, la *Tame*, l'*Arrow*, le *Sherburn* l'arrosent & en facilitent le commerce. Il a 40 milles de long, 30 de large, 120 de circuit : il contient 670000 arpens, 158 paroisses, 17 villes ou bourgs à marché, près de 700 villages ou hameaux, 21970 maisons, & 105,000 habitans. Il est à l'orient du Worcestershire : 6 députés le représentent dans le parlement.

Warwick sa capitale, est située sur un rocher, au bord de l'Avon : autrefois son château la défendait, aujourd'hui il l'orne : elle fut une place forte sous les Romains, & les anciens Bretons l'appellaient *Guarth* ou *forteresse*. Un incendie la détruisit sur la fin du siecle passé ; mais le parlement la fait rebâtir plus propre & plus réguliere : elle renferme deux églises, une école gratuite, un riche hôpital pour les pauvres gentilhommes, & est commerçante en laines, en grains & en fromages. Sa long. est de 16, 3 ; sa lat. de 52, 20.

Coventry, ville grande & peuplée sur la petite riviere de Sherburn ; son prieuré fondé par *Canut le Grand*, était le plus riche du royaume. Elle a un bon college, une école de charité, divers hôpitaux, l'un pour les gens mariés, l'autre pour les vieillards, un troisieme pour de jeunes garçons. Elle a 11 églises ou chapelles, une bibliothéque, de bonnes manufactures d'étoffes, de rubans, de cuirs, & de grosses foires pour les bestiaux & les denrées. Charles II en a fait abbattre les murs : son territoire renferme 20 villages ou hameaux & elle est gouvernée par un maire, des sheriffs, & des aldermans. Son évêché est réuni à celui de *Lichfield* dans le Staffortshire : ces deux villes seules députent au parlement.

Tamworth, bourg sur la Tam, situé en partie dans le comté de Staffort. Les rois de Mercie y avaient un palais : il a des foires & des marchés considérables. On y fabrique des draps & fait de la biere estimée.

Birmingham, bourg commerçant en fer & en acier, qui a des fabriques de merceries & de quincailleries : c'est de là sur-tout que viennent ces belles chaines d'acier recherchées : sa partie basse est marécageuse ; la haute a de belles maisons.

Coleshill, bourg sur une éminence : il a des foires, des marchés, & commerce en gros & menu bétail ; dans ses environs on trouve des médailles romaines.

Sutton, *Colefield*, *Polesworth*, *Atherston*, sont des bourgs ; le dernier a de grand marchés de fromages. *Nun-Eaton*, est sur l'Anker, & a des manufactures d'étoffes. *Henley* est sur l'Alne. *Aulcester* & *Stratford* sont au bord de l'Avon. *Southam*, *Rugby* sont de petits bourgs.

C'est dans cette province qu'on voit le mont *Edge-hill*, fameux par le premier combat donné entre Charles I & les parlementaires.

XXVI. *Northampton-shire.*

Situé à l'orient du précédent, sa forme est allongée, sa longueur est de 55 milles, sa largeur de 26 à 30 : les Coritains l'habitaient ; l'air y est très-sain, le sol très fertile ; on y voit une multitude de maisons de campagne ; il n'y a de sterile que la bruiere de Wittering, par tout sont des champs & des prairies abondantes : il y a peu de bois, & point de rivieres & de canaux navigables ; on y manque de fabriques & de manufactures, presque tous ses habitans sont agriculteurs : on n'y fait que des châlons & des serges, & ce sont ceux qui n'ont pas de terres qui s'en occupent. On en exporte des grains, des chevaux, des brebis, des bêtes à cornes, du salpêtre : on y voit des traces d'anciens monumens, des édifices, des grands chemins, des urnes, des médailles, les restes d'un camp entre les sources de l'*Avon* & de la *Nen*, dans le seul endroit où des provinces méridionales on peut aller aux septentrionales sans passer de rivieres. Il est du diocèse de Peterborough : elle contient 550,000 arpens, 326 paroisses, 12 villes ou bourgs à marché, 550 villages, 24800 maisons, 124000 habitans. Neuf députés la représentent dans le parlement.

Northampton est le siege de la justice du comté, la Nene ou la Nyne l'arrose, & il fut un tems où le parlement s'y rassembla : ses maisons sont propres & solides, ses rues larges & droites, son commerce considérable en grains & autres denrées, en cuir, en bétail, en chevaux. Elle a quatre églises, un grand hôtel de ville, une école gratuite, deux hôpitaux, une auberge superbe & commode bâtie par un homme riche qui la donna aux pauvres. Elle est presque au centre de l'Angleterre. Sa long. est de 16, 40; sa lat. 52, 15.

Brackley, bourg qui doit son nom à l'abondance de fougere qui croit dans ses campagnes, il est arrosé par l'Ouse, & a une école publique.

Peterborough, ancienne ville sur le Nen : sa cathédrale fut d'abord une abbaye, son évêque a 500 livres sterl. de rentes. Elle a deux bonnes écoles, & la Nyne y facilite un commerce médiocre en draps & en grains. On y montre le tombeau de Catherine d'Arragon femme de Henri VIII, & de Marie Stuard Reine d'Ecosse, décapitée au château de *Foteringhai*, à 4 lieues de là.

Higham-ferris, bourg sur le Nen : on y voit une belle église, une école gratuite, & une maison de charité qui fournit aux besoins de douze hommes & d'une femme. Il députe un membre au parlement : les 3 autres villes en députent 2 chacune.

Kettering, bourg à marché, sur la pente d'une colline riante & fertile : ses manufactures d'étoffes de laine le font fleurir, & lui font entretenir une bonne école & un bon hôpital. On y tient quelquefois les assises.

Daventry, bourg à marché fort considérable. *Towaster* ou *Torcester*, bourg grand & peuplé qui fut une place forte, *Wellingborough*, *Rockingham*, *Thrapston*, *Cliffs-Kings*, *Oundle* sont de petites villes : un château donna de la célébrité à la seconde ;

GRANDE-BRETAGNE.

il est démoli, & l'on ne parle de la ville que parce qu'elle est un marquisat : la quatrieme a des marchés abondans en denrées ; on y tisse des toiles & fait des ouvrages de menuiserie. C'est dans cette province qu'est *Naseby*, village connu dans les guerres civiles de Charles I.

XXVII. *Rutlandshire*.

C'est le plus petit de tous les comtés ; il a 13 milles de long, 6 à 7 de large, 40 de circuit, est très fertile en blés, abondant en bois, pâturages, bétail, a des parcs nombreux, est arrosé par plusieurs petites rivieres, nourrit une multitude de brebis dont la laine est rougeâtre comme le terroir. Elle contient 110000 arpens, 48 paroisses, deux bourgs à marché, environ 100 villages, 7000 maisons, & 30000 ames. Le comté seul députe au parlement, & n'y députe que deux membres.

Okcham, bourg situé dans la riche vallée de *Cathross*, que Lenglet appelle *Cathmoss* : il a un château, où se tient la justice du pays, une école publique, & un hôpital. Une coutume oblige un noble de payer une amende lorsqu'il y entre à cheval pour la premiere fois, ou on lui ôte le fer de son cheval : c'est par allusion à cette coutume que sur la tribune où s'asseient les juges, on voit un fer de cheval bien travaillé, ayant 5 pieds & demi de long & environ 4 de large.

Uppingham est à la source d'une riviere qui se jette dans le Weland, bâti sur le penchant d'un côteau, & c'est de là que vient son nom : il est commerçant, a un collége fondé par un ministre nommé Thompson, & un hôpital.

XXVIII. Leicester-Shire.

Ce comté a 30 milles du levant au couchant, & 25 du septentrion au midi : les *Coritani* l'habitèrent ; l'air y est sain, la population nombreuse, la terre abondante en grains, foins, & légumes, surtout en pois & en fèves : le poisson, le gibier, le gros bétail y sont communs ; on y élève beaucoup de chevaux de traits, & des brebis dont la laine est plus longue que dans les autres provinces : il y a des mines de charbon de terre ; l'agriculture est l'art auquel on se livre le plus, ensuite à ses fabriques favorisées par ses belles laines : l'*Avon*, la *Soar*, l'*Anker*, & la *Velland* l'arrosent. Elle touche à la mer. Sa surface est de 560000 arpens : on y compte 200 paroisses, 12 villes ou bourgs à marché, 150 villages, 18700 maisons, & 100,000 habitans. Elle députe 4 membres au parlement, deux pour elle, 2 pour sa capitale.

Leicester, ville sur la Soar qu'on appellait autrefois la *Leise*, & qui donna son nom à la ville. Elle a eu été épiscopale & renfermait 32 églises : les Romains la connaissaient sous le nom de *Ratæ Coritanorum*. C'est encore aujourd'hui une grande ville, dont les habitans sont industrieux & actifs, qui a trois grands marchés par semaine, un château très-vaste, dont la salle sert aux assises de la province, un hôpital pourvu d'une bibliothéque, cinq églises paroissiales, des fabriques de bas. On y trouve d'antiques médailles. Sa longitude est 16, 30 ; sa lat. 52, 40.

Harborough, bourg à marché qu'arrose le Welland : il a une foire très fréquentée & une école gratuite : il n'a ni prés ni champs dans son territoire.

Hinkley, bourg où l'on remarque une belle église

& un beau clocher. Son territoire est très bien cultivé.

Bosworth, ancien bourg à marché, situé sur une colline, à trois milles du champ de *Redmoor*, où Richard III combattit & périt.

Ashbi de la Zouch, beau bourg à marché situé entre deux parcs : il s'y tient 4 foires annuelles, où l'on vend beaucoup de jeunes chevaux.

Lutterworth, antique bourg, dans lequel Jean Wiclef, réformateur célebre, fut enterré ; il y fut curé & nâquit à *Lougborow*, grand bourg sur la Stowre. *Montsorrel*, *Waltham ou the Would*, *Billesdon*, *Hallaton*, &c. sont des bourgs.

XXIX. *Lincoln-Shire*.

Cette province touche à la mer, elle a 70 milles de long, & 44 de large, est divisée en trois quartiers qui sont, *Lindsey* au nord, *Kerteven* au couchant, & *Holland* au midi : les deux premiers sont fertiles & l'on y respire un air sain, le dernier est abondant en gibier, bas, marécageux, fievreux ; mais on travaille à le dessécher. Elle est arrosée de plusieurs rivieres poissonneuses, telles que la *Trente*, le *Witham*, le *Welland*, est riche en bétail, & on en exporte beaucoup de bœufs gras, de chevaux fins, de brebis estimées. Sa surface est de 1,740000 arpens : on y compte 635 paroisses, 35 villes ou bourgs, 1556 villages, 40600 maisons, & plus de 200,000 habitans. Douze membres la représentent dans le parlement.

Lincoln sa capitale est très ancienne, & a été plus florissante qu'elle n'est ; on y a compté sous Edouard VI, 52 églises, beaucoup d'abbayes & de monasteres ; le Witham l'arrose & la partage : les Bretons l'appellaient *Lindcoit*, & les Romains *Lindum colonia*. Les rois de Mercie y siegeaient. Cependant son enceinte resserrée contient encore treize églises, beaucoup de commerçans & d'artistes. Elle est dans le Lindsey. Sa cathédrale est une des belles églises d'Angleterre; son évêque, suffragant de Canterbury, jouit de 1000 livres sterl. de rente. On y voit encore les ruines des murs que les Romains & Guillaume le Conquérant y avaient élevé. Son territoire s'étend à 35 milles à la ronde. Sa long. est 16, 40; sa lat. 53, 15.

Stamfort, ville bien bâtie, sur le bord du Welland, qu'on y a rendu navigable & qui y fait prospérer le commerce. Elle a 6 églises & plusieurs ponts: son maire a le titre de lord lieutenant du roi, il siege immédiatement après le monarque; le fils cadet y succede à son pere s'il est mort sans disposer de ses biens. Sous Edouard III cette ville avait une université, & elle a encore deux colleges. Elle reçut beaucoup de priviléges d'Edouard IV.

Grantham, ville sur le Wittham, médiocrement grande, bien bâtie, commerçante. Elle a deux écoles; on y remarque encore le college fondé par Richard Fox, & le clocher de son église. Entr'elle & *Sleaford* petit bourg, on trouve d'anciens monumens des Romains.

Boston, ancienne ville, sur les rives du Wittham, & à son embouchure qui forme le golfe *The-wash*; elle a un port commode, est commerçante & assez riche; son église est grande, très belle, & à la plus haute tour, dit-on, de l'Angleterre; elle sert pour guider les navigateurs.

Great-Grimsby, beau bourg orné d'une belle église, & qui a un port médiocre. Ces cinq villes ou bourgs députent chacun 2 membres au parlement.

Market

GRANDE-BRETAGNE. 449

Market-Déeping, est ancien & peu riche ; le Welland l'arrose. *Spalding* est à l'embouchure de cette même riviere, qui avec des coupures, des marais, des ruisseaux l'environne de toutes parts. *Bourn* est sur le bord du Burnwill : son étendue est médiocre, ses foires de bestiaux & de chevaux sont fréquentées, son origine est ancienne. *Fockingham*, est aussi étendu & moins riche.

Crowland, bourg ou ville située dans les marais du Holland, au confluent de la Nyne & du Welland : il y eut une abbaye célebre fondée par *Ethelbald* roi de Mercie, & on la revérait d'autant plus qu'elle était presque inaccessible. On n'y parvient que par des chaussées étroites ; la mer & les marais en couvrent tous les environs. Elle a trois rues, séparées par des eaux, jointes par des ponts, toutes ses maisons sont bâties sur pilotis, sur des petites îles, & ses habitans ne vivent que de chasse & de pêche. On y prend quelquefois dans le mois d'Août 3000 pieces de gibier de marais d'un coup de filet. On achete du roi le privilege d'y pêcher pour 300 livres sterl. Les lacs qui sont aux environs sont très abondans en poissons.

Bollingbrook, petit bourg sur un ruisseau, antique lieu connu par le lord *St. Jean* qui porta son nom.

Horn-Castle, bourg sur le Barne dont il est presque environné : c'est un des plus anciens lieux de la contrée, les Romains y avaient élevé un château parce qu'il était dans une situation avantageuse : il subsista long tems ; on y trouve de tems en tems des médailles.

Kirton, bourg sur la Trente : il a des foires, des marchés abondans en denrées & en bétail, qui y amenent de l'aisance.

Tome IV. Ff

Gainsborough, bourg sur la Trente, qui près de là se jette dans l'Humber & facilite son commerce : il est grand & peuplé, a beaucoup d'habitans puritains, & autres non-conformistes, qui y commercent & prient comme ils l'entendent : c'est là que les Danois débarquaient pour courir le pays. Sa situation est riante & commode. *Thorton-Colleye*, grande abbaye fondée en 1139. *Burton*, bourg sur une hauteur au levant de la Trente : il a deux églises, & sa situation commode pour le commerce l'y fait prospérer.

Stanton, *Wainfleet*, *Spilsby*, &c. bourgs dont on ne connait que les noms.

Axholm, île formée par la Trente & le Dun, & qui s'étend en partie dans la province d'York : elle est marécageuse, une forêt de sapins, des chênes & autres arbres la couvraient autrefois : on y trouvait des chênes de 16 aunes de long & de 5 de circonférence, des sapins de plus de 30 pieds, & on y en trouve encore, étendus dans la profondeur des marais par quelque inondation dont on ignore le tems. On dit qu'on y trouve aussi du beau marbre.

XXX. *Nottingham-Shire*.

Il a 40 milles de long, 24 de large, 110 de circuit ; les *Coritains* l'habiterent ; dans la langue Saxonne, son nom signifie *habitations composées de cavernes*, & chez les Coritains son nom avait le même sens, peut-être parce que la capitale bâtie sur le roc, a sous ses maisons des antres profonds & anciens qui servent aujourd'hui de caves. Les Romains y fonderent plusieurs colonies & y firent passer un chemin très beau. Elle eut sous les Normands plus de 300 seigneuries, & ses habitans Sa-

GRANDE-BRETAGNE. 451

xons furent opprimés par cette multitude de seigneurs. L'air y est sain, le sol est fertile à l'orient, & stérile au couchant; là les grains & les pâturages abondent; ici l'on ne voit que du bois & des mines de charbon de terre: on dit que les enclos ont nui dans cette province aux progrès de l'agriculture: si le fait est vrai, il serait utile d'en chercher les causes: on en exporte de la drèche, du blé, de la laine, du poisson, du gibier, du bois de reglisse. La *Trente* & l'*Idle* l'arrosent. Sa surface est de 560,000 arpens : on y compte 168 paroisses, neuf villes ou bourgs à marchés, 445 villages, 17550 maisons, environ 90000 habitans. Huit membres la représentent dans le parlement. Elle est du diocèse d'York.

Nottingham, ville sur la Leane, près de son embouchure dans la Trente. Elle est ancienne, & a été forte, car les Danois l'attaquerent quatre fois en vain en 852. Son château bâti comme elle sur le roc, fut fort autrefois, & aujourd'hui n'est que vaste & beau. Elle a trois églises, une école gratuite, trois écoles de charité, une grande place, un bel hôtel de ville, un très beau pont de pierres sur la Trente où conduit une chaussée commode & solide qui va de ses portes à cette riviere, & facilite son commerce, qui consiste en diverses marchandises & en denrées. On y fabrique des bas & de la fayence; sa drèche & sa biere sont fameuses en Angleterre. Sa long. est 16, 20 : sa lat. 52, 58.

Retford, ville divisée en deux bourgs par l'Idle; *East* & *West-Retford*: le premier est le plus considérable, & jouit de plus de privileges: on y commerce en grains & en houblons; les sessions s'y tiennent : dans le second est un hôpital.

Newark, ville sur la Trente : elle a des foires &

F f 2

des marchés considérables : l'une de ses portes est un ouvrage des Romains : on trouve dans ses environs des monnaies antiques. Ces trois villes députent chacune 2 membres au parlement.

Mansfield, grand bourg, bien bâti, situé dans la forêt de *Sherwood*, commerçant sur-tout en drèche ou malz. *Wornsop* ou *Wirnsop*, n'a de remarquable que son ancienneté. *Tuxford in the Clais*, bourg à marché : ses environs remplis d'argille lui ont donné le sur-nom qui le distingue. *Southwell*, bourg qui a une église collégiale & un college.

Bingham, & *Blith*, sont encore des bourgs à marché ; le premier est remarquable par sa situation champêtre & riante.

XXXI. *Derbi-Shire*.

Sa longueur est de 45 milles, sa largeur de 13 à 25, son circuit de 130. C'est là que sont les plus hautes montagnes de l'Angleterre, & parmi ces montagnes, on remarque celle du *Peak*, escarpée & curieuse pour le naturaliste. La *Trente*, la *Dove*, la *Darvent* l'arrosent ; quelques endroits en sont arides & pierreux ; mais en général son sol est riche en grains & pâturages. Cette province a des mines de plomb, de fer, de charbon de terre, & des carrieres de marbres, d'albâtre, de meules de moulin ; on y trouve du cristal, des eaux sulfureuses, des abîmes & des antres : c'est dans son enceinte qu'on trouve les 7 merveilles chantées par *Hobby*, & qu'il a rassemblées dans ce vers latin : *Aedes, mons, barathrum, binus fons, antraque bina*. Les principales sont le *Chatsworth-House*, palais qui appartient aux ducs de Devon, & qui est bâti sur le *Peak*, dans un lieu très sauvage ; l'antre de *Poole* assez semblable à celui de Baumanns par ses stalactites figurées ; au centre est un torrent qui coule avec bruit entre des rocs : sur la gauche est une chambre dans un roc où se cachait un voleur redouté nommé *Poole* qui a donné son nom à la caverne. Plus haut, sur la montagne, est l'antre d'*Elden* : son ouverture est de 30 à 40 pieds, & sa profondeur perpendiculaire est d'un mille, à ce qu'on assure. La source intermittente voisine du bourg de *Tideswall*, le bain chaud de *Buxton* sont encore des singularités de la nature. Ce comté ne députe que quatre membres au parlement, deux par lui-même, deux par sa capitale.

Derby, ou *Darby*, ville bien bâtie, agréable, située entre la Darwent & le Martin-Brook sur lesquelles elle a plusieurs ponts. Elle renferme cinq églises, un hôpital, diverses écoles, un bel hôtel où se tiennent les assises. C'est une ville d'entrepôt pour les laines ; mais son principal commerce consiste en grains & en biere. On y voit un grand moulin à dévider la soie, établi en 1734 par le chevalier *Thomas-Lombe* sur un modèle d'Italie : elle a un maire & des aldermans ; ses bourgeois ne payent aucun péage, ni à Londres, ni dans la plupart des autres villes. Sa longitude est 16, 12 ; sa lat. 52, 54.

Chesterfield, petite ville fort peuplée dans le fertile district de *Scarsdale* ; elle est agréablement située sur une colline entre deux rivieres : ses habitans sont actifs & industrieux ; elle est commerçante, a une école publique.

Backewell, jolie ville située au nord-ouest de la montagne *Peah*, sur la Wye. *Drontfield* est aussi placé au pié de ce mont. *Tiddeswall* a des marchés & une école. *Buxton* & *Matlock*, villages qui ont des eaux chaudes minérales. Dans le premier on voit neuf sources sortir d'un rocher : 8 sont chaudes & la neuvieme extrêmement froide. A cents pas de là sont deux autres sources, l'une chaude, l'autre froide. Dans le second il y a deux sources semblables, & si voisines que tandis que la main gauche s'échauffe dans l'une, la droite se glace dans l'autre. *Wirksworth*, grand bourg bien bâti, aux environs desquels sont des mines considérables, surtout en plomb qui est le principal objet de son commerce. *Alfreton*, petit bourg qu'on croit avoir été bâti par le grand Alfred : on y fait une espece de biere, connue par sa force & son goût. *Ashbourn* est sur la Dove. *Shirley*, c'est la souche des comtes de Ferrer. *Little-Chester*, située à un mille de Derby, est sur la Derwent ; c'est la Derwentio des Romains.

XXXII. Stafford-Shire.

Il a 40 milles de long, 26 de large, 141 de circuit, & dépend de l'évêché de Lichtfield & Coventry. L'air y est sain, & l'on dit en proverbe qu'il y a trois baptêmes pour un enterrement. C'est là que vécut *Jaques Sands*, mort à 140 ans & sa femme à 120 ; vers le nord il est montueux & un peu aride sur les hauteurs ; mais par tout ailleurs, il est riche en grains, en pâturages, en fer, en charbon de terre, dont on fait de petits ouvrages curieux & fragiles. La *Trente*, la *Dove*, le *Sow*, la *Tame*, diverses autres rivieres l'arrosent. La Dove y fertilise les terres, & les brebis qui paissent sur ses bords ont une chair fort savoureuse. On y trouve diverses terres, des fossiles, de bonnes carrieres, de la marne, de la terre de pipe & à foulon, du marbre, de l'albâtre, des pierres de moulin, des fontaines dont on tire du sel. Les Cornaviens font les premiers habitans connus. Il contient 810,000 arpens, 150 paroisses, 18 villes ou bourgs à marché, 670 villages, 23740 maisons, & près de 120,000 habitans. Il députe 10 membres au parlement.

Stafford, ville sur la Sow, qu'on croit avoir été bâtie par une princesse des Merciens. Guillaume le Conquerant y fit élever un château. Elle n'est plus forte ; mais elle est bien bâtie, peuplée & florissante, a de belles manufactures de drap, deux églises & une école gratuite. Elle jouit du droit appellé *Borough-English* par lequel le fils cadet hérite des biens du pere s'il meurt sans faire de testament. Sa long. est 15, 30 ; sa lat. 52, 34.

Newcastle, *un der Line*, petite ville sur un bras de la Trente, qui a des manufactures de drap & de chapeaux : on fait dans ses environs de la belle vaisselle de terre.

Lichtfield, ville qui après Chester est la plus grande ville du nord de l'Angleterre ; son évêché est uni à celui de Coventry ; il donne 1000 liv. sterl. de rentes à son possesseur. Sa cathédrale est un des temples les plus magnifiques du royaume : elle a encore trois autres églises, une école gratuite, un riche hôpital. Au centre d'une province fertile, pleine d'habitans laborieux & riche, elle a de grandes foires & de grands marchés : son territoire s'étend à 10 milles à la ronde.

Tamworth, ville qui est en partie dans le comté de Warwick : la Thame l'arrose. Les rois de Mercie y avaient un palais ; ses foires sont considérables : on y fabrique des draps, & on y fait de la bonne biere. Ces 4 villes députent chacune deux membres au parlement.

Utoxeter, ville ancienne, bâtie sur une éminence au bord de la Dove : elle fait un commerce considérable en chevaux & bêtes à cornes, & ses marchés sont les plus fréquentés de la province : ses environs sont fertiles en pâturages, & on y trouve des fabriques d'ouvrages en fer estimés.

Burton, ville sur la Trente : on y voit le plus long pont de pierres qui soit dans le royaume, formé de 32 arches ; elle a des foires considérables de chevaux & de bétail, & brasse la meilleure aile ou biere qu'il y ait dans le royaume.

Bloreheath, *Betley*, *Eccleshall*, *Stone*, *Chedle*, sont des bourgs à marché. *Penkridge* a des marchés de chevaux, & on y fait des selles. *Rugely*, est sur la Trente & a de belles maisons. *Betley* & *Bromley* sont encore des bourgs à marché.

Wolverhampton, petite ville, bien bâtie sur une colline. Elle a une église cathédrale, on y fait de belles serrures, & le commerce y est florissant : à une lieue de là est le chêne royal dans le creux duquel Charles II vécut plusieurs jours : on l'a environné d'un mur. *Walsal* est encore une petite ville, située sur une hauteur, commerçante en fer, dont on y fait de bons ouvrages.

Brewood, petit endroit très joli, qui dépend de l'évêché de Lichtfield. *Trentham* est un bourg sur la Trente.

XXXIII. *Shrop-Shire*.

Sa forme est ovale : sur 40 milles de long, elle en a 33 de large & 134 de circuit. Les *Cornaviens* & les *Ordovices* l'habiterent ; des montagnes la bordent au midi & à l'orient : l'air y est moins doux & le sol moins fertile que dans les provinces voisines; cependant on en exporte beaucoup de froment, d'orge, de bois, de bestiaux ; il y a des mines de fer (*) , de cuivre, de plomb , de charbons de terre , d'abondantes carrieres de pierres de taille & à chaux. Sur ses mines de houille est répandue une substance bitumineuse, qui préparée, devient plus propre à calfater les vaisseaux que la poix, le goudron & le suif, & qui les défend des vers. La *Saverne*, la *Tame* sont ses principales rivieres. C'est là qu'on trouve la fontaine de *Boseley*, espece de volcan hydropyrique qui se forma au commencement de ce siecle : la terre trembla ; un petit mont parut s'élever & s'abaisser successivement; & de l'ouverture qu'on y fit s'éleva un jet d'eau, qui parait froide & s'enflamme à la chandelle. On l'a couverte ; & tant qu'elle est séparée de l'air extérieur, si l'on y met le feu, elle brûle comme de l'esprit de vin, & un pot plein d'eau placé à l'ouverture, bout promptement. Vers le pays de Galles, cette province était hérissée de forts, dont les uns sont tombés en ruines, les autres sont changés en maisons de plaisance. Elle renferme 890,000 arpens, 170 paroisses, 16 villes ou bourgs, 615 villages, près de 19000 maisons, & 100,000 habitans. Elle députe 12 membres dans le parlement.

Shrewsbury, *Salopia*, est selon l'opinion commune l'ancienne *Uriconium* détruite par les Saxons. Elle est la capitale du comté & située dans une pres-

---

(*) Parmi ces mines de fer, il en est une qu'on nomme la *mine blanche* : elle fournit la meilleure pierre de fer ; lorsqu'on la brise, il en sort une eau laiteuse, douce ; mais qui laisse sur la langue un goût de vitriol & de fer.

qu'île que forme la Saverne, & qui ne tient à la terre que vers le nord. Elle est peuplée, riche, commerçante; des fabriquans, des nobles, des rentiers, des négocians l'habitent, & ils sont gais parce qu'ils sont dans l'aisance. On y compte cinq églises, divers lieux d'assemblée pour les non-conformistes, une école gratuite, deux beaux ponts de pierres. Les draps & les flanelles sont les principaux objets de son commerce avec le pays de Galles. Sa long est 14, 49; sa lat. 52, 43.

Ludlow, petite ville sur la Tame, entourée de murs, & bien bâtie: elle est commerçante, & défendue par un château situé sur un rocher.

Bridgenorth, sur les rives de la Saverne, ancien bourg divisé en haut & bas. Il eut des châteaux & des murs; mais ils n'existent plus: il lui reste deux églises, un beau pont de pierres, & une manufacture d'armes.

Bishops-Castle, petit bourg à marché. *Great-Wenlock* est un bourg aussi; ils n'ont de remarquable que la prérogative de députer chacun 2 membres au parlement, ainsi que les villes précédentes.

Clebury, bourg à marché, près de la grande forêt de Wire: il a des foires de bestiaux. *Newport* a une école & une bibliothèque. *Wellington*, *Drayton*, *Wem*, *Ellesmere* & *Whitchurch* n'ont rien de remarquable; le dernier est fort grand.

Oswestry, petite ville ceinte de murs, défendue par un château, qui a une école gratuite & commerce en étoffes de laine avec les Gallois.

XXXIV. Chester-Shire, ou comté palatin de Chester.

On l'appelle aussi *Cheshire*. Il a 50 milles de long, 33 de large, est très fertile & très peuplé, a d'excel-

GRANDE-BRETAGNE 459

lens paturages, & nourrit une multitude de chevaux, de brebis, de bœufs: les fromages sont très estimés. C'est un pays uni, mais séparé par des monts des provinces de Stafford & de Derby: il a des bruieres, de vastes terreins couverts de mousse, des parcs nombreux, des mines de houille: la *Dée*, le *Wever*, le *Mersey* l'arrosent. Ses comtes Palatins jouissaient d'un pouvoir presque souverain: le premier fut *Gherbord*, neveu de Guillaume le Conquerant qui l'éleva à cette dignité: le dernier fut *Simon de Montfort*, comte de Leicester; après sa mort le comté fut réuni à la couronne; & l'autorité qui y fut attachée avait paru trop dangereuse pour qu'on la fasse jamais revivre: la cour Palatine subsiste cependant encore à Chester où elle siege & rend justice au peuple. Cette province renferme 720,000 arpens, 86 paroisses, 13 villes ou bourgs à marché, 24054 maisons, & 164,324 habitans. Elle ne députe que 4 députés au parlement, deux par elle-même, deux pour sa capitale.

Chester, *Devæ*, est une ville ancienne, qu'arrose la Dée: d'antiques monumens prouvent qu'elle fut habitée par la légion *Victrix Vicesima*, ou *Valeria Victrix*. Elle a une vieille tour que le peuple attribue à Jules-César: les murs dont elle est ceinte sont du commencement de l'heptarchie; une garnison nombreuse y veille, un commerce étendu la rend florissante: on a nettoyé son port engorgé par les sables; on y commerce en toiles & autres marchandises tirées de l'Irlande; en bétail, en denrées, en fromages, en terre de pipes. On en exporte annuellement 30,000 quintaux de fromages, dont 14000 vont à Londres, 8000 à Bristol, & 8000 en Ecosse & en Irlande. Cette ville est bien bâtie & fort peuplée: elle renferme onze églises & une école de charité. Son évêque est suffragant d'York, & jouit de 625 liv. sterl. de rente : sa cathédrale fut fondée par le roi *Edgar*, qu'on y vit dans un bâtiment tenir le gouvernail, tandis que sept princes Bretons, ou Ecossais, ses vassaux, ramaient. Elle a un beau pont sur la Dée : plusieurs machines ingénieuses font monter l'eau de cette riviere pour l'usage des habitans. Sa bourse est un bâtiment de bon goût ; ses rues sont obscures, & bordées d'arcades qui préservent du soleil & de la pluie. Ses murs ont 2 milles de circuit ; un château la défend, & on y tient les assises. Le fils ainé du roi porte le titre de comte de Chester. Sa long. est 14, 32 ; sa lat. 53, 14.

Wirral, *Cestrica Chersonnesus*, presqu'île formée par la mer, les embouchures de la Dée & de la Mersey, & par une autre petite riviere qui lie les deux premieres. Elle a 16 milles de long, 6 & demi de large, est très-fertile en grains, a de belles prairies & de bons pâturages.

Malpas, bourg à marché sur une haute colline que borde la Dée, commerçant en draps, en toiles & en bétail : il a un hôpital & une école gratuite.

Namptwich, ou *Nantwich*, ville ancienne sur le Weaver, voisine de salines célebres connues des Romains, connue par ses foires, son sel & ses fromages : des incendies ont détruit ses antiques maisons, & elle est aujourd'hui bien bâtie, peuplée & opulente.

Northwick, bourg sur la Dane, bien bâti, commerçant en bétail & en étoffes de laine.

Macclesfield, petite ville dans une situation agréable, près d'une forêt & d'une riviere, ornée d'une belle église, enrichie par des manufactures de soie,

GRANDE-BRETAGNE. 461

& des fabriques de boutons & de gallons. Elle a un college.

Congleton, petite ville sur la Dane, qui s'y grossit de plusieurs ruisseaux, & sert à mouvoir les rouages d'une machine ingénieuse que la compagnie du Levant y a fait construire pour le travail des soies, & qui occupe 600 ouvriers pour mettre en œuvre celles qu'elle prépare : l'on y fait des bourses, des gands. Elle a une chapelle dans son enceinte ; mais son église est à 2 milles de là.

Frodesham, bourg composé d'une longue rue, sur la Medsey : ses foires, son port le rend commerçant : vers le couchant il a un château antique.

Knotsford, sur le ruisseau de Bicken qui le partage, bourg commmerçant en draps, bétail & denrées.

Sandbach, *Middlewich*, *Altringham*, *Stockport*, sont des bourgs à marché.

XXXV. *Yorckshire*.

C'est la plus grande des 40 provinces de l'Angleterre : elle a 80 milles de long, 60 de large, près de 320 de circuit : son sol est divers ; en général il est fertile en bleds ; le bétail, les poissons, le gibier y sont abondans : on y éleve des chevaux fins ; on y trouve de bons pâturages, quelques bois, plusieurs montagnes de pierre calcaire, du jayet, de l'alun, du fer, du plomb, du cuivre & du charbon de terre : l'*Humber*, l'*Are*, le *Dun*, le *Calder*, le *Derwent*, le *Nyd*, l'*Ouse*, le *Swal*, l'*Youre*, le *Warf*, le *Tées* l'arrosen. Les Brigantes l'habiterent. Sa surface est de 3,770,000 arpens ; elle contient 563 paroisses, 49 villes ou bourgs, 49500 maisons, & près de 400,000 habitans. Les Romains lui donnaient le nom de *Maxima Cæsariensis*. Elle fut érigée en duché sous Richard II, envoie 30 députés au parlement, & se divise en 3 parties.

The *West-Riding*.

C'est la plus grande & la plus peuplée des trois: on y compte 21 villes ou bourgs à marché: elle est couverte de montagnes entrecoupées de rochers revêtus de fer en quelques endroits. Ces monts & ces rocs sont stériles; mais les vallons donnent du bled, & de bons pâturages: il y a des mines de cuivre & de charbon de terre.

Leeds, ville qui communique avec Yorck, Hall & Wackefield, par l'Are qui se joint au Calder, que reçoit l'Ouse. Ses marchés de draps se tiennent deux fois la semaine dans une grande rue; la durée en est d'une heure: on les commence & les finit au son de la cloche; on y parle à voix basse & en peu de mots; quelquefois, dans un seul, il s'y en débite pour 20,000 livres sterl. Leeds pourvoit Yorck de charbon de terre, & Hambourg, comme la Hollande, de draps.

Wakefield, située au milieu d'une campagne agréable, est une des plus jolies villes de l'Angleterre: elle est peuplée & florissante, renferme plus d'habitans qu'Yorck même, dont l'enceinte est bien plus vaste; a des foires & des marchés de draps: ses manufactures, ses fabriques l'enrichissent; la Calder rendue navigable y multiplie les commodités de la vie, en lui amenant à bas prix les denrées & le charbon.

Pontefract, ville au confluent du Dun & de l'Aire: elle a le titre de comté, est bien bâtie, & a quelques fortifications: fes environs produifent de la réglifle & du chervis.

Knaresborough, ville au pied d'un château tombé en ruines, commerçante en gros bétail, & qui a près d'elle des eaux minérales; ce font celles de *Hatregate*: elles font vitrioliques & fulphureufes.

Rippon, anciennement *Ifurium*, ou *Uripontium*, ville entre l'Etre & le Skell: elle a une belle églife, une grande place ornée d'un obélifque au centre; des foires de chevaux fréquentées: les éperons qu'on y fabrique font les meilleurs du royaume: fes ouvrages en laine font tombés; ceux en cuirs & peaux profperent encore: on y prépare du beau vernis.

Aldborough, *Borougbridge*, bourgs à marché: ce dernier doit fon nom à un beau pont de pierres, & eft commerçant en chevaux, bêtes à cornes, brebis & denrées: il n'eft pas grand, mais il eft propre & peuplé d'hàbitans aifés. Tous deux députent au parlement, ainfi que les villes précédentes.

Hallifax, ville au bord du Calder, fur le penchant d'un côteau aride, remarquable par fes beaux points de vue, par fes fabriques & fes manufactures, qui font dans elle & autour d'elle: elle eft grande, bien bâtie, peuplée, commerçante, ayant une grande églife dont onze annexes reffortiffent; diverfes chapelles pour les Presbytériens, les Quakers, &c. On y compte 10,000 habitans employés au travail & au débit des laines: on y fabrique beaucoup de challons; fon agriculture eft très-peu de chofe. Son nom fignifie les faints cheveux, parce qu'on y confervait ceux d'une fille tuée en défendant fa chafteté.

Duncafter, ville fur le Don, & qu'on croit être le Danum des anciens. On y voit les ruines antiques d'un château: elle a des foires, des marchés, des fabriques de bas, de gans & d'ouvrages faits à l'aiguille.

Skipton, ville près de l'Are, environnée de bois : on a trouvé dans ses environs une fontaine salée & soufrée.

Sheffield, ville sur le Dun : elle a un hôpital, trois écoles, dont deux sont gratuites, un grand commerce de bleds & autres provisions, des fabriques de couteaux & d'épées : dans ses environs est une mine d'alun.

Hutherfield, *Burstal*, petites villes sur le Calder, commerçantes en draps. *Bradford*, *Settle*, *Ripley*, *Ottley*, sont des bourgs à marché.

Wetherby est sur le Wherfe, ainsi que *Tadcaster* : ce dernier y a un beau pont de pierres, & est voisin du camp de *Towton*, célebre dans l'histoire par une bataille. *Selby* est sur l'Ouse, *Snath* sur le Calder. *Sherbourn* est une petite ville qui a un hôpital bien réglé, & où l'on fait les meilleures épingles de l'Europe. *Barnesley*, un bourg bien bâti, où l'on travaille en fer & en acier. *Thorn* est dans une vaste prairie, que l'Ouse, l'Aire & le Dun environnent. *Heath*, village voisin de Vakefield, dans lequel est une académie pour la jeunesse : on y enseigne les langues, les arts & les sciences : 200 gentilshommes y demeurent. *Gisborne* est un bourg assez pauvre.

The East-Riding.

Il a des beaux champs ; & on y remarque 9 villes ou bourgs.

Kingston-upon-Hull, ou *Hull*, ville à l'embouchure du fleuve de ce nom : Edouard I en fit jeter les fondemens : son terrain resserré par les eaux n'a pas permis d'étendre son enceinte ; ses rues nombreuses & étroites

GRANDE-BRETAGNE.

étroites renferment un grand nombre de maisons & d'habitans. Elle est fortifiée, & l'on peut inonder ses environs à 2 lieues à la ronde. Elle a deux églises, des chapelles pour les non-conformistes, diverses écoles & maisons de charité, une belle bibliotheque, un arsenal, une douane, une bourse, divers magasins. C'est le dépôt des draps fabriqués dans les villes voisines, celui du plomb de Nottingham & de Derby, celui du beurre, des grains & des fromages des provinces qui l'environnent. On y trouve beaucoup de cordages, de voiles & autres fournitures pour les vaisseaux. Elle exerce la jurisdiction criminelle dans le district, & peut l'exercer sur le Humber. On y fait de l'excellente biere : la pêche y est encore un bon objet de commerce.

Heyden, ou *Heydon*, ville près de l'embouchure de l'Humber qui facilitait son commerce qui a passé à Hull : elle est bien bâtie.

Beverley est la ville la plus considérable de ce district ; elle est située sur l'Hull, est peuplée, & a de grands privileges, qu'elle tient des rois & des ducs d'Yorck : ses habitans ne paient aucun péage dans toute l'Angleterre : elle est le siege du tribunal de justice de ce district : le commerce y est actif, & l'on y fabrique des vaisseaux. Dans son enceinte & autour d'elle demeurent beaucoup de nobles & d'hommes considérables ; la facilité de la pêche, de la chasse, & les commodités de la vie les y fixent. Elle a deux paroisses, un hôpital, un college : la dreche, la farine d'avoine, les dentelles sont encore les objets de son commerce. Ces trois villes députent au parlement.

Patrington, bourg antique & agréable, qui eut autrefois un bon port qui paraît être le *Prætorium de*

Tome IV. Gg

Ptolomée, comme le promontoire voisin, nommé *Spurn-Head* doit être l'*Ocellum* du même auteur.

Hornsey, bourg à marché, situé au bord de la mer : il a un port assez bon, mais peu fréquenté. Son clocher est très-haut, & guide les navigateurs, & c'est dans cette vue qu'il fut construit.

Howden, bourg à marché qui donne son nom à un district, & où l'évêque de Durham a une cour de justice.

Burlington, ou *Bridlington*, grand bourg près de la mer, qui a un port, & fait un bon commerce : près de lui est le petit promontoire de *Flamborough-Head*. Entre ce bourg & celui de *Fordlingham* on trouve souvent, après de grosses pluies, ces especes de jets-d'eaux, nommés en anglais *Vipsies*, ou *Gypsies* : les gens de campagne leur donnent ce nom, qui signifie *Bohémiens*, parce qu'ils croient que ces eaux jaillissantes sont les présages de famine, ou d'autres fléaux.

Wighton, *Pocklington*, *Kilham* & *Hunanby*, sont encore des bourgs.

The North-Riding.

Il renferme le petit duché de Cléveland, dont le sol est médiocre : on y voit le château de *Danbi*.

Yorck, *Eboracum*, ville capitale du duché, située sur l'Ouse, était autrefois plus considérable & plus peuplée : les Romains la fortifierent pour l'opposer aux Pictes : les empereurs *Severe* & *Constance-Chlore* y résiderent. Sous Henri V elle renfermait 41 paroisses, 17 chapelles, 16 hôpitaux, 9 abbayes, & sa cathédrale : aujourd'hui elle a 28 églises, dont on ne se sert que de 17 : son maire a, comme celui de Londres, le titre de *lord*. L'église cathédrale est la plus vaste de l'Angleterre; elle est antique & belle encore. *Egbert*, archevèque, y érigea une bibliotheque, où Alcuin, précepteur de Charlemagne, puisa ses connaissances: elle a été augmentée depuis. Yorck a des manufactures d'étoffes de coton; elle est protégée par un château élevé au confluent de la Fofs & de l'Ouse. Sa jurisdiction s'étend sur 30 villages. Les députés d'Yorck ont rang dans la chambre basse après ceux de Londres. Sa long. est 16, 24; sa lat. 53; 52. Son archevèque est chapelain de la reine, & son revenu est de 2500 liv. sterl.

Richmont, grand bourg au bord de la Swale: il est bien bâti, & défendu par un rempart & un château fort: il a deux églises & 3 fauxbourgs: ses maisons, sa situation le rendent agréable; ses fabriques de bas, de bonnets, d'étoffes de laine, &c. y amenent des richesses. Il a le titre de duché: ses environs montueux ont des mines de cuivre & de plomb, & des eaux minérales: au sommet de la colline où il est situé, on trouve une plaine de 60 arpens, où est un roc d'où coule une source.

Scarborough, bourg bâti en demi-lune sur un haut rocher au bord de la mer: du côté où la mer ne le baigne pas, il a une tour ou château: il est presque inaccessible. C'est un des entrepôts de la morue, du hareng, & autres poissons destinés pour l'Angleterre. Son port est, après celui d'Yarmouth, le meilleur de ces mers: ses eaux minérales y attirent beaucoup de monde, & sont de la même nature que celles de Pyrmont; c'est le Bath des provinces du nord: il y a un hôpital pour les veuves & les gens de mer.

Malton, grand bourg sur la Derwent, qui le partage, situé dans la fertile vallée de Rhydale: il trafique en grains & en bestiaux: on y fabrique une multitude d'inftrumens pour cultiver les champs. On la croit l'ancienne *Malodunum*. Il a 3 églifes.

Thrik eft un bourg peu confidérable, qui, ainfi que les lieux précédens, députe 2 membres au parlement.

Bedal, ou *Bedel*, bourg d'une enceinte médiocre; mais fes foires de chevaux, de bêtes à cornes, de brebis, &c. le rendent confidérable. *Eggleflon* eft connu par le marbre de fes environs. *Whitby*, bourg à marché, au lieu où l'Esk fe jette dans la mer: il a un bon port, & un chantier où l'on conf- truit beaucoup de vaiffeaux : on y prépare l'alun. *Gisborough* eft fitué à une lieue de la mer, dans une campagne embellie par la plus belle verdure: il a des foires, fait un grand commerce d'alun, & a près de lui les ruines d'une ancienne abbaye. *Stockesby* eft fur la Levan. *Tarum* eft fitué au confluent de la Tees & de la Levan. *Gilling*, *Bowes* font fur la Tees; *Masham* & *Midlam* fur l'Eure. *Pickering* eft un bourg confidérable.

XXXVI. *Evêché de Durham.*

Situé fur la mer d'Allemagne, il eft affez fertile au levant, mais marécageux au midi, & femé de ro- chers au couchant. Les Brigantes l'habiterent. *Saint Cuthbert* y prêcha le chriftianifme, & le reçut en pro- priété, pour en jouir comme comte palatin: fes droits étaient ceux d'un petit roi; mais l'évêque ne les a pas confervés; il n'y a plus ni cour de juftice, ni chancellerie; cependant il a encore le titre de comte de *Sadberg*. Ce pays a 30 milles de long, 26 de large, 107 de circuit: par-tout où il eft mon- tueux, l'air eft froid & âpre; ailleurs l'air eft doux, les prairies belles, les champs bien cultivés: on y voit une multitude de bofquets, & on y trouve du fer, du plomb, de la houille, qu'on exploite & qu'on exporte, ainſi que du beau ſel qu'on y prépare. Sa ſurface eſt de 610,000 arpens, & il renferme 118 paroiſſes, 8 villes & bourgs à marché, 15,980 maiſons, & 80,000 habitans. Il n'envoie que 4 membres au parlement, 2 pour lui, 2 pour la capitale. L'évêque prend ſon rang après celui de Londres, & jouit de 4000 liv. ſterl. de revenu : il eſt ſuffragant d'Yorck.

Durham, ville ſituée ſur une colline, au bas de laquelle paſſe la Were, ſur laquelle ſont deux ponts de pierres : elle eſt ancienne & bien bâtie, elle a été forte, & ſes anciens murs ſubſiſtent encore. Son château eſt devenu le palais de l'évêque, qui a encore dans la ville beaucoup d'autorité, & y nomme aux emplois municipaux : il y avait le droit de battre monnaie, qu'il n'a plus. Sa cathédrale eſt grande & bien ornée : elle a ſix autres égliſes, une bibliotheque publique, un college, pluſieurs écoles, dix hôpitaux. Les chanoines & pluſieurs nobles s'y plaiſent, & y vivent. Les vivres y abondent, & l'aiſance y regne. Sa long. eſt 15, 58; ſa lat. 54, 45.

Sunderland, bourg à marché, bien bâti, fort peuplé, ayant un port : il eſt à l'embouchure de la Were dans la mer. On y commerce en charbon de terre.

Hartlepool, ville ſur le rivage de la mer du Nord : elle a un port commode pour les vaiſſeaux qui vont chercher de la houille : elle eſt placée ſur un promontoire qui s'avance dans la mer.

Darlington, ville ſur la Skerue, voiſine de trois cavernes fameuſes, appellées *Chauderons d'Enfer*, qu'on croit l'effet d'un tremblement de terre, & dont le vulgaire raconte des hiſtoires effrayantes. Elle a de bonnes foires, de gros marchés, une belle égliſe, une école publique, un palais épiscopal qui tombe en ruines. On y fait des toiles.

Stockton, grand bourg à marché sur la Tees, d'où l'on transporte à Londres beaucoup de plomb & de beurre. *Stainthorp* est moins considérable. *Bernards-Castle*, petite ville sur un rocher que baigne la Tees, bâtie par Bernard Baliol, aïeul du roi d'Ecosse de ce nom. *Sheals*, ou *Shields*, bourg à l'embouchure de la Tyne, remarquable par ses salines & son port, où se rendent les vaisseaux qui transportent du charbon de terre. *Stanhope*, bourg sur la Were, ainsi que *Wolsingham*. *Bishops-Aukland*, bourg agréable, situé sur une colline, & où l'évêque a un palais. *Yarrow* est un grand village.

XXXVII. *Northumberlandshire*.

Son nom signifie *pays au nord de l'Humber* : il a 50 milles de long, & 40 de large. Les *Ottadins* l'habiterent, & les Romains y ont laissé des traces de leur séjour. Voisin de hautes montagnes, son air est assez tempéré, le voisinage de deux mers l'adoucit, & la neige y dure peu ; les étés n'y sont pas chauds, le climat y est sain ; on y voit peu de malades, & beaucoup de vieillards. Son sol varié est fertile en grains, en fourages ; vers le couchant il est presque stérile ; vers le sud-est il est riche en houille, plomb & bois de charpente. Londres en tire plus de 22 millions de boisseaux de houille par an. La *Tyne*, la *Twede*, la *Coquette* l'arrosent. Il est du diocèse de Durham, renferme 1,370,000 arpens, 46 paroisses, 11 villes, 280 villages, 22,740 maisons, & plus de 113,000 habitans. Il envoie 8 membres au parlement.

Newcastle-upon-Tyne est sa capitale : c'est une ville

peuplée, riche, située sur la Tyne, à deux lieues de la mer, sur la pente d'une colline : elle a eu le nom de *Monkchester* par le grand nombre de moines qui l'habitaient, & a pris son nom actuel sous Guillaume I. Elle a sept portes, sept églises, plusieurs chapelles & écoles de charité, un grand hôpital, plusieurs autres bâtimens publics, & de grands privileges qu'elle reçut de la reine Elisabeth : son quai est un des plus beaux de l'Angleterre : son commerce est florissant, sur-tout en charbon de terre, qui se transporte en Angleterre, Hollande, France, &c. & en pierres à aiguiser, plus dures que celles d'Espagne. Près d'elle sont des verreries, & on y voit les restes du mur avec lequel l'empereur Adrien ferma l'Angleterre aux Pictes, & qui s'étendait jusques près de Carlisle. Sa longitude est 15, 58 ; sa latitude 55.

Morpeth, bourg ou ville que la Wentsbeck partage, qui a des foires, des marchés, & est un des lieux de l'Angleterre où l'on vend le plus de bétail.

Berwick sur la Tweed appartint autrefois à l'Ecosse ; elle est grande, peuplée, fortifiée, située à l'embouchure de la Tweed, sur une hauteur qui s'avance dans la mer : elle commerce en grains & en saumons. Ces trois villes députent au parlement.

Alnwick, petite ville sur l'Alne, bien bâtie & peuplée, où l'on commerce en chapeaux, draps, bétail & quincaillerie : dans ses murs est un château antique. *Beltingham* est commerçante en bétail, denrées, étoffes de laine : l'industrie y supplée à l'aridité du sol. *Harley*, bourg qui a un port dont l'entrée est taillée dans le roc, large de 900 pieds, & profonde de 50. *Hexham*, autrefois *Axelodunum*, ville sur la Tyne, qui donne à ses environs le titre de comté, & fut le siege d'un évèché, uni à celui de Durham par Henri VIII. *Wooller*, *Learmouth* sont de petites villes; *Hellesdon*, *Rothbury* des bourgs.

Sur la côte de cette province sont situées les trois îles d'*Holy-Island*, de *Fairne* & de *Cocket*. La premiere, nommée autrefois *Lindisfarne*, était habitée par un évèque, des moines, un grand nombre de pieux solitaires; & de-là vient son nom actuel: petite, n'ayant ni un air sain, ni un sol fertile, elle est peu habitée. Au midi est une petite ville remplie de pêcheurs: elle a un port protégé par un fort. La seconde, plus petite encore, est presque environnée de rochers, & l'on n'y trouve que des oiseaux & des poissons. Nous ne savons rien de la troisieme.

XXXVIII. *Cumberland*.

Il a 55 milles du sud au nord, 38 du couchant au levant, & 168 de circuit. Son nom vient de *Kumbria*, ou des *Cambri* (Bretons) qui l'habiterent, & se défendirent long-tems contre les Saxons. Il a été si pauvre que Guillaume le Conquérant l'exempta de tout impôt: cette pauvreté n'existe plus. Des montagnes le défendent du vent du nord; cependant les arbres y sont petits: les pâturages y sont excellens; on y trouve de la pierre calaminaire, du plomb noir, des rivieres poissonneuses qui la fertilisent. On pêche sur ses côtes de petites perles, du saumon & d'autres poissons. Des inscriptions, des vases, des monnaies, des vestiges de l'ancien mur élevé par Adrien, & qui s'étend de la baie de Solwai jusqu'au-delà de Brampton, haut de 12 pieds, épais de 8, y prouvent le séjour des Romains. Il contient 1,040,000 arpens, 58 paroisses, 15 villes ou bourgs à marché, 14,825 maisons, & 75,000 habitans. Six membres le représentent dans le parlement. Les eaux y ont causé souvent des ravages & des phénomenes singuliers.

Carlisle est sa capitale : cette ville est grande, ancienne, peuplée, ornée de beaux édifices. Les Romains l'appelaient *Luguvallum* & *Brovoniacum*; les Bretons *Caer-Luel*, ville de *Luel*, du nom d'un de leurs princes. Le poisson y est abondant, le commerce faible : on y fabrique quelques futaines. Elle est entourée de murs antiques & épais : on trouve dans ses environs divers morceaux d'antiquité. L'Eden l'arrose; au levant de la ville il reçoit le Petteril, au couchant la Caude. Son évêque a 870 liv. de revenu. Sa long. est de 14, 19; sa lat. 55.

Cockermuth, ville sur le Cocker, qui près de là se jette dans le Derwent. Placée entre deux collines, sur l'une est un château, sur l'autre une belle église. Elle est peuplée, bien bâtie, a deux ponts de pierres, un bon port à l'embouchure de la riviere, un marché de grains considérable, & des manufactures de gros draps. Ces deux villes députent au parlement.

Brampton, bourg sur l'Itching, vers le mur d'Adrien, entre l'Ecosse & l'Angleterre : son commerce a déchu; il consiste en chevaux & bêtes à cornes. Sur une hauteur voisine est un fort.

Egremont, petit bourg sur une petite riviere, qu'on y passe sur deux ponts : il a un port pour les barques, un château qui tombe en ruines, & le titre de comté. *Penrith* est sur l'Eden, & fut une ville épiscopale connue sous les Romains : on y prépare & fait divers ouvrages de cuir & de peau, il a de grandes foires de betail & de grains, une belle église, deux écoles & une vaste place. *Keswick*, bourg voisin de la haute montagne de *Skiddaw* : il eut des mines de cuivre, & fournit encore le plus beau plomb noir qu'il y ait au monde. *Ireby*, bourg qu'on croit être l'ancien *Ardeia*. *Burgh upon the Sands*, bourg remarquable par le monument qu'y fit élever Edouard I. *Workington*, ville à l'embouchure de la Derwent, peuplée de pêcheurs.

Witehaven, petite ville au bord de la mer : elle a un petit port, & on y commerce en sel & en charbon de terre. *S. Bees* a une école publique, & est située près du promontoire de son nom. *Ravenglass*, bourg à marché qui a un port à l'embouchure de l'Esk.

XXXIX. *Westmorland.*

Son nom vient de sa situation & de ses terres incultes, que les Anglais appellent *Mores*. Il est presque par-tout couvert de hautes montagnes ; il est sec & peu habité, a 30 milles de long, 24 de large, 112 de circuit. L'air y est pur & sain, mais un peu froid : l'*Eden*, le *Ken*, le *Lone* & l'*Eamon* l'arrosent. On y remarque les deux lacs de *Winander-Meer*, & d'*Ulles-Water*. Il renferme 510,000 arpens, 30 paroisses, 8 villes ou bourgs à marché, 10,500 maisons, & 45,000 habitans. Il n'envoie que 4 membres au parlement, 2 pour lui, 2 pour Appleby sa capitale.

Appleby, ou *Apulby*, autrefois *Abalaba*, est une ville qui tombe en ruines, qui n'a qu'une rue, & que l'Eden arrose : les assises s'y tiennent ; elle a une école gratuite & un hôpital. Sa long. est 14, 50 ; sa lat. 54, 40.

Kendal, ville sur la Kend ; elle est riche, peuplée, environnée de collines agréables, commerçante en draps, en droguets, étoffes de coton, bas, chapeaux : ses foires sont fréquentées des étrangers. Elle a une église, 12 chapelles & une école latine.

Kirkby-Stephen, bourg à marché, orné d'une belle église, qui a une école gratuite, & des fabriques de bas qui le font prospérer. L'Eden l'arrose. *Amblesinde*, bourg ou village au bord du lac Winander-Meer, & qu'on croit être l'*Amblioglana* des Brigantes. *Clifton*, village connu par une bataille : il est au bord du Lowder. *Lonsdale*, petite ville sur le Lone, commerçante en draps. *Shap*, *Orton*, sont des bourgs.

XL. *Lancashire.*

On l'appelle aussi *Comté Palatin de Lancastre*. Il touche à la mer d'Irlande, a la figure de l'Angleterre elle-même, est long de 57 milles, large de 30 ; fut habité par les Brigantes, devint un comté palatin sous les Normands, puis un duché pour les princes de la maison royale. On y recueille du froment, de l'orge, de l'avoine : vers l'orient il est semé de rocs, & presque stérile : l'air y est bon, mais nébuleux : les fievres sont communes au bord de la mer ; cependant les hommes y sont robustes & vigoureux. Les marais qui sont dans la plaine donnent de la tourbe ; on y trouve quelquefois des arbres entiers, & le peuple prétend qu'ils y croissent. Il a des mines de charbon de pierre, & des carrieres excellentes. Les denrées y abondent, le bétail y prospere, les bœufs y deviennent très-grands ; on y cultive le lin avec succès, & les manufactures y fleurissent. C'est le pays de l'Angleterre où il y a le plus de Catholiques, plus de belles femmes, plus d'anciennes familles ; les héritages y changent moins souvent de possesseur, & les hommes y sont plus attachés à leur patrie. La *Mersey* & la *Ribble* l'arrofent; le lac de *Winander* le fépare en partie du Weftmorland; c'eft le plus grand du royaume; il a 10 milles de long, 2 de large: on y trouve le poiffon fingulier nommé *char*, qui ne fe trouve que dans fon enceinte & dans celle du lac d'*Ulles'-Water*. Au midi de la province eft encore le lac *Marton*: on y remarque encore la montagne *Pendilhill*. Ce pays renferme 1,150,000 arpens, 60 paroiffes, 26 villes ou bourgs à marché, 890 villages, 40,200 maifons, & 200,000 habitans. Il députe 14 membres au parlement.

Lancaftre, ville qui fut le *Longovicum* des Romains, & où l'on voit encore les ruines des murs qu'ils y éleverent: on y découvre de tems en tems des antiquités. Elle a eu une abbaye de Bénédictins, & eft fituée fur la Lone, qu'on y paffe fur un beau pont de pierres, à peu de diftance de fon embouchure: elle a un port, mais où les fables empêchent les gros vaiffeaux d'entrer: dans fon château fe tiennent les affifes du comté. Elle faifait avec l'Amérique un bon commerce de draps & de quincaillerie. Elle eft grande, mais n'eft pas peuplée: elle a une églife fort vafte, & une maifon de ville affez belle. Un maire & des aldermans la gouvernent. Sa long. eft 14, 35; fa lat. 54, 2.

Prefton, beau bourg à marché, fur la Ribble, qui y amene l'abondance des denrées; il eft le fiege de la cour & de la chancellerie palatine, renferme deux écoles gratuites & plufieurs maifons de charité, eft agréable par fa fituation, propre, bien bâti, & connu par un combat.

Clithero, bourg à marché près de la Ribble & du mont Pendilhill. On y trafique en draps, fils, chevaux & bêtes à cornes.

Newton, bourg qui a une école gratuite. *Wigan*

est joli, bien bâti, assez peuplé : l'évêque de Chester y a un palais : on y travaille le fer, & y fait des garnitures de lit : près de lui est une source minérale, & une espece de charbon dont on se sert pour s'éclairer.

Leverpool, ou *Liverpool* est, dit-on, après Londres & Bristol, la meilleure place de commerce de l'Angleterre : elle a un port excellent, un bassin vaste, sûr & commode, protégé par un château & une tour; des chantiers bien fournis, des citoyens industrieux & pleins de courage, qui dans la guerre font d'excellens armateurs : ils jouissent de plusieurs privileges, ont trois églises, plusieurs chapelles pour les non-conformistes, une bourse, des écoles gratuites, une maison de travail. Tous les lieux dont nous venons de parler députent au parlement.

Ormskirk, bourg à marché, sur le Douglas, près du lac de Marton : près d'elle était le *Letham-House*, ancien château des comtes de Derbi : on y voit une excellente source d'eaux minérales, & du charbon de terre qui sert de chandelle aux paysans. *Warrington*, bourg sur le Mersey, qu'on y passe sur un beau pont de pierres : son commerce est actif, & consiste en toiles, dreche & bétail; ses maisons jolies, ses rues propres : le poisson & les denrées y abondent. *Cartmel*, situé à l'embouchure du Car dans la mer d'Irlande : cette riviere, navigable pour les barques, lui sert de port; mais les bancs de sable le rendent dangereux : des guides y sont payés par le gouvernement, & le commerce y fleurit. *Dalton*, situé dans une plaine près de la mer, commerce en denrées & bestiaux. *Garstand* est sur la Wyre, a des foires & des marchés, des habitans bons navigateurs, qui pêchent des perles : on retire du sel du sable de ses environs. *Ribblechester*, petit lieu fur la Ribble, qui paraît être l'ancien *Bœto-nomacum*; & où l'on trouve des antiquités qui annoncent une grande ville. *Coln* est remarquable par les monnaies antiques d'or & d'argent qu'on y trouve, *Bolton* par ses manufactures d'étoffes de coton & de laines. *Leigh*, *Eccleston*, *Prescot*, *Blackburn*, &c. sont encore des bourgs à marché.

Manchester n'est ni une ville, ni un bourg, il n'est qu'un village; mais il est grand, beau, agréable, très-peuplé, situé sur l'Irwell, & comprend une église collégiale, un college, une école publique, une bibliotheque, un hôpital, plusieurs manufactures d'étoffes de coton & de laine; on y fait aussi des toiles: on croit qu'il est sur le sol qu'occupa autrefois *Mancunium*: un canal creusé en 1756, pour faciliter l'exploitation du charbon de terre, s'étend jusqu'à lui. *Warton*, petite ville où est une école latine. *Fernby*, village au bord de la mer, dans une campagne marécageuse d'où l'on tire de la tourbe qui échauffe & éclaire.

Principauté de Galles.

Elle a eu le nom de *Cambria*, de *Cambro-Britannia*, & de *Seconde-Bretagne*: du midi au nord elle a 150 milles, du levant au couchant, sur 40 à 70 de large. Elle est montueuse, sans être infertile : on y trouve tout ce qui est nécessaire à la vie: le bétail y est petit; elle nourrit beaucoup de brebis: l'air y est bon, les vivres y sont à bon marché; on y brûle du bois, du charbon de pierre, de la tourbe: elle n'est pas peuplée, & on n'y compte que 751 paroisses, 58 bourgs, un peu plus de 300,000 ames. La somme des taxes qu'on y paie monte à 43,752 liv. st. Les habitans se nomment *Cymri*, *Cumeri*, & descendent des anciens Bretons : leur langue est un mélange de celles des Gaules, & elle a éprouvé bien des changemens : on a cherché vainement à la détruire : on y a établi des écoles, & il y a divers maîtres qui vont instruire les jeunes gens de lieu en lieu.

Ce pays fut l'asyle des Bretons qui ne voulurent pas se soumettre au joug des Saxons : ils eurent des princes particuliers jusqu'à Léolin, vaincu par Edouard I : alors le fils du roi d'Angleterre devint prince de Galles, & cette principauté conserva ses loix & ses usages jusques sous Henri VIII, qui les soumit à ceux des Anglais. On y voit de fertiles vallées qu'arrosent des rivieres rapides, des cascades naturelles, des forêts, des plaines, des palais ruinés, des paysages très-pittoresques. Les paysans y sont indépendans, les gens riches y sont fiers, tous s'irritent aisément. Les hommes y sont hospitaliers pour les étrangers, despotiques dans leurs familles : les paysans vont pieds nuds, mais ils sont libres, & n'ayant que peu de besoins, ils peuvent être riches sous les haillons de la misere. On y encourage les mariages, & chacun se cottise pour faire la dot de ceux qui n'en ont pas.

On la divisait en quatorze comtés, ou shires ; elle n'en renferme plus que douze, dont six sont renfermés dans le *South-Wales*, & six dans le *North-Wales*.

South-Wales.

I. Pembrokeshire.

C'en est la partie la plus occidentale ; il est fertile, sur-tout au levant : les *Dimitæ* l'habitaient sous les Romains : un grand nombre de Flamands s'y établirent dans le douzieme siecle, chassés de leur pays par les irruptions de la mer: les Gallois les regarderent avec un œil de jalousie, parce qu'ils étaient étrangers & industrieux, & de-là nâquirent des troubles qu'on n'a pu calmer qu'en y envoyant une colonie Anglaise.

Il a vingt-six milles du sud au nord, vingt milles de l'est à l'ouest. La mer d'Irlande y a formé des golfes profonds & des îles: la *Teivi*, la *Clethy*, la *Dougledye*, divers ruisseaux poissonneux l'arrosent. Vers le nord-est il a des monts; par-tout ailleurs il est plat, fertile en grains & en pâturages: on y éleve du gros & du menu bétail; on y trouve des mines d'excellent charbon de terre, dont la poussiere pétrie avec un tiers de terre produit le *culm*, qui, desséché, brûle très-bien, & fait peu de fumée. Les vivres y sont à bon marché, & on y vit long-tems: l'air y est pur; le travail & la frugalité y sont en honneur: il n'y a ni fabriques, ni manufactures; l'agriculture, la navigation occupent ses habitans, & suffisent à leurs projets. Il est du diocèse de S. David, renferme 420,000 arpens, 45 paroisses, 9 villes ou bourgs à marché, 4300 maisons, & 28,000 habitans. Il est représenté par trois membres dans le parlement, un élu par lui, un par sa capitale, un pour Haverfort-West.

Pembroke est la seconde ville de la Galles méridionale par la grandeur: son château fut fort, & est délabré: ses murs sont percés par trois portes; elle a deux beaux ponts, plusieurs maisons bien bâties, deux églises; son commerce entretient 200 vaisseaux marchands. Elle est située sur la coupure du port de *Milfort*, la plus avancée dans les terres; & ce port est le plus vaste de l'Europe, & un des plus sûrs; il comprend 16 criques, ou coupures, 5 baies, 13 rades, &
peut

peut contenir plus de 1000 vaisseaux. Pour l'améliorer, le parlement destina en 1768 la somme de 750,000 liv. sterl. La long. de Pembroke est 12, 35 ; sa lat. 51, 58.

Tenbigh, ou *Tenby*, est après Pembroke la plus grande ville qui soit sur les côtes de la Galles méridionale : elle a une rade, & commerce en harengs & en charbon.

Haverfort-West, ville sur le Dugledye, ou Dugledée ; elle est petite, mais bien bâtie & peuplée : on y tient les assises : elle renferme 3 églises, diverses écoles, les ruines d'un prieuré : ses environs sont embellis de plusieurs maisons de plaisance.

S. Davids, ville ancienne, que les Saxons démantelerent, que les Danois brûlerent, & que les pirates ont souvent pillée. Sous le roi Arthur, son évêque était métropolitain d'Angleterre, & sa cathédrale est encore un édifice majestueux : elle n'a ni foires, ni marchés, & est délabrée. Près d'elle est le lac *Bosharston*; dont on n'a pu encore sonder la profondeur, & qui s'agite & murmure à l'approche des tempêtes. Non loin de là sont les rocs appellés l'Évêque & ses Clers, fameux par les naufrages qu'ils causent. Ses environs sont agrestes, & l'on y cueille la *lactuca marina*, ou beurre-noir, espece de jonc marin bon à manger. Les revenus de l'évêque sont de 875 liv. sterl.

Newport, petite ville qui a un bon port d'où l'on s'embarque pour l'Irlande, & c'est ce qui en fait subsister les habitans.

II. *Caermarthenshire.*

Il est long de 48 milles, large de 25 ; c'est la plus fertile & la moins montueuse des comtés du pays de

Galles : on y recueille beaucoup de grains, on en tire du bétail, du faumon, du bois, de la houille & du plomb très-fin. Il renferme 700,000 arpens, 87 paroiffes, 8 villes ou bourgs, environ 9000 maifons, & 45,000 habitans. Il envoie deux députés au parlement, l'un pour lui, l'autre pour fa capitale.

Caermarthen, ou *Kaer-Vyrden*, autrefois *Maridúnum*, ville fituée fur la Towy, qui y eft navigable; elle eft bien bâtie, peuplée, commerçante, a un pont de pierres fur le fleuve, eft le fiege de la chancellerie & de la chambre des comtes du South-wales. Elle s'agrandit tous les jours, & on l'appelle le *Londres* du pays de Galles ; à un mille de fes murs, on voit la *grotte de Merlin*, qui y náquit dans le cinquieme fiecle. La long. de Caermarthen eft 13, 16; fa lat. 52.

Llandilovawr & *Llanimdovery*, font deux petites villes au bord de la Towy. *Langadok* eft plus petite encore. *Kidwelly* a un port bouché par les fables, fur le canal de Briftol, il commerçait autrefois en draps; mais des barques de pêcheurs y peuvent feules arriver, & on n'y commerce plus qu'en denrées. *Lanelly* eft peu confidérable & au bord de la mer.

III. *Glamorgan-Shire.*

Il a 48 milles du couchant au levant, 27 du midi au nord : les Silures l'habiterent, il a eu des princes particuliers, qui eurent le nom de *Morgan*; au nord, il eft montueux, froid, ftérile; au midi, les monts s'abaiffent en côteaux, en plaines fécondes, & c'eft le jardin du pays de Galles. Le *Rumney*, le *Taff*, l'*Ogmore*, l'*Avon*, le *Cledaugh*, la *Tawye*, un grand nombre de ruiffeaux l'arrofent.

On en exporte beaucoup de grains, de bétail, de poissons, & de houille. Il renferme 540000 arpens, 118 paroisses, 9 villes ou bourgs, 9640 maisons, 57840 habitans. Deux membres le représentent au parlement, un pour lui, un pour sa capitale.

Caerdiff sa capitale, est bien bâtie, fort peuplée, très commerçante : des murs & un château la défendaient, mais elle n'est plus forte : on y compte 300 maisons, deux écoles publiques, des maisons d'assemblée pour les non-conformistes, sept portes, & un quai. Ses deux fauxbourgs renferment les ruines de deux monasteres, & à quelque distance, des mines abondantes de fer. Les sessions du comté s'y tiennent.

Schwansey, bonne ville qui a un port, & commerce en charbon & culm. Près d'elle sont des eaux minerales. *Neath*, port d'où l'on transporte beaucoup de charbon. *Cowbridge*, bourg voisin de la mer : ses environs sont d'une fertilité extraordinaire ; il a de grandes foires de bétail, des marchés pour les denrées, des maisons propres & solides, de jolies rues : 26 officiers y veillent sur la police.

Landaff, ville sur le Taff ; elle est petite, sans commerce, sans foires ni marchés. On dit que c'est le premier endroit de l'Angleterre où le culte chrétien a été célébré. Son évêque est le plus pauvre de l'Angleterre ; il n'a que 225 livres sterl. de revenu : sa cathédrale est ancienne & bien conservée. *Llantrissent* est un bourg à marché fort ancien, *Taff'swell* source chaude voisine du Taff.

Les petites îles de *Steepholmes* & *Flatholmes*, dans le canal de Bristol, dépendent de cette province.

IV. Brecknock-Shire.

Ses montagnes sont stériles & ses vallées très fertiles en blés. On y trouve du bétail, du poisson, des fourrures de loutres. Il est long de 40 milles, large de 28, renferme 620,000 arpens, 61 paroisses, 4 villes, 5800 maisons, 36000 habitans, il élit un membre pour le parlement, & sa capitale en élit un autre.

Brecknock, est située au bord de l'Hodney & de l'Uske qui s'y réunissent, & sur lesquels elle a un beau pont de pierres ; elle est assez grande & bien bâtie, commerce en drap, a trois églises paroissiales, parmi lesquelles est une collégiale. Les tribunaux du comté y siegent. A deux milles de là est un lac poissonneux au bord duquel exista une grande ville, engloutie par un tremblement de terre. La long. de Brecknock est 14, 15 ; sa lat. 52, 9.

Hay est un bourg assez riche, & qui est sur la Wye : *Built*, bourg sur la même riviere, environné de forêts, bien bâti, dans une situation agréable, commerçant en bas qu'on y fabrique. *Criekhovel* est encore un bourg.

V. Cardigan-Shire.

Il a 40 milles de long, 20 de large, & est arrosé d'un grand nombre de petites rivieres qui le fertilisent ; le centre en est élevé, & des deux côtés se forment de vastes plaines bien cultivées ; il y a des mines d'argent, de plomb, & de cuivre ; les premieres étaient si riches qu'un tonneau de minerai rendait 70 à 80 onces d'argent, & le chevalier Midleton en tirait un revenu net de 2000 liv. sterl. par mois : ceux qui lui ont succédé s'y sont rui-

GRANDE-BRETAGNE. 485

nés, peut-être par ignorance, ou pour avoir été trop pauvres. Le pays est abondant en pâturages, ses rivieres sont poissonneuses, ses forêts riches en gibier, ses champs fertiles en grains. Sa surface est de 520,000 arpens : on y compte 74 paroisses, 6 villes ou bourgs, 3350 maisons, 37000 habitans. Deux membres la représentent en parlement, un pour elle, un pour sa capitale.

Cardigan est sur la Tivy ou Tyevye, qui donne le meilleur saumon qu'il y ait en Angleterre : elle est jolie, a une belle église, un hôtel de ville construit avec goût : elle fait un commerce fort actif avec l'Irlande. Les assises s'y tiennent, & elle a le titre de comté. Sa longitude est 12, 53 ; sa latitude 52, 14.

Tregaron est une petite ville, *Llanbedar*, petit bourg sur la Tyevye. *Aberystwith*, bourg à marché, situé au bord de la mer, à l'embouchure de l'Ystwith : il est riche & peuplé.

VI. Radnor-Shire.

C'est le pays le plus stérile de la principauté de Galles : on n'y trouve que quelques belles vallées : il a 26 milles de long, 17 de large, renferme 310000 arpens, 52 paroisses, quatre villes ou bourgs, environ 3600 maisons & 22000 habitans. Il envoye deux députés au parlement, dont sa capitale en élit un.

Radnor, ville ancienne, située dans une vallée riante & fertile, sur le ruisseau de Somegil, petite, peu riche ; elle est le siege du tribunal qui veille sur les monnaies. Sa jurisdiction s'étend à dix à douze milles à la ronde. Sa long. est 14,30 ; sa lat. 52, 24.

Knigton, petite ville, mais jolie & commerçante,

Hh 3

sur le Tame, voisine de la digue que fit élever *Offa* roi de Mercie, entre la Dée au nord, & la Wye au sud, dans une longueur de 100 milles, pour arrêter les courses des Gallois : elle a duré longtems. *Presteigne* bourg assez considérable où se tiennent les assises. *Rhajadr Gwy*, petit endroit sur la Wye, qui y forme une cascade, & c'est de là que vient son nom. *Plymlimon-Hill*, montagne très haute d'où sortent la Wye & la Saverne.

NORTH-WALES.

I. *Montgommeri-Shire*.

Il est long de 32 milles, large de 23, les Ordovices l'habiterent; l'air y est sain, froid vers le couchant & le nord, parce qu'il y est montueux; mais vers le midi où il s'abaisse, il a des pâturages abondans, ses bêtes à cornes, ses chevaux y sont beaux & robustes. La *Saverne*, le *Tanat*, le *Turgh* l'arrosent. C'est sur-tout où coule la premiere qu'il est fertile, parce que ses eaux, comme celles du Nil engraissent les terres. Il renferme 560,000 arpens, 47 paroisses, 6 villes ou bourgs, 5600 maisons, & 34000 habitans. Lui & sa capitale élisent chacun un membre pour le parlement.

Montgommeri, ville au bord de la Saverne, dans une situation agréable sur une colline. Elle a eu un château fort, aujourd'hui détruit, & n'a plus que 100 maisons médiocres, habitées par des hommes actifs & aisés; il y a de bonnes foires de bétail & des marchés. Sa long. est 14, 25; sa lat. 52, 36.

Machynleth, bourg sur le Dovie, *Llanidlos*, *Newton* sont sur la Saverne. *Llandilling* est un bourg sur le Turgh. *Welsh-Poole*, dans une vallée fertile qu'arrose la Saverne, est une petite ville qui a une manufacture de flanelle.

II. Merionet-Shire.

Il touche à la mer d'Irlande, est montueux, nourrit beaucoup de brebis, est abondant en gibier, en poissons, & commerce en coton. On y voit la montagne *Kader-Idris*, une des plus hautes, si elle n'est la plus haute de l'Angleterre. Il renferme 500,000 arpens, est long de 30 milles, large de 21, a 37 paroisses, 4800 maisons, & 30000 habitans, dont la plupart vivent de laitages, ont le teint beau, & le corps bien fait; mais indolens & livrés aux plaisirs. Il n'envoye qu'un député au parlement.

Harlegh, ville petite, pauvre, située au bord de la mer, munie d'une garnison qui veille sur les côtes: les médailles qu'on y trouve en prouvent l'antiquité. On y voit les ruines d'un château fort, rasé par Cromwel. Sa longitude est 13, 35; sa latitude 52, 48.

Dolgelly, petite ville au bord de la mer. *Bala* est joli, & situé près du lac *Lhyn-Tegid*.

III. Flint-Shire.

Il est hérissé de montagnes, mais les vallées en sont riantes & fertiles; l'air y est sain & le bétail y prospere; on y recueille beaucoup de miel, du charbon de terre, il a des mines de plomb, des carrieres de meules de moulin; il est long de 21 lieues, large de 13, contient 160,000 arpens, 28 paroisses, 3600 maisons, 25000 habitans. Il envoye deux députés au parlement, dont l'un est nommé par sa capitale.

Flint, petite ville, où l'on ne remarque que le château qu'y éleva Henri II. Sa long. est 14, 21 ; sa lat. 53, 14.

St. Asaph, petite ville fort pauvre, située sur le Cluyd, dans une jolie vallée, siege d'un évêque suffragant de Cantorbury, qui a 400 livres de revenu selon quelques auteurs, & seulement 50 selon Busching qui nous parait s'être trompé; car il est peu de vicaires qui n'en ait autant.

Caerwys, est un bourg à marché assez considérable. *Holywel* est un village où est une source à laquelle les catholiques Romains qui y vont en pélérinage attribuent une vertu miraculeuse.

IV. Denbigh-Shire.

Il a 40 milles de long, 21 de large, est montueux, pierreux, sterile en quelques endroits, très fertile en d'autres, telle est la vallée qui est dans son centre, où l'on meurt fort vieux. La *Clewyd*, l'*Elwy*, la *Dée*, & le *Convey* l'arrosent. Les Ordovices l'habiterent. On y recueille des grains, & au couchant on y fertilise les terres avec les cendres de la tourbe. Il a de beaux pâturages, nourrit des chevaux, des bœufs, des brebis, du gibier, du poisson ; & a des mines de plomb. Il renferme 410,000 arpens, 57 paroisses, 6400 maisons, & 38 mille habitans. Il envoye deux députés, & sa capitale en élit un.

Denbigh, ville assez grande & peuplée, située sur une éminence qu'arrose une branche de la Clwyd. Autour d'elle est une vallée fertile en grains, abondante en bétail, en denrées, commerçante en cuirs

& en peaux qu'on y prépare & y travaille. Sa long. est 14, 5; sa lat. 53, 15.

Wrexham, est la plus grande ville du nord-Galles : elle est bien bâtie & peuplée. On y fait beaucoup de flanelles, & près d'elle est une mine de plomb.

Ruthyn, petite ville sur la Clwyd, ses environs sont fertiles. *Bangor*, village sur la Dée, sur laquelle est un pont de pierres. Elle fut une ville autrefois & avait un monastère célèbre.

V. Caernarvon-Shire.

Il a 50 milles de long & 13 de large, touche à la mer d'Irlande, est rempli de hautes montagnes, & de bois ; mais a de belles vallées & des plaines où l'on nourrit des chevaux & des brebis, où l'on cultive l'orge, sur-tout vers le couchant. La plus haute de ses montagnes est le *Snou-don-hill*, qui sur son sommet a un petit lac. Il renferme 370,000 arpens, 68 paroisses, 6 villes ou bourgs, 5800 maisons, & 30000 habitans. Il députe deux membres au parlement, l'un pour lui, l'autre pour sa capitale.

Caernarvon, ville dont l'enceinte est resserrée, mais qui est bien bâtie, défendue par un château, où Edouard II, premier prince de Galles naquit. Constance Chlore y mourut. Elle est au bord du canal de Meneu, ou Menai, qui sépare l'île d'Anglesey de ce comté. Sa longitude est 12, 52; sa lat. 53, 10.

Newin, *Pwlhely*, petites villes au bord de la mer. *Bangor*, vieille ville sur le canal de Meneu, siège d'un évêque suffragant de Cantorbury, dont le revenu annuel est de 300 liv. sterl.

Aber-Conway, ville fur la Conway qui y eft navigable, & lui forme un port, bâtie proprement, bien peuplée, ceinte d'un mur, munie d'un château : fes environs font fertiles en grains, & riches en bois de charpente : la riviere y fournit des marcaffites dont on fait de la couperofe & la mer qui l'avoifine a des perles.

VI. *Anglefey ou Anglefea.*

Cette île n'eft féparée de la terre-ferme que par le canal de Meneu : les Gallois la nomment *Mon* ou *Tirmon*. Sa longueur eft de 23 milles, fa largeur de 16. Elle a de belles prairies, des champs féconds, des carrieres de marbre, de l'amiante, des meules de moulin, des mines de cuivre qu'on n'exploite pas, de l'ochre en pierres, différemment coloré, rouge, verd, ou bleu, de l'argille très blanche, de même qualité que la cimolée & dont les peintres pourraient faire ufage. Elle renferme environ 200,000 arpens, 74 paroiffes, deux villes, 1800 maifons, 22000 habitans. Elle députe 2 membres au parlement, dont un eft nommé par Beaumaris fa capitale.

Beaumaris, petite ville environnée de plaines & de côteaux fertiles en grains & en pâturages ; Edouard I la trouva fi bien fituée, & pourvue d'un fi bon port, qu'il s'y plut, y fit élever un château qu'on y voit encore, & la fit fortifier. Sa long. eft 13, 6 ; fa lat. 53, 20.

Newborough eft encore une petite ville. *Holyhead* eft une petite île qu'un canal étroit fépare d'Anglefey, & d'où partent trois fois la femaine les paquebots pour l'Irlande. On y trouve de la terre à foulon.

Isle de Man.

Elle a 30 milles de long, & 8 à 15 de large, est située dans la mer d'Irlande, & a eu différens noms. César lui donna celui de *Mona*, Ptolomée celui de *Monoda* ou *Moneitha*, Pline celui de *Monabia*. Elle est environnée de rochers & les côtes en sont dangereuses : vers le nord, le sol est montueux, sablonneux & aride, quelques ruisseaux l'arrosent sans la fertiliser : au midi elle est fertile en toutes sortes de grains. L'air y est froid & sain ; on y devient vieux, & l'on n'y est pas exposé aux maladies contagieuses : on y cultive beaucoup d'avoines & de pommes de terre : la chaux, la marne, la vase marine sont les engrais qui les y font prospérer. Les chevaux n'y ont pas trois pieds de haut : les brebis, les porcs y sont fort petits ; mais la chair en est de bon goût : le gibier est commun dans son enceinte, le hareng abonde sur ses côtes. On y trouve de belles carrieres, des mines de fer, de plomb, de cuivre, & une source d'eau salée. Le commerce d'exportation y consiste en bétail, laine, peaux, cuirs suif, miel & toile. Elle a un évêque, un gouverneur, deux juges pour les affaires civiles & criminelles, un controlleur, un receveur. Les comtes de Derby la possédaient comme un fief depuis qu'Henri IV la leur avait donnée ; mais le roi l'a rachetée parce qu'elle était le magasin de la contrebande ; sa situation la favorisait, & l'on estimait à plus de 200000 livres sterl. par an, les marchandises qu'elle faisait entrer par fraude : elles consistaient sur-tout en thé, caffé, vin, brandevin, &c. Son évêque suffragant de Cantorbury, nommé par le roi, est devenu pair du royaume. Il porte aussi le titre d'évêque de *Sodor*, ville de l'île *Jona* ou *St.*

Columbs, ou *Colm-Kill*, l'une des Hebrides; ils furent deux évêchés distincts jusqu'en 1098 qu'on les réunit. On compte dans l'île de *Man* 17 paroisses, quatre villes ou bourgs à marché, & environ 20000 ames: le peuple y parle une langue & a des loix & des coutumes particulieres; il avait même une monnaie distincte; on y plaidait sans avocats, & sans écriture. La disette du bois fait qu'on n'y brûle que de la tourbe. La ville la plus considérable est *Russin*; on y voit un château fort: l'évêque y reside, ou dans le village de *Bal-Cury* qui en est voisin. La capitale est *Douglas*, ville peuplée & près de laquelle est le meilleur port de l'île. *Laxi* est à l'orient, *Peel* au couchant: cette derniere a un bon château qui en défend l'approche; elle est dans une petite île voisine.

ÉCOSSE.

Nous avons déja parlé de l'Ecosse comme étant une partie de la Grande-Bretagne: cependant nous en rassemblerons les principaux traits ici.

L'Ecosse du nord au sud, ou du promontoire *Dunysby* dans le Caithness, jusques au Mul ou cap de Galloway a (*) 215 milles Ecossaises, ou environ 134 lieues communes de l'orient à l'occident, & de *Ard-namurcham* qui est au milieu du pays dans sa longueur, jusques à Buchaness, elle a 140 milles ou 87 lieues: on compte autour 300 petites îles: (†) l'air y est froid & orageux, mais sain

---

(*) Le mille Ecossais est de 1426 toises & 3 pieds.
(†) Pendant l'été il n'y a pas de nuit: le crepuscule joint le jour qui finit, à celui qui commence.

l'hyver y est rude, le printems humide, l'été tempéré, l'automne variable; au septentrion elle est presque deserte, à l'orient peuplée & commerçante, fertile au midi, semée de lacs à l'occident. Le froment y est rare, elle a peu de fruits, assez de légumes & de bétail, beaucoup de cerfs & de loups : le commerce extérieur consiste en fer, en plomb, en poisson salé & en laine. On y trouve du charbon de terre & de la tourbe; du marbre, de l'ardoise, de belles amethistes, des perles, du corail blanc, des forêts de chênes, de pin, & de noyers. Au couchant habitaient les *Scots*, au levant les *Pictes*; les hautes montagnes qui s'étendent du Lochlomond, près de Dumbarton jusques dans la province de Ross, étaient leurs limites communes. *Scot* signifie petit (*), *Picten*, pillard dans l'ancienne langue des Gaulois : on partageait les premiers en *Hochlander* ou gens du pays haut, & en *Niederlander* ou gens du pays bas. Ceux-là donnaient à leur pays le nom de *Caeldoch*, à leur langue celui de *Caelic*, ou *Galic*, à eux-mêmes celui de *Cael* ou *Gael* : c'est du premier que les Romains ont fait celui de *Caledoniens*, qui s'applique particulierement aux *montagnards*, ils se donnaient aussi le nom d'*Albanich*, & à leur pays celui d'*Alba*. Le nom de *Scots* leur était inconnu, ils étaient divisés en *Clans* ou *Tribus*, unies par le sang & les loix : le château du chef fut un asyle hospitalier dans la paix, & une retraite dans la guerre. Le chef était un pere, un protecteur; ils connaissaient l'honneur sans être féroces, sans avoir de vices. Quelques champs, de nombreux troupeaux faisaient leurs richesses. Une val-

---

(*) Ce nom leur vient, ou de ce que leur pays est fort resserré, ou de la taille de ces peuples : les hommes y sont petits & les femmes plus petites encore.

lée, le bord d'une riviere étaient les lieux où ils élevaient leurs cabanes ; garder leurs troupeaux, labourer leurs champs, excaver de la tourbe pour se chauffer l'hyver, sont leurs occupations. L'été, ils dansent & dorment en plein air ; l'hyver ils chassent, se rassemblent autour d'un foyer commun, & chantent leurs antiques victoires. Chaque famille, chaque clan a son historien. La difficulté de passer les monts qui les séparent, & la rigueur du climat en font des hommes de fer : leur ame est grande comme la nature qu'ils consultent ; l'étranger trouve en eux un ami ; leurs maisons sont autant d'asyles ouverts pour lui. Outrager l'un d'entr'eux, c'est outrager la tribu entiere ; de là naissaient des guerres sanglantes, mais courtes, & sans haine ; ils mêlaient la religion aux contes des bardes, aux revenans, aux esprits, aux présages ; incertains de ce qu'ils devaient croire, ils étaient tolerans. Toujours armés, un manteau leger nommé *plaid* les enveloppait ; une camisole de gros drap leur serrait le corps, un vêtement léger s'arrêtait vers les hanches & descendait sur les genoux : le *plaid* leur servait de parapluye & de matelas ; ils combattaient en camisoles ; leurs armes étaient le cimeterre, le poignard, la targe, puis ils ont pris le mousqueton & deux pistolets : ils s'élançaient sur l'ennemi, le perçaient, le dissipaient ; les chevaux qu'ils connaissaient peu, les effrayaient. Tels sont encore en partie les montagnards d'Ecosse. Leurs voisins ne leur ressemblaient ni par l'habillement, ni par la langue, ni par les mœurs. Ils occupent plus d'une moitié de ce royaume ; on travaille aujourd'hui à les instruire, à en faire des chrétiens, sans qu'ils en deviennent peut-être ni plus heureux, ni plus sages. On y compte environ 150 écoles publiques.

GRANDE-BRETAGNE. 495

Les habitans du midi de l'Ecoffe (*Nièderlander*) ont eu bien plutôt que les premiers, des liaisons avec les Saxons, ils en ont pris la langue, les coutumes, les loix, les titres d'honneur. Ils sont aujourd'hui un mélange d'anciens Scots, de Piétes, de Bretons, de Français, d'Anglais, de Danois, d'Allemans, de Hongrais, & d'autres nations.

Les principales rivieres de l'Ecoffe, sont la *Ness*, qui sort de la province de Ross, & se décharge dans le golfe de Murray ainsi que le *Spey*; le *Tay* qui va de l'orient au couchant, nait dans le comté de Brayd-Albain & tombe dans la mer du nord : là se rend aussi le *Forth* qui y forme un golfe étendu : la *Clyd* & la *Tweede* naissent dans l'Ecoffe méridionale; la premiere se dirige au nord, se perd dans la mer d'Ecoffe, forme un golfe commode pour les navigateurs, & est riche en saumon : la seconde se jette dans la mer d'Allemagne. Le lac de *Lomound* est le plus grand de ceux du pays : il a 12 lieues de long, & cinq de large, renferme 30 iles, dont une est flottante : ceux de *Tay*, de *Nesse*, d'*Iern* ne se gèlent jamais, effet qu'on attribue à des feux souterrains, ou a des mineraux sulfureux : celui de *Myrtoo*, n'a qu'une partie qui puisse se gèler : les eaux du *Strath-Errich* ne gèlent que dans le mois de Fevrier : le lac de *Glencerich* est toujours gelé au centre, & ses bords toujours couverts d'une belle verdure : nous rapportons ces particularités en suivant des auteurs estimés; mais peut-être un examen plus réflechi les ferait disparaitre, ou les changerait. La partie méridionale est occupée par trois chaines de montagnes. Celle de *Cor-Head* est un des méridiens les plus élevés de l'univers : il a 400 toises de hauteur perpendiculaire. Fendue & entr'ouverte jusqu'à la cîme par une crevasse qui fait face au midi, ſes deux ſommets forment chacun une eſpece de cadran, dont l'ombre marque l'heure ſur les rochers oppoſés. C'eſt dans le comté de Perth que s'éleve le *Schehallien* élevé de 3550 pieds au-deſſus de la mer, de 2000 au-deſſus d'un vallon qui eſt à ſon pied, & ſe dirige du couchant au levant. Là, Mr. *Maskelyne* obſerva l'effet de l'attraction des montagnes, il trouva celle de ce mont de 5". 8'". Sa lat. eſt de 56, 4.

L'Ecoſſe renferme encore beaucoup de catholiques Romains. Elle eut autrefois deux archevêques & neuf évêques; aujourd'hui, la religion dominante eſt la Presbyterienne; elle a ſes paſteurs, ſes anciens, ſes diacres, qui dans chaque paroiſſe forment un *conſiſtoire*, dans un certain nombre de paroiſſes un *presbytere* & dans divers presbyteres un *ſynode*. Dans le mois de May ils forment annuellement une *aſſemblée générale*. On y compte environ 950 égliſes, qui font 68 presbyteres, leſquels forment treize ſynodes; celui de *Lothion* & *Tweedale* ſe compoſe de ſept presbyteres; celui de *Merſe* & *Tivioldale* de ſix; celui de *Duneſries* de quatre; celui de *Gallowaï* de trois; celui de *Glaſgow* & *Air* de ſept; celui d'*Argille* & *Air* de 5; celui de *Perth* & *Stirling* de cinq; celui de *Fife* de quatre. *Ungus* & *Mernis* eſt compoſé de ſix, *Aberdeen* de huit, *Murrai* de 6, *Roſs* de 4, *Orkeney* de 3.

Un *college de juſtice*, ou *ſeſſion*, compoſé d'un préſident, de quatorze conſeillers, ou juges, nommés *Lords ordinaires de ſeſſion*, de deux autres lords, de ſept clercs ou ſecretaires, de ſix officiers, y décide des affaires civiles. Un *tribunal criminel*, compoſé de cinq Lords, & de quelques autres membres, y juge des crimes. Une *chambre des comptes* ou *cour de l'échiquier*, veille ſur les revenus du pays. La
cour

cour de juſtice de l'amirauté, a inſpection ſur tout ce qui intéreſſe les affaires maritimes. Une autre cour y juge des affaires traitées dans les conſiſtoires.

L'Ecoſſe ſe diviſe en 31 *shires* ou comtés, & en deux *Stewartries* : 27 de ces comtés députent chacun un membre au parlement; les ſix autres enſemble n'en députent que deux : le reſte des députés Ecoſſais ſont nommés par les bourgs royaux.

ÉCOSSE MÉRIDIONALE.

I. *Berwick-Shire*, *ou Merſe.*

La mer d'Allemagne en baigne les côtes : ſon ſol eſt fertile en grains & en pâturages. *Berwick* qui lui donna ſon nom fait aujourd'hui partie de l'Angleterre dans le Northumberland.

Coldingham, petite ville où fut autrefois une abbaye célèbre, fondée en 1100 par Edgar roi d'Ecoſſe : elle donna ſon nom à la plaine voiſine, longue de huit milles; c'eſt le *Coldingham-moor*. Près de là eſt le promontoire de *St. Ebbes-head*, vulgairement *St. Tabbès*. *Eyton*, petite ville ſur l'Eye. *Eymouth*, ou *Aigmouth*, ou *Heymouth*, fut autrefois fortifiée, a un petit port & n'eſt gueres habitée que par des pêcheurs. *Coldſtream*, bourg à marché, où l'on a élevé un pont de pierres ſur la Tweede qui unit l'Ecoſſe à l'Angleterre; on l'appelle *The union Bridge*, (le pont d'union.)

Duns, petite ville qui a un château, & qui eſt la plus commerçante de la province. *Kelſo*, bourg à marché ſur la Tweed : ſes environs fertiles & rians le font proſpérer : il y eut autrefois une abbaye.

Lauderdale eſt une vallée, longue, fertile, parta-

Tome IV. I i

gée par le Lauder, qui y a un pont voisin d'une maison de plaisir, & d'un bourg royal qui porte son nom.

II. East-Lothian.

C'est la partie orientale de la Lothiane, le plus beau pays de l'Ecosse, abondant en grains, en tout ce qui est nécessaire à la vie, habité par un grand nombre de nobles, & où la mer, & le golfe de Forth appellent le commerce.

Dunbar, bourg royal à l'embouchure du Forth; il est bien bâti & a un bon port; on y voit encore les ruines de son antique château. Près de lui est *Dunhill*, célebre par un combat. *Haddington*, bourg au bord de la Tyne, qui élit un des 45 membres que l'Ecosse envoye dans la chambre des communes: il est peu habité: on y voit les ruines d'une belle église; ses environs sont agréables & fertiles, la culture y est florissante, & autour sont de belles maisons de campagne. *North-Berwick*, petit bourg qui a un port. *Seaton-Cockenny*, *Preston-Pans*, lieux voisins de la mer, & où l'on fait du sel. Sur les rives de la mer on voit encore les débris de l'ancien château de *Tantallon*, & à l'embouchure de la Forth, le rocher escarpé de *Bass*; on ne peut y monter que par un seul endroit, il a un mille de circuit, & est éloigné de la terre d'un mille: on trouve à son sommet une source d'eau douce, & quelques plantes. Les oies de mer y viennent attacher durant l'été l'œuf qu'elles pondent chaque année.

III. Mid-Lothian.

Edimbourgh, fut le siege des rois jusqu'à la mort

d'Elizabeth, reine d'Angleterre : elle est située en partie sur une hauteur qui s'étend du couchant au levant, longue de plus d'un mille, large de la moitié ; le sommet de la colline est occupé par une des plus belles rues qu'il y ait en Europe : des deux côtés sont d'autres rues ; celles qui les joignent vers le nord sont roides & étroites ; & vers le midi elles sont assez larges & d'une pente moins rapide ; toutes sont assez sales. Celles-ci se terminent à Cowgate, lieu abondant en sources ; & là sont les brasseries : le quartier le plus bas de la ville est le Canongate : c'est là où sont les rues les plus étroites. Les murs ont dans leur enceinte, des jardins, des cimetieres ; & s'étendent jusqu'à un lac sur la rive duquel logent les tanneurs, les bouchers, &c. Ses maisons n'ont que cinq étages sur la rue ; mais sur le derriere, elles en ont de huit à quatorze ; la plupart sont bâties de pierres de taille, & toutes couvertes d'ardoise. Elles sont fort serrées ; souvent un escalier est commun à deux, & chaque étage loge une famille, aussi est-il peu de villes aussi peuplées relativement à son étendue : on y compte six places de marché & 35000 habitans. Des tuyaux de plomb y amenent de l'excellente eau de source. Le château est situé au couchant sur le haut d'un rocher inaccessible, excepté du côté de la ville où il est défendu par une batterie & des fortifications : on y conserve les archives & les joyaux de la couronne. Il existait du tems des Romains qui lui donnaient le nom d'*Alata castra* ; il eut celui de château des Vierges, parce que les rois Pictes y faisaient élever leurs filles : il a des puits creusés dans le roc, mais l'ébranlement des coups de canon en a fait tarir les sources : de là on jouit d'une perspective riante & variée : on y découvre la mer, des lacs, des rivières, des montagnes, des plaines, des villes, des bourgs, des châteaux. Au levant est l'ancien palais des rois, (*Holy-rood-house*) composé de quatre tours; l'entrée est ornée de piliers, qui soutiennent un dôme en forme de couronne. La cour est environnée de galeries couvertes d'où l'on passe en divers appartemens : la grande galerie renferme les portraits de tous les rois d'Ecosse, depuis Fergus : la plupart de ces rois, avec les reines, sont enterrés dans une église qui appartient à des augustins, dont le couvent fut brûlé. De beaux jardins environnent le palais; au midi est le parc royal, riche en simples. La maison du parlement est encore un édifice remarquable. La statue de Charles II se voit dans la cour qui est à l'entrée, & à cette entrée sont sculptées la miséricorde, & la vérité, avec cette inscription. *Stant his fœlicia regna* : cette maison sert de bourse & de lieux d'assemblée pour différens tribunaux. Au midi est le vaste bâtiment de l'université : divisé en trois cours, il a des jardins, & est fermé de murs. La bibliothéque en est nombreuse; elle est ornée des portraits des principaux réformateurs & de divers princes, enrichie du crane de Buchanan, de la protestation originale des Bohemiens contre le concile de Constance, &c. Elle a 20 professeurs, un président, & une imprimerie. Le college de justice a aussi une très belle bibliothéque. Le college des medecins a un beau *Museum*, un vaste recueil des curiosités de la nature & de l'art, des livres & des manuscrits curieux, un magnifique jardin des plantes, confié aux soins d'un habile botaniste. Edimbourgh a encore une société de savans qui s'occupent des progrès de la physique & des belles lettres, & publient tous les ans un recueil d'essais & d'observations; divers hôpitaux, parmi lesquels on remarque celui de St. *Thomas*, & celui de *Herriot*, qui doit son nom à son fondateur, est orné de beaux jardins, & entretient quarante jeunes gens qui vont de là, ou dans des atteliers, ou dans l'université; une maison de correction où l'on fait travailler les libertins à des manufactures de laine, de toile, ou de soie. On y compte douze églises: sa cathédrale dédiée à St. Gille, est si vaste qu'on y prêche en trois lieux différens, ou en quatre selon Lenglet. Les non-conformistes y ont 20 maisons d'assemblées.

Un prévôt qui a le titre de *lord* est son premier magistrat, il doit être marchand, & membre du conseil: sous lui sont quatre baillis qui font les fonctions d'échevins & de sheriffs, & sont élus sur 12 candidats à la pluralité des voix: ils président dans le conseil formé de 38 personnes, dont 20 sont commerçans & 18 artisans.

Edimbourg, entourée de collines très élevées, est exposée à des vents si violens & si rapides, que quelquefois trois ou quatre personnes ne suffisent pas pour fermer une porte; ils renversent les chaises à porteurs comme ceux qui la portent; tel qui vous accompagne est jetté sur votre tête à quelque pas au devant de vous. Sa long. est 14 d. 34, 55"; sa lat. est 55, 50. Moins voisine de l'Angleterre, plus voisine de la mer, elle serait commerçante; sa manufacture de toiles est la plus florissante. En 1767 son débit dans l'Ecosse monta à 579227 liv. sterl.

Leith, bourg à marché sur l'Esk, près de son embouchure: il fut fortifié, & a un port qui sert à Edimbourg. *Dalkeith*: bourg sur la même riviere, voisin d'un beau palais & d'un parc aux ducs de Buccleugh's. *Musselbourgh*, a un port & des manufactures de laine. *Inveresk* est un village très peuplé, dont l'air est sain, les environs rians, & embellis par de belles maisons où les riches citoyens d'Edimbourg viennent passer l'été.

IV. *West Lothian*, ou *Linlithgow*.

Linlithgow est une ville bien bâtie, où l'on fabrique beaucoup de toiles de lin : les rois d'Ecosse y avaient un palais & un parc. Dans ses environs on voit un joli lac.

Borrowstounness, ville sur la Forth : c'est après Leith celle qui fait le plus de commerce dans la Hollande & la France. *Blackness-Castle* s'éleve sur une langue de terre qui s'avance dans le Forth ; il sert de prison d'Etat. *Quens-ferry*, bourg royal situé au bord du golfe de Forth, & habité par des pêcheurs.

V. *Tweedale*, ou *Peeblesshire*.

Une vallée que la Tweede traverse lui donna son nom ; ses monts sont riches en pâturages & nourrissent beaucoup de brebis, dont la laine est très estimée : ses vallées sont fertiles en blés & ont de belles prairies ; ses rivieres & ses lacs abondent en poissons, sur tout en saumons & en anguilles. *Peebles* est la seule ville qu'on y remarque : on dit qu'elle a trois rues, trois églises, trois ponts, & trois portes.

VI. *Selkirkshire*.

Il est rempli de montagnes hérissées de forêts ; on y trouve de beaux pâturages. Il prend son nom d'un bourg royal, le seul qu'il renferme.

VII. *Tiviotdale*, ou *Roxbourgh Shire*.

Une ville lui donne ce dernier nom, la riviere de Tiviot lui donne le premier. Des monts l'environnent; elle est fertile en grains, & en pâturages qui y nourrissent de nombreux troupeaux de brebis.

Roxbourgh est une ville dont l'antique château fut détruit par la guerre. *Jedburgh*, bourg royal bien bâti, assez grand, qui député un membre au parlement, est arrosé par l'Ied, & a des manufactures d'étoffes de laine. *Haik*, est un bourg à marché que la Tiviot arrose.

Le *Liddislale*, pays peu habité, qu'arrose la Lidel, rempli de pâturages, où l'on ne voit que des villages & des châteaux; l'*Eskedale*, qui doit son nom à l'Esk qui la traverse, dont la richesse est dans ses bestiaux, & où l'on remarque *Merlos*, autrefois abbaye, & le château de *Longham*, l'*Eusdale*, qui a les mêmes productions, les mêmes ressources, que les districts précédens qui font partie de cette province.

VIII. *Dumfreis-Shire*.

Il est composé de trois vallées. Celle d'*Annandale* a des campagnes riantes, des bois agréables, & doit son nom à l'Annan qui l'arrose: on voit à son embouchure le bourg royal d'*Annand*, qui a un port & un château; le bourg de *Lochmaben* qu'environnent presque les eaux d'un lac poissonneux, la petite ville de *Rivel* où l'on fait du bon sel, celle de *Moffet* sur l'Annan, où l'on ne compte que cinquante familles assez pauvres; mais à un mille de là, sur le penchant d'une colline, dont le pié est un précipice, & dont l'enceinte est fermée par des monts & des rocs, on voit sortir deux sources dont l'une exhale une odeur fétide & sulfureuse, & sert pour les bains; l'autre, qui a le goût de la crasse déposée par la poudre dans un fusil, sert pour le bain & la boisson: le terrain qui les environne ne produit que de la mousse; le lieu est affreux, mais les malades y accourent même pendant l'hiver: elles guérissent les maladies qui proviennent d'humeur âcres & froides.

La vallée de *Wachopdale* reçoit son nom de la petite riviere de Wachop: elle renferme quelques prairies, quelques bois, que séparent des rocs arides.

Celle de *Nidisdale* a de grandes forêts, des champs fertiles, des prairies charmantes, où serpente la Nid, ou Nith, de qui elle prend son nom. C'est là qu'est situé *Dunfreis*, capitale du comté, & qui a le nom de bourg royal: le Nid passe sous ses murs; il est peuplé, fort commerçant, a un beau pont de pierres, & un château. *Drumlanrig*, village sur la Nid, où est le palais des ducs de *Queensbury*. *Glencarne*, *Haliwoode*, &c. sont des bourgs.

IX. *Stewartry of Kirkeudbright.*

C'est la partie orientale de la province de Galloway, qui reçut son nom des Gaulois: elle est étendue & fertile. On n'y remarque que le bourg de *Kirkeudbright*, situé au bord de la mer, à l'embouchure de la Dée, qui lui forme un bon port, & lui donne de grandes commodités pour le commerce qui y fleurit.

X. *Wigtonshire.*

Il forme la partie occidentale du Galloway:

vers le couchant il a une presqu'île nommée *Mull of Galloway*, & connue autrefois sous le nom de *Novantum Chersonesus*. Ce comté renferme *Wigton*, bourg royal qui a un port, & eut autrefois un évêque : *Whithern*, jadis *Candida Casa*, bourg royal, & port. *Stranrawer* est encore un bourg royal situé au nord de l'isthme qui joint le Mull of Galloway au continent : le bras de mer qui y forme un golfe s'appelle au midi *Bay of Glenluce*, & au nord, *Lochrain*. Enfin *Port-Patrik*, petite ville qui a un bon port, où l'on s'embarque pour Belfast & autres lieux de l'Irlande.

XI. Shire-of-Air.

Il renferme 3 *bailleries* : celle de *Carrick* est fertile en bleds, a de riches pâturages, & est moins montueuse que le Galloway. On y voit *May-Bole*, bourg misérable ; *Bargeny*, autrefois *Berigonium*, petite ville ; *Ballmoir*, grand village, & les deux châteaux de *Cassils* & de *Dunnur*, situés sur les bord du Dun.

Celle de *Kyle* est plus peuplée que Carrick, parce que ses champs sont plus abondans en bleds ; mais il y a des marais & des montagnes. C'est dans celle-ci qu'est située *Air*, autrefois *Erigena*, capitale de la province, au bord du fleuve de ce nom, environnée d'une plaine sablonneuse : l'embouchure de l'Air lui donne un bon port.

Celle de *Cunningham*, c'est-à-dire, *Demeure de Roi*, parce que le pays est riant & fertile, renferme *Irwin*, petite ville que l'Irwin arrose, & qui a un port presque comblé par les sables ; *Largis*, petite ville sur le golfe que forme la Clyde, les châteaux d'*Eglington* & de *London*, & la petite île de *Lady*.

XII. *Shire of Renfrew.*

C'était la seigneurie des Stuarts avant de parvenir au trône, & les princes de Galles en portent le titre. Le pays est beau, riche & peuplé ; l'air y est sain. La ville qui lui donne son nom est petite & arrosée par la Clyde. Il renferme encore *Greenock*, petite ville bien bâtie, qui a une rade spacieuse & sûre, protégée par un château : la pêche des harengs y est considérable. *Gowrock* est aussi une petite ville qui a un port. *Paisley*, petite ville peuplée, qu'arrose la Cert, & qui eut une abbaye célèbre de l'ordre de Cluny.

XIII. *Shire of Lanerk*, ou *Clydesdale.*

Il est étendu, arrosé par la Clyde, riche en grains, en pâturages, en gibier, en tout ce qui est nécessaire à la vie : la mer & les fleuves y abondent en toutes sortes de poissons.

Glascow, située au midi du mur de Sévere, est la plus jolie ville de l'Ecosse, & en est la plus commerçante : la Clyde qui y passe, & sur laquelle est un beau pont de pierres, lui forme un havre qui peut recevoir les plus grands navires : bâtie en partie sur une hauteur, & en partie dans une plaine fertile, les campagnes abondantes qui l'environnent lui ont fait donner le nom de *Paradis de l'Ecosse*. Elle est quarrée, & ses quatre principales rues sont bordées de maisons uniformes, toutes bâties de pierres, & ornées de beaux édifices. L'université, érigée en 1453, est un vaste & beau college : elle a formé des hommes savans dans tous les genres, & a fourni de belles éditions des meilleurs auteurs. L'ancienne cathédrale étonne par sa grandeur & sa structure; elle forme deux églises l'une sur l'autre, & a le nom de *S. Mungo*. Près de là est le château qui tombe en ruines; il était la demeure des anciens archevêques. La pêche du saumon, le superflu de ses denrées, les toiles qu'on y fabrique, diverses autres manufactures qui y fleurissent, sa situation avantageuse, l'activité de ses habitans, tout y appelle & y fait prospérer le commerce. Les petits vaisseaux remontent jusque dans la ville; les grands s'arrêtent à *Newport-Glascow*, à l'embouchure de la Clyde. Sa long. est 13, 38; sa lat. 56, 20.

Lanerk est regardée comme la capitale de la province; c'est un bourg royal sur la Clyde, qui y a un pont de pierres. *Douglas* est jolie, a un château, & le titre de duché. *Crawford-Lindsey* a le titre de comté. Dans le *Crawfoort-Moor*, après la pluie, on trouve de l'or dans les ruisseaux. *Hamilton*, petite ville bien bâtie, dans une situation riante, est ornée du palais des ducs de ce nom, premiers pairs d'Ecosse: près de lui est un vaste parc. *Ruglen*, bourg royal sur la Clyde; une branche de la famille d'Hamilton en reçoit le titre de comte.

XIV. *Striveling*, ou *Sterlingshire*.

Il est long de 20 milles, large de 12, est très-fertile, & renferme 20 paroisses: il est arrosé par le *Carron*, le *Kelevin*, le *Coutyr*, le *Bannok* & le *Forth*. Le mur de Sévère passe sur ses limites, & s'étend, entre Dunbriton firth & Forth, jusqu'à Kilpatrik, dans un espace de 34 milles. On l'appelle aussi *Grahams'-Graben*. On y trouve de belles vallées couvertes de prairies: dans cette province, au midi & au couchant, de nombreux troupeaux de bétail paissent sur ses montagnes, qui donnent aux habitans du bois & du charbon de pierres.

Sterling, qui lui donna son nom, est située sur un rocher dont le pied touche au golfe de Forth: elle est grande, bien bâtie, a un château fort, & fut la résidence de plusieurs rois d'Ecosse. Les Anciens l'appellaient *Binobarra*; Ptolomée lui donna le nom de *Vindo-Vara*, & une inscription annonce qu'elle fut une borne de l'empire Romain. On y voyait autrefois l'abbaye magnifique de *Combuskenneth*. A 2 milles, vers le nord, sur la pente méridionale d'une montagne, est la mine de cuivre d'*Arthrel*, ou *Airthrey*; la matiere en est couverte d'une croûte métallique, & le reste est bigarré de couleurs vives, de verd, de violet, & de bleu. Un quintal y rend 30 livres de cuivre. De la même montagne sort une fontaine minérale dont les eaux sont légérement colorées. Les vaisseaux viennent jusqu'au pont; mais le port est beaucoup au-dessous. On y fabrique des serges & des challons. Elle a donné son nom à la livre anglaise, & on dit que c'est là qu'on frappa les premieres. Sa long. est 13, 55; sa lat. 36, 5.

Kilsyth est un bourg médiocre. *Falkirk* est une petite ville, une baronnie voisine de la forêt de Tor, & près de laquelle il s'est donné deux batailles.

XV. *Clackmananshire.*

Il est fertile, sur-tout en pâturages : c'est là que se trouve le meilleur charbon de pierre de l'Ecosse. *Clackmanan* est une petite ville défendue par un château. *Alloway*, petite ville qui a un bon port sur le golfe de Forth. *Culross* y est situé aussi, & fait un bon commerce.

XVI. *Fifeshire.*

Il est étendu, arrosé par le Leva & l'Eden, très-fertile sur-tout vers le midi & l'orient, montueux au couchant ; mais par-tout il jouit d'un air sain. C'est la province où il y a le plus d'anciens nobles.

S. Andrews est sa capitale : elle a été autrefois considérable, & le siege d'un archevêque qui était primat de l'Ecosse. Sa cathédrale était plus grande que l'église de S. Pierre de Rome : sa hauteur extraordinaire, ses colonnes, sa symétrie lui donnent le premier rang parmi les édifices gothiques : elle avait d'autres édifices remarquables par leur magnificence : son port y amenait l'abondance : tout a disparu aujourd'hui ; ses édifices tombent en ruines, & on connaît à peine l'entrée de son port : elle est cependant encore assez peuplée, parce que son université la soutient : elle est composée de trois colleges, & a produit des hommes illustres. Sa long. est 15, 10 ; sa lat. 56, 38.

Innerkeithin, bourg royal sur le golfe de Forth. *Bruntisland* a un port commode, beaucoup de marins, & des manufactures de toiles de lin. *Kinghorn*, *Kirkaldy*, sont des bourgs royaux sur les côtes : le dernier est peuplé & florissant. Sur les côtes du golfe de Forth, on voit encore *Dysert*, *Kilrinny*, *Crail*, les deux *Anstruther*, *Pittenweem* : sur celles du golfe de Tay, on remarque *Toriburn*, *Aberdour*, les deux *Wemis's*, *Levinsmouth*, *Saint Monans*, *Neuwburg*, *Ely*, petites villes : cette derniere est peuplée de marins. *Cowpar* est un bourg royal situé dans une vallée qu'arrose l'Eden. *Lesly*, *Balgony*, sont de petites villes : la derniere a près d'elle un vaste palais. *Falkland* est un ancien palais des rois ; *Melvil* est celui des comtes de Leven.

XVII. *Kinrossshire.*

Il est peu étendu, & on n'y remarque que *Kinross*, petite ville qui a un beau palais, & est voisine du lac de *Lough-Leven*, dans lequel est une île où l'on voit un château antique.

XVIII. *Dumbarton*, ou *Lenoxshire*.

Il a le titre de duché : vers le couchant il est peu peuplé ; vers l'orient il est fertile : il a des champs cultivés avec soin, & des montagnes où paissent de nombreux troupeaux. Là est situé le lac de *Loughlomond*, où l'on trouve un grand nombre de poissons d'especes différentes, parmi lesquels on remarque le *poans*, ou *pollacks*, qui est recherché. Ses trente îles forment trois paroisses ; quelques-unes sont inhabitées : la plus considérable est celle d'*Inchmurin*, fertile en bleds & en pâturages : après elle on remarque *Nachastel*, *Inchdavanam*, *Inchonnaugam*, *Inchnolaig* & *Rouglash* : toutes forment une espece de république ; elles ont les mêmes loix & les mêmes coutumes ; les besoins de l'une sont bientôt satisfaits par l'autre ; & cette liaison pourrait les rendre indépendantes du pays qui les environne. Cette province était autrefois un patrimoine de la famille des Stuards. *Dumbarton* est sa capitale ; elle est située sur une hauteur qui domine le golfe formé par le Clyde, qui y reçoit le Levain, & a été fort commerçante ; mais elle dépérit. L'art & la nature ont fortifié son château.

XIX. Shire of Bute.

Il est situé dans le golfe de Clyde, & est formé de deux îles : l'une est celle de *Bute*, longue de huit milles, large de quatre, fertile en grains, en pâturages, & dont les habitans composent quatre paroisses. On y voit le bourg royal de *Rotisfay*, qui a un antique château, origine de la maison de Stuart ; le prince de Galles en porte le nom : là est aussi le château de *Kermes*, & dans le voisinage, les deux petites îles de *Cumbrays* : la pêche des harengs fait connaître sur-tout cette île : celle d'*Aran* est plus étendue ; elle a 24 milles de long, 16 de large, produit des grains, a des pâturages, est habitée près des côtes, & y a un port excellent. On n'y voit que deux églises & plusieurs châteaux : ses habitans sont Protestans, & parlent l'Irlandais : la mer qui l'environne est agitée & dangereuse, sur-tout par le vent du midi ; mais elle abonde en merlans, en harengs, en morues & en saumons. L'île a une montagne assez élevée ; c'est celle de *Kapra*.

ECOSSE DU MILIEU.

XX. Shire of Inverary, ou Argyle.

Cette province est longue de quarante milles, mais en quelques endroits elle n'en a que quatre de large : elle s'étend encore sur plusieurs districts & îles. La province a sept golfes, dont le plus considérable est celui de *Locfyn* : la pêche du hareng le fait fréquenter. Ses côtes sont bordées de rochers & de monts qui paraissent noirs : ses bestiaux sont aussi de cette couleur, & paissent en d'excellens pâturages ; mais ils y deviennent bientôt sauvages. La viande y est succulente ; la graisse fondue y est semblable à de l'huile, & ne se fige qu'avec peine. Les habitans parlent irlandais, & connaissent peu les végétaux comme alimens : le bétail fait leur richesse & leur nourriture : on y trouve des daims. *Inverary*, bourg royal, en est l'endroit le plus considérable : il est sur l'Eira, & a un château où résident les ducs d'Argyle, shérifs héréditaires de la province : quand une fille de cette famille se marie, chaque vassal doit contribuer à sa dot, à proportion des troupeaux qu'il possède.

Cowel, petit pays qui ne renferme que des hameaux : on y remarque 2 golfes.

Lorn est la partie la plus riante & la plus fertile de cette province : on y voit le château de *Dunstafage*, où résiderent les rois.

Knapdale, district abondant en grains & en pâturages.

Kantyre, ou *Kintiri*, péninsule liée au district précédent par un isthme étroit : elle est longue de 30 milles, large de 8 à 9 : un canal de 15 milles la sépare de l'Irlande. Ses habitans s'occupent de leurs bestiaux. On y remarque *Cambeltown*, bourg royal qui a un port. Vers le couchant est la petite île de *Gigaia*, qui a une église.

Ila, île de 24 milles de long, sur 12 de largeur moyenne : elle est riche en bestiaux, en grains, en mines de plomb ; a des bêtes sauvages, & des pierres à chaux, est arrosée par de petites rivieres poissonneuses : on y pêche beaucoup de saumons. Au centre est situé le lac *Lochfinlagan*, qui a 3 milles de circuit, où s'éleve une petite île qu'habitait Macdonald, ancien roi de l'île, & où sont encore ses ornemens royaux. Cette île a encore divers petits lacs, ornés par de petits châteaux ; une source médicinale, différentes

férentes cavernes, dont quelques-unes peuvent renfermer 200 personnes: l'air n'y est pas bien sain: ses habitans sont protestans. On y trouve quatre églises & une chapelle. Elle donne le titre de comté à un fils de la famille des Argyles. Les petites îles de *Colonsa* & d'*Oransa* sont situées à son couchant.

Jura, île longue de 20 milles, large de 6 à 7, & abondante en pâturages: l'air y est très-sain; on y vient très-vieux (*); les femmes y meurent rarement en couches: sous Charles II, le vieillard *Martrain* y mourut, & l'on montre encore la maison où il demeura 180 ans. On y voit deux hautes montagnes dont les sommets dirigent au loin les navigateurs: on les nomme *the Paps of Jura*. Ses habitans sont protestans, & parlent irlandais.

Lismore, ou *Lessimore*, île située à l'entrée du golfe de *Loch-Yol*, longue de 8 milles, large de 2, résidence de l'évêque d'Argyle.

Mull est une île longue de 24 milles, & large d'autant en quelques endroits: elle a de bons pâturages, & la petite ville de *Glencannir*, bâtie en pierres de taille; ce qui est assez rare en Ecosse: on y trouve encore trois châteaux, dont l'un défend l'ancrage qu'elle a au couchant. Ses habitans sont protestans, & ses côtes abondent en harengs & en merluches.

S. Columbus, ou *Kohn-Kill*, autrefois *Jona*, île de deux milles de long, d'une de large, où vécut S. Colombans, qui y fonda un séminaire; elle fut toujours une habitation de solitaires: là est *Sodor*,

---

(*) On fait la même remarque sur les habitans de la petite île de *Scarba*, située au nord de celle de Jura.

autrefois évêché dont celui de Man porte le titre. Ceux qui la cultivent aujourd'hui sont protestans.

Tyre-Y, ou *Tyrrée*, a huit milles de long, cinq de large : ses habitans sont protestans, son air est malsain, & son sol fertile en tout ce qui est nécessaire à la vie. Près d'elle sont les petites îles de *Kerniberg*, fortifiées par la nature & l'art.

Coll est longue de 10 milles, large de 2 ; c'est une île fertile ; ses côtes sont abondantes en morues & en merlans. On a remarqué qu'il y naissait plus de garçons que de filles, tandis que dans celle de Tyre-Y, qu'un canal étroit sépare de celle-ci, il y nait plus de filles que de garçons ; ce qui les rend nécessaires l'une à l'autre. Ses habitans sont protestans.

South-Vist a 21 milles de long, & 3 ou 4 de large : ses habitans sont catholiques ; ils parlent irlandais, & deviennent fort vieux. On trouve de l'ambre sur ses côtes. *North-Vist* est longue de neuf milles, & est cultivée par des protestans : l'une & l'autre appartiennent aux Macdonald, descendans des anciens rois de ces îles. Toutes celles dont nous venons de parler font partie des îles *Ebudes*, que d'autres écrivains nomment par erreur *Hebrides*. Plus loin, vers le couchant, est l'île de *S. Kilda*, célebre par un poëme anglais, & sur laquelle vivent une trentaine de personnes qui possedent quelques vaches & des brebis, & descendent par des rochers affreux, pour se saisir des œufs que les oiseaux y déposent, ou pour prendre les oiseaux même : entre tous ils n'ont qu'un canot, & ne se croient point malheureux pour être ainsi séparés de tous les hommes.

XXI. Perthshire.

Cette province est vaste, & renferme plusieurs districts que nous allons parcourir: le *Tay*, l'*Ern*, l'*Allen* l'arrosent: elle est montueuse & stérile au nord-ouest, plate & fertile par-tout ailleurs: elle ne fournit qu'un membre au parlement: celle qui précede en fournit deux.

Braid-Albin, situé au couchant, pays rude, inculte & montueux, qu'on croit le plus élevé de l'Ecosse, dont il occupe le centre: la laine de ses moutons est fort blanche & douce: c'est le pays des anciens Scots, dont ses habitans conservent la langue, l'habillement & les mœurs.

Menteith renferme l'agréable ville de *Dumblain*, sur l'Allen. Elle fut épiscopale, & son église est admirée par sa structure. La Teith donne son nom à ce district qui est assez fertile.

Strathern, vallée qu'arrose l'Ern; & c'est ce que signifie son nom. Là se voit le château de *Tullibardin* & *Abernethy*, ville qui fut autrefois le siege d'un roi des Pictes, & que le Tay arrose. C'est là que fut d'abord érigé l'évêché de S. Andrews. Le pays est hérissé de bois & de monts.

Le *Perth*, proprement dit, produit des grains, & a de beaux paturages. La ville de ce nom s'appella jadis *Johnston*: le Tay y facilite la navigation & la pêche; & quoiqu'à 20 milles de la mer, la marée y conduit les vaisseaux. Son commerce consiste en toiles, & se fait avec la Norwege & la Baltique: elle fournit d'excellens saumons, Edimbourg, & les parties méridionales du royaume. Elle en est par son rang la seconde ville. *Scone*, petite ville, autrefois abbaye, où l'on couronnait les rois d'Ecosse, sur un siege de pierre, sur lequel se reposa le roi Kenneth, après avoir vaincu les Pictes dans un combat fanglant, & qu'Edouard I fit transporter dans l'abbaye de Westminster. On voit encore à Scone le palais des rois. *Dunkeld*, le plus grand bourg à marché de la province, est situé sur le Tay, & au pied du mont *Grampian*. On y voit le palais des ducs d'Athol.

Athol, district peu habité, rempli de bois & de montagnes, où l'on ne remarque que le château de *Blair*.

Les autres districts sont *Glenshée*, *Scratlardile*, *Gource*, *Stormont*, *Balwhidder* & *Glenurgbay* : ils sont peu considérables.

XXII. *Angusshire*, ou *Forfar*.

La mer d'Allemagne & le Tay le bornent ; les grains & les pâturages font sa richesse : on y remarque *Forfar* qui est son chef-lieu, bourg royal peu important. *Dundée*, ville d'une enceinte médiocre, agréable, peuplée, sur le Tay : elle a un port & commerce en toiles, grains, & harengs avec Londres, la Hollande & la Baltique. *Brochty-Craig* est connue par sa pêche de saumons. *Montross*, ville sur l'Esk, dont le port reçoit de grands vaisseaux, & dont les environs ont des eaux ferrugineuses & martiales : parmi elles, est un puits, rempli d'une eau blanchâtre, douce au goût qui y découvre à peine quelque principe mineral ; elle est diuretique, utile pour les stranguries, supressions d'urine, &c. *Aberbrothock*, village sur le Tay, célebre par ses eaux minerales où l'alkali domine, quoiqu'on les nomme *acidules*; elles sont utiles pour les maladies qui proviennent de l'acide dominant. Il y eut un monastère qui renfermait 200 moines. *Brechin* sur le

Suder-Esk, commerce en faumons, & eut autrefois un évêque.

XXIII. *Kincardinshire*, ou *The Mernes*.

Il a des bois de construction, des champs fertiles, des pâturages, du bétail; la mer le touche à l'orient: on y remarque *Kincardin*, petite ville qui a un port & quelque commerce. *Innerbervy*, bourg royal situé sur les côtes de la mer. *Paldykirk*, petite ville commerçante en draps, qu'elle porte en Hollande. Les districts d'*Arbuthie* & de *Redelock* dépendent de ce comté, & l'on y remarque *Fordun* célebre autrefois par les reliques de St. Palladius.

XXIV. *Aberdeenshire*, ou *The Mar*.

Situé entre la Dée & le Dun, abondantes en faumons & en truites recherchées, il s'étend jufqu'à la mer d'Allemagne, est hériffé de monts au couchant, & a çà & là des champs & des pâturages: on y trouve du marbre tacheté & de l'ardoife: ces fleuves donnent de belles perles. On y comprend les districts de *Birfe*, de *Glen-Taner*, de *Glen-Muik*, de *Strathdée*, de *Strathdon*, de *Braes-of-Mar* & *Cromel*, & une partie de ceux de *Buchan*, de *Formartin*, de *Garioch* & de *Strath-bogy*. On y remarque *New-Aberdeen*, qui en est la capitale & est située à l'embouchure de la Dée, sur trois collines; elle n'est pas grande, mais elle est commerçante & belle. La pêche du faumon, de la perche, la falaifon des viandes de mer, les toiles, les bonnets qu'on y fabrique, sont ses objets de commerce. Elle a un college fondé en 1593 par le comte de Marshall, & qui a le titre d'université, une bibliothèque assez nombreuse, une école latine, une maison de travail, une maison de pauvres, & 3 hôpitaux. A mille pas de là, à l'embouchure du Don, est *Old-Aberdeen*, ville autrefois épiscopale, où l'on fait des toiles & des bas qu'elle envoye au loin : le porc qu'on y prépare salé se conserve si bien que les Hollandais le préferent à tout autre pour les voyages de long cours. Ses habitans s'occupent encore de la pêche comme ceux de New-Aberdeen. *Kintore*, *Innerury* sont des bourgs royaux aux bords du Don ; *Peterhead* a un bon port & est située vers la pointe du Buchanan. *Strathbogy*, village au confluent de la Deveron & du Bogle : il a un beau château.

XXV. *Bamfshire*.

C'est une province qui renferme une partie du *Buchan*, pays fertile & peuplé, du *Strathdovern*, des districts de *Boine*, d'*Ainza*, de *Strath-Awin*, & de *Balvenie*. On y remarque *Bamf*, bourg royal à l'embouchure du Deveron, où le sherif tient son tribunal : *Buchanes*, promontoire à l'extrémité orientale du pays ; on dit qu'on y a trouvé un morceau d'ambre aussi grand qu'un cheval : *Frasersburgh*, petite ville qui a un bon port : *Cullen*, chef-lieu du district de Boine, est un bourg royal qui a aussi un port : *Port-soya*, beau village où la pêche est abondante : *Forcabus*, petite ville sur le Spey, ainsi que *Gordon-Castle*, beau palais des ducs de ce nom.

XXVI. & XXVII. *Elginshire*, & *Nairnshire*, ou province de *Murray*.

Elle est fertile en tout ce qui est nécessaire à la

GRANDE-BRETAGNE. 519

vie, a des grains, des bestiaux, de la volaille, du poisson; les habitans se vantent d'avoir 40 beaux jours de plus que leurs voisins : la Spey qui l'arrose est poissonneuse, mais manque de ports. On y remarque *Elgin*, bourg royal sur la Lossie près de la mer : il a eu un évêque, qui résidait au château *Spynie* à un mille de là. *Findorn*, petit port de mer. *Forress*, bourg royal, conserve une tour d'un château antique, & sur le chemin est une colonne, monument d'un siege soutenu contre les Danois. *Tarnaway* & *Calder* sont des châteaux : près du Nairn on voit des indices d'une mine de cuivre. *Nairn* est un bourg royal qui a un port, & est situé à l'embouchure du fleuve de ce nom. Le *Brae-of-Murray* est un district montueux, rempli de bois, où sont situées les vallées de *Stratherin*, & de *Strath-Nairn*.

ECOSSE SEPTENTRIONALE.

XXVIII. *Inverness Shire*.

Il renferme les districts de *Badenoch*, de *Lochaber*, & les parties méridionales & occidentales de la province de *Ross*. On y trouve des montagnes très élevées, & beaucoup de lieux steriles, que le soleil n'échauffe que pendant trois heures, même dans l'été; il y règne des vents violens, & on y trouve des mines de fer. Ses champs sont pierreux & produisent peu de grains, peu de fourages; il abonde en bois, en broßailles, en pâturages pour les brebis. On y remarque *Inverness*, ville assez bien bâtie, près de l'embouchure de la Ness, qu'on y passe sur un beau pont de pierres; elle a un port, un château fortifié, deux églises, & un commerce assez actif. La Nefs est remarquable en ce qu'elle ne gèle jamais, qu'elle paraît toujours chaude, que lors même qu'un vent violent du midi pousse des glaçons dans le lac qu'elle forme, ils y fondent promptement. La ville est comptée parmi les bourgs royaux. *Glenco* est la seule ville du Lochabar : on trouve encore çà & là quelques forts, dont deux furent détruits par les troupes du prétendant.

XXIX. & XXX. *Cromartie* & *Tayne Shire*, ou province de *Ross*.

Elle s'étend sur différens districts & sur des îles : les premiers sont montueux, presque steriles, remplis de bois & de lacs, mais il a encore des pâturages, du bétail, du gibier, & beaucoup de poissons sur les côtes. On y remarque *Chanonry*, petite ville sur le golfe de Murray, & où fut autrefois un évêque : on appelle *Ardmeanach*, la contrée où elle est située : *Cromartie*, bourg royal à l'entrée du même golfe ; il a un port peu fréquenté, & cependant le meilleur peut-être qu'ait la Grande-Bretagne : *Dingwal*, bourg royal à l'extrémité du golfe : *Tayne* est commerçant, c'est un bourg royal encore. Au centre de la province est le district d'*Ardross*, montueux & desert : celui de *Glenelg* appartient aux comtes de *Seaforth* qui resident à *Ylendoven*, château : celui de *Kintait* est séparé de l'île de Skye par un canal étroit. Près du lac *Loch-ew*, était une forge de fer : dans le golfe de *Lochbrim*, on fait annuellement une pêche considérable de harengs.

Skye, île longue de 24 milles, large de 20 & plus encore, séparée du comté d'Inverness par un canal étroit, mais assez profond pour les vaisseaux de guerre : elle est peuplée, a des champs fertiles, des monts couverts de pâturages, de bétail & est entrecoupée de promontoires, de golfes où le hareng abonde : la pêche y est riche ; la plupart de ses habitans sont protestans.

Lewis ou Lewes, île, la plus grande des Ebudes : du nord au sud elle s'étend l'espace de 100 milles ; de l'est à l'ouest elle n'a que 13 à 14 milles. Au levant, & au couchant elle produit des grains : la mer y est poissonneuse ; c'est une des meilleures stations pour la pêche du hareng : les bestiaux y sont bons, & nombreux : on n'y trouve que quelques villages, deux forts, les ruines d'un temple de Druides, quelques ruisseaux & des lacs. Sa partie méridionale s'appelle *Harries*.

XXXI. *Dornoch-Shire*.

Il renferme les deux districts de *Sutherland*, & de *Sthrathnavern* : le premier est semé d'environ 60 lacs, fleuves ou golfes ; il a peu de cantons où l'on n'ait des eaux douces & des eaux salées : quelques unes de ses rivieres & de ses lacs donnent des perles de grands prix : on y trouve des mines d'argent, & d'excellent fer, du charbon de pierres, des carrieres ; il a du blé, des pâturages, du bétail, du gibier, du poisson : des ports y facilitent le transport de ses productions, de ses morues, de ses saumons, & ses viandes salées, de sa laine, ses cuirs & peaux, de son talc, son beurre, & son fromage, &c. Ses côtes abondent en veaux marins, en baleines, en merluches, &c. On y remarque *Dornoch* son chef-lieu, bourg royal, orné d'un château, d'une belle église ; & qui est commerçant. *Dunrobin*, village & château sur la côte orientale. Le second est séparé du Cauthness par la chaîne de montagnes qu'on nomme *Ord* ;

il est très froid, semé de lacs & de bois, produit peu de blés, mais nourrit des chevaux, des brebis, des loups & des bêtes fauves : ses habitans sont forts & robustes : on n'y trouve que des villages, ses rivieres & ses golfes abondent en poissons, le *Navern* l'arrose & lui donne son nom : *Strath* signifie seulement *Vallée*.

XXXII. *Caitness-Shire.*

Il est entrecoupé par des golfes qui forment de longs promontoires, parmi lesquels on remarque celui de *Dungsbyhead* qui s'étend au nord-est : ce comté a des montagnes, un peu de blés, presque point de bois, mais des pâturages & du bétail. On n'y voit de bourgs royaux que celui de *Wick* ou *Weich*, qui a un bon port ; & de villes que *Thurso* située dans un golfe où elle a un bon port. Les côtes sont riches en poissons.

XXXIII. *The Stewartry of Orkney, & Zetland.*

Il comprend les îles de Schetland. Nous décrirons d'abord les *Orcades* ou *Orkneys* : on dérive leurs noms des mots *Inche-Tore*, (îles des Baleines :) elles sont séparées de l'Ecosse par le détroit dangereux de *Pentland*, long de 24 milles, large de 12. Pline compte 40 de ces îles, Orosius en compte 33, mais elles ne sont qu'au nombre de 29, en y comprenant celle de *Stroma* située sur les côtes de *Caitness*; leurs habitans sont robustes & forts, ils sont de grands buveurs, & échangent avec les Hollandais les poissons qu'ils prennent pour le vin qu'ils boivent avec délices. Leur commerce consiste principalement en poissons, viandes salées, beurre, talc, cuir, peau de chiens marins, sel blanc, draps grossiers, bas tricotés, laine, jambons, orge, plumes & drêche. On n'y trouve point de bêtes venimeuses, peu d'arbres, ils y sont petits & leur fruit meurit rarement; mais beaucoup de plantes & de racines : les habitans parlent irlandais à la maniere Ecossaise; beaucoup de vieillards du commun peuple parlent encore le Norwegien. L'hyver y est plus sujet à la pluie qu'à la neige : elle y tombe souvent par torrens, comme si des nuages entiers tombaient du ciel : on y a vu tomber des morceaux de glace qui avaient, dit-on, un pié d'épaisseur. Ils ont eu autrefois leurs rois particuliers, & furent soumis aux Ecossais après qu'ils eurent dompté les Pictes : conquises par les Norwegiens qui les posséderent 164 ans, vendues à l'Ecosse, ces îles devinrent un fief que posséda un noble de la famille Sinclairs, marié à une princesse de Dannemark. Elles passerent ensuite sous la domination du roi de Dannemark & y resterent jusques sous Christian I, qui les donna en dot à sa fille Marguerite, épouse de Jaques III roi d'Ecosse. Jettons un coup d'œil sur les plus considérables.

South-Ronalsa est longue de six milles, large de cinq, fertile en grains & fort peuplée : au nord elle a un bon port; vers le sud elle a des rocs & des goufres dangereux.

Swinna, petite île fertile près de laquelle sont des tournans d'eaux.

Wayes & *Hoy*, sont les noms des deux parties d'une île qui a de bons ports : la premiere est fertile & peuplée; la seconde renferme la plus haute montagne des Orcades : en 1767 on y découvrit une mine d'étain.

Burra a trois milles de long, une de large, a des champs féconds & des prairies.

Flotta a cinq milles de long, & trois & demi de large, & est environné de hauts rochers. *Fara*, *Cava*, *Grensey*, sont petites, mais fertiles.

Pomona est la plus grande, la plus peuplée, la plus fertile de ces îles, & c'est ce que signifie le nom de *Mainland*, qu'on lui donne quelquefois. Elle a 24 milles de long, & six à neuf de large. On y trouve des mines de plomb, & beaucoup de gibier. On y voit le bourg royal de *Kirkwal*, situé sur un golfe, là siege un tribunal, là est une belle & grande église, jadis cathédrale, il est défendu par un fort. Cette île forme 9 paroisses.

Coppinsha est petite, a des champs & des paturages, *Shapinsha* a 5 ou 6 milles de long, trois de large, un port sûr & une église paroissiale.

Stronsa a 6 milles de long, trois de large, est fertile, peuplée, & a un bon port, près d'elle est l'écueil de *Outkerrie*, remarquable par la pêche abondante des harengs qu'on y fait. *Papa Stronsa* est fertile & bien habitée. *Sanda* est longue de douze milles, large de huit, est peuplée, a 2 bons ports, & on y fait du bon sel. *Damsey* est petite, mais non sterile. *Rousa* est longue de huit milles, large de 6; ses côtes sont fertiles & habitées : On y trouve beaucoup de lapins. *Eglisha* a trois milles de long, deux de large, est riante & fertile, a une rade sûre & une église paroissiale : *North* & *South-Fara* sont deux petites îles de 3 milles de long.

Westra est peuplée, a un château fort, un port, est riche en blés, bétail, poissons, & lapins, a huit milles de long & 5 à 3 de large.

Papa-Westra a trois milles de long, sur la moitié de large; diverses mines où l'on tire du plomb noir, quatre bons ports, & différens petits lacs remplis de saumons & d'autres poissons : on y trouve deux temples payens où selon le rapport des habitans qui l'apprirent de leurs peres, on reverait le soleil & la lune : le plus grand a 110 pieds de diamètre : ils sont environnés d'un fossé, & ont au levant & au couchant deux petites montagnes vertes : l'un est à l'orient, l'autre à l'occident du lac de *Stennis*, plusieurs des pierres dont ils furent construits sont longues de 20 à 24 pieds, large de cinq, épaisses de deux. Où le lac n'est pas profond, on a un pont d'une large pierre : près du petit temple sont deux pierres dont les dimensions sont égales à celles dont nous avons parlé, percées dans le milieu, où l'on attachait le criminel & la victime. Près d'un lac qu'on nomme *St. Tredwett's Loch* sont deux obelisques qui servaient au même usage, & sont comme elles percées par le milieu : derriere est une 3e. pierre, creusée comme un abreuvoir.

Isles de Zetland, ou Shetland.

Elles appartinrent aussi à la Norwege, prennent le nom de la principale d'entr'elles, sont au nombre de 46; on pourrait en compter un plus grand nombre en y comprenant des écueils & des rochers steriles. C'est sans doute là qu'il faut chercher la *Thule* des anciens. Les habitans sont des hommes paisibles & sains, qu'une mer orageuse sépare longtems de leurs semblables. On y a des jours & des nuits de deux mois.

Schetland, ou la *grande Mainland*, a 60 milles de long, & 16 de large. Les côtes en sont peuplées, mais le centre est rempli de monts, de rochers, de marais & de lacs. Les habitans descendent des Norwegiens & des Danois; ils en ont encore les mœurs, & font proteſtans. Les nobles y ont des châteaux, le peuple s'y occupe de la pêche du hareng, à tricoter des bas, à fabriquer des draps groſſiers. On y voit 2 petites villes; *Lerwick* eſt la plus conſidérable; elle eſt ſituée ſur un rocher dans le détroit de *Braſſa's Sound*, renferme 300 maiſons, toutes bâties de pierres, parce qu'on y manque de bois. L'autre eſt *Scalloway*, petite ville où l'on remarque une tour d'un antique château tombé en ruines.

Braſſa, forme le détroit dont nous avons parlé : elle eſt a un mille de Lerwick, a un excellent port, 2 égliſes, eſt longue de cinq milles & large de deux. *Yell* ou *Zeal* en a 18 de long & 9 de large, a des paturages, trois égliſes, pluſieurs chapelles. *Vuiſt*, auſſi grande que la précédente, mais plus agréable, plus fertile, a divers ports & trois paroiſſes : on y trouve beaucoup de faucons. *Great-Rule* a 8 milles de long, deux de large, & a un bon port. *Burray*, eſt bien moins grande, mais a de rians pâturages, une pêche abondante de harengs, & une égliſe. *Tronda*, *Walſey*, *Foula*, ſont petites, & n'ont rien de remarquable : toutes ces îles forment douze paroiſſes; les Hollandais y accourent pour la pêche du hareng qui y eſt très abondante; elle commence le 25 Juin; leur maniere de les préparer & de les encaquer eſt ſupérieure à celle des Anglais, leur vente eſt plus conſidérable, & par conſéquent ils en pêchent d'avantage : c'eſt alors qu'ils commercent avec les habitans de Schetland dans le détroit de *Braſſa's Sound*; ils en achetent les bas qu'ils fabriquent, & portent dans les autres îles, dans les Orcades, en Ecoſſe & en Irlande, de la farine, de l'orge & de la drèche.

Il y a quelques autres îles dans ces contrées :

telles sont celles de *May*, de *Bass*, d'*Inchside*, de *St. Colm's Inch*, d'*Inchgarvy*, &c.

IRLANDE.

Cette île fut chantée par les Bardes sous les noms de *Tivola*, de *Totdanam*, & de *Banna*, connue des étrangers sous ceux de *Jerna*, d'*Iuverna* ou d'*Iuznia*, de *Joye*, de *Vernia* & *Bernia*. Plutarque l'appelle *Ogygix*: elle eut ensuite ceux de *Scotia* & de *Britannia minor*. Les Irlandais l'appelaient *Enym*, ou pays d'occident, dans leur ancien langage qui est l'*Albanach* des Ecossais. Ils descendent selon quelques uns des Milesiens; mais il est plus probable que c'est des Bretons, ou plutôt des Calydoniens; le voisinage des pays & l'analogie du langage & des mœurs de ces nations, semblent le prouver. Quand l'Irlande renferma quelques chrétiens grossiers, & quelques hommes instruits, ils se dirent issus, ou les premiers sujets de Cœsarie, niece du patriarche Noé; ils prétendaient que c'était dans cette île que ses enfans se hâterent de se rendre: leurs ancêtres furent des géans que vinrent combattre des Scythes, des Grecs, des Egyptiens: toutes ces fables antiques, travaillées, éclaircies & défigurées par de savans rêveurs, peuvent amuser quelques instans, mais jamais instruire. Elle est divisée en quatre grandes provinces, & chacune d'elle avait ses rois, sous lesquels étaient de grands seigneurs ou de petits tyrans, dont le sang dédaignait de se mêler avec celui de leur peuple, & qui entretenaient chacun un juge, un historien, un médecin, un poëte, un musicien, pour charmer ses ennuis, chanter ses exploits & décider pour lui.

Nous avons dit qu'elle fut soumise à la domination Anglaise sous Henri II. Ses habitans n'aiment pas cette domination; mais ils n'ont pu la sécouer : elle leur a laissé d'assez grands privileges; ils ont leurs propres loix, & leur parlement. Il s'assemble sur des lettres du roi; sa durée n'était point limitée autrefois; de nos jours elle a été fixée à huit ans. Le viceroi y préside ainsi que dans tous les conseils qui sont, la cour de la chambre du château, (*The court of castle chambre*,) la chancellerie, (*The chancery*,) le banc du roi, (*king's bench*), les plaids communs, (*common pleas*), & l'échiquier, (*The exchequer.*) Le chancelier du royaume balance par son pouvoir celui du viceroi.

Cette île a 278 milles du sud au nord, 155 de l'est à l'ouest, & 1400 de circuit, en y renfermant les petites îles qui touchent presque à ses rivages. Une mer orageuse qu'un vaisseau peut franchir en quatre ou cinq heures la sépare de l'Angleterre. Le sol y est parsemé d'épaisses forêts, de montagnes assez élevées, & coupé de marais profonds qu'on dessèche tous les jours & change en pâturages : il produit plus de foin que de grains, le bétail en fait la principale richesse : le chanvre, le lin, les gros légumes y réussissent mieux que le fin jardinage & les fruits. L'air y est doux, temperé, humide; ses habitans rarement infirmes, y vivent longtems; on n'y trouve pas de bêtes venimeuses. Les productions qui servent au commerce extérieur y sont le bœuf salé, le beurre, les toiles, dont les Anglais achetent annuellement pour 400 liv. sterl. le bois, le miel, les marbres. On y trouve des mines de cuivre, de bons chevaux, de l'étain, du plomb, du fer, des sources médicinales, du gibier, des loups. Il s'est formé à Dublin une societé de 200 proprietaires pour encourager la culture du lin, diriger

ger le travail du laboureur & de l'artisan, & chercher dans les bibliothéques des connaissances pratiques ; elle distribue chaque année 8 à 900 liv. sterl. distribués en 80 prix, pour qui aura planté plus d'arbres, desséché un plus grand espace de marais, cultivé le meilleur houblon, qui aura trouvé de plus belles couleurs, de plus beaux desseins, & fait la meilleure porcelaine, le meilleur papier, les meilleurs éleves, &c. Le luxe y dévore en partie la substance du pauvre. Les mœurs des laboureurs, des pâtres y sont encore agrestes ; leurs maisons sont des cabanes dont les murs sont de terre & les toits de paille. Autour d'un feu de tourbe, les peres, les meres, les enfans mangent & dorment pêle-mêle à côté de leurs bestiaux ; les enfans sont presque nuds ; ils se ressemblent tous, sont petits, bien faits, endurcis à la faim, à la fatigue, ne se nourrissent que de végétaux, de pommes de terre, de lait, & ne boivent que de l'eau : leurs femmes sont belles ; la jeunesse aime avec passion la musique & la danse. Les plus pauvres d'entr'eux étaient les *Rapparces* ; ils allaient presque nuds, construisaient dans une heure leurs maisons faites de torchis & de branches d'arbres fichés en terre, & vivaient de pillages quand ils n'avaient plus de pommes de terre : ils échapaient facilement à ceux qui les poursuivaient, en s'enfonçant dans des bois épais dont ils connaissaient seuls les issues, ou se couchaient dans les marais. Ils mêlent encore mille superstitions à la religion qu'ils reconnaissent, rendent une sorte de culte à la lune, aux loups, ont des magiciennes, des enchantemens, des sortileges, lisent l'avenir sur l'os décharné d'une épaule de mouton, craignent tout d'une question indifférente, n'esperent plus avoir du beurre en été, si on leur demande du feu dans le mois de May, &c.

Après le *Shannon* qui est la plus grande riviere de l'Irlande, elle est arrosée par la *Boyne*, la *Liffy*, la *Slane*, l'*Aubrian*, & beaucoup d'autres petites rivieres, toutes riches en poissons. On y trouve un grand nombre de lacs; les uns sont joints à des marais; les autres ont des rives très agréables & ombragées d'arbres. Il est peu de pays au monde où il y ait un aussi grand nombre de havres & de ports. L'Irlande a quatre archevêques: celui d'*Armagh* se dit *primat de toute l'Irlande*, & a six évêques pour suffragans. Celui de *Dublin* prend le titre de *primat d'Irlande*, & a trois suffragans: ceux de *Cashel* & de *Tuam* en ont chacun cinq. On y compte 32 comtés, 255 baronnies, 118 villes ou bourgs, 2293 paroisses, & 595,439 maisons. On la divise encore en quatre grandes provinces. Nous suivrons cette division.

I. *Leinster*.

Les Irlandais la nomment *Leighnigh*, les Gallois *Lein*, en latin *Lagenia*. Sa longueur est de 112 milles, sa largeur de 70, son circuit de 360: le *Barow*, la *Liffy*, le *Shannon*, la *Boyne*, la *Nuer*, la *Slane*, & l'*Inny* l'arrosent. Elle a 16 villes ou bourgs à marché, 47 villes de commerce, à peu près autant qui députent au parlement: elle eut des *Brigantes*, des *Cauci*, des *Blanii*, des *Elbanii*, pour habitans: ceux d'aujourd'hui ressemblent aux Anglais dont ils descendent: il forma deux souverainetés, & est divisé aujourd'hui en 11 comtés & 90 baronnies.

Comté de Dublin ou Divelin.

Il est partagé en six baronnies : il a 22 milles de long, 17 de large : son sol est fertile en grains & pâturages ; il fournit 10 membres au parlement, renferme quatre bourgs à marché & 21,304 maisons. On trouve des mines de plomb à *Howth*, à *Clontarf*, à *Dolphinsbarn*, à *Dalkey* & *Rokestown*. Le plomb de la derniere est très bon.

Dublin, en Irlandais *Balacleigh* est la capitale de tout le royaume, la résidence du viceroi, le siege d'un archevêque : elle est située sur la Liffe : bien bâtie, fort peuplée, elle s'embellit tous les jours, & peut être le tiers de Londres par son étendue, & lui ressemble d'ailleurs pour la hauteur de ses maisons, la construction de ses édifices, le nom des rues ; les deux hôtels où le parlement s'assemble sont plus beaux, plus vastes, plus magnifiques que Westminster, & l'hôtel des lords qui n'est ni le plus grand, ni le plus beau de Dublin, est supérieur à ceux qu'on voit en Angleterre ; la bibliothéque publique est dans un vaisseau d'une grande étendue ; la voûte en est élevée, & il est garni jusqu'à elle de livres richement reliés & bien choisis. On y compte 13,000 maisons, & il s'en est élevé 4000 dans ses fauxbourgs depuis 1711. Elle a de belles places, treize églises paroissiales : la cathédrale est belle & ancienne, dédiée à St. Patrice, & fut érigée en archevêché dans le 12e. siecle. Son chapitre est composé d'un doyen & de 24 chanoines. Elle a sept portes & autant de fauxbourgs, un château peu important, un arsenal, plusieurs ponts, une bourse, diverses écoles de charité, plusieurs hôpitaux : celui des invalides est considérable ; celui des enfans trouvés renferme un séminaire d'industrie où l'on occupe à travailler la laine & le lin, les enfans des deux sexes : on y voit 150 filles de six à douze ans filer des deux mains, moyen d'augmenter la quantité de l'ouvrage & de diminuer le prix de la main d'œuvre. Son college fondé par Elizabeth, est une espece d'université qui députe au parlement. Ses habitans sont divisés en 24 corps ; ils choisissent chaque année leur maire & leurs sherifs : en général ils sont aimables, gais sans indécence, très-sociables & hospitaliers. Le peuple de la campagne, opprimé par les seigneurs, est miserable ; il est cependant officieux & honnête. Son port est gêné par un banc de sable ; les barques y entrent, mais les vaisseaux s'arrêtent & se déchargent à *Ringsend* à trois milles de la ville. Sa long. est 11, 13 ; sa lat. 53, 18.

Un canal fait depuis quelques années, joint d'un côté la Liffe ou Liffy, à la Boyne, & au Barrow, & de l'autre au Shannon près de Clenfert : par là, Dublin communique aux deux mers par le centre de l'île, & son commerce en est bien plus actif. Le comté renferme encore deux petites villes qui députent au parlement : c'est *Newcastle* & *Schwords* ; cette derniere est au bord de la mer. On y remarque encore les restes de *Glandilaugh*, ancienne ville épiscopale.

Comté de *Wicklow*.

Il renferme six baronnies, fit partie de celui de Dublin, a 36 milles de long, & 28 de large, est montueux, peu fertile, a des mines de cuivre sur les deux rives de l'Arklow qui l'arrose : celles de *Crone-Bawn* sont les plus considérables : c'est une colline de deux milles de circonférence, élevée d'environ 300 toises, & qui a la forme d'une coupe renversée : on y voit des veines ouvertes d'environ 60 toises de profondeur : à la surface est une pierre ferrugineuse, au-dessous une mine de plomb, mêlée d'argent ; quelques toises plus bas on trouve le cuivre : 500 hommes y travaillent : des eaux impregnées de métal s'écoulent par des canaux souterrains, & on se sert de ces eaux mêmes pour augmenter le produit des mines : on place des barres de fer sur des creux longs de 10 pieds, profonds de huit, maçonnés sur les côtés, pavés au fond par de grandes pierres plates & polies : ces barres se rouillent, le cuivre répandu dans l'eau, attiré par elles s'y fixe, puis se précipite au fond, forme un sédiment qu'on fait sécher ensuite, quand on a détourné le courant ; devenu poussiere, il rend à la fonte un cuivre très-pur. Cette eau cuivreuse est, dit-on, bonne pour le scorbut ; elle fait vomir ceux qui en boivent.

Wicklow, capitale du comté, est située au bord de la mer où elle a un petit port. Elle a un château, des marchés publics & député au parlement, ainsi que *Blessinton*, petite ville sur la Liffe, *Arklow*, située au bord de la mer, *Baltinglass*, sur l'Urrin, *Carriesford*, *Rathdown*, & *Aghrin*.

Comté de *Wexford*.

Les Irlandais l'appellent *Reogh* & *Loghhagarm* : il a 47 milles de long, 27 de large, & contient 8 baronnies : située sur la mer d'Irlande, ses côtes sont fort peuplées ; un air mal-sain en rend quelques parties presqu'inhabitables : il produit des grains & beaucoup de pâturages. *Wexford*, ou *Weisford*, est située à l'embouchure de l'Urrin ; elle est d'une grandeur médiocre, & assez bien bâtie, a des marchés, un bon port dont un château défend l'entrée, & où le flux, & le reflux se font sentir trois heures plutôt que dans l'Océan ; elle députe au parlement, fut autrefois la principale cité de l'île, & la premiere où les Anglais s'établirent. *Fearnes* est une petite ville qui a un évêque. *Ennishcorthy*, sur l'Urrin ou la Slane ; *Ross*, à laquelle il ne reste que le souvenir de son ancienne prospérité, *Taghmon*, *Clamin* ou *Clomines* ; *Banne* ou *Bannew* ; *Duncanon* sur la Ross, & dont le château défend l'entrée du havre de Waterfort, *Featherd*, sont de petites villes qui députent au parlement.

Comté de Kirkenny.

Il est partagé en 11 baronnies, n'a qu'une ville & huit autres lieux qui députent au parlement, a quarante milles de long, & vingt de large, contient 96 paroisses, 11379 maisons ; c'est un pays beau & fertile ; l'air y est fort sain. *Kirkenny* sa capitale est sur la Nure ; grande, bien bâtie, commerçante : un mur la divise ; la vieille ville ou Irlandaise a un fauxbourg : la ville nouvelle, ou l'Anglaise n'en a point. Elle eut un évêque, sa cathédrale seule lui reste. *Gowran*, *Callen* & *Kells* sur le Callen ; *Thomas-Town*, *Enishteoge* sur la Nure ; *Knocktophar* & *St. Kennis* sont de petites villes qui députent au parlement.

Comté de Catherlagh.

Il a 28 milles de long, huit de large : il contient cinq baronnies, six bourgs, 5600 maisons, & fournit six membres au parlement, deux choisis par sa capitale, deux par la ville de Laughlen. Le sol en est fertile; mais trop couvert de bois. *Catherlagh* est sur le Barrow; elle a droit de marché : c'est une petite ville. *Laughlen*, ou *Laughlin* est peu considérable : il y eut une autre ville de ce nom où siegeait un évêque; mais elle n'est plus qu'un village. *Turrow* est un bourg.

Comté de *Kildare*.

Il est divisé en huit baronnies, a 37 milles de long, 24 de large, 100 paroisses, 8890 maisons : le pays est agréable, abondant, bien cultivé; la Liffy y serpente, y reçoit plusieurs ruisseaux, & forme à six milles de Dublin, une cataracte en se précipitant sur des rochers escarpés. Kildare est le siege d'un évêque & doit son origine à Ste. Brigite qui y fonda un monastère, s'y fit religieuse & y mourut. Cette ville a un port sur le canal de Bristol, des foires, des marchés; les sables qui remplissent son port y ont détruit le commerce des draps qui y fleurissait : on y commerce encore en denrées. *Athy*, petite ville sur le Barrow. *Naas* ou *Nash*, ville qui ainsi que les deux premieres députent au parlement. *Carbury* ou *Carboe* n'a que le nom de ville & le droit de marché.

Queens-County.

Les Irlandais l'appellent *Lease* : il a 35 milles de long, & autant de large, & est partagé en 7 baronnies. Il a des marais & beaucoup de bois. C'est la reine Marie qui lui donna son nom. *Maryborough*, ou *Queens-Town* sa capitale a le droit de tenir marché. *Ballinekill*, *Port-Arlington*, sont deux petites villes : la derniere est sur le Barrow : elles députent au parlement.

Kings-County.

Il s'appellat *Offalie* jusqu'à la reine Marie qui lui donna son nom en l'honneur de Philippe II. Il est partagé en onze baronnies, a 48 milles de long, 14 de large, est marécageux & couvert de bois. *Philips-Town* ou *King's-Town* est sa capitale; elle a droit de marché & envoye deux membres au parlement, ainsi que *Bir* & *Banagir* : cette derniere est sur le Shannon.

Comté d'East-Meath.

Il a 40 milles de long, 36 de large, est partagé en onze baronnies, & touche à l'orient, à la mer d'Irlande. Il est riche & peuplé. Ses campagnes agréables & fertiles sont arrosées par la *Boyne* qui le partage. *Trim* est sa capitale; elle est située sur la Boyne, est commerçante, & depute au parlement ainsi que *Rathouth*, *Athboy*, ville peuplée, *Kells*, *Navan* sur la Boyne, & *Duleck* sur la Nenny. *Slane* est encore une petite ville sur la Boyne.

Comté de West-Meath.

Divisé en onze baronnies, il a des pâturages, des prairies, des lacs poissonneux. Il forma avec le précédent un royaume particulier; le nom de *Meath* annonce qu'il est au centre de l'Irlande. Il a vingt milles de long, & six de large. *Molingar* est sa capitale; elle a droit de marché & depute au parlement : *Foore* a le même droit, *Kilbegan*, l'exerce comme elles : elle est sur le Brasmagh. *Ballimore*, petite ville environnée d'un marais.

Comté de Longford.

Il est peu étendu, mais fertile & agréable : des lacs l'environnent; on le divise en six baronnies. *Longford* petite ville sur le Camlin, a des marchés, & députe au parlement, ainsi que *St. John's-Tow* sur le Camlin, & *Lanesborough* sur le Shannon. *Ardagh* est encore une petite ville qui eut un évêché, réuni aujourd'hui à celui de Kilmore.

II. Ulster.

Les Irlandais la nomment *Cui-Guilly*, les Gallois *Ultw*, & les Français *Ultonie*. Son nom latin est *Ultonia*, ou *Uultdia* : la mer la baigne de trois côtés; sa longueur est de 116 milles, sa largeur de 100, son circuit sinueux de 450. Ses rivieres sont profondes & poissonneuses, sur-tout en saumons. Les *Erdini* occuperent le Fermanagh & les lieux voisins, les *Venienii* une partie du Drunagal; les *Robognii* possédaient Londondery, Antrim, & une partie du Tyronne, les *Valentii* habitaient autour d'Armagh, les *Darni* près de Down. Tir-Owen la soumit aux Anglais. On la divise en dix comtés, dont cinq touchent à la mer. On y compte un archevèché, six évèchés, dix villes à marché, quatorze villes de commerce, 34 qui députent au parlement, 240 paroisses. Les habitans s'étant révoltés sous Jaques I, on la divisa en portions, dont la plus grande n'avait pas plus de 2000 acres, & on les distribua à des Anglais & à des Ecossais : les Irlandais furent éloignés de tous les lieux de défense;

on leur enseigna l'agriculture & les arts, on les fixa dans des habitations, on punit le pillage & le vol, & depuis ce tems, cette province est la plus florissante & la plus heureuse. Elle a eu formé un royaume particulier.

Comté de Cavan, ou Cavon.

Il a 47 milles de long, 23 de large, renferme 7 baronnies, 37 paroisses, 8318 maisons. Le pays est beau, mais coupé de forêts. Son ancien nom est *East-Breany*. *Cavan*, son chef-lieu, envoye deux députés au parlement. *Kilmore*, *Belturbet* petites villes : la premiere est le siege d'un évêque assez pauvre.

Comté de Monaghan.

Il a 32 milles de long, 22 de large, a des champs fertiles; mais bien plus encore de marais & de forêts. Le grand lac *Earne* occupe une partie de sa surface : on y compte cinq baronnies & 24 paroisses; le chef-lieu est *Monaghan*, petite ville; *Glashlogh*, députe au parlement. *Clonish* est un petit bourg.

Comté de Louth.

En Irlandais *Iriel*, & autrefois *Luwa*, ou *Luda* : il est divisé en quatre baronnies, a 25 milles de long, 13 de large, est assez fertile & renferme 5 petites villes. *Louth* a droit de marché. *Carlingfort* en jouit aussi, députe au parlement, est située sur un golfe & a un bon port. *Dundalt*, est la plus grande de ses villes, elle jouit des droits des deux premieres, a un port commode, à l'embouchure de la

Boyne, est le siege d'un évêque, & a une manufacture de draps.

Atherdée ou *Ardée* a des marchés, & députe au parlement ainsi que *Drogeda* ou *Tredagh* qui est aujourd'hui le chef-lieu, est forte, peuplée, & a un bon port.

Comté d'Armagh.

C'est la plus fertile contrée d'Irlande; il est étroit, & coupé par quelques montagnes, mais il nourrit une multitude de bestiaux. *Armagh* fut autrefois une ville grande, florissante & illustre, mais les incendies l'ont ruinée : elle est cependant encore le siege d'un archevêque, & a le droit de marché; le Calin l'arrose. *Charlemont* est aujourd'hui la capitale du comté ; elle est située sur le Blackwater, a un bon château, & comme Armagh, envoye deux membres au parlement. *Tyan*, *Mayre-Castle*, sont de petits lieux.

Comté de Down.

Il est divisé en huit baronnies, a 40 milles de long, 32 de large, 72 paroisses, plus de 20 mille maisons. Le sol en est fertile, le climat doux ; il touche à la mer, & a encore quelques marais. *Down*, ou *Down-Patrick*, sa capitale est le siege d'un évêché, uni à celui de Connor; elle est sur la Newry, & a des fabriques de toiles. *Newry*, petite ville à marché; on y a creusé un canal qui conduit jusqu'au lac de *Strangford* sur les bords duquel est élevée la ville de *Killyleagh*. *Bangor*, *Nowtow*, *Hillsborough*, sont de petites villes, qui députent au parlement comme les précédentes. *Dromore* est le siege d'un évêque.

Comté d'Antrim.

Il est divisé en neuf baronnies : il est assez étendu, & est médiocrement fertile. On y voit le lac de *Lough-Neagh* qui pétrifie le bois; on trouve ce bois sur ses rives ; l'intérieur a peu changé; il est combustible, mais des parties minérales y ont pénétré ; il est plus solide, plus pesant; l'extérieur est comme envelopé d'une écorce formée par ses eaux. Cette pétrification se fait encore dans les environs, sur des hauteurs, dans des terres sablonneuses. C'est dans ce comté encore qu'on trouve le pavé des geans, espéce de chaussée qui s'étend l'espace de 600 pieds, du pié d'un mont bien avant dans la mer, formée par plus de 30000 prismes pentagones, hexagones, heptagones, d'un diamètre inegal; les pentagones sont les plus communs, & le diamètre le plus ordinaire est de 20 pouces : ils forment une surface quelquefois unie, quelquefois inégale ; s'emboitent exactement les uns dans les autres, par des surfaces concaves & convexes très polies. Il parait que c'est une cristalisation naturelle, une espece de basalte très dur, d'un beau noir, dont le grain est fin & luisant; il ne peut être taillé, se vitrifie & donne des étincelles comme le caillou. Sur la côte, on voit encore 50 piliers, rangés en forme de colonnades ; ceux du milieu ont 40 pieds & sont les plus grands, les autres diminuent en s'éloignant des premiers, comme des tuyaux d'orgues ; & c'est le nom que leur donnent les habitans. Il y a des basaltes semblables pour la couleur & la figure dans la montagne d'*Usson* en Auvergne : il parait qu'ils furent originairement du fer; on en trouve encore au centre.

Carrikfergus, ou *Knockfergus* en est la capitale :

elle est située sur un golfe & y a un bon port que protège un bon château. Cette ville, comme *Antrim & Belfast*, envoye deux députés au parlement : cette derniere est une ville de commerce, à l'embouchure de la *Lagenwater*, sur les bords de laquelle on voit encore *Lisburn* ou *Lisnagarvy*; *Connor*, petite ville dont l'évêché à été uni à celui de Down. *Dunlace Castle* est encore une petite ville forte, placée sur un rocher que baigne la mer.

Comté de Londondery.

Il a 32 milles de long, 30 de large; il jouit d'un air pur & d'un sol fertile; on y compte cinq villes ou bourgs, 38 paroisses, & 13490 maisons; il est divisé en cinq baronnies; on le nommoit autrefois *Colerain* ou *Krinc*. *Londondery* ou *Derry*, & *Dory* sa capitale est située sur le *Lough-Foyle*, est le siege d'un évêque, à un port commode, des foires, des marchés; c'est la ville la plus réguliere, la mieux bâtie, la plus avantageusement située des villes de l'Irlande. Londres en y envoyant une colonie, lui donna une partie du nom qu'elle porte : depuis 1613 elle s'est peuplée & prospère; l'agriculture se perfectionne dans ses campagnes & les manufactures s'y répandent. Sa long. est 10, 10; sa lat. 54, 58. *Colerain* sur la Banne, & *Lamnevady* sur la *Roe-Water*, députent comme elle au parlement. *Cumber, Tome-Castle* sont de petites villes.

Comté de Dunnegal ou Donegall.

Il porte aussi le nom de Tyrconel; il est étendu, peu peuplé, & divisé en cinq baronnies. C'est là qu'on voit le lac *Derg*, où s'éleve la petite île de *Retgles*:

elle a une caverne profonde près de laquelle on bâtit un monastère, c'est le trou de St. Patrice. On croit y entendre du bruit, & les Irlandais catholiques y entrent dévotement, y demeurent 24 heures dans l'obscurité, & y croient voir mille fantômes qui peignent à leurs yeux les peines & les tourmens de ceux qui ne croient pas à St. Patrice, & ne sont pas aussi bons chrétiens qu'eux. *Dunnegal* est située sur une grande baye, près de l'embouchure de l'Eask : elle députe au parlement : c'est un droit dont jouissent encore *St. John's-Tow*, *Lifford* sur le *Lough-Foyle*, & *Kilbeg* ou *Calebeg*, ville qui a un port commode. *Raphoc* chétive ville dont l'évêché a été uni à celui de Londondery. *Ballisbannon* a un bon port à l'embouchure du lac Earne dans la mer.

Comté de Tyrone.

On l'appelle encore *Tir-Owen* & *Tir-Eogam* ; il a 47 milles de long, 33 de large, est montueux, borné d'un côté par de hautes montagnes, de l'autre par le lac Neaugh, ou *Lough-Neagh*. *Dungannon* sa capitale est située sur une montagne, est défendue par un château. Elle, & *Strabon* sur le Lough-Foyle, protégée par un château fortifié, *Omagh*, ou *Drammoragh* sur la Roe-Water, & *Agher* députent au parlement. *Montjoy*, petite ville qui a une bonne forteresse : *Brinburgh* est un bourg. *Clogher* un évêché.

Comté de Fermanagh.

Il se divise en huit baronnies, a 38 milles de long, 23 de large, 18 paroisses, & 5478 maisons. Ses habitans sont industrieux ; les mœurs anglaises y pénétrent avec peine; il est peu fertile, & semé de bois, de marais, de lacs; le plus grand de ceux-ci est le lac *Earne* ou *Erne*, long de 34 milles, large de 16; il renferme diverses îles, où les bergers se retirent avec leurs troupeaux pour échaper à la fureur des loups. Il envoye quatre membres au parlement, deux pour lui, deux pour *Eniskilling* ou *Iniskilling* sa capitale, située sur une île, entre deux lacs, défendue par deux forts. *Tarmon*, au nord du lac Earne, a un château fort. *Ballek* & *Tully-Castle* sont deux bourgs.

III. *Conaght, ou Connaught.*

Cette province ne cessa d'avoir ses rois particuliers, que par la conquête des Anglais. Elle a 130 milles de long, & 84 de large; le Shannon l'arrose & le borne à l'orient, comme la mer à l'occident: elle a des marais hérissés de bois, qui furent autrefois des coupes-gorges; mais ses forêts ont été éclaircies, & une partie de ses marais desséchés. L'Océan y forme plusieurs anses & des bayes sûres & commodes. Il y a beaucoup de pâturages, & beaucoup de gibier. Ses habitans sont paresseux, & une partie de ses champs demeure en friche. On y compte un archevêché, cinq évêchés, six comtés, 7 villes à marché, huit de commerce, dix qui députent au parlement, 330 paroisses, & 47256 maisons. Son nom latin est *Connacie*; les Irlandais la nomment *Conaghty*.

Comté de Leitrim.

Il a de beaux pâturages, & est montueux. Sa longueur est de 40 milles, sa largeur de 22; il est divisé en cinq baronnies. *Leitrim* sa capitale est peu de chose aujourd'hui. *Carrick-Drumrush*, & *James-Town* petites villes qui députent au parlement.

Comté de Slego.

Long de 38 milles, large de 20, il est divisé en six baronnies. *Slego* sa capitale commerce en laines; son port, au fond d'un golfe embarrassé par un banc de sable, est défendu par un château : elle députe au parlement. *Castle-Connor* est une petite ville. *Achonry* est une ville déchue.

Comté de Mayo.

Il a 58 milles de long, 40 de large, est divisé en neuf baronnies, touche à la mer, abonde en bestiaux, en gibier, en faucons, en miel. *Mayo* est une ville qui tombe en ruines, & située à l'embouchure de la riviere de son nom. *Castlebar* députe au parlement. *Killaloo* est le siege d'un évêque, & est sur un golfe. *Shroule* est une petite ville.

Comté de Roscommon.

Il a 53 milles de long, 26 de large, est uni, fertile, & divisé en six baronnies. Le Shannon l'arrose. *Roscommon* a le droit de marché ; mais c'est une ville misérable dont les toits sont couverts de chaume : elle députe ainsi que *Tulsk*. *Athlone* est aujourd'hui la capitale du comté ; elle est forte, bien bâtie, située sur le Shannon, qui y a un beau pont. Elle a été épiscopale. *Boyle* petite ville sur le lac de Key. *Elphin* est un évêché.

Comté de Gallwai.

Il a 80 milles de long, 40 de large, produit des grains, a de beaux pâturages, est arrosé par le Shannon qui y forme plusieurs lacs, & y rend l'air humide : le lac de *Corbes*, ou *Carrib* est le plus grand de tous. On y compte treize baronnies, 136 paroisses, & 15420 maisons; huit membres le représentent dans le parlement. *Gallwai* ou *Gallive* fut la demeure des anciens rois, & l'est aujourd'hui d'un archevêque : c'est celui qui résidait à Tuam : elle est peuplée, commerçante, bâtie régulierement, & entourée de murs : le golfe où elle est située peut contenir une armée navale. *Tuam* ou *Toom* n'est plus qu'un village ruiné ; mais il eut autrefois un archevêque. *Athenrée* ou *Atherith* députe au parlement comme les lieux précédents. *Clonefert* est un évêché, & une ville ruinée. *Portumny*, petite ville sur le Shannon.

Comté de Clare.

On l'appelle aussi *Thomond* ou *Twomon* : les Irlandais lui donnent le nom de *Twown*. Il a 55 milles de long, 38 de large, est divisé en neuf baronnies, renferme 76 paroisses, & 10014 maisons : le sol est bon, mais mal cultivé ; ses habitans préferent le soin des troupeaux au travail pénible de la culture des champs. Sa situation y favorise le commerce maritime. Selon Lenglet il fait aujourd'hui partie de la province de Munster. Il envoye quatre députés au parlement, dont deux sont nommés par *Enis-Town*, petite ville à marché. *Killalo* ou *Labu* est son chef-lieu ; c'est une petite ville, située sur un golfe, siege d'un évêque, & qui a le droit de marché.

Clare est une petite ville sur un lac. *Bunrotty* a un château fort.

IV. *Mounster.*

Les Irlandais l'appellent *Mown* : son nom latin est *Momonia*. Elle est semée de hautes montagnes, qui laissent entr'elles des vallées riantes & fertiles. C'est là que sont les meilleurs ports de l'Irlande, & les villes les plus riches. Le Shannon l'arrose au nord-ouest, & la mer vers le sud. Il renferme cinq comtés, sept villes à marchés, 25 bourgs qui députent au parlement, 350 paroisses, & près de 70000 maisons. Les Irlandais disent qu'il y a une fontaine où l'on ne peut mettre la main sans faire venir la pluie, qu'un prêtre vierge peut seul faire cesser. Ils disent encore qu'il y a trois îles dans un lac : dans la 1re. les femmes ne peuvent accoucher, dans la seconde elles ne peuvent y entrer sans mourir ; dans la troisieme personne ne meurt de mort naturelle.

Comté de Tipperary.

Le Shannon le cotaie au nord, où il est presque stérile, la Shure au midi, où il est cultivé & peuplé. Il est partagé en quatorze baronnies. *Clonmell* est sa capitale ; elle est bien fortifié, a des marchés & députe au parlement. *Thurles*, ville sur la Shure, *Fethard*, *Tipperary*, *Cashel* ont ce même droit : la derniere fut autrefois la capitale d'un royaume ; aujourd'hui fort déchue, elle est toujours le siege d'un archevèque. *Emly* ou *Awn*, ville déchue, siege d'un évêque. *Carick-Mac-Griffen* ou *Carick*, ville à marché.

Comté de Waterford.

Il a 48 milles de long & 24 de large : le pays est beau & abondant ; on le divise en six baronnies. *Waterford* sa capitale, a de grands privileges ; elle est située sur la Shure, & est par sa grandeur la seconde ville de l'Irlande. Son port est formé par la jonction du Barrow & de la Shure ; les plus grands vaisseaux mouillent près du quai, & l'on y en voit aborder de toutes les contrées de l'Europe. La ville est riche & peuplée, quoique l'air y soit mal-sain, ses rues étroites contribuent beaucoup à la rendre telle : elle est le siege d'un évêque. *Dungarvan*, est au bord de la mer, a une bonne rade & un château fort. *Lismore* & *Tallagh* sont de petites villes : toutes députent au parlement.

Comté de Limerik.

Il a eu le titre de royaume, est long de 45 milles, large de 27, fertile, peuplé, arrosé par le Shannon, & partagé en neuf baronnies ; il a des montagnes au couchant. *Limerik* sa capitale, ou *Lough-Meath* est le siege d'un évêché ; elle est assez grande, belle, bien peuplée, commerçante, forte par sa situation, par le château qui la défend, & divisée en ville haute & basse : *Askeaton*, petite ville sur le Shannon, & *Killmalock*, ville bien bâtie & peuplée, députent comme elle au parlement. *Athdora*, *Loughill* sont des bourgs : le premier a été fortifié.

Comté de Kerry.

Il a le titre de comté Palatin, a 60 milles de long, 47 de large, renferme huit baronnies, 84 paroisses, trois villes qui députent au parlement, & 11614 maisons : c'est un pays montueux & fertile en grains ; on y trouve des carrieres d'ametystes qui égalent en dureté & en couleur celles de l'Orient. Là est le lac *Lene* dont la surface est de 3000 arpens quarrés ; partagé en haut & bas, celui-ci environné de montagnes couvertes de différens arbres, le spectacle y est varié dans toutes les saisons ; & dans l'hyver, cet amphithéâtre présente déjà les charmes du printems : mille ruisseaux en tombent & forment des cascades charmantes ; les échos y forment un effet étonnant, & le bruit d'un petit canon s'y répete, & semble un violent & long coup de tonnerre. Ce lac a des îles où l'on voit des ruines d'anciens cloîtres & d'hermitages. Son nom lui vient d'un ruisseau qui y tombe ; on l'appelle aussi *Killarny*, du nom d'un village bâti sur ses bords. Sur le sommet du mont *Mangerton* est un lac très profond, d'où s'élevent des îles de marbre où l'on trouve des pierres précieuses : aux environs sont des mines de cuivre & d'argent. *Dingle* est sa ville la plus considérable ; elle est située sur un golfe, a le droit de marché, & depute au parlement. *Ardfert*, petite ville au bord de la mer, siege d'un évêque ; *Trally*, bourg, députent aussi au parlement. *Castlemay* a un bon port.

Comté de Cork.

C'est un pays fertile, riche, peuplé, qui touche à la mer, & qu'arrose la More : il renferme seize baronnies, dont deux font partie du comté de *Desmond* qui renferme douze petites villes, 232 paroisses, 43,286 maisons : il nomme 26 membres pour le parlement. Il fut autrefois un royaume,

GRANDE-BRETAGNE. 549

Corke sa capitale est le siege d'un évêché auquel on a réuni celui de Cloyne ; ses habitans sont presque tous Anglais, & ils l'ont rendue la ville la plus commerçante du royaume après Dublin. Le Leo lui forme un port qui est le plus commode de l'Irlande. Les rues de la ville sont propres ; on y compte 800 maisons, & est fortifiée, riche : elle fournit à la France beaucoup de viandes salées : tel habitant de Corke fera tuer jusqu'à 200 bœufs par semaine, & de là on peut juger combien cet objet de commerce est considérable. Elle députe au parlement. Sa long. est 9, 10 ; sa lat. 51, 47. *Charlesville, Mallo, Cloyne, Ballicora, Brandonbridg, Baltimore*, qui a un port commode. *Youghall*, ville bien bâtie, & qu'enrichit un bon port. *Kinsale*, ville peuplée, commerçante, & dont le port est excellent, envoyent aussi des députés au parlement. *Rosse* fut une ville épiscopale & n'est plus qu'un village.

NOTES ET TABLE
Pour le Cercle
DE WESTPHALIE.

Les cartes qu'on a de ce cercle sont bien imparfaites encore : cependant un grand nombre de géographes se sont exercés sur cette partie de l'Allemagne : la meilleure est celle des héritiers de Homan, comme nous l'avons dit ailleurs.

Il ne renferme aucun électorat.

A

AHauſs.	63
Ahlen.	63
Aigremont.	6
Aiſeau.	10
Aix-la-Chapelle.	132
Aldenhoven.	12
Alsbach.	113
Alſwede.	47
Alt-Kirchen.	114
Altena.	35
Altenbeeken.	68
Altenberg.	23
Alverdiſſen.	122
Ama	6
Angermund.	18
Anhauſen.	113
Anholt.	99
Ape.	92
Arcen.	58
Arensberg.	125
Aubourg.	80
Auf-der-Borde.	46
Aurich.	50

B

Bahrenbourg.	85
Barmen.	19
Barntrup.	121
Baſſum.	83
Beckum.	60
Beilſtein.	103
Bendorf.	114
Bensberg.	21
Bentheim.	94-96

DE WESTPHALIE.

Berg.	16	Buckbourg.	125
Bergheins.	14	Bucken.	85
Berum.	51	Buderich.	29
Bevergenn.	64	Bünde.	42
Beverungen.	71	Buren.	69
Beyenbourg.	19		
Bieber.	113	**C**	
Bielefeld	39		
Billerbeeck.	63	Calcar.	26
Bilfen.	7	Camberg.	107
Blankenheim.	104	Camen.	33
Blankenftein.	35	Cappeln.	56
Blomberg.	121-122	Cafter.	14
Bocholt.	64	Caftrop.	35
Bockum.	34	Charlottenbourg.	105
Boke.	69	Châtelet.	9
Borchholz.	71	Chiney.	9
Borchorft.	64	Clemenfwerth.	65
Borgentryck.	71	Cleves.	23-25
Borgholzhaufen.	41	Cloppenbourg.	66
Borgworm.	6	Coesfeld.	63
Borken.	63	Cologne.	131
Borkum.	52	Condroz (pays de)	8
Bourbach	109	Coppenbrugge.	128
Bourg.	20	Corvey, Abb.	118
Bœfingfelde.	123	Cranenbourg.	27
Brackwede.	40	Crefeld.	57
Brake.	121	Cuivin.	9
Brakel.	70	**D**	
Breckerfeld.	36	Daden.	114
Bredenborg.	72	Dalem.	13
Breyfich.	16	Damme.	65
Bruch.	22	Dauffenau.	107
Bruckhaufen.	86	Delbruck.	69
Bruggen.	13	Delmenhorft.	94

Delſtein.	37	Eppenhauſen.	37
Detmold.	120	Erder.	121
Diepenau.	80	Erkelens.	16
Diepholtz.	78-80	Eſchweiler.	14
Dierdorf.	111	Eſens.	53
Dieshejm.	57	Eſſen.	78
Dietz.	106	Eſſen, Abb.	116
Dillenbourg.	109	Euskirchen.	15
Dinant.	9	Exter.	123
Dinſlacken.	29	Eyſs.	102

F

Diſſen.	76		
Dortmund.	134		
Dreyfelden.	113	Fachingen.	107
Driedorf.	110	Feldkirchen.	112
Dringenbourg.	70	Fintel.	89
Drybourg.	71	Florennes.	9
Duisbourg.	29	Fontaine l'Evèque	9
Dulcken.	13	Foſſe.	9
Dülman.	62	Franchimont.	8
Duren.	14	Frenſwegen.	97
Duſſeldorp.	17	Freren.	54
Dutz.	21	Freudenberg.	108
		Freusbourg.	114
		Fridericltein.	112

E

Ebersbach am Berg.	110	Friedebourg.	52
Ehrenbourg.	84	Friedewald.	114
Eilpe.	37	Friſoyta.	66
Elsfleth.	92	Furſtenau.	76
Elverfeld.	19		
Embden.	51		

G

Emblicheim.	97		
Embſland.	67	Gangelt.	12
Emmerick.	30	Gehmen.	98
Emperſtraſe.	37	Geilenkirchen.	12
Engen.	41	Gelnhauſen.	135

Gemarke.	19	Hanfletten.	107
Gennep.	27	Hardehaufen.	71
Gerden.	70	Hardenberg.	22
Gerolftein.	104	Harlingue.	53
Gefmold.	78	Harpftedt.	85
Gildehau.	96	Hasbein.	6
Gimborn.	115	Hafelunen.	65
Gladbeck.	13	Haffelt.	7
Goch.	27	Hatten.	91
Goedens.	53	Hattengin.	35
Gohfeld.	46	Hausberge.	45
Goldenftedt.	80	Hayger.	109
Grenzhaufen.	113	Hedderdorf.	112
Grethfyhl.	51	Heepen.	40
Grevenbroich.	14	Hegenfdorf.	69
Grevrad.	20	Heiligenrode.	83
Griat.	27	Heimbach.	15
Griethaufen.	27	Heinsbach.	13
Gronsfeld.	101	Heisflingen.	108
Grœnenberg.	78	Herborn.	109
Gueldres Pruff.	57-58	Herdicke.	36
Gummersbach.	115	Herford.	40, 135
		Herford Abb.	117
H		Herk.	7
		Hermansbourg.	129
Hachenbourg.	115	Herftal.	6
Hadamar.	110	Herftelle.	71
Hagen.	37	Hilchanbach.	108
Hagenbourg.	125	Hofmeifter.	46
Halle.	41	Holt.	29
Hallermund.	130	Holte.	127
Halteren.	62	Holtzhaufen.	37-64
Hamm.	32	Holzapfel.	105
Hammelwarder.	92	Holzhaufen.	130
Hamont.	7	Honnefeld.	113

Hoorn.	7	Kinsweiler.	15
Horn.	121	Kleinenberg.	70
Horstmar.	63		
Hoya	81-85	**L**	
Hœrda.	34		
Hœxter.	118	Landsberg.	84
Huckeswagen.	20	Langenberg.	22
Hude.	94	Langwedel.	88
Hui.	8	Leer.	52
Hukholzhausen.	111	Lehden.	56
Humfeld.	123	Lemfœrde.	80
Huntebourg.	77	Lemgo.	120
Huyssen.	30	Lengericht.	54-56
		Lennep.	20
I		Leuenberg.	22
		Leuscheidt.	22
Ibbenbuhren.	56	Levern.	47
Ibourg.	75-76	Lichtenau.	69
Jemgum.	51	Liebenau.	85
Indem.	101	Liege.	3-5
Innert.	57	Limberg.	42
Isselbourg.	30	Limbourg.	37-38
Iserlon.	37	Lingen.	53-54
Itonnelf.	22	Linnick.	12
Juliers.	10-12	Lippe (La.)	119
Juttenbourg.	125	Lipperode.	121
		Lippspring.	72
K		Lippstadt.	121
		Logne.	100
Kalenberg.	70	Lommersum.	103
Kerpen.	103	Looz.	7
Kerverdonk.	27	Lübbecke.	45
Kettwick.	116	Ludenghausen.	62
Kirchberg.	107	Ludenscheid.	36
Kirdorf.	107	Lugde.	72

DE WESTPHALIE.

Lulstorf.	21	New-Pyrmont.	130
Lunen.	33	Newiger.	22
Lutteringhauser.	19	Niedecken.	15
		Nienbourg.	64-85

M

Maeseyk.	7	Nienhus.	97
Manderscheid.	104	Nienrade.	35
Mark, (comté de la)	31	Norden.	50
Medman.	18	Nordhofen.	113
Meinerzhagen.	36	Northorn.	97
Melle.	78		

O

Mangers-Kirchen.	110	Obernkirchen.	126
Meppen.	65	Odenthal.	23
Meurs.	56	Oerlinghausen.	121
Minden.	42-44	Oesede.	76
Miseloe.	21	Ohne.	96
Mitteln.	63	Oldenbourg.	72.91.122
Monheim.	21	Oldenbrock.	92
Monjoy.	15	Oldendorf.	42. 126
Mœllenbeck.	127	Oranienstein.	106
Muhlenback.	115	Osnabrück.	72-74
Mulheim.	21	Ost-Frise.	48
Mulheim am Rhur.	23	Oster-Cappeln.	77
Munster.	58-60	Ossoy.	30
Munster-Eyffel.	15	Ottenstein.	63
Mylendonk.	102	Ovelgœnne.	93

N

Nassau.	107
Nassau, (Princip. de)	105

P

Neheim.	71	Paderborn.	66-67
Neuhaufs.	68	Peckelsheim.	71
Neustadt.	115	Peer.	7
Neuwied.	112	Petershagen.	46
Neuvenbourg.	92	Pewsum.	52
		Plettenberg.	36

Probbach.	110	Runkel.	111
Pyrmont.	128-129		

Q

		Sachsenhagen.	126
Quackenbruck.	77	Salzkotten.	68
Quernheim.	47	Saffenberg.	61

R

		Sayn.	113
		Schalmar.	121
Rade-vor-dem-Wal-		Schauenbourg.	123-126
de	20	Scheesel.	89
Rahden.	47	Schermbeck.	29
Randeradt.	13	Schieden.	122
Rastede.	92	Schildesche.	41
Ratingen.	18	Schleiden.	103
Raubach.	112	Schlenacken.	102
Ravensberg.	38-41	Schlüsselbourg.	48
Reckenberg.	78	Schnathorst.	47
Reckheim.	101	Schoeller.	23
Rees.	30	Schonforst.	15
Reichenstein.	104	Schupbach.	111
Reineberg.	46	Schuttorf.	96
Rellinghausen.	117	Schwalenberg.	72
Remscheid.	20	Schwanenberg.	102
Rheinen.	64	Schwehn.	37
Rheimagen.	16	Schwerte.	33
Rheyd.	14	Schwey.	93
Rietberg.	127	Seelbach.	111
Rinteln.	126	Sendenhorst.	60
Rodenberg.	126	Sevenaer.	30
Rolandswerth.	22	Siedenbourg.	84
Ronsdorf.	19	Siegberg.	22
Rosbach.	115	Siegen.	107-108
Rotenbourg.	88	Sinzig.	15
Ruhvort.	29	Sittard.	13
Rulle.	76	Soest.	33

DE WESTPHALIE.

Solingen.	19	St. Truyen.	6
Sonsbeck.	27	**T**	
Spa.	8		
Sparenberg.	40	Tecklenbourg.	55-56
Spiegelberg.	128	Telget.	60
Stablo & Malmedi.	99	Teutenberg.	121
Stadhagen.	124	Thedinghaufen.	86
Stadt-Loen.	63	Thorn Abb.	99
Stadt-Steinheim.	71	Thuin.	9
Stapelberg.	72	Tongres.	7
Steden.	111	Tringenstein.	110
Stedingerland.	94		
Steinbach.	109	**U**	
Steinfurt.	98	Udem.	27
Steinhude	125	Uebernstieg.	46
Sternberg.	123	Ulotho.	42
Steyli.	117	Ulfen.	98
Steyerberg.	84	Unna.	32
Stickhaufen.	52	Urbach.	112
Stolberg.	14	Ureden.	63
Stochem.	7	**V**	
Stolzenau.	84	Varel.	90
Stoppelberg.	122	Varenholz.	121
Stralen.	58	Vechta.	65
Strimel.	112	Velfert.	18
Stromberg.	61	Verden.	86-88
Struckhaufen.	92	Verſmolo.	41
Stuhr.	94	Verviers.	8
Styrum.	23	Vickerad.	102
Suhlingen.	83	Vinendobl.	11
Süſteren.	13	Virnenbourg.	104
Swalenberg.	122	Visbek.	127
Sycke.	83	Viſet.	6
St. Cornelis Munſter.	100	Viſſelhœvede.	89
St. Juſt.	50	Voerden.	71

TABLE POUR LE CERCLE.

Vœrden.	77	Wiedenbrick.	78
W		Wierssen.	58
		Wietmarsen.	97
Wachtendonk.	58	Wilbassen.	70
Wald.	20	Wilhelmstein.	125
Warberg.	70	Windheim.	46
Wardenberg.	91	Winnenberg.	103
Warendorf.	61	Wipperfurt.	20
Wassemberg.	13	Wittage.	78
Wattenscheid.	35	Wittem.	102
Weden, M.	45	Wittmund.	53
Weert.	8	Wolbeck.	61
Wehner.	52	Wulffrath.	18
Weichbild.	77	Wulften.	76
Werden Abb.	116	Wulmstorf.	86
Werdt.	64	Wunnenberg.	69
Werne.	62	Wurden.	93
Werther.	41	Wusteland.	91
Wesel.	28	**X**	
Westen.	86	Xanten.	29
Westhoven.	34	**Z**	
Wetter.	36	Zarn.	23
Wevelsbourg.	69	Zwischenahm.	93
Wied	110-113		

NOTES ET TABLE POUR
LA HOLLANDE.

LEs plus anciennes cartes des Provinces-Unies font celles de *Visscher*, de *De Witt* & d'*Inselin*; les meilleures ont été dessinées par *Maier*, & gravées par les heritiers *Homann* : on estime beaucoup aussi celles de *De l'Isle*. Il en est des mêmes auteurs de particulieres à chacune de ces provinces.

On sait que les députés des Etats assemblés, ont le titre de *Hauts & puissans Seigneurs, les Etats-Généraux des Provinces-Unies*. Leurs armes sont d'or, au lion grimpant en champ de gueules, tenant un glaive dans une de ses griffes, & de l'autre un faisceau de sept javelots; sous lui est un écu orné d'une couronne avec cette divise : *Concordia res parvæ crescunt.*

A

Ardenbourg.	288
Abkoude.	256
Achtkerpelen.	207
Aduwerd.	198
Alckmaar.	215
Alt-Beierland.	247
Amelo.	191
Almen.	181
Altena, (pays d')	249
Ameland.	209
Amerongen.	256
Amesfort.	254
Amstelland.	243
Amsterdam.	228
Antwerpen.	276
Arkel.	248
Arnemuyden.	263
Arnheim.	182
Asperen.	248
Assen.	193
Axel.	290

B

Baar.	181	Bruiniffe.	268
Barneweld.	184	Bunfchoten.	257
Batenbourg.	177	Buren.	179
Beeft.	178	Burg.	222
Beierland.	247	**C**	
Bellingweer.	198	Capelle.	265
Bergen-op-Zoom.	278	Caffandria, ou le Re-	
	279	tranchement.	289
Berlikum.	208	Cœrverden, voyez Koervorden.	
Betuwe.	177	Creve-cœur.	249
Beufichem.	179		
Beverwyk.	218	**D**	
Biervliet.	290		
Blokzyl.	192	Dalem, ou Daalheim.	284
Bois-le-Duc.	270	Dam.	198
Bollingwolder-Zyl.	199	Delden.	191
Bolfwerd.	204	Delft.	226
Bommel.	176	Delftland (le)	244
Bommel-Waard.	178	Delfzyl.	198
Borkelo.	182	Deutikem.	181
Borfelen.	265	Deventer.	188
Bofch, île.	199	Diepenheim.	191
Bouchoute.	290	Dieren.	184
Bourg.	182	Dieveren.	194
Bourtrang.	199	Dinkeloord.	278
Boxmeer.	274	Doele.	290
Boxtel.	272	Doesbourg.	180
Brabant.	270	Dokkum.	204
Breda.	276	Dombourg.	263
Bredewoort.	188	Dongen.	277
Brille (la).	237	Doornwaard.	185
Brock.	220	Dordrecht ou Dort.	224
Bronkhorft.	181	Dordrecht (île de).	247
Browershaven.	267	Dregterland.	221

Drenthe

LA HOLLANDE.

Drenthe (pays de) 192
Driel. 178
Dubledam. 248
Duiveland. 267
Dykweld. 257

E

Echt. 266
Ecluse (L') voy. Sluis.
Edam. 217
Eemland. 257
Egmond-op-denzée. 219
Egmond-op-zée. 219
Ehsloe. 284
Eierland. 222
Eindhoven. 272
Elbourg. 184
Ellekom. 184
Emarip-ter-Horne. 208
Enckuisen. 217
Enschede. 191
Everdingen. 179

F

Falkenhof. 175
Fauquemont. 284
Fivelingo. 198
Flandres Holland. 286
Flieland. 222
Flissengen, voy. Vlissingen.
Franeker. 204
Frise (la) Prov. 199

G

Geervliet. 247
Geldenfoord. 182
Gemert. 273
Genemuiden. 190
Gertruidenberg. 239
Goerée (île). 246
Goes. 264
Golberdingen. 179
Gooiland. 242
Goor. 191
Gorcum. 236
Gouda. 234
Goudswaard (île) 247
Grave. 274
Grol. 181
Groningue (Pr.) 194. 197
Gueldres (Prov.) 172
Gulpen. 285

H

Haak. 263
Haatbergen. 191
Haamstede. 267
Haarlem. 224
Hage. 277
Hagestein. 249
Hardenberg. 190
Hardewyck. 183
Harlingen. 205
Hasselt. 190
Haltem. 183
Haye (la) voy. St. Gravenhagen.
Heenvliet. 246
Heerenberg. 182
Heerenveen. 209
Heeswyck. 257

Heusden.	249	Kranendonk.	273
Heilo.	218	Krimpener-waard.	248
Helder.	219	Kruiningen.	265
Helmond.	273	Kuik.	273
Helvoeftfluis.	246	Kuilenbourg.	179
Hemelam.	208	Kuinder.	192
Heukelum.	248	**L**	
Heusden.	239		
Hindelopen.	206	Langerftraat (le)	249
Hilvarenbeek.	272	Leerdam.	249
Hilverfum.	242	Leerfum.	256
Hoekfée-waard.	247	Leeuwarden.	203
Hoelaken.	185	Lemmer.	209
Hollande, (Pr.)	210	Lent.	176
Hoorn.	216	Leuteren.	184
Huizen.	242	Leye.	226
Hulft.	290	Lichtenwoord.	182
Hunfinge.	198	Liefkenshoek.	291
		Lillo.	280
I		Lochem.	181
Idaar.	207	Loo.	185
Jutphaas.	256	Loofdrecht.	242
K		Loofduinen.	244
Kampen.	189	Lopiker (île)	257
Kapelle.	257	Lopperfum.	199
Katwick.	243. 274	Lœwenftein.	239
Katzand (île).	288		
Kennemerland.	243	**M**	
Keppel.	181		
Ketteneffe.	290	Maarfen.	256
Klundert (le).	239	Maafland.	245. 273
Koerverden.	193	Maaftricht.	280
Kollum.	207	Makkum.	208
Kolmfchaten.	189	Marken.	223
Kortgene.	266	Maftenbrock.	190

Medinblick.	218	Nimegues.	175
Meerfen.	284	Nifpen.	277
Megen.	275	Nord-Beveland.	266
Melifzand.	246	Nuys.	198
Menaldum.	208	**O**	
Meppel.	194		
Mergenraede.	285	Ober-Yffel (Prov.)	185
Merwede.	248	Obdam.	221
Meufe (riv.).	157	Oirschot.	272
Meufe-waal.	177	Ommen.	190
Mey.	250	Ommelandes (les)	198
Middelbourg (com-		Oplo.	274
té de)	288	Oofsbourg.	288
Middelbourg.	260	Ooft-Beveland (ile)	265
Middelftum.	198	Oostergo.	206
Molkweren.	208	Oosterland.	265
Monnikendum.	217	Oosterwyk.	272
Montfoort.	255.257	Ootmarfum.	191
Montfort.	286	Orifant, (ile).	266
Mook.	274	Os.	273
Mooker-Heye.	177	Osterhout.	277
Muyden.	238	Oft-Voorn (ile).	246
Muyderberg.	242	Otterloo.	184
		Oud-Gaftel.	280
N		Oudenbofch.	280
		Oudewater.	238
Naerden.	237	Oueft (canton de l')	198
Naorden-Drachter.	207	Over Flaque, ile.	246
Nieuport.	238		
Nieuftadt.	286	**P**	
Nieuvliet.	289		
Niew-Bommene.	267	Panderen ou Panner-	
Nieuwkirk.	184	den.	177
Nieuwersluis.	238	Pays de conquête.	269
Nieuw-vofmar.	269	Peelland.	272

Petten.	219	**S**	
Philippine.	291		
Postel.	272	Saaftingen.	290
Princeland.	278	Salland.	188
Provinces-Unies.	136	Sas-de-Gand.	291
Purmerend.	218	Schagen.	221
Putten.	184	Schaikwyk.	256
Putten, (île).	247	Schelde ou Escaut, fl.	158
		Schenk.	177
R		Schermer, (lac).	219
		Scherpenisse.	268
Rammekens.	263	Scherpenzeel.	185
Ravenstein.	275	Schiedam.	237
Redemptie.	283	Schieland (le)	244
Rekum.	179	Schipbeck.	186
Rempenland.	272	Schokland.	223
Renswoude.	257	Schonewelde.	264
Rheinland.	243	Schoonhoven.	237
Rhenen.	254	Schouven, (île).	266
Rhin.	156	Schwelingen.	244
Rhinsbourg.	248	Sloten.	206
Rolduc.	285	Sluis.	287
Roon.	185	Sneek.	204
Rosenbourg (île)	247	Soest.	257
Rosendaal.	277	Sommelsdyke.	269
Rossum.	178	Spankeren.	184
Rotterdam.	235	Stavenisse.	268
Rozande.	185	Staveren.	205
Rozendaal.	185	Steenbergen.	278
Rouvenbourg.	184	Steenwyk.	192
Ruigen-Plaat.	278	Stryen.	247
Ryk-in-de-veche.	190	Stvens-waard.	286
Ryp.	219	Ste. Agathe.	274
Ryswick.	178. 245	St. Agnietenberge.	190
Ryssen.	191	St. André.	178

St. Anna ter Muyden.	288	Veluwe-Zoon.	184
St. Danaas.	288	Vianen.	248
St. Gervais.	283	Villes des barrieres.	291
St. Gravendal.	284	Visvliet.	198
St. Gravenhage.	239	Vlaardingen.	245
St. Gravesande.	245	Vlissengen.	261
St. Grœveland.	242	Vollenhoven.	191
St. Jans-Steen.	290	Urk.	223
St. Jooftland.	264	Vroenhove.	283
St. Martindyk.	268	Utrecht.	250. 252
St. Philips-Land.	269		
St. Udenroy.	273		

T

W

		Waalwyk.	272
		Wageningen.	183
Ter-Heyde.	277	Walcheren, (île)	260
Ter-Neufe.	291	Waterland.	220
Ter-Schelling.	223	Weenendal.	225
Texel (île).	222	Weere.	255
Thiel.	176	Werwolde.	182
Thieler-waard.	178	West-Rappel.	263
Tholen.	268	Westergo.	207
Tilborg.	272	Westwoldingerland.	199
Tjetjerkfteradeel.	207	Wezep.	238
Tollhuis.	177	Wieringen.	223
Tweebergen.	283	Wikel.	208
Twenke.	190	Willemftadt.	277

V

		Wilre.	283
		Winfchoten.	199
Valkenbourg.	284	Wifch.	182
Vecht, (riv.).	186	Woerden.	238
Veen.	249	Wolferfdyk.	265
Veenhuizen.	221	Wooft.	181
Venlo.	285	Worcum, v. Woudrichen.	
Veluwe.	184		

Workum.	206	Zommerdyk, voyez Sommelsdyk.	
Wormer.	219		
Woudenberg.	257	Zuid-Beveland (ile).	264
Woudrichen.	239	Zuider-Drachlen.	207
Wreefwyck.	256	Zuideweld.	194
Wyck.	281	Zuilen.	257
Wyck, voy. Beverwyk.		Zuilichen.	178
		Zutphen.	180
Wyk.	255	Zwarte-Sluis.	192
		Zwol.	189
		Zype.	219

Z

Zardam ou Zaanden.	220		
Zeelande, (Prov.)	258		

Y

Zeevang.	221	Ye, (riv.)	212
Zelhem.	181	Ylſt.	206
Zevenbergen.	250	Yſendoorn.	178
Zevenwolden.	208	Yſendyk.	289
Zeyſt.	256	Yſſelmuiden.	190
Zirkſée.	267	Yſſelmonde, (ile)	247
Zollhuys, voy. Tolhuis.		Yſſelſtein.	249

NOTES ET TABLE POUR

LA

GRANDE-BRETAGNE.

LEs meilleures cartes générales de la Grande-Bretagne & de l'Irlande font celles que *Sanfon*, *Jaillot*, *de Wit*, *de l'Isle*, *de Fer*, *Tobias Mayer*, *Jefferys*, &c. ont données au public. Pour l'Angleterre en particulier, confultez celles de *Rich-Bloom*, de *Hermann Moll*, de *Julien*, & de *Jefferys*. Pour l'Ecoffe on doit préférer celles d'*Elphin*, de *Boudet*, & de *James Dorret*. Pour l'Irlande, celles de *Grierfon*, de *Dury*, & de *Jefferys*.

Le titre du roi eft, *roi de la Grande-Bretagne, de la France & de l'Irlande, défenfeur de la Foi*. Ceux de fon fils aîné font : *prince de Galles, duc de Cornwall & d'Edimburgh, Marquis de l'Isle d'Ely, comte de Chefter, vicomte de Launcefton, baron de Snauden*.

Les armes du roi font un écu partagé en quatre quartiers : dans le premier on voit les 3 leopards d'or d'Angleterre, & le lion de gueules de l'Ecoffe : dans le fecond font les trois lis d'or de la France ; dans le troifieme la harpe d'or de David pour l'Irlande, & dans le quatrieme les armes électorales de Brunfwig-Lunebourg. La devife n'en eft pas conftante.

TABLE.

A

Aberbrothock.	516	Ardrofs.	520
Aber-Conway.	490	Argyle.	511
Abergavenni.	437	Arkow.	533
Abernethy.	515	Armagh.	539
Aberyftwith.	485	Arminfter.	347
Abingdon.	370	Arundel.	376
Achonry.	544	Ashbi de la Zouch.	447
Acton.	406	Ashbourn.	454
Agher.	542	Ashburton.	347
Air.	505	Ashfort.	387
Aldborough.	413. 463	Askeaton.	547
Alderney, ou Aurigny.	367	Athboy.	536
		Athdora.	547
Alesbury.	427	Athenrée.	545
Alfreton.	454	Atherdée.	539
Alloway.	508	Atherfton.	442
Alnwick.	471	Athlone.	544
Altringham.	461	Athol.	516
Amblefinde.	475	Athy.	535
Amersbury.	360	Aulcefter.	443
Amersham.	427	Axholm, (île).	459
Ampthill.	424	Aye, voy. Eye.	
Andover.	363		
Angel-hill.	412	**B**	
Anglefey, (île)	490	Badenoch.	519
Angus.	516	Baintrée.	409
Annand.	503	Bakely.	379
Antrim.	540	Bakewell.	453
Appleby.	474	Bal-cury.	492
Appledore.	389	Baldok.	425
Aran, (île).	511	Balgony.	509
Ardagh.	537	Ballicora.	549
Ardfert	548	Ballimore.	537

GRANDE-BRETAGNE. 569

Ballinekill.	535	Bewdley.	440
Ballishannon.	542	Bicester.	431
Baltimore.	549	Biddifort.	346
Baltinglass.	533	Bildeston.	414
Bambury.	431	Bingham.	452
Bampton,	347. 432	Bir.	536
Banagir.	536	Birmingham.	442
Bangor,	489. 539	Bishops-Aukland.	470
Banne.	534	Bishops-Castle.	458
Banstead.	374	Bishops-Stortford.	425
Baraf.	518	Blackness-Castle.	502
Bargeny.	505	Blandfort.	349
Bark, (prov.).	368	Blechingly.	372
Barking.	408	Blessinton.	533
Barnesley.	464	Blith.	452
Barnstable.	346	Bloreheath.	456
Bass.	527	Bodmyn.	341
Bath.	353	Bollingbrook.	449
Battel.	379	Bolton.	478
Battersea.	405	Boreham.	409
Beaconsfied.	427	Borougbridge.	463
Beaumaris.	490	Borowstounness.	502
Beckles.	415	Boscastle.	342
Bedal.	468	Bossiney.	343
Bedfort.	423	Boston.	448
Beeralston.	347	Bosworth.	447
Belfast,	541	Bourn.	449
Beltingham.	471	Bowe	346
Belturbet.	538	Bowes.	468
Bere.	349	Boyle.	544
Berkley.	435	Brackley.	444
Bernards-Castle.	470	Bradfort.	360. 464
Berwick.	471. 497	Bradninch.	347
Betley.	456	Bradonbridge.	549
Beverley,	465	Brae-of-Murray.	512

Braid-Albin.	515	Bury, voyez St. Edmondsbury.	
Bramber.	377		
Brampton.	473	Bute, (ile).	511
Brandon.	413	Buxton.	453
Braffa, (ile).	526	Byer, (ile).	342
Brechin.	516		
Brecknock.	484	**C**	
Breed.	379		
Brentford.	405	Caerdiff.	483
Brewood.	456	Caer-Lheion.	436
Bridgenorth.	458	Caermarthen.	482
Bridgewater.	455	Caernavon.	489
Bridport.	350	Caerwys.	488
Brinburgh.	542	Caitnefs.	522
Briftol.	352	Callen.	534
Broad-Oak.	408	Calne.	359
Brochey-Craig.	516	Cambeltown.	512
Bromley.	387. 456	Cambridge.	419
Broomfgave.	441	Camelford.	341
Bruton.	356	Cammalet.	356
Buchan.	518	Campden.	434
Buckingham.	426	Canterbury, ou Cantorbéry.	381
Bucknam.	419		
Built.	484	Carbury.	535
Bungey.	415	Cardigan.	485
Bunrotty.	546	Carick.	546
Burford.	432	Carlingfort.	538
Burgh-Caftle.	415	Carlifle.	473
Burgh fur le Sands.	474	Carriesford.	533
Burlington.	466	Carrik.	505
Burra, (ile).	524	Carrik-Drumrush.	544
Burray, (ile).	526	Carrikfergus.	540
Burrium.	437	Carrik-mac-Griffen.	546
Burftal.	464	Cartmel.	477
Burton.	450. 464	Cashel.	546

GRANDE-BRETAGNE. 571

Castlebar.	544	Clarendon.	360
Castle-Carey.	356	Clebyry.	458
Castle-Connor.	544	Cliffs-Kings.	444
Castlemai.	548	Clifton.	475
Castle-Rising.	418	Clitero.	476
Catherlagh.	534	Clogher.	542
Cava.	524	Clonefert.	545
Cavan.	538	Clonish.	538
Cestrica-Chersonne-		Clonmell.	546
sus.	460	Cloyne.	549
Chadder.	356	Clydesdale.	506
Chagfort.	347	Clye.	418
Chanonry.	520	Cockermuth.	473
Charlemont.	539	Cocket.	472
Charleville.	549	Coggeshal.	409
Chatham.	383	Colchester.	407
Chelmsford.	408	Coldingham.	497
Cheltenham.	434	Coldstream.	497
Chepstow.	437	Colefield.	442
Chertsey.	374	Colerain.	541
Chester.	459	Coleshill.	442
Chesterfields.	453	Coll, (île).	514
Chichester.	375	Coln.	478
Chimleigh.	346	Colnbrock.	427
Chippenham.	359	Colonsa, (île).	513
Chippen-Sodbury.	435	Columpton.	347
Chipping-Norton.	431	Congleton.	461
Chipping-Ongar.	409	Connaught.	543
Chipping-wicomb.	427	Connor.	541
Christ-Chur.	363	Coppinsha.	524
Chudleigh.	347	Corf-Castle.	350
Cirencester.	433	Cor-Head, m.	495
Clackman.	508	Corke.	548. 549
Clamin.	534	Cornet.	367
Clare.	546	Cornwall, (pr.)	338

Cottmon-Dean.	374	Deddington.	432
Coventry.	442	Deptfort.	387
Cowbridge.	483	Derby.	453
Cowen.	512	Dertford.	386
Cowes.	365	Devon, (prov.)	343
Cowpar.	509	Dingle.	548
Cranbrock.	387	Dingwal.	520
Crawfort-Lindsey.	507	Dodbroock.	346
Crediton.	346	Dolgelly.	487
Crekelade.	360	Donnegall, ou Dune-	
Criekhovel.	484	gall.	541
Cromartie.	520	Dorchester.	348
Cromer.	418	Dornoch.	521
Crone-Bawn.	532	Dorset (pr.).	348
Crowland.	449	Douglas.	492, 507
Croydon.	373	Douvres ou Dover.	381
Cullen.	518	Downham.	418
Culross.	508	Down-Patrick.	539
Cumber.	541	Downs.	374
Cumberland.	472	Downton.	359
Cumbrays, (île).	511	Drogeda.	539
Cunningham.	505	Droitwich.	440
		Dromore.	539
D		Drontfield.	453
		Drunlanrig.	504
Dalkeith.	501	Dublin.	531
Dalton.	477	Dudley.	441
Damsey.	524	Duhill.	498
Dangey.	409	Duleck.	536
Darking.	374	Dumbarton.	510
Darlington.	469	Dunbar.	498
Darmouth.	345	Duncanon.	534
Daventry.	444	Duncaster.	463
Deal.	385	Dundalk.	538
Denbigh.	488	Dundée.	516

GRANDE-BRETAGNE. 573

Dunfreis.	504	Enishteoge.	534
Dungannon.	542	Eniskilling.	543
Dungarvan.	547	Enis-Town.	545
Dunkeld.	516	Enniskcorthy.	534
Dunlace-Castle.	541	Epping.	408
Dunmow.	355	Epsom.	374
Dunrobin.	521	Eskedale.	503
Duns.	497	Essex.	406
Dunstable.	423	Eusdale.	503
Dunster.	355	Evesham.	440
Durham.	469	Excester.	344
Dursley.	435	Eye.	412
Dysert.	509	Eymouth.	497
		Eyton.	497

E

Earne, (lac).	536
East-Bourn.	379
East-Grinstead.	377
East-Lothian.	498
East-Low.	341
East-Meath.	536
East-Riding.	464
Eaton.	428
Eccleston.	478
Ecosse.	310. 492
Edge.	443
Edinbourgh.	498
Eggleston.	468
Eglisha, (ile).	524
Egremont.	473
Elgin.	519
Elphin.	544
Eltam.	385
Ely.	420. 509
Emly.	546

F

Faihne.	472
Fairford.	435
Falkirk.	508
Falkland.	509
Falmouth.	340
Fara.	524
Faringdon.	370
Farnham.	373
Fearnes.	534
Featherd.	534
Fermanagh.	542
Fernby.	478
Fethard.	546
Feversham.	385
Fifes, (pr.).	509
Findorn.	519
Flatholmes, (ile).	483
Fline.	487. 488
Flotta, [ile].	524

Fobbing.	409	Glashlogh.	538
Fockingham.	449	Glastonbury.	355
Fokenham.	418	Glencannir.	513
Folkstone.	384	Glencerich, [lac].	495
Foore.	536	Glenco.	520
Forcabus.	518	Glenelg.	520
Fordan.	517	Glenshée.	516
Fordlingham.	466	Glocester.	453
Forfor.	516	Godalming.	373
Forress.	519	Godmanchester.	422
Foula, [ile].	526	Gog.	421
Fowey.	341	Gosport.	364
Framlingham.	414	Goudhurst.	387
Frampton.	349	Gowram.	534
Frasersburgh.	518	Gowrock.	506
Fring.	426	Grampound.	341
Frodesham.	461	Grantham.	448
Frome.	356	Grande-Bretagne.	294
Froro.	341	Gravesand.	386
Fulham.	406	Great-Barkhamsted.	426
		Great-Bedwin.	360
G		Great-Grimsby.	448
Gainsborough.	450	Great-Marlow.	427
Galles, [pays de]	478	Great-Rule, [ile]	526
Gallway.	545	Greenock.	506
Garstand.	477	Greenwich.	388
Gatton.	372	Grensey.	524
Gigaya, [ile].	512	Guernesey, [ile].	367
Gilling.	468	Guilfort.	371
Gisboroug.	468		
Gisborne.	464	**H**	
Glaincarne.	504	Hackney.	406
Glamorgan.	482	Haddington.	498
Glandislaugh.	532	Hadley.	413
Glascow.	506	Haik.	503

GRANDE-BRETAGNE. 575

Hallaton.	447	Hinkley.	446
Hallifax.	463	Hitchin.	425
Halstead.	409	Hithe.	381
Hamp, [prov.]	361	Holt.	418
Hamilton.	507	Holyhead.	490
Hampstead.	406	Holy-Island, [île].	472
Hamptoncourt.	404	Holywel.	488
Harborourg.	446	Honiton.	347
Harlegh.	487	Horn-Castle.	449
Harley.	471	Hornsey.	466
Harling.	419	Horsham.	377
Hartland.	346	Houghton-Park.	424
Hartlepool.	469	Howden.	466
Harwick.	407	Howlworthy.	346
Haslemere.	372	Hoy, [île].	523
Hastings.	376	Hull, voy. Kingston.	
Hatfield.	425	Humbert [l'] riv.	310
Hatherleigh.	346	Hunemby.	466
Haverforwert.	481	Hungerfond.	370
Hay.	484	Huntington.	422
Haylsham.	379	Hutherfield.	464
Heath.	464	Hyghbury.	359
Hellesdon.	472	**I**	
Helston.	340		
Hempsted.	426	James-Town.	544
Henley.	431. 443	Jedburgh.	503
Hereford.	438	Jersey, île.	365
Hermitage [l'].	351	Jethow.	368
Hertford.	424	Ila, île.	512
Hexham.	471	Ilchester.	356
Heyden.	465	Ilforcomb.	346
Heynsham.	356	Inchgarvy.	527
Highamferris.	444	Inchmurin, île.	510
Hillsborough.	539	Inchside.	527
Hindon.	359	Innerbervy.	517

Innerkaithen.	509	Killmalock.	547
Innerury.	518	Killyleagh.	539
Inverary.	512	Kilmore.	538
Inveresk.	502	Kilfyth.	508
Invernefs.	519	Kimbolton.	422
Ipswick.	411	Kincardin.	517
Ireby.	474	Kinghorn.	509
Irlande.	310. 315. 527	Kingsbridge.	346
Irwin.	505	Kings-County.	536
Jura, île.	513	Kingston.	405
Iwingo.	427	Kingston-upun-Hull.	464
Ixworth.	414	Kingston-upon-Tames.	373

K

		Kinrofs.	510
Kader-Idris, m.	487	Kinfale.	549
Kantyre.	512	Kintail.	520
Keempham.	418	Kintore.	518
Kells.	534. 536	Kiow.	405
Kelfo.	497	Kirkaldy.	509
Kendal.	474	Kirkby-Stephen.	475
Kennington.	342	Kirkenny.	534
Kenfington.	404	Kirkeudbright.	504
Kent, pr.	379	Kirkwal.	524
Kerniberg, île.	514	Kirton.	449
Kerry.	547	Knapdale.	512
Kefwitz.	473	Knaresborough.	463
Kettering.	444	Knigton.	485
Kidderminster.	440	Knoktophar.	534
Kidwelly.	482	Knotsford.	461
Kilbeg.	542	Kyle.	505
Kilbegan.	536	Kyneton.	439
Kildare.	535		
Killalo.	545		

L

Killaloo.	544	Labu, voy. Killalo.	
Killarny.	548	Lady, île.	505
		Lambeth	

GRANDE-BRETAGNE. 577

Lambeth.	372	Leverpool.	477
Lamnevady.	541	Levinsmouth.	509
Lancastre.	476	Lewes.	377
Landaff.	483	Lewis, île.	521
Lands-End.	339	Lichtfield.	455
Lanelly.	482	Lidbury.	438
Lanerk.	507	Liddisdale.	503
Lanesborough.	537	Lifford.	542
Langadoc.	482	Liffy, riv.	530. 535
Langport.	356	Limerick.	547
Largis.	505	Limne.	384
Lauderdale.	497	Lincoln.	447
Laughlen.	535	Linlithgo.	502
Launceston.	342	Linton.	421
Lavenham, ou Lan-		Lisburn.	541
ham.	413	Lismore.	547
Laxi.	492	Lismore, île.	513
Learmouth.	472	Little-Chester.	454
Leeds.	462	Llanbedar.	485
Leehlade.	434	Llandilling.	486
Leestof.	415	Llandilowr.	482
Leicester.	446	Llanidlos.	486
Leigh.	478	Llanimdovery.	482
Leighton.	424	Llantrissent.	483
Leinster, prov.	530	Lochaber.	519
Leith.	501	Lochmaben.	503
Leitrim.	543	Loddon.	419
Lemington.	363	Lomound (lac de).	495
Lemster.	438	Londondery.	541
Lene, lac.	548	Londres.	390
Lenox, prov.	510	Longford.	537
Lerwick.	526	Lonsdale.	475
Leskard.	341	Lorn.	512
Lesly.	509	Lougborough.	447
Lestwithiel.	341	Loughill.	547

Tome IV.   O o

Lough-Neagh, (lac de).	540	Marsch.	421
Louth.	538	Marshfield.	435
Lower-Lambourn.	370	Marsley-hill.	439
Ludlow.	458	Martin's-Comb.	347
Luggershall.	360	Maryborough.	535
Lundey, île.	347	Matlock.	453
Luton.	424	May, île.	527
Lutterworth.	447	May-Bole.	505
Lyme-Regis.	349	Mayo.	544
Lynn.	417	Medway, riv. 310.	383
		Melfort.	413
		Mendip-Hill.	354
M		Menteith.	515
		Merioneth, prov.	487
Macclesfield.	460	Merlos.	503
Machynleth.	486	Merse, prov.	497
Maidenhead.	370	Middlessex, prov.	390
Maidstone.	384	Midhurst.	377
Malden.	408	Mid-Lothian, prov.	498
Mallo.	549	Milborne-port.	356
Ma'lmesbury.	359	Mildenhall.	414
Malpas.	460	Minhead.	355
Malton.	467	Milton, ou Middle-	
Malvern-hill.	440	ton.	385
Man, île.	491	Modbury.	346
Manchester.	478	Moffet.	503
Mangerton, m.	548	Molingar.	536
Maningtrée-water.	409	Monaghan.	538
Mansfield.	452	Monmouth.	436
Mar (le) prov.	517	Montgommery.	486
Margate.	385	Montjoy.	542
Marham.	418	Montorgueil.	367
Market-Déeping.	449	Montrofs.	516
Market-Jew.	340	Montforel.	447
Marlborough.	360	Moretonhenmarsch.	435

GRANDE-BRETAGNE.

Morpeth.	471	Newton.	476. 486
Morton.	347	Newtonbushel.	347
Mounts-Bay.	339	Newtown.	365
Mull, île.	513	New-Sarum, voyez	
Munster.	546	Salisbury.	
Musselbourg.	501	Neyland.	413
Myrton, lac,	495	Nidisdale.	504
		Norfolk.	415

N

		Northampton.	443
		North-Berwick.	498
Naas, ou Nash.	535	North-Cadbury.	356
Nairn.	518. 519	North Fara.	524
Namptwich.	460	North-Leche.	435
Naseby.	445	Northumberland.	470
Navan.	536	North-vist, île.	514
Neath.	483	Norwich.	415. 460
Needham.	414	Nottingham.	451
Neury.	539	Nowtown.	539
New-Aberdeen.	517	Nun-Eaton.	442
Newark.	451		
Newborough.	490		

O

Newbury.	370		
Newcastle.	532	Ockingham.	370
Newcastle inder Li-ne.	455	Okcham.	445
		Okchampton.	347
Newcastle upon Ty-ne.	470	Old-Aberdeen.	518
		Old-Sarum.	358
Newhaven.	378	Omagh.	542
Newin.	489	Oulney.	427
Newmarket.	414	Oundle.	444
Newnham.	434	Ouse (l') riv.	310
Newport, 342, 365, 437, 458, 481		Oransa, île.	513
		Orcades, ou Orkney, île.	522
Newport-Glascow.	507		
Newport-Pagnell.	427	Orford.	412

O o 2

Ormskerk.	477	Plymlimon-hill, m.	486
Osey, île.	409	Polesworth.	442
Oswestri.	458	Pomona, île.	524
Oxford.	429	Pontefract.	462
		Pontypool.	437
P		Poole.	351
		Port-Artington.	535
Padstow.	341	Portland.	350
Paisley.	506	Port-Patrick.	505
Paldykirk.	517	Portsey.	364
Papa-Stromsa, île.	524	Port-Soya.	518
Papa-Westra, île.	524	Portsmouth.	363
Patrington.	465	Portumny.	545
Paynswick.	435	Potton.	424
Peebles.	502	Prescot.	478
Peel.	492	Presteigne.	486
Pembroke.	480	Preston.	476
Pembridge.	439	Preston-Pans.	498
Pendleton.	349	Purback.	350
Penkridge.	456	Purlock.	355
Penrith.	473	Putney.	405
Penryn.	340	Pwthely.	489
Pensance.	340		
Pentford.	356	**Q**	
Pershore.	440		
Perth.	515	Queensborough.	383
Peterborough.	444	Queenscunty.	535
Peterhead.	518	Queensferry.	502
Petersfield.	363		
Pethworth.	378	**R**	
Philips-Norton.	356		
Philips-Town.	536	Radnor.	485
Pickering.	468	Ramsey.	422
Plimouth.	345	Ramgate.	385
Plimpton.	345	Raphoe.	542

GRANDE-BRETAGNE. 581

Ratouth.	536	Rumney.	384
Ravenglaſs.	474	Rumſey.	363
Rayley.	408	Ruſſin.	492
Reading.	368	Ruthin.	489
Rech.	421	Rutlandshire.	445
Renfrew.	506	Rye.	378
Retford.	451		
Retglea, île.	541	**S**	
Rhajadr-Gwy.	486		
Richemont.	405	Saaltwood-Caſtle.	389
Richmond.	375	Salisbury.	357
Richmont.	467	Saltasb.	342
Rickmanſworth.	426	Sanda, île.	524
Riegate.	372	Sandbach.	461
Rilblecheſter.	477	Sandgate-Caſtle.	389
Ringſend.	532	Sandwick.	382
Rippon.	463	Sark, île.	368
Rivel.	503	Sarmundham.	414
Rochfort.	409	Saverne, riv.	310
Rocheſter.	383	Scalloway.	526
Rockingham.	444	Scarborough.	467
Rochampton.	374	Schchallien, m.	496
Roſs, prov.	520	Schelland, ou Mayn-	
Roſs.	439. 534	land, île.	525
Roſscommon.	544	Scherneſs.	383
Roſſe.	549	Schetland, ou Zet-	
Rothbury.	472	land, île.	522
Rothſay.	511	Schoeberry-neſs.	409
Rouſa, île.	524	Schwanſey.	483
Roxbourgh.	503	Schwerds.	532
Royſton.	425	Scilli, île.	342
Rugby.	443	Scone.	515
Rugely.	456	Seafort.	378
Ruglen.	507	Seaton-Cockenny.	498
Rumfort.	408	Selby.	464

Oo 3

Selkirk.	502	South-Petherton.	356
Selwobd, val.	360	South-Ronalfa, ile.	523
Sevenoak.	387	South-vist, ile.	514
Shaftsbury.	351	Southwales.	479
Shannon, riv.	530	Southwark.	372
Shapinsha, ile.	524	Southwell.	452
Sheals ou Shiell.	470	Southwould.	413
Sheffield.	464	South-Yarmouth.	365
Shefford.	423	Spalding.	449
Shepton-Mallet.	356	Spilsby.	450
Shepey, ile.	383	Spithead.	364
Sherbourn.	464	Spurn-head.	466
Shireburn.	349	Stafford.	455
Shirley.	454	Stainhorp.	470
Shoreham.	377	Stains.	406
Shrewsbury.	457	Stamfort.	448
Shrop-Shire.	456	Stanhope.	470
Shroule.	544	Stanley.	435
Sidmouth.	347	Stanton.	450
Sittinghourn.	386	Steepholmes, ile.	433
Skiddaw.	473	Stenar.	382
Skie, ile.	520	Stennes, ile.	525
Skipton.	464	Sterling.	508
Slane.	536	Steyning.	377
Sleafort.	448	Stilton.	423
Slego.	544	Stockton.	470
Snath.	464	Stokbridge.	363
Soham.	421	Stone.	456
Sommerset, prov.	351	Stony-Stratfort.	427
Sorlingues, voyez Scilly.		Stormont.	516
		Stourbridge.	350. 441
Southam.	443	Stow.	428
Southampton.	362	Stow on the woud.	434
South-Fara, ile.	524	Straban.	542
South-Moulton.	346	Stranrawer.	505

GRANDE-BRETAGNE.

Stratford.	443	St. Kilda, île.	514
Strathdovern.	518	Ste. Marie, île.	342
Strathern.	515	St. Martin, île.	342
Strath-Errich-Luc.	495	St. Michel.	341
Strathnavern.	521	St. Neots.	422
Stratton.	342	St. Pierre.	367
Striveling, prov.	507	St. Vincent's Rock.	353
Stroma, île.	522		
Stromfa, île.	524	T	
Stroud.	383. 434		
Sudbury.	412	Taff'swell.	483
Suffolks.	410	Taghmon.	534
Sunderland.	469	Tallagh.	547
Surrey, prov.	370	Tame.	432
Suffex, prov.	375	Tamworth.	442. 445
Sutherland.	521	Tantallon.	498
Sutton.	442	Tarmon.	543
Swinna, île.	523	Taunton.	355
Ste. Agnès.	342	Taviftock.	345
St. Albans.	424	Tay, riv.	495
St. Andrews.	509	Tayne.	520
St. Afaph.	488	Tenbigh.	481
St. Aubin.	366	Tenbury.	441
St. Bees.	474	Tenterden.	387
St. Brelade.	367	Tetbury.	435
St. Colombus, île.	513	Tewksbury.	433
St. Davids.	481	Thamife, riv.	309
St. Edmondsbury.	411	Thanet, île.	385
St. Germains.	342	Thaxted.	409
St. Helene.	364. 365	The-Devifes.	359
St. Helier.	366	The Nort-Riding.	466
St. Joes.	340	The Seven Burnhaus.	418
St. Johns-town.	421. 537	Thetford.	418
St. Ives.	422	Thomas-Town.	534
St. Kennis.	534	Thomond.	546

Thorn.	464	Tunbridge-wells.	387
Thorney.	421	Turrow.	535
Thorton-college.	450	Tuxford in the Clais.	452
Thrapston.	444	Twedale.	502
Thurles.	546	Tyre-y, île.	514
Thurso.	522	Tyrone.	542
Tiddeswall.	453		
Tilbury.	386	**V**	
Tipperary.	546		
Tirconel, voy. Donnegall.		Vilt, prov. Ulster.	356 537
Tiverton.	346	Voking.	374
Tiviotdale.	503	Upper-Lambourn.	370
Tome-Castle.	541	Uppingham.	445
Torbay.	345	Upton.	440
Toriburn.	509	Utoxeter.	456
Tornbury.	438	Vuist, île.	526
Torrington.	346	Uxbridge.	406
Totnes.	347		
Towaster.	444	**W**	
Trally.	548		
Tredagh, voy. Drogeda.		Wachopdale. Wadbridge.	504 341
Tregaron.	485	Wakefield.	462
Tregone.	341	Wainfleet.	450
Trentham.	456	Walden.	406. 410
Tresco, île.	342	Wallingfort.	369
Trim.	536	Walsal.	436
Trisk.	468	Walsey, île.	526
Tro'bridge.	360	Walsingham.	418
Tronda, île.	526	Waltham, Abbey.	408
Tuam, ou Toam.	545	Walton.	374
Tulsk.	544	Wantage.	370
Tunbridge.	386	Ware.	425

GRANDE-BRETAGNE. 585

Wareham.	349	Wicklow.	532. 533
Warminster.	360	Wickwar.	435
Warrington.	477	Wigan.	476
Warwick.	441	Wight.	364
Watchet.	355	Wighton.	466. 505
Waterford.	547	Wimburn.	349
Watford.	425	Wincaunton.	356
Wathington.	432	Winchcomb.	425
Wayes, île.	523	Winchelsea.	378
Welcombe-Regis.	350	Winchester.	361
Wellingborough.	444	Windham.	419
Wells.	354. 418	Windsor.	369
Welsh-Poole.	486	Winslow.	427
Wendover.	427	Wirksworth.	454
Weobly.	438	Wisbich.	421
Werton.	478	Witchurch.	363
Westbury.	359	Witehaven.	474
Westerham.	387	Witham.	409
West-Hithe.	384	Witney.	432
West-Lothian.	502	Wolsingham.	470
Westlow.	341	Wolverhampton.	456
West-Meath.	536	Wooburn.	424
Westmorland.	474	Woodbridge.	414
Westra, île.	524	Wood-Chester.	435
West-Riding.	462	Woodstock.	431
Wetherby.	464	Woolter.	472
Wexford.	533	Woolwich.	386
Weybridge.	374	Worcester.	439
Wey-hill.	363	Workington.	474
Weymouth.	350	Wornsop.	452
Whitby.	468	Wotton-Basset.	360
Whitchurch.	458	Wotton under edge.	435
Whither.	505	Wrexham.	489
Wick.	522	Wrotham.	387

		Yell, île.	526
Y		Yeovil.	355
		York.	466
Yarmouth.	417	Yorkshire.	461
Yarum.	468	Youghall.	549

Fin de la Table.

ERRATA DU TOME IV.

Lisez.

Pages.	Lignes.		
95	16	les	ses.
142 & 146	4, 31	Voyez sur les articles de l'union d'Utrecht, & des Etats-Généraux, l'Encyclopédie d'Yverdon : ces deux objets y ont été traité avec soin par un homme très instruit ; on y trouvera plus d'étendue & par conséquent plus d'exactitude qu'on n'a pu mettre dans un traité de géographie & non de droit public.	
147	25	Otez la virgule après *soldats* pour la placer après *deniers*.	
150	19	rapporte	rapportent.
156	26	Dannerden	Pannerden.
157	11	comblée	a été comblé
158	22	elle est	elle soit.
159	33	qu'ils soyent soumis	qu'elles soyent soumises
165	23	les 7 12ᵉ.	les sept douzieme
174	9	formés	formées
202	3	*Mennosimon*	*Menno Simon*
204	23	*Francker*	*Franeker*
209	35	au bas de la page, ajoutez on la nomme *Schiermonigkoog*.	
221	16	& n'est	elle est
231	25	Peut-être l'article des paiemens de la banque a été mal vu, du moins ce n'est pas ce qu'a dit Busching : on doit ajouter, ou mettre à la place de ces deux lignes celles-ci : " tout habitant qui a un paiement à faire au des-	

ERRATA.

Pages.	Lignes.	Lisez.

sus de 300 florins de Hollande, porte la somme à la banque, qui la paie en billets au créancier; ces billets servent dans le commerce: par ce moyen la banque rend propre à la ville presque tout l'argent de ses habitans: le commerce n'en est point gêné, & l'intérêt du particulier en est plus lié au bien public."

233   35 Ajoutez à l'article qui concerne le port d'Amsterdam, qu'il reçoit annuellement 2000 vaisseaux; à celui de la bourse, qu'elle peut renfermer 4500 personnes; à celui d'Amsterdam en général, qu'elle fournit autant pour les dépenses de la province que toutes ses autres villes ensemble; à celui de son gouvernement, que le sénat remplace à son choix les membres qui meurent, & non le peuple, qu'il nomme les députés que la ville envoye aux Etats.

264	6	président	présidant
286	29	d'*Echt*	d'*Echt* & de *Nieustadt*
339	19	richesse sont	richesse est.

Fin de l'Errata & du Tome IV.

www.ingramcontent.com/pod-product-compliance
Lightning Source LLC
Chambersburg PA
CBHW060302230426
43663CB00009B/1558